世纪波
Century Wave

创新与研发管理系列丛书

新产品开发流程管理

以市场为驱动（第5版）

WINNING AT NEW PRODUCTS

Creating Value through Innovation, Fifth Edition

[加] 罗伯特·G.库珀（Robert G. Cooper） 著

刘 立 师津锦 于兆鹏 译

电子工业出版社
Publishing House of Electronics Industry
北京·BEIJING

版权贸易合同登记号　图字：01-2017-8742

图书在版编目（CIP）数据

新产品开发流程管理：以市场为驱动：第 5 版 /（加）罗伯特·G. 库珀（Robert G. Cooper）著；刘立，师津锦，于兆鹏译. —北京：电子工业出版社，2019.11

（创新与研发管理系列丛书）

书名原文：Winning at New Products: Creating Value through Innovation, Fifth Edition

ISBN 978-7-121-37454-8

Ⅰ. ①新… Ⅱ. ①罗… ②刘… ③师… ④于… Ⅲ. ①产品开发过程 Ⅳ. ①F273.2

中国版本图书馆 CIP 数据核字(2019)第 209165 号

责任编辑：刘露明

文字编辑：刘淑敏

印　　刷：北京捷迅佳彩印刷有限公司

装　　订：北京捷迅佳彩印刷有限公司

出版发行：电子工业出版社

　　　　　北京市海淀区万寿路 173 信箱　邮编 100036

开　　本：787×1092　1/16　印张：17.75　字数：424 千字

版　　次：2010 年 1 月第 1 版（原著第 3 版）

　　　　　2019 年 11 月第 3 版（原著第 5 版）

印　　次：2023 年 8 月第 10 次印刷

定　　价：88.00 元

凡所购买电子工业出版社图书有缺损问题，请向购买书店调换。若书店售缺，请与本社发行部联系，联系及邮购电话：(010) 88254888，88258888。

质量投诉请发邮件至 zlts@phei.com.cn，盗版侵权举报请发邮件至 dbqq@phei.com.cn。

本书咨询联系方式：(010) 88254199，sjb@phei.com.cn。

译 者 序

门径管理是创新和新产品开发领域的一个著名模型，阅读本书，有助于我们原汁原味地领会其创立者——库珀先生对这一管理方法的持续思考和改进过程。

持续大规模地进行研发投入，是当今全球创新型企业的一致选择。成功地管理好这个具有很大不确定性的"投资—回报"过程，则面临着一系列的挑战。博思艾伦汉密尔顿2007年的研究认为："持续提高研发投入并不一定能产生更好的结果。"普华永道2017年的创新标杆研究也认为：研发投入量与财务绩效之间并没有太多统计关联关系。"关键不在于你花了多少钱，而在于你怎么花这笔钱。"库珀先生从20世纪80年代开始NewProd研究和标杆研究，调查了几百家公司和3000多种新产品，他根据新产品对销售的贡献度、上市产品成功率、开发周期等绩效度量指标，把企业分成最佳创新企业和最差绩效企业，分别考察其在战略、组合、流程、文化等方面的不同，从而提炼出新产品开发的关键成功要素。这是门径管理的实践和研究基础，也是门径管理得以广泛传播和应用的根源。

本书是第5版。与前几版的区别主要有两点：一是对流程的改进，提出了敏捷-门径混合流程，以应对用户交互、快速迭代、增量式开发、管理灵活性等当前开发实践的挑战；二是强调了产品开发管理体系，在保持并更新了前几版在流程、关卡、创意等方面精彩论述的同时，增加了战略和组合管理方面的内容。

作为一名产品创新管理领域的知识传播者和实践者，当我在2017年年底拿到这本书时，最费思量的就是如何真实地、全面地将其思想精髓展示给读者。本书的翻译由刘立、师津锦、于兆鹏共同完成，刘立最后进行了文字和术语统校。感谢电子工业出版社编辑的密切配合。

前　言

门径管理已经成为当今产业界最广泛采用的构思、开发和上市新产品的方法。当然，门径管理并不仅仅是一个业务流程。这个模型最初源自对成功的产品开发企业如何将引人注目的创新推向市场的观察。这些早期观察的结论是，的确存在更好的方法，而且一些创新团队和项目负责人已经直觉地发现了这一点。我尝试着去捕捉这些成功的奥秘并将其写下来，门径管理体系就这样诞生了。因此，门径管理不仅是一个从创意到上市的流程，而且是一个知识体系和最佳实践集，这些最佳实践基于对数千个成功新产品开发和数百家公司的研究，并揭示出成功者到底有哪些与众不同之处。

本书的重点是如何在最短的时间内进行大胆的创新。我观察过很多的公司，除了少数几个行业，在过去的几十年，这些公司已经将其创新努力从真正的创新和大型的项目转向一些更小的、难度更低的尝试。当我们将这些所谓"创新型"企业的真实状态与其本应的状态进行比较时，我们在某种程度上是相当失望的。在有些公司，产品开发早已变得不再重要。我希望这本书能够切实地唤醒真正的创新和大胆的产品开发，并确保尽在掌握。

本书的第二个重点是速度。具体地说，包括敏捷性、灵活性、加速性及适应性，这几点都是紧密相连的。在过去几年，越来越多企业的创新流程变得僵化而官僚、拖沓而笨重，无法应对变革的步伐。好像这些流程原本的设计就是用来阻碍大胆创新的，并成为速度的拦路虎。因此，我创立了一些新的方法，有的来自 IT 行业，使创新引擎回归其本应有的速度：敏捷的、加速的、灵活的、适应的。

本书初版于 1986 年，那时我甚至还未开始使用门径管理这个提法。第 1 版介绍了我和我的同事们对新产品成功与失败的一系列研究的结果，首次提出要采用一个系统的并带有关卡的创意到上市的业务流程。令我惊讶的是，这本书对很多公司的产品开发方法产生了重大影响，宝洁公司、杜邦公司、埃克森化学公司更是迅速地采用了我的门径管理体系这个概念。

这仅仅是创新流程管理的最早时光。后来，我们进行了更多的研究，包括对那些较早采用门径管理的公司的研究。在我们的 NewProd 系列研究及后续的标杆研究中，更多的成功因素被揭示出来。与此同时，应用门径管理方法过程中的更多经验也被总结了出来。我记得，我第一次使用"门径管理"这个词，是在 1988 年《营销管理期刊》的一篇论文中。基于此，本书在 1993 年出版了第 2 版，并继续成为那些想要彻底革新其新产品流程并实施门径管理的企业的"圣经"。2001 年的第 3 版，延续了这个传统，但更强调如何加速从创意到上市的过程。2011年的第4版，加入了更多的新方法，包括螺旋和迭代开发、精益流程、开放式创新等。今天，这些内容受到了广泛的欢迎。

现在的第5版，不仅仅是对第4版的简单更新，更增添了很多新的内容。第4版出版至今已经过去了6年，我们又有了很多新知。比如，敏捷开发方法已经在IT和软件开发领域站稳了脚跟，并在过去几年里开始向实体和制造业产品开发及门径管理领域渗透，并取得了不俗的效果。事实上，将敏捷方法作为一种项目管理工具纳入门径管理体系，是自我30年前首次提出门径管理体系以来，最有意义的一次变革。

门径管理已经演变出很多种类型但其依旧长青，就是因为它在全球有如此众多的采用者！有了这数千个采用者，更多的新变化、新途径、新方法，被不可避免地发现、测试、证明，并运用到创意到上市的体系中。很多新方法写进了本书。门径管理，现在更快捷、更流畅了，因为企业已经将精益制造和六西格玛纳入了门径管理。组合管理已经与关卡方法融合在一起，"精益关卡""严格关卡"，已经成为门径体系中的时髦词汇，这有助于进行更严格、更有效果的决策。在一些企业，门径管理变得更有适应性、更灵活，更多考虑场景和风险，并通过稳健的软件变得更自动化。门径管理还纳入了一些新的工具，如"设计思维""创新项目画布"等。门径管理也延伸应用于更多的项目类型，如基础科学中的技术开发、工艺开发。如此多的新变化，以至于最初门径管理流程的早期采纳者，已经很难认出今天的门径管理了。第5版包括上述所有的新概念和新方法。

最后，第5版运用了更加全面的方法以确保产品创新的成功。通向成功并不仅仅是简单依靠一个稳固的或敏捷的创意到上市的流程！这一全面的或系统的方法体现在本书的创新钻石模型中，包括战略、资源和组合管理、文化和氛围、流程四部分。因此，第5版有了新的一章——创新战略，同时，进一步强调了组合管理——做正确的投资决策。构建正确的文化和氛围是一个贯穿全书的主题。

在写作第5版的过程中，众多朋友为我们提供了深刻的洞见、指导、内容及鼓励。丹麦的Jens Arleth——U3创新管理在哥本哈根的前任管理董事（Managing Director），也是我的长期助手和商业伙伴，虽然在2013年去世了，但他曾经是创新管理领域的领袖之一，给我带来了很多的启发，帮助我一起改进产品开发管理。他在丹麦的咨询公司十分擅长门径管理和组合管理，他是将这个观点引入斯堪的纳维亚的第一人，并使之在那个地区的领先企业得到广泛的采用。在欧洲，他和我一样是门径管理注册商标的持有者。实际上，正是在很多年前我和Jens的一次谈话中，他让我意识到企业接受门径管理的潜力，并激励我在早期不断地推动门径管理。他的热情、鼓励、丰富的知识和经验，特别是他的友谊，随着他的去世我遗憾地失去了。

我还想感谢下面这些人，正是他们的贡献使本书具有如此多的新颖和划时代之处：

- Angelika Dreher博士和Peter Fürst先生——奥地利5I创新管理的两位合伙人，下决心在德语国家迎接挑战，在过去的25年里持续推动门径管理。他们把在德国的一些实践融入了门径管理，如敏捷-门径管理、设计思维、创新项目画布。Peter和Angelika既是我的好友也是我的商业合作伙伴，为本书提供了很多洞见、好的方法和案例。

- Anita Sommer 博士——乐高公司的敏捷-门径管理专家。她是该领域最新研究论文的联合作者之一，并对敏捷在制造业门径管理中的应用进行了最初的基础研究。她的博士论文和合作论文都是关于该领域的。

- Richard Peterson 先生——Chamberlain 集团的新产品开发副总裁，根据个人经验对敏捷-门径管理给予了独到的个人洞察。他的公司是美国最早尝试这种新的管理方法的公司之一。

- Tomas Vedsmand 先生和 Sren Kielgast 先生——丹麦咨询公司 GEMBA 集团的执行合伙人，都是我的商业伙伴，也是运用敏捷-门径管理的先驱。他们来自丹麦工业协会的实验项目为本书提供了有价值的概念，他们还将这些概念介绍给了中型企业。

- Gerard Ryan 先生——澳大利亚 Prodex System 的执行董事，将门径管理和自动化软件引入澳大利亚、新西兰和亚洲部分地区，并提供了见解与经验。

还有距离最近的，位于北美洲的门径管理国际公司（我创立的公司，虽然我已经不再拥有所有权）的伙伴们，持续推动门径管理和产品创新的最佳实践。

为本书的出版提供直接帮助的人：首先我要感谢 Basic Books 的出版商 Lara Heimert 女士，她鼓励我并提供对本书从创意到上市的全过程专业指导。同时我要感谢 Lara 的同事 Alia 女士，以及 Michelle Welsh-Horst——经理和执行编辑。最后特别感谢编辑 Rachel King，帮我完成了这本精美的书。离开了他们的帮助我这本书是不可能面世的。

罗伯特·G.库珀

目　录

第1章
创新的挑战

> 创新是企业家的一种有效手段……它赋予资源一种新的
> 创造财富的能力。
>
> ——彼得·德鲁克,《创新与企业家精神》,1985 年

1.1　如何在最短的时间内做到真正的创新

很多企业都制定有宏大的发展目标。但问题是,实现其发展目标的发展方式是有限的。事实证明,市场增长、市场份额增长、新的市场及收购这四种发展方式都存在两个问题:不是实现难度很大,就是所需成本过高。在很多工业化国家和行业,市场已经十分成熟,大众商品化程度不断加深。在这样的市场环境下,要增加市场份额需要付出高昂的代价,而收购也往往效果欠佳……许多企业在宣布重大收购消息之后,都遭遇了股价狂跌的尴尬局面。在一些新兴市场(如印度和中国)又会产生许多新的问题。不过,那些已经进入亚洲市场的公司也看到了其中存在的巨大潜力。对于大多数公司来说,传统的产品开发方式(如产品线延伸、产品改进及产品改良)只能用来维持现有的市场份额,无助于其实现进一步的发展。

企业面临着双重压力:一方面,股东和高管们期待能有源源不断的高利润新产品——大胆的创新能够大幅提高公司的销售业绩和知名度,帮助企业实现发展目标。另一方面,无论是管理实践,还是现如今竞争激烈的市场与严酷的金融环境,都在将公司带入一个截然相反的发展方向——新产品研发提案变得愈加保守、低风险和谨慎。事实上,近期有人在权威刊物上发表了一些不太成熟的论调,他们宣称创新已死!导致这一保守的创新趋势的原因,一个是企业过分注重短期的盈利,这在一定程度上是受金融界影响的;另一个是即便企业开始重视更长远的发展,在当今也很难创造出颠覆性的创新产品,因为很多市场和地区已经变得贫瘠而无法开发。

与大胆的创新这一目标同等重要的是追求速度的目标。在新产品开发(New-Product Development, NPD)中,隐性的目标是"更快、更好、更便宜"。但是这个目标是否能成为现实?还是它只是一个悖论、一个自我矛盾的概念?人们很难保证既创造一个高营利性新产品,又是在最短时间内完成的。大胆的创新往往需要很多年来进行开发,并花费数百万元来进行商业化。

1

其实希望还是有的，这也正是我们写这本书的目的！现在，我们仍可以看到很多的绝佳创新和卓越公司，但问题是，它们只是例外——只占众多新产品和新公司中的一小部分。我敢说，你不在其中。但是这些公司及其伟大的新产品，的确为我们提供了一种模式，通过对它们的研究，我们可以掌握这些公司和产品成功的秘诀。

现在，有一小部分领先的公司正在采用新的创新方法，既保证了大胆的创新，又保证了加速和领先，它们向我们证明，同时实现这两个目标是可能的。这些领先的公司采用了新的方法进行实践，有些是相当突破的——从结果上看，它们彻底地改造了产品从创意到上市的方法、方式和流程，使得整个过程变得更敏捷、更灵活，适应性更强也更快速。事实上，这些公司所实施的一些转变，是自 30 年前开始采用关口性流程以来，新产品开发领域最重要的一次变革。

在下文，你将看到一个经典的案例：如何在最短的时间内创造一个伟大的新产品。我们会深入讨论其为什么成功及是如何成功的，以从中汲取经验和教训。通过讨论，你可以洞悉那些导致产品成功并如此快速的方法、行为和实践的奥秘，并将这些经验和奥秘运用到今后的工作中——如何构思伟大的创意、如何选出其中的胜者、如何在最短的时间里把它们推向市场，这样，你和你的公司也能成为一流的创新企业。

1.1.1　迄今为止最成功的新产品

根据大多数衡量标准来看，苹果公司的 iPod 是迄今为止上市的新产品中最成功的。自 2001 年上市后，iPod 的销售增长速度十分惊人，在仅仅 4 年半的时间内，其全球销售量就达到了 5 000 万台。相比之下，索尼公司 Walkman 随身听用了 10 年时间才达到同样的销售量。与 iPod 的快速市场增长相比，无线电话销售量达到 5 000 万部用了 12 年，而数码相机或者手机在起步时还要慢得多。苹果公司还带动了 MP3 市场的增长，截至 2006 年年底该市场累计销量达到 2 亿个，苹果公司占据了其中的 1/4（在美国，其市场占有率高达 70%）。iPod 在 2008 年达到销售高峰，当年全球销售量达到惊人的 5 480 万台。到了 2016 年，由于已经进入其产品生命周期的最后阶段，iPod 的销售放缓。此时，苹果公司 iPod 的累计销售量已经达到了 5 亿台！

苹果公司的 iPod，不仅是迄今为止上市新产品中最成功的，而且是该产品改变了苹果公司的命运，使其从 20 世纪末期一个边缘的电脑公司，一跃成为当今最具有价值的上市公司（截至 2017 年）。有些人可能还记得，苹果公司在 20 世纪 90 年代遭遇的挑战——公司电脑业务面对 IBM 和 HP 等强大竞争对手，经历了一系列的产品失败和一次次的希望落空。公司的未来也遭受了前所未有的质疑。1997 年，史蒂夫·乔布斯在离开公司十多年之后，被重新请回公司，并成为公司的实际负责人。

在 "9·11" 事件之后仅仅一个月，民众依然处于恐怖主义的恐惧之中时，乔布斯发布了第一代 iPod。接下来发生的事情大家有目共睹：iPod 成为苹果公司具有划时代意义的 i 系列电子产品（包括后来的 iPhone 和 iPad）的开端，它改变了人类的沟通方式，甚至有人说它 "改变了整个世界" ——当然，它首先成就了一家伟大的公司。

1.1.2　苹果公司是如何实现这一神奇变化的

与主流的观点相反，苹果公司并不是这个行业的创新者——便携式 MP3 并不是它发明的。事实上，在 2001 年 11 月 iPod 上市时，美国市场上已经有近 50 家公司在销售各式各样的便携式 MP3，许多亚洲公司也在通过互联网销售此产品。

iPod 的推出，源于史蒂夫·乔布斯的数字中枢战略。人们会将其所有的设备连接在他们的电脑上，如数码相机、摄像机、MP3 等。家用电脑正在成为一个中枢设备，也就是"数字中枢"。当苹果公司的程序员们忙碌地开发用来编辑图片、视频并管理数字音乐的软件时，他们像很多用户一样，发现早期的 MP3 播放器存在很多问题。

于是，乔布斯找到公司硬件部门的负责人 Jon Rubinstein，想知道苹果公司能否开发出一台更好的音乐播放设备，以便和苹果电脑连接起来。但是，这个挑战在技术上很难解决：就在他几乎要放弃的时候，苹果公司的硬盘供应商——东芝公司向其展示了它们刚开发出来的新型 1.8-inch 硬盘原型。Rubinstein 立刻意识到，这就是能让第一代 iPod 成为现实的关键性技术。在之后的不到 9 个月，iPod 团队就做好了一款产品，包括一个东芝公司生产的硬盘、一块索尼公司生产的电池和一组德州仪器公司生产的芯片，iPod 就是用这些现成的零部件组装出来的。

苹果公司的成功及其他公司的失败，都充分说明：一个精心构思的创新战略及强大的执行力多么重要。从更广泛的层面上来讲，苹果公司准确地看到了那个正在增长的市场需求，准确地找到并解决了现有 MP3 所存在的主要问题——尺寸过大、存储量过小、用户界面不友好、合法可下载音乐缺乏等。在解决这些问题的过程中，苹果公司将其独特优势发挥得淋漓尽致：垂直整合并创造出"一个集硬件、软件和内容于一体的综合体，让人们可以随时随地购买、存储和播放音乐"。苹果公司的成功，靠的不是进入音乐行业，而是其在硬件和软件上的传奇性专业能力。苹果公司聪明地通过"酷炫"（Cool and Hip）的产品和时尚的表达，精准地定位了 iPod 的忠实目标用户：年轻、崇尚媒体和科技的一群人（苹果公司原本的目标客户）。公司还采用了高效的分销渠道体系，既树立了高品质的形象，又避免了打折降价的局面。

索尼公司自从 1979 年推出了 Walkman 随身听之后，便一直主导着便携式音乐产品市场，公司拥有众多的优势和能力：规模大、品牌响、形象佳、分销和市场推广力强、技术和制造能力高。但是索尼公司

iPod 案例的四点经验：

（1）大胆的创新不难实现，但需要正确的创新战略，换句话说，需要瞄准正确的战略领域。

（2）并不一定要有颠覆性技术或是"新科学发现"。

（3）尽管成功概率只有 1/7，但仍有办法打破这个 1/7 定律，办法之一是，找出一个大问题，然后创造出一个大胆的解决方案。

（4）用最短的时间加速项目并推向市场也同样可能：项目大并不意味着必须花费数年时间。

在战略选择中错失了很多良机。多年前，索尼公司在与 Betamax 的战略竞争中失败，但公司似乎没有从当年的失败战略中吸取到任何经验教训，没有去强力攻占处于萌芽期但增长迅速的 MP3 市场，公司放弃了这一机会，试图去保护低迷的迷你数字磁盘机（Discman）业务，并将其作为取代下降中的 CD 机的下一代设备。由此，索尼公司和 Discman 就逐渐从不断增长的音乐市场中销声匿迹了。

苹果公司成功的 iPod "模仿战略"给公司带来了巨大的财富。2001—2006 年，收入增加了不止三倍，从最初的亏损 2 000 万美元到后来实现利润 20 亿美元；iPod 是今天我们所知道的苹果公司一系列颠覆型产品中的第一个。这是一个经典案例：杰出的创新战略、完美无瑕的执行（对于索尼来说，则正相反：一个构思拙劣的战略注定要失败）。可以说，战略又一次主宰了命运！

1.1.3　经验教训

虽然对大部分公司来说，类似苹果公司 iPod 这样的成功案例已经耳熟能详，但要真正实现似乎遥不可及。我们深入分析 iPod 的案例就会发现，它的成功并没有什么神奇之处，简单地说，就是在工作中要勇于创新。对于我们大多数人来说，值得借鉴的经验有如下几条：

- 大胆的创新并不难实现，它不仅是一种美好期待！关键是要拥有清晰的创新战略，聚焦正确的战略领域进行研发。该战略领域是指，已经初步建立起来但仍然很新的市场和区域，处于增长期并拥有较大增长潜力，客户或用户对现有解决方案仍存在不满意之处。苹果公司最早发现了这个有吸引力的战略领域（MP3 市场），在这个领域，公司可以将其强项转变为优势，能够开发出一个解决用户问题的解决方案：一个易用的、下载便捷的、很"酷"的 MP3 系统。
- 一个新产品要获得高销售量，并不一定要有颠覆性的或突破性的技术创新。记住，苹果公司并没有发明 MP3，也不是这一新产品类别的创造者，这个市场机遇也不是所谓的蓝海。MP3 是一个早已存在的市场和产品类别：当苹果公司的产品上市时，有 43 个竞争对手正在卖 MP3 播放器。iPod 的零部件大部分是现成的。事实上，苹果公司是将这诸多零部件整合起来——iPod、iTunes（属于刚购买的公司 Jukebox）及家用电脑，从而创建出一个"新系统"。这个"系统解决方案"就是创新。
- 一条已证明的成功之路是，找出一个大问题，然后创造一个大胆的解决方案。这恰恰是苹果公司所做的。也许是机缘巧合，研发团队发现了用户对现有 MP3 的许多不满意之处：产品不够轻便，很难合法下载音乐（想想 Napster！），存储空间不够大，等等。尽管有这么多缺点，MP3 仍有它的市场。苹果公司发现了这些痛点，然后运用自己的技术，应用现有的技术和零部件，成功地创造并上市了其解决方案。
- 加速推向市场，即便对那些十分重要的新产品来说，也是绝对可能的。令人难以置信的是，这个历史上最成功的新产品，开发周期不超过一年。想想之前你开发新产品用了多久……该产品可能无论哪个方面都不能和 iPod 相提并论。他们是如何在这么短的时间内创造出一个数十亿美元的产品的？毫无疑问，项目负责人和团队都非常聪明。他们聪明地利用现成的零部件，从而省去了发明和探索新科学的时间。另一个关键点是，他们聪明地利用了公司的核心竞争力和优势来实现加速。团队高度聚焦、投身于这个项目。最后，来自高层的支持无疑是十分有帮助的！本书还有其他的加速新产品推向市场的方法，我们将在后面的部分中讨论。

1.1.4　大胆的创新是否真的已死

彼得·蒂尔（Peter Thiel）是 PayPal 的创始人，也是 Facebook 的第一个外部投资人。他认为，在美国，创新"介于困境和死亡之间"。他紧接着谈到当代的发明家："我们原本想要的是会飞的汽车，而我们得到的是 140 个字符。"当今世界，每个人都能用 Twitter，但没有人能在空中行走，这与我们在过去想象的未来世界相去甚远，也没什么惊喜。

事实也是如此：现在，我们所见所闻的所有事情的进展速度，相比 20 世纪的早期和中期都要慢了很多。以厨房为例。1900 年时的厨房十分原始：没有冰箱，只有冰盒，用马车拉来的冰块进行冷冻，生炉子时需要用木材或煤作为能源，大多数家庭没有安装电灯和自来水。到了 1970 年，北美和欧洲的一些中等收入家庭的厨房就装上了煤气炉或电炉，以及电烤箱、冰箱、食物加工机、微波炉和洗碗机等。但直到今天，也就是 50 年后，厨房几乎没有什么变化：虽然每件厨房设备上都有了数字显示屏，但设备本身与 70 年代相比几乎没有变化。突破都发生在 20 世纪上半叶。其他一些行业也是如此，无论是汽车制造业还是飞机制造业、聚合物或化学乃至建筑材料和施工方法、农业或是食品加工业。似乎只有 IT 产业——软件和硬件产业（我们经常将其与硅谷联系起来），在真正进行创新。

根据百森商学院创新和战略教授 Jay Rao 的研究，美国公司和联邦政府的研发投入总计，在 1950—1980 年保持着常规的增长，与经济同步。但从 1980 年起这项支出开始下降并至今仍在低谷。"遗憾的是，愿意投入更多做研发、追求长期回报的高管们越来越少，"Rao 说，"人们对高频贸易和短期奖励的追求，正在从各个方面扼杀创新。仅有极少数的风险投资人愿意为长期回报投资。"

另外，在构思、开发并上市大胆创新的过程中存在诸多挑战。无论你是 CEO，还是市场总监或设计工程师，都应该清楚，对现在的大部分公司来说，开发一款真正具有差异化的新产品是十分不易的。研究表明，实现新产品开发营利性的一个重要因素是，开发并上市一款有引人注目的价值主张、独特而卓越的产品。但是，说时容易做时难。成熟市场的大众商品化程度日益加深，这使得创造改变游戏规则的突破性新产品的难度加大，似乎"留给人们创新的空间并不多"。在很多巨型行业，如食品行业、包装消费品行业、化工和塑料行业、工程产品和重型设备行业，很难找出创新机会。颠覆性技术是产品创新的潜在源泉，现在在大多数行业都十分缺乏。曾几何时，这些突破性技术曾经改变了从塑料到汽车到家电等在内的一大批行业，几乎贯穿 20 世纪的大部分时间。

即便当今的高新技术产业，也在为"下一个伟大的创新"而苦苦奋斗。新技术确实出现了，并且创造了惊人的销售量和利润，如手机、数码相机、软件和笔记本电脑。但是，由于这些市场已经十分成熟，用户需求的快速变化，竞争对手不断推出一代又一代新产品，导致很难持续保持产品竞争优势。这是一个你追我赶的时代。

简单地说，对于大多数公司来讲，在面对成熟的市场、激烈的竞争、商品大众化及股东对于短期收益的要求时，毫无疑问，它们会选择快速、低风险、开发难度低的项目——追求那些唾手可得的成功。看一下图 1.1 中的开发组合分解，将 21 世纪与 20 世纪中期的开发组合进行比较后，我们得出如下结论：

- 新问世产品（真正的创新）比例同比下降了近一半，在典型开发组合中仅占 11%。
- 相比之下，公司已有产品的改进和修正（这是最不具有创新性的一种开发类别）几乎翻了一倍，在典型开发组合中占了近 40%。

在平均开发组合中的项目百分比

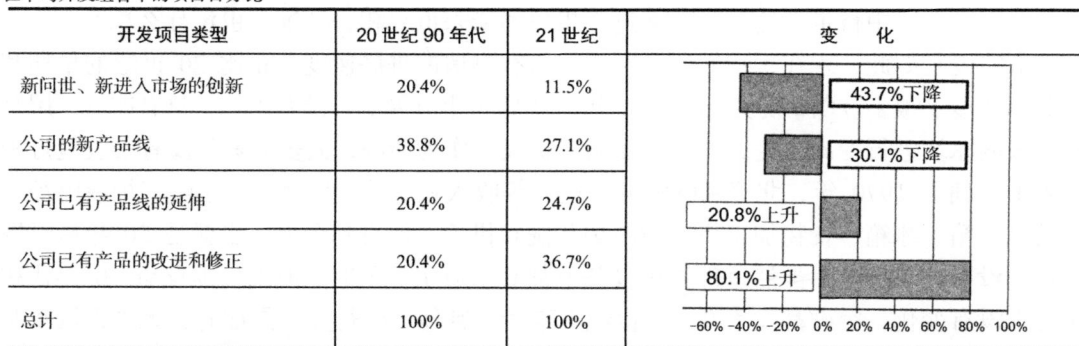

开发项目类型	20 世纪 90 年代	21 世纪	变　　化
新问世、新进入市场的创新	20.4%	11.5%	43.7%下降
公司的新产品线	38.8%	27.1%	30.1%下降
公司已有产品线的延伸	20.4%	24.7%	20.8%上升
公司已有产品的改进和修正	20.4%	36.7%	80.1%上升
总计	100%	100%	-60% -40% -20% 0% 20% 40% 60% 80% 100%

图 1.1　根据项目类型对开发组合分解（过去和现在），显示出趋于低创新性的动态趋势

1.2　解决方法是什么

这个问题的答案是，要追求大胆的创新——开发那些可以为未来创造增长动力的突破性产品、突破性服务、突破性解决方案。也就是说，不再去开发那些"与老产品一样的新产品"——那些扩展型、改进型、升级型及微调型的新产品，这些产品曾经占据了公司开发组合的主流。现在，高层管理者要在其开发管道中推动更多突破性的、改变游戏规则的、大胆的产品创新。

另一个答案是，要强调速度。大部分产品开发提案似乎都需要花很长时间来实施。因此，公司必须加倍努力来使从创意到上市的引擎比以往更快速、更具适应性、更敏捷。当今的竞争态势表明，快速变化的市场及更短的财务回报要求，意味着传统的花费 4 ~ 5 年的长周期新产品开发，不再是可接受的。现在的目标是，既要最短的时间，又要开发出突破性新产品。

前面的 iPod 案例提供了一个很好的样本——开发一个改变游戏规则的新产品只需要数月时间而不是数年。我们还可以找出几十个类似的大胆创新的案例——可能并不像 iPod 那样被人熟知——某公司创造了一个"伟大的概念"并进行了大胆的创新，而且成功了，时间比传统项目要短得多。康宁公司（Conring）为 iPod 开发的大猩猩玻璃（Gorilla Glass）

就是案例之一。绿山（Keurig）咖啡系统是另一个案例，该案例见证了一家小公司成长为大公司的历程。研究这些案例我们发现了一种共性：在大多数案例中，公司首先揭示出一个关键的用户问题，然后集中其资源和人才以开发出一个大胆的解决方案。然后，为项目配置适当资源，包括组建一个特别小组，采用更敏捷、更具适应性、更加速的开发方法和流程，当然还得到了公司高管的强有力支持和参与。我们的各个行业都需要这种大胆的创新，来实现大家都渴望的成长。

本书的研究基础

本书的内容和结论是基于大量的事实得出的。从 20 世纪 80 年代开始，我和我的同事调查了几百家公司和 2 000 多种新产品，目的是揭示出成功者和失败者到底有哪些区别，成功企业和成功新产品有哪些共性特征，是什么决定了那些最佳创新企业。在这些年里，有关结论发表在了一百多种期刊上。

新产品研究（NewProd Studies）：这项研究的关注点是单个新产品项目——有超过 2 000 个新产品项目，既有成功的新产品也有失败的新产品。我们对多项产品绩效标准进行了测度：营利性、市场份额、目标达成性等。我们也对众多项目特征进行了捕捉：从市场本质到项目团队执行关键任务的质量。然后，我们将这些特征和属性与成功关联起来，以找出那些决定了新产品重大成功的因素。

标杆研究（Benchmarking Studies）：这项研究的关注点是公司或事业部而不是单个项目，我们广泛地提出问题：为什么有的企业产品创新比其他企业做得更好？在研究中，我们找出产品创新领域的高绩效企业，将其与其他企业进行对比，从而找出了新产品绩效的驱动力及其带来的影响。

抛开研究本身，我们关注的基本问题一直没有变：是什么造就了成功者。本书列出的基于我和其他学者的成功驱动力研究的结论，都是以事实为基础的、有据可查的、可靠的。这些研究成果主要发表于同业评估性的刊物上，其观点并不仅仅代表某个作者的观点。PDMA 手册的第一章总结了这些驱动力及其研究基础。

1.3 一种成功的系统方法——创新钻石模型

成功的产品创新，单靠做好一件或几件事是不够的！举例来说，靠简单地拥有一个坚实的或敏捷的从创意到上市流程，是远远无法成功的。要想取得产品创新的成功，必须采用一整套方法论。我们将这一整套的、系统性的方法论，归纳为创新钻石模型，包括战略、资源和组合管理、氛围和文化、流程四大因素。这四大因素也可以看作四种驱动力，在创新时必须到位，才能确保在最短的时间里完成一个大胆的、有创造力的项目，这一结论源于我们的标杆研究。图 1.2 中的创新钻石模型，描绘了创新成功的这四大因素或四种驱动力。

图 1.2　一种创新成功的系统方法——创新钻石模型的四大因素

1.3.1　因素 1：选择一个正确的作为未来增长引擎的战略领域，制定一个使研发和新产品开发聚焦的大胆的产品创新战略

很多企业将其新产品开发聚焦在了一个错误的领域：萧条的市场、成熟的技术、枯竭的产品类别。要取得大的成功、实现大胆的创新，必须冲破这个束缚，将研发方向重新定位于一个充满大机会的、肥沃的战略领域。因此，如果你想去做一个大胆的创新，那么你就需要一个产品创新和技术战略，这个战略帮助你将研发聚焦于最有吸引力的领域。康宁公司将现有能力用于一个尚处于萌芽期的市场（平板显示器）的决策，就是一个很好的案例，其结果是，带来了一个快速增长的巨大的业务领域——平板电视和显示器屏幕市场，该技术现在是显示屏市场的主流技术。但可悲的是，大部分企业缺少一个清晰定义的、强势的、进行过良好沟通的创新战略，缺乏聚焦点，即便有聚焦点也不足以构成未来增长的引擎。一旦你决定了战略领域，它就将成为你的"狩猎场"，你需要在这里搜寻突破性的创意、伟大的概念及具有想象力的解决方案。

1.3.2　因素 2：做出正确的投资决策，并通过有效的组合管理集中资源

大部分公司都有众多的很好的新产品创意。但是，这些公司缺乏向那些更高瞻远瞩的和更高风险的项目投资的欲望，也忘记了公司要成为未来成功者的承诺。原因之一是公司的氛围及规避风险的文化（详见因素 4）。但我们的研究表明，在很多公司还有另一个重要原因：高层管理者缺乏正确的工具和方法，以对那些"伟大概念"的创新进行风险性决策。比如，他们过多地依赖财务分析、净现值（Net Present Value，NPV）和投资回报率等方法来做出通过/淘汰决策，这些方法对于小的、微创新的项目十分有效，但用于更高瞻远瞩的、更高风险的创新项目的决策时，常常导致错误的决策。结果是，公司从这些潜在的能够改变游戏规则的项目上退了出来，继续做那些重复性的老产品的改进和修正，而这些项目不会给增长带来更大的变化。

投资方面的第二个问题是，公司自然地倾向于一个保守的、低风险的组合。公司的开发管道本应持续地交付那些能带来巨大成功的产品，现在，结果却是一个错误的组合和项

目平衡。当管理层专门拿出时间来对一系列项目逐一做出通过/淘汰决策时，结果往往是太多的小项目：资源几乎默认地向下流向低风险、低层次的项目提案。这些默认的选择往往是错误的！因此，管理部门必须实施战略性的组合管理，就像你和我必须做出我们个人的投资组合一样——有意识地、战略性地将资源配置到各个战略桶（Strategic Buckets）中，其中一个桶里必须储备一些更具风险性的项目和投资。但是，什么是最优化的配置呢？

1.3.3　因素 3：创造出伟大的创意，并采用一个适应性的、敏捷的、加速的从创意到上市流程来实施开发

伟大的创意必然带来伟大的概念和伟大的解决方案，并为未来提供增长引擎。更高瞻远瞩、更富有想象力的开发项目，即大胆的创新，是从创造一个改变游戏规则的具有轰动效应的创意开始的。我们通过对标研究找出了超过 25 个已被证明可以创造伟大的、大胆的创意的方法。但是，大多数公司很少采用这些方法，而是寻求那些传统的甚至某种程度上已经枯竭的资源来取得下一个重大突破，当然，这不可能产生任何突破性的结果。创造出能够改变游戏规则的新产品创意，是开展创新性、大胆的产品开发工作的必要基础。但是，你的公司在这方面做得怎么样呢？

创造出好的创意只是成功的一半。另一半是将其从创意阶段推向开发阶段直至上市……要跨越公司层面上的"死亡之谷"（Valley of Death）。"死亡之谷"描述的是概念或发明与转换为商业化产品之间的鸿沟——众多的项目"死"于这个鸿沟。在这里，我们需要一个既有效又快捷的从创意到上市的引擎或体系。缺乏这样一个体系，再伟大的创意或概念，也只能像藤上没有收割的葡萄一样，慢慢枯萎直至最后死亡。推动一个大胆的创新进入市场，需要一个强健且高效的从创意到上市的引擎或体系，用于处理这些重要而伟大的创意和项目。仅仅因为这些项目是富有想象力的并且是大胆的，并不足以让我们为此抛开所有原则。我们的目标是，既要有企业家精神，又要有原则和审慎的调查，这与"鲁莽行事"截然不同。

另一个问题是，大多数企业现在采用的门径管理体系是为那些不确定性较小、模糊点较少的"已知项目"设计的，适合那些改进型或修改型项目，而不适合大型的、创新性的项目及技术平台型的开发。针对大胆创新的开发体系，应当比之前的体系更具适应性和灵活性。

最后一个问题是速度。具体地说，你的创新流程或从创意到上市引擎应当是敏捷的和加速的。大部分公司现在采用的门径体系，都是源于 20 世纪 80 年代和 90 年代的理论，坦率地说，对于当今快节奏的现实世界来说，过于麻烦、线性和僵化了。有几家领先公司已经重新设计了它们的创新流程，以提高生产率并大幅缩短开发周期。IT 行业通过建立敏捷①方法，使得流程更具有迭代性和适应性，从而在竞争中更早地获得产品，并更快速地进入市场。

---

① 敏捷：用于软件开发的一系列方法和原则，体现在 2001 敏捷宣言中。

1.3.4 因素 4：创新的氛围和文化，正确的组织结构和高层领导

人们在正确的氛围中工作对于成功来说是至关重要的。根据我们的研究，有正确的创新氛围和文化，有投资于更具创新性和风险性项目的欲望，有来自高层的正确领导，是那些顶尖的创新型企业的特征。这些企业营造了一个积极的创新氛围，对每个创新机会都给予支持，找出创新者和成功的开发团队并给予奖励，欢迎每位员工提出意见，这样的企业在产品创新上做得会更好。

同样，还需要有正确的高层领导力，也就是说，领导者以语言和实际行动支持产品创新，营造创新氛围，对于成功也至关重要。并不是所有的首席执行官都能像史蒂夫·乔布斯、艾伦·马斯克、理查德·布兰森或托马斯·爱迪生那样，但是作为一位首席执行官要有所行动，也就是自己要成为企业的创新领导者。遗憾的是，研究表明，大多数企业都缺少创新性的氛围、文化和领导力。

我们在下一章将更深入细致地讨论图 1.2 的创新钻石模型，讨论大胆的创新成功的关键因素，以及如何将这些因素运用到企业中去。在这里，我们首先从头看看产品创新在企业中到底有什么重要作用，创新对企业的成功和增长有哪些影响，并讨论为什么高层管理者需要拿出更多时间来使自己成为一名创新专家。

1.4 新产品：企业成功的关键

新产品开发是当代企业最具风险性也最重要的工作之一。风险的确很高：你和你的同事都能看到，公司或者行业将大笔钱用在新产品上，却以彻底的失败告终。但是一旦成功，收获也是巨大的。2011 年德意志银行对超过 1 000 家公司的研究发现，那些比竞争对手公司在研发上投入更多的企业，会得到投资人更高的估值。2014 年的研究发现，那些为了满足短期业绩目标而削减研发经费的企业，在披露业绩后其股价反而下跌。

> 最佳创新企业与最差绩效企业相比，来自新产品的销售额是其四倍，成功率是其两倍多。是什么原因造成了如此巨大的差异呢？

当前，新产品对企业销售额的贡献已经占到了 27.3%。也就是说，公司超过 1/4 的收入来自公司 3 年前还没有销售过的产品。在一些动态性行业，这个比例更是达到了 100%！在这里，新产品的"新"的定义是，产品投放市场的时间少于 3 年，既包括重大改进型产品也包括延伸型产品。同样，在公司盈利的占比也与此相符，25.2%的公司利润来自 3 年内投放市场的新产品。这给我们一个很明确的信息：要么创新，要么破产。

1.4.1 最佳创新企业和最差绩效企业之间的主要差异

前面引用的百分比（1/4 的收入来自新产品）只是平均值，因此，这只是对产品创新的真实影响力和潜力的保守估计。CEO 们想要的是平均水平吗？根据我们广泛的标杆研究，有很多公司都做得远远超过了平均水平，它们是那些标杆企业（见图 1.3）。将行业中前 20%

的企业（最佳创新企业），与最差绩效企业进行比较（后 20%的企业）。最佳创新企业有如下特点：

- 最佳创新企业来自过去 3 年上市新产品的销售额占总销售额的比重达 36.3%，而最差绩效企业为 10.0%，有 4 倍的绩效差距。
- 最佳创新企业初期项目的商品化成功率为 79.5%，而最差绩效企业为 37.6%。最佳创新企业是最差绩效企业的两倍。
- 最佳创新企业上市新产品的绝大多数（70.1%）达到甚至超过了预期收益目标（指的是批准的项目商业计划中设定的目标），而最差绩效企业新产品只有不到 1/3（30.0%）达到预期收益目标。

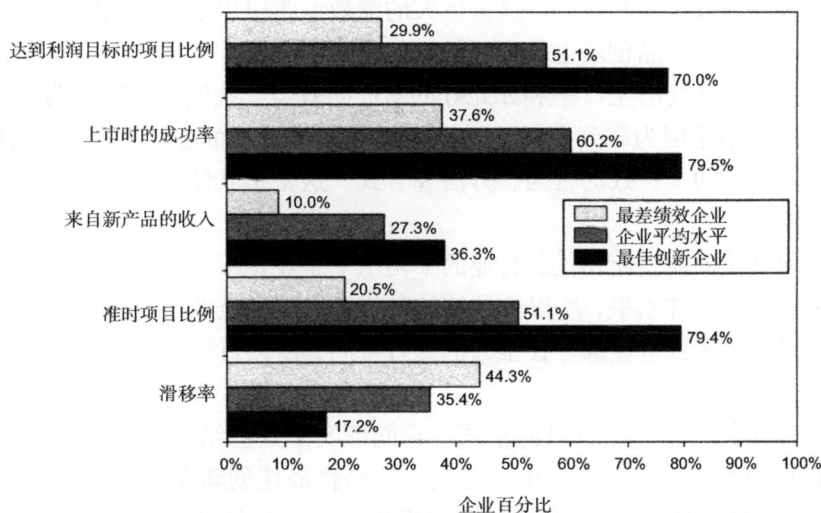

图 1.3　从五个关键因素来看，最佳创新企业比其他企业的产品创新好很多

注：滑移率=$\dfrac{\text{实际上市时间–计划时间}}{\text{计划时间}}$。

最佳创新企业和最差绩效企业的产品创新绩效存在巨大差异。为什么？是什么因素决定了最佳创新企业？我们看到，产品创新是能够做到一流绩效的：最佳创新企业已经给出了答案。其实不仅仅是上述差异。产品创新中的大部分绩效标准可以归结为时间和金钱，所以除了需要考虑利润和销售额数据，还应将图 1.3 中的进入市场时间纳入考虑。

- 新产品开发项目准时上市的比例，平均水平是大约 50%。最佳创新企业的比例是 80%，而最差绩效企业的比例是 20%。
- 滑移率是一个很有用的时间衡量指标，它显示了产品计划时间（通常在项目商业论证中给出）和实际上市时间之间的偏移。滑移率越高越不好。从图 1.3 我们可以看出，最佳创新企业的滑移率是 17.2%，也就是说，如果一个项目的计划时间是 12 个月，那么实际完成时间就是 14 个月，延迟了两个月，还算可以。最差绩效企业的滑移率是 44.3%，也就是说，同样 12 个月的计划时间，实际上市时间是 17.3 个月！

> **建议**：经常对你在新产品方面的绩效进行状态评估。
>
> （1）将你的绩效结果与图 1.3 中的内容进行比较分析。你的绩效是否接近最佳创新企业呢？如果是，那么恭喜你，干得不错。如果只是平均水平或者更差，那么就要考虑是什么原因造成的，以及需要做些什么。
>
> （2）不能仅看来自新产品的收入的比例，还要看其他指标，如图 1.3 中的产品达到预期利润目标的百分比、成功率，以及其他两个时间衡量指标。

根据最佳创新企业和最差绩效企业针对图 1.3 指标的比较，我得出三点结论。

首先，最佳创新企业和最差绩效企业之间是存在巨大差别的——绩效上的差距不是一点点，而是有巨大数量级的差距。这些巨大的绩效差距引出了这样的问题：为什么？为什么一些公司看起来在产品创新上相当成功，但是大部分企业在比较中显得那么逊色。又是什么奥秘造就了如此高的生产率和如此好的新产品效益？我们的研究表明，新产品开发企业之所以成功，不是因为碰到了好的时机或者好的运气，而是因为它们拥有的是清晰的、可测量的、可持续的、一致的行为、方法和方式。这正是其他企业所没有的。我们称之为创新最佳实践。

其次，与最佳创新企业相比，行业的平均水平企业也不值得一提。可能你的企业更接近平均水平而不是最佳水平，所以你的绩效和行业中平均企业所获得的平均收入是相似的。我们想说的是，大多数企业都存在很大的提升空间，所以可能你已经忽视了很多创新最佳实践。

最后，最佳创新企业有自己的模式。它们证明了这些结果并非神话也不只存在理论上，而是真真切切可以获得的。也就是说，这些将最佳创新企业和最差绩效企业区分开来的共性特征或最佳实践，是有形的、可操作的，而且是可达到的。

> **建议**：当考察所在行业的创新绩效时，你发现这些巨大差异了吗？为什么有的企业如此成功？当你分析自己企业的成败时，发现什么模式了吗？要成为一个产品创新的最佳创新企业，你从中学到什么了？随着本书内容的展开，我们关注的并不是绩效的微观分析，而是探求那些将成功者与失败者区分开来的要素——他们的最佳实践和成功奥秘。

1.5 巨额的风险投入

产业界为开发新产品投入了巨额的资源。其结果是，既能得到大量的收益潜力，也将获得大量的下行风险。研发支出只是衡量产品创新投资等级的指标之一。这些数据十分重要：从全球看，2014 年来自各个渠道（公司、政府实验室、研究所、大学）的研发支出已经达到了令人吃惊的 11 000 亿美元，占全球 GDP 的 2.4%。其中，美国的研发支出是 4 300 亿美元。美国国内的研发支出，仅就公司投入而言，2013 年就已经达到 3 230 亿美元，占企业年度销售额的 3.3%！表 1.1 提供了分行业的研发支出分解，这样可以将你的企业与行业内其他企业进行比较。

注意，研发支出并不是我们关注的全部内容。据估算，每 1 美元用于新产品研发，相应地有 2 美元用于新产品开发和上市相关的工作，包括营销、设备投资、管理费用等[①]。

表 1.1　美国公司研发投入占销售收入的百分比		
行　　业	国内研发投入（百万美元）	研发投入占销售收入的百分比（%）
所有行业	322 528	3.3
制造业	221 476	3.8
食品	5 028	0.7
饮料和烟草	827	0.6
纺织、皮革和服装	662	1.2
木制品	220	0.7
纸	920	1.0
印刷及相关支援活动	252	1.1
石油和煤炭产品	242	0.1
化学工业	61 664	4.5
基本化学品	2 658	0.6
树脂、合成橡胶、人工合成纤维等	1 065	0.7
农药、化肥等农用化学品	1 691	3.5
药品	52 426	10.3
肥皂、洗涤剂和厕所备用品	2 469	2.4
油漆、涂料、黏合剂和其他化学物质	1 355	1.9
塑料和橡胶制品	3 650	2.2
非金属矿产品	1 329	2.4
主要金属	624	0.5
金属制品	2 212	1.6
机械	12 650	3.4
农业设备	1 597	2.8
半导体机械	3 194	28.4
发动机、涡轮机和输电设备	1 448	2.9
其他机械	6 411	2.5
计算机和电子产品	67 205	10.6

[①] 并非所有的研发支出都是用于新产品的，据估算，在一些工艺性行业，大约有一半以上是用于工艺改进，而不是用于产品开发的。

续表

行　业	国内研发投入 （百万美元）	研发投入占销售 收入的百分比（%）
通信设备	15 658	9.0
半导体和其他电子元器件	30 800	18.5
导航、测量、电化学和控制仪器	14 478	8.3
电化学、电刺激和辐照装置	2 634	9.5
搜索、探测、导航、指导、航空、航海系统 　和仪器	8 106	9.4
其他测量和控制装置	3 738	6.2
其他计算机和电子产品	6 269	5.2
电气设备、电器和组件	4 136	2.9
运输设备	45 972	4.1
汽车、车身、拖车和部件	16 729	2.4
航空航天产品和零部件	27 114	7.6
飞机、航空发动机和飞机零部件	D	D
导弹、航天器和相关部分	D	D
装甲车、坦克和坦克部件	9	2.7
其他运输	2 121	3.4
家具及相关产品	374	1.1
杂项制造业	13 509	4.0
医疗设备和用品	10 954	4.4
其他杂项制造业	2 555	2.7
非制造业行业	101 052	2.7
采矿、提取和支持活动	3 997	0.9
公用事业	294	0.1
批发贸易	529	0.2
电子购物、电子拍卖	1 357	2.1
运输和仓储	D	D
信息业	57 207	5.5
出版业	35 675	8.6
报纸、期刊、图书、目录出版商	342	1.5
软件出版业	35 333	9.0
电信	3 041	0.7
数据处理、主机和相关服务	6 446	8.1
其他信息	12 046	9.0

续表

行　业	国内研发投入 （百万美元）	研发投入占销售 收入的百分比（%）
金融和保险	4 308	0.7
房产租赁	150	1.5
非金融无形资产出租人（复制品除外）	58	15.4
其他房地产和租赁	92	0.9
专业科学技术服务	31 017	8.4
建筑、工程和相关服务	3 133	3.4
计算机系统设计和相关服务	9 268	8.4
科学、研发服务	14 201	20.1
生物技术研究和开发	4 499	19.3
物理、生命科学（除了生物技术）研究和 　　开发	8 910	19.4
社会科学与人文研究和发展	792	61.1
其他专业、科学和技术服务	4 415	4.5
卫生保健服务	526	1.0

为什么产品创新比以往更重要

很显然，新产品是企业兴旺发达的关键因素。它带动了公司收入、市场份额、账本底线甚至股价。但是为什么全球新产品研发投入上涨得如此快，又为什么对产品创新结果如此关注？下面的 5 个驱动力，有助于解释为什么创新正在提速，以及为什么你的企业不能袖手旁观。

（1）技术进步：全球的基础技术[①]和 Know-how 在以指数级的速度增长，使 10 年前还不敢想象的很多产品和解决方案成为可能。比如，20 世纪 60 年代的科幻小说《星际迷航》中出现的手持电脑、通过修改 DNA 来治愈疾病、无人驾驶汽车、磁感应炉、便携式视频设备等，在今天已经成为现实。这里有一些令人惊诧的统计数据。1900 年之前，人类知识大约每个世纪增长一倍，而根据 IBM 的调查，现在人类知识每 13 个月增长一倍，物联网更使这一增长达到每 12 小时翻一翻。

（2）消费者需求不断变化：市场仍处于混乱中，市场需求、需要及消费者偏好仍在不断变化。在一些快速更新的市场，消费者甚至说不清楚他们想要什么——有很多需求是模棱两可的。那些几年前看上去无所不能的公司，如做手机的诺基亚公司、做搜索引擎的雅虎公司，突然在市场上一落千丈。大量的收购和兼并也证明了大公司正在努力跟上市场变化的步伐。在其他类型的市场，消费者期待着出现有显著改进的新产品：消费者等待着新的

---

① 在本书中，"技术"一词的含义是"科学知识的实践应用"。

一次"精致产品"的发布，B2B 客户也更期待你的交付物的性能改进。

（3）产品生命周期日益缩短：技术创新和市场需求变化节奏加快的结果之一是产品生命周期缩短。过去 50 年的产品生命周期被分为大约四个阶段：在 20 世纪 60 年代，一个新产品经过 12 年也不会出现大的改变，而现在每四年就会更新一次。你的产品生命不会再有 5～10 年那么长，而是只有短短几年，甚至短短几个月，就会被新的竞争者的进入所替代，把你的产品变为废物，同时，让开发新产品变得迫在眉睫。日益缩短的生命周期，给企业及其管理团队带来了巨大的压力。

（4）全球化不断深化：我们比以往任何时候都更容易接触到新的国外市场，同时，对我们来说的本土市场也成为别人的国际市场。市场全球化为产品创新带来了更多的机会：通过在本地定制世界级产品，瞄准全球市场，正确的创新可以面对一个规模巨大的潜在市场。苹果公司 2015 年在中国销售的手机数量比在美国还多。全球化也加剧了每个国内市场的竞争。由于这些全球化因素，产品创新的节奏正在变得更快。

（5）互联网：互联网及其带来的沟通方式，影响了当今产品创新的几乎每个方面。比如，互联网和社交媒体带来了营销的革命，让几乎所有人都可能进入全球市场，即便小企业和创业者，还产生了微营销——面向单个个人或单个企业定制的营销战略，使终极市场细分成为可能。创业公司通过互联网获得风险投资；通过短时间的线上搜索就可以分析市场和竞争状况；项目团队成员分布于不同地点，但仍能保持不间断的联系；甚至可以在线上进行新产品（或虚拟产品）的消费者测试。互联网使得产品开发中许多传统的劳动密集型工作被外包，如编写代码、工程设计，甚至专利搜索，这些工作转移到了低劳动力成本的国家，如印度。

快速思考一下这五个产品创新的驱动力，没有一个在未来 10 年或 20 年内会消失。基于市场需求的技术进步和变革会持续发生，市场全球化会向前推进，竞争会使生命周期更短，互联网和沟通改进会持续发展。为了跟上这些变革和趋势，在未来，产品创新对于企业兴旺发达的作用将比过去更重要。

> **建议**：如果你还没有这么做，回顾一下新产品在你的公司所扮演的战略角色（过去、现在和未来）。关键问题包括：
>
> （1）公司的销售增长来自何处？有多大比例是来自新产品的？有多大比例是来自新市场的？有多大比例是来自已有市场增长的？有多大比例是来自市场份额增加的？
>
> （2）在现有销售额中，有多大比例是来自过去三年中推出的新产品的？这个比例与图 1.3 中最佳创新企业相比是高还是低？公司未来的计划或目标是什么？
>
> （3）未来 5 年，公司的产品组合是怎样的？
>
> （4）公司研发支出占销售额的比重，历史数据是多少？现在是上升了还是降低了？与竞争对手相比，或者与整个行业水平相比，是什么水平？高了或者低了的原因是什么？
>
> （5）对于上述问题的答案，相互间是关联的吗？为了得到公司想要的结果，你对研发和新产品的投入充足吗？

1.6　高失败率

　　创新的产品对于公司的长期成功是至关重要的。它能确保公司的产品组合具有竞争力并保持健康，对大部分公司而言，它还意味着长期的和可持续的竞争优势。难题是，产品创新是有风险的：创造一个稳定的、持续的成功和一个高绩效的新产品，并不是一件容易的事。

　　一个现实难题是，大量的新产品从没有投放到市场上。这与 25%～40% 的失败率是相符的。比如，我们的研究表明，新产品上市的成功率只有 60.2%（见图 1.3），根据 PDMA（产品开发与管理协会）的数据，新产品上市的成功率是 59%。在不同的研究中，成功率是不一样的，因为行业不同，对"新产品"和"失败"的定义也不相同。有些文献引用的研发失败率高达 90%。另外，值得注意的是，平均值其实并不能揭示问题的全貌。成功率是在最差绩效企业的 37.6% 到最佳创新企业的 79.5% 之间变化的。

　　不管成功率是 55% 还是 65%，失败的概率都是相当大的。更糟的是，上面的数据还没有包括大量的在开发过程中和上市之前就被淘汰的新产品，尽管这些项目也需要可观的时间和资金投入。据估算，大约 46% 的新产品投入打了水漂，或者因为在市场上的失败，或者因为在上市前被取消了。这意味着，几乎一半的投资被浪费了！

　　新产品损耗曲线展示了一个从创意到商业化的完整图景。多项研究结果得出的是与图 1.4 几乎一样的曲线。每 7 个新产品创意，有 4 个会进入开发阶段，有 1.5 个会投放市场，但是只有 1 个会成功。从创意阶段开始算起，7 个项目只有 1 个会成功——确实是相当低的比率。还有更遗憾的消息：40% 的新产品项目没有达到预期利润目标，超过一半的新产品没有按时上市，32% 的公司认为它们的新产品开发速度和效率很低，80% 的公司认为其产品开发生产率（利润除以研发投入）是"一般"或者"很差"。最后，28% 的公司甚至根本就不度量它们的新产品绩效。考虑到公司对于新产品创新的大量人力和资金投入，以上这些数据是惊人的。

> 成功的比率是 7：1，但我们有办法打破这个比率。

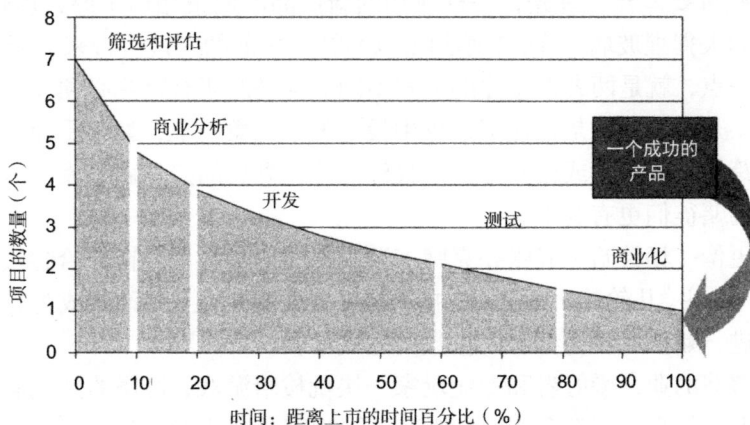

图 1.4　新产品项目的损耗率：始于 7 个概念，终于 1 个赢家

并不是所有的公司都这么差。回顾一下图 1.3，有少量的公司（前 20% 的最佳创新企业）确实达到了一个令人羡慕的 80% 的上市比率，70% 的新产品实现了目标利润要求，同时 79% 的产品按时投放市场。通过这些少数企业我们得知，做得比平均水平好是有可能的，甚至可以好上很多。

> **建议：**你的公司在产品创新方面情况如何？你知道吗？仍在持续进步吗？（很多公司没能提供可靠的关于成功、失败和失败率的数据，以及成功企业和失败企业对于产品开发投入的对比数据，也没有实现时间和利润目标的项目数量的数据。）
>
> 在产品创新方面要做到持续进步。俗语说："无度量，无管理。"这句话也适用于新产品开发。需要跟踪的关键指标包括：
> - 产品上市时的成功率。
> - 损耗率：在创新流程各个阶段通过的项目的比例。
> - 投入于成功产品、失败产品和淘汰产品的资源的比例，总体数值和各阶段数值。
> - 完成时间、利润和销售目标的项目的比例。

打破所谓的失败率

新产品有些类似障碍赛马：只有很少的新产品项目会成功。在起点出发时大约有七匹马，它们必须一路跨越树篱、栅栏、关口才能达到终点。冲过终点线的七匹马中仅有一匹能成为最终胜利者。赛马的赌徒们需要找出那匹获胜的马，但在大部分情况下，他们将赌注压在了错误的马上。

新产品管理的风险比赛马还要高。事实是，一种新产品胜算的概率，在某种程度上也遵循着 1/7 的比率。但是新产品的赌注比赛马大了很多——常常以百万美元计算。新产品管理者与赌徒也不一样，他们无法离开这个赌局——为了公司成功，他们必须年复一年地持续投注。新产品游戏非常令人上瘾：一旦进入，很难退出。

为什么大家面对这样的概率和风险，还想做产品创新呢？或许是因为赛马和创造新产品之间存在一些重要差异。首先，一种成功的新产品的回报相当丰厚，就像苹果的 iPod 或者康宁公司的大猩猩玻璃一样，丰厚到足以弥补你之前的失败所带来的所有损失。其次，也是很微妙的一点，就是两者下赌注的方式不同。赛马的所有赌注必须在比赛前就下注完毕；但是新产品开发的赌注是在比赛进程中投入的。想象一下，如果是障碍赛马比赛，赌注可以在马匹跨越每个树篱或栅栏之后才投注的话，刹那间赌局就会发生奇妙的变化，变得对那些精明的赌徒们更有利了。

产品创新更像一场梭哈（五张扑克牌）游戏，而不是赛马。在梭哈游戏中，每发完一张牌，玩家下一次注。几轮牌玩下来，越接近尾声结果越明显，即谁将成为赢家就越清晰；随着进程的推进，赌注和赌金都会以指数的方式增长。

很多梭哈游戏的业余爱好者和专业玩家一块玩梭哈游戏，奇怪的是他们的获胜概率是一样的。事实上，每个玩家都有相同的胜率：因为牌是随机发放的。从长远来看，专业玩家一定会赢。不是因为他们的手气好,而是因为他们知道如何下注,什么时候下大的赌注,什么时候下小的赌注,什么时候收拾走人。所以,技巧在于下注!专业的玩家都会算牌、了解下注的标准(如何下注)。

遗憾的是,大多数企业在产品创新中扮演的是梭哈游戏中的业余爱好者的角色。他们以平等的获胜机会开始玩,但是因为他们不算牌(也就是说,他们没有提前做好功课,而只凭自己的预感和推测),并且不了解下注的标准(也就是说,他们在进行通过/淘汰决策时,缺乏甚至没有决策的规则),他们必定输给专业玩家。因此,失败的概率对于那些业余选手来说是相当高的。

进行这些类比分析的目的之一是说明新产品领域比单纯的赛马要复杂得多:产品创新的特性就是高风险、低成功率、巨额投注、一个增量的投注过程,随着进程赌注不断增加并累计。目的之二是说明有效的投注是获胜的关键。我们都有手气好的时候,但是如何下注——如何收集信息及我们采用的投注规则和标准,才是造成不同输赢结果的关键。目的之三是说明产品创新与赛马或梭哈游戏相比有重要的不同:我们可以影响最终结果。也就是说,开发者的行动可以改变比赛或梭哈游戏的最终结果。因此,本书中的大部分内容都是要深入了解最佳创新企业的实践和方法,也就是说,它们如何通过其行为来改变结果,提高成功率。

1.7 新颖度和新产品的定义

认真的玩家会在产品创新中持续进步。要想获得持续进步,则必须明白到底如何去定义一个新产品。谈到持续进步,我们就会涉及一个问题,即新产品包括不同的类型,比如,真正创新产品的损耗率,与那些公司已有产品的延伸和改进产品相比,要高很多。

产品:产品是指在外部市场中销售、使用或者消费的任何东西,包括实体产品及软件、服务及多种服务的组合、硬件。但不包括技术服务和支持小组提供的"免费赠送",如免费的用户培训或免费的维修服务。产品通常与企业或者公司联系起来,正如我的很多插图和案例都来自公司一样。但是,产品也可以来自非营利组织、行业协会、卫生组织、社会性组织、政府等,尽管在该领域常常使用"项目"这个词。

> 保持产品创新的持续进步,你的企业做得如何?前提是你要同意这里对"新产品"的准确界定。

新产品:如何定义新产品、创新性、新颖度?下面的定义,有助于你确定绩效度量标准。

- 美国的一个重要的 B2B 社团将新产品定义为:"任何有形产品或服务——能向消费者或用户提供显而易见的新功能、新特点或新利益,同时必须至少有超过 50 人·日的开发时间。"这个定义中的产品,必须被市场认为是新的(而不是公司开发团队认为是新的),同时,公司至少要有一定的投资(必须有一定的赌注)。
- 一些日用消费品公司将新产品定义为:一个新的库存单位(Stock-Keeping Unit, SKU)

或者新的条形码。这是一个相对宽泛的定义，它很实际，它使得很多最初的想法都能算新产品，因此使新产品的数量大大增加。为了完善这一说法，一些业内公司只计算来自这个产品的增量销售额，也就是说，销售额的增量。所以如果一个产品的新版本上市了（一个新库存单位或者新条形码），但是它并没有创造新销售额（也就是说，销售额很低，或者只是简单地代替了一个公司现有的产品），它可能算一个"新产品"，但是它的销售额不会被计算在总数内。

- 另一个实用的定义是，新产品是"任何项目或者提案通过公司的从创意到上市流程或者门径系统所产生的结果"。

另外，一个有用的方式揭示出，新产品有很多不同类型。可以用两种方式来定义"新额度"。

（1）对于公司而言是新的：意思是企业之前从未制造或销售过这类产品，但其他企业可能有过。

（2）对于市场而言是新的，或者是创新性的：该产品是市场上这一类里的首个，这个市场可以是相对于你公司的市场而言的。

如图1.5的二维图所示，共有六类新产品。

（1）新问世产品：这类新产品是该种类中的第一个，或者创造了一个全新的市场。这类产品只占全部新产品的10%，而且比例正在萎缩。

（2）新产品线：这类产品虽然对于市场来说不是新的，但是对于开发公司来说确实是新的。它使公司可以第一次进入一个已经建立起来的产品类别或者市场。这类产品占全部新产品的20%。

（3）已有产品线的延伸：这类产品对于公司而言是新的，但是它们属于公司已经在制造或销售的某个产品线。它们也可能代表了一种市场上新出现的产品。这类产品是全部新产品中比例最大的——大约26%。

（4）已有产品的改进：这类不算很新的产品是公司产品线上已有产品的一种必要的替代。能够提供超出旧的产品的改进性能或者体验，这种新的、改进的产品占全部新产品的26%。

（5）重新定位：这是指已有产品的新应用，通常是将已有产品重新定位一个新的市场细分，或者一种新的应用。重新定位产品大约占全部新产品的7%。

（6）成本降低：这是所有新产品类型中"新"度最小的一类。这类新产品用来代替公司已有产品，以更低的成本带来相同的利益和性能。从市场角度看，它们并不是新产品；从设计和生产角度看，它们可能意味着重大的改变。这类产品占全部新产品的11%。

大部分公司把以上提到的前四类——图1.5的上半部分——定义为新产品，用于衡量新产品绩效和影响。

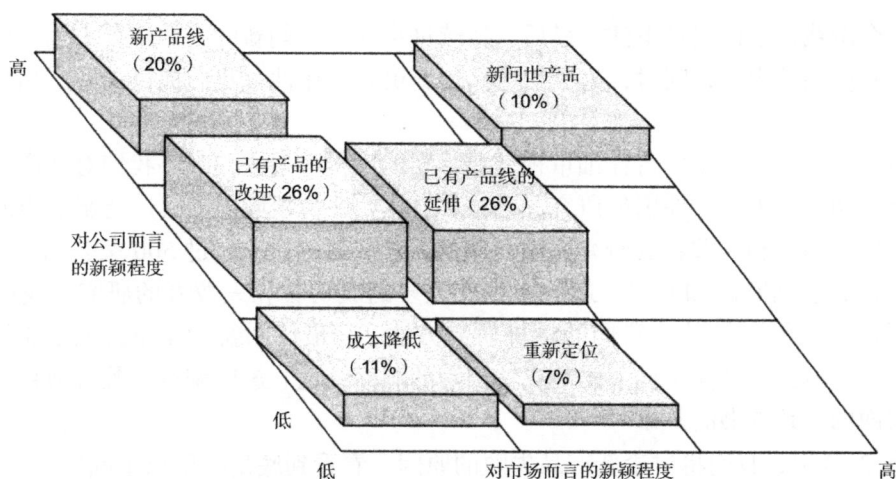

图 1.5　基于两个维度的新产品类型：对公司而言的新和对市场而言的新

建议：

（1）在你的企业中确立一个固定的新产品定义。确保该定义既严格又可操作。也就是说，它是可行的（方便使用和度量，并能提供可靠的标准），也是固定的（不包括任何小开发项目，也不会造成数字夸大）。在将你的产品创新和图 1.3 中的行业结果进行比较时，就可以使用这个定义。

（2）回顾一下最近三年内你的企业已经投放市场的新产品。然后根据图 1.5 中的六个类型对其进行分类。可以分为哪几类？这个分类与图 1.5 中所有行业的分类有差异吗？为什么？

（3）从总体资源支出角度看，是如何分解到各类项目上的？也就是说，你的金钱和努力花在了哪类项目上？从销售额和利润角度看又是如何分解的？也就是说，哪类产品或项目创造了收入和利润。每类产品的成功率分别是多少？最后，每个项目类型的平均销售额（或者利润）与支出的比率是多少（也就是说，每个种类的生产率是多少）？

（4）目前的分类是你期望的吗？根据图 1.5 所示，还有哪种类型应该被独立分解？

1.8　向前迈进

在本章中，你已经了解到，成功的新产品开发对于公司财富具有重要作用。这需要通过大胆的创新和突破性的新产品带来真正的变化，还需要最短的时间——一个更敏捷的、更快速和更具适应性的创新引擎。你也看到了一些绩效结果，表明对于大胆和速度的追求不是一件容易的事情！但是，我们已经看到了成功创新企业和传统企业之间的巨大差异，并引出一个问题：为什么？创新钻石模型列出了导致成功的大胆的创新的四大因素。

你也已经了解到，新产品创新存在诸多风险：公司在研发上的巨额资金投入，就像赛马一样的高失败率和高损耗率。一个关键点是如何下注！当然，你还可以影响结果——你如何玩这个游戏，不仅仅靠下注。最后，持续进步是产品创新的一个重要方面。所以，本书提供了新产品的定义，同时，为了使产品创新更有可比性，我们提供了新产品分类的相关信息。

在接下来的两章，我们将仔细审视一些真实的案例。过去30年我们对新产品实践和产品创新成功（或失败）原因的研究，已被PDMA评为领域内最具广泛影响力的研究，对产品创新成功者和失败者的研究应该是领域内最详尽的——超过500家公司的2 000种上市的产品，包括欧洲和北美。通过对如此众多的成功者和失败者的研究，我们找到了新产品成功的关键。另外，我们的标杆研究方法——最佳创新企业与其他企业的对比研究，得出了很多关于最佳实践和关键成功因素的洞察结论。这些调查，既有项目层面的也有企业层面的，是本书的基础。

在第2章中，我们将讨论新产品失败的原因，看看到底是哪里出了问题。关注失败，可能是一个比较消极的开始，却是必要的出发点：希望就来源于我们从过去的失败中吸取的教训。然后，我们讨论成功的新产品、成功的新产品和失败的新产品的八个最重要的差别，以及哪个是大部分企业最容易忽视的。在第3章，我们还将讨论一些成功的企业，以及使公司产品创新更加成功的九个最重要因素。我们可以得出结论：成功确实有清晰的模式，实际上，新产品成功是可以预测和可以控制的。这些成功因素被整合在新产品成功的关键启示中——为了获得成功，我们把这些关键成功因素纳入了任务书中。

在第4~9章，我们将讨论如何制作一份成功的任务书。其中，我们将关注如何通过门径管理体系的开发和实施将新产品成功且高效地推向市场。当今，大部分做产品开发的公司已经在应用某种形式的门径管理体系。在第4章中，我们将介绍最新版本的门径管理方法论——一个最优秀的从创意到上市的产品创新体系。在这里，我们将把第2~3章中找出的关键成功因素和最佳实践，集成并转化成一个可操作的蓝图，同时特别强调了大胆的创新项目。

在第5章中，我们讨论的不再是那个传统的门径管理方法，而是去看看企业如何将一些神奇的、成功的做法纳入它们的从创意到上市的创新引擎中，使其更灵活、更敏捷、更快速、更有适应性。我们还将讨论情境方法、风险应急模型、敏捷方法等概念。在第6章中，讨论的是新的敏捷-门径管理混合模型，该模型在过去几年中被一些领军的硬件和有形产品企业所采用。敏捷方法来自IT领域，这里进行了修改和调整以适应制造行业，在最近与门径管理相融合之后，已经取得了令人意想不到的绩效。

要想成功，除了有稳固的从创意到上市的流程，还需要很多因素。创新钻石模型提出了与整体保持一致性及系统性的方法。第7章讨论的是另一个关键因素，我们称之为探索——产生突破性的新产品创意。这一章强调了超过25种已经证明有效的创意生成方法，包括哪种方法效果最好的结论。

在第8章中，我们讨论的是如何选择一个成功的项目：关于组合管理及关注于提高你的"赌博业务"的方法——提高你做出正确研发投资决策的概率，以及达到正确项目混合和平衡的方法。在这里，重要的是聚焦——将资源集中于成功的项目上！选择成功的项目十分重要，我们在第 9 章中仍然讨论这一主题，但强调的内容是确保通过/淘汰关口更有效率的一些新的方法，包括"严格精益的关口"思想。

在第 10 章中，我们讨论如何制定一个产品创新和技术战略。战略是创新钻石模型中的一个重要的系统因素。最后这一章有助于为你的全部新产品开发找到努力的方向：如何定义公司的创新长期目标，如何识别并选择最佳战略领域以集中研发资源——这些领域将成为公司的下一个增长引擎，以及如何制订攻击计划——如何在每个战略领域获胜。

所以，请接着读下去！在接下来的两章中你会看到至关重要的成功要素，并会看到它们应该如何用到你自己的创新中去，让你也能实现成功的新产品创新。

第2章

新产品成功的原因

我是我命运的主人：我是我灵魂的主宰。

——欧玛·布莱德利，美国将军

2.1 成功的奥秘

什么因素决定了新产品的成功？为什么有的新产品项目和新产品如此成功？你知道吗？大部分人不知道，甚至选择了忽略，因为他们眼前所见的是高失败率，以及大量企业和大量新产品的低绩效。这让我们回想起第 1 章及表 1.3 和表 1.4 列出的那些低绩效情况。由于导致成功的那些驱动力并不为人们所熟知，所以我将这些因素称为"成功的奥秘"。

这是一个很有价值的问题！针对新产品为什么成功或失败，我们开展了海量的调查和研究，进行了大量的新产品成功与失败的案例对比，以找出是什么因素导致了成功或失败。一些研究甚至进入微观层面，分析一系列企业及其创新绩效，寻找这些企业成败的原因。

充分理解这些"成功驱动力"，对于设计构思、开发和上市新产品的体系和方法，对于确保在最短时间内交付伟大的成功的新产品，是至关重要的。这就像教练和足球队员们在一起观看比赛回放一样：产生新的阵型，洞察出未来比赛中避免犯的错误，计划在未来比赛中采用什么新打法，等等。也就是说，当我们找到一个导致产品失败的关键且共性的原因时，我们就可以在我们的任务书或体系中加以考虑，以避免此类失败在今后再次发生；当我们找到一个导致新产品成功的驱动因素时，我们也会将其纳入我们的从创意到上市体系中，以便在行动和步骤中重复运用。在本章中，我们主要讨论战术层面的成功和失败因素，这些因素可以运用于项目和产品层面并具有可操作性；下一章我们主要讨论战略层面的因素及更广泛的成功因素，这些因素可以运用于业务单元（事业部）层面。

2.2 为什么新产品没有产生应有的收益

认清这个问题从而提升创新效果的最好出发点是，弄明白新产品为什么会失败。通常，我们对于以前的失败、问题和隐患的认识和理解最终会产生正确的决策。这一认识和理解是持续改进和学习型组织的基础。为什么如此多的新产品没有实现它们的财务和销售预期？

在第 1 章中，我们看到近一半的开发项目没有实现其利润目标，而且有超过 1/3 的新产品甚至没有上市。接下来，我们分析导致产品失败的一系列原因并分析其根本原因，这些原因是基于很多新产品开发绩效研究和许多企业问题研究总结出来的（见表 2.1）。

表 2.1　新产品失败的 7 个原因
（1）模仿的或枯燥的新产品——产品本身是有错的！它无法激发顾客的兴趣：产品中没有对客户来说"令人惊叹"的元素，也没有具有吸引力的价值主张。
（2）薄弱的前端工作——尽管尽职调查（市场研究、技术评估、财务分析等）十分必要，但这项工作往往流于表面或者根本就没做。
（3）缺乏顾客或用户信息及市场洞察——产品特性或功能的定义应该来源于市场信息。现实情况是，产品到了现场试用或者上市阶段时往往并不理想甚至是错的。
（4）产品规格不稳定和项目范围漂移——产品和项目的定义随着项目的推进不断变更，这是项目延期的首要原因。
（5）职能障碍型项目团队，过多的职能墙——团队中缺失了来自关键职能部门的成员，选错了团队负责人，团队没有共同的愿景，团队成员缺乏责任担当，团队缺乏责任制。
（6）管道中有过多的项目（没有重点）——批准了过多的项目，导致项目资源不足，人力过于分散；导致项目耗费时间过长，偷工减料，产品质量下降。
（7）缺乏能力、技能及知识——执行项目的人缺乏正确的技能、能力和知识。项目在最初就不该被批准通过。

1．模仿的或枯燥的新产品

新产品失败的首要原因是产品本身就是错的：它无法激发出顾客的兴趣——产品中既没有"令人惊叹"的元素，也没有比竞争对手更好地满足一项未满足需求或者解决一个关键问题。简单地说，这个产品与竞争产品太像了。缺乏什么呢？缺乏竞争优势：当提出新产品创意的时候，由于设置的门槛不够高，导致项目团队开发出一个又一个模仿的、令人厌倦的、枯燥的、平淡无奇的产品，与竞争产品几乎没什么区别。对于顾客或用户来说，这些产品既没有吸引人的价值主张，更没有给出他们更换产品的理由，所以，他们不会去买！这必然引发失败。

根本原因之一是，管理者没有对项目开发团队提出高于竞争者产品的要求。一家大型公司在开发产品时，对新产品的期望应该是"与众不同、独一无二和超出竞争者的绩效"，否则，产品就会直接被拒绝。

根本原因之二是，从创意到上市的过程中忽略了一个关键因素：没有强调产品应具备与众不同的要素和有竞争力的价值主张。实际上，如果企业只是盲目地按照产品开发说明书的步骤来开发新产品的话，那结果只能是我们又多了一个多余的产品。然而，往往有一些企业的流程似乎就是为了设计平庸产品而制定的。

根本原因之三是，因为一系列压力和无处不在的销售风险，所以投资组合和开发预算大量地用在了延伸性、改进性、微调性的项目上——用在更新而不是创新上了，结果是没有资源更没有空间来进行大胆的、有创意的、有"令人惊叹"元素的产品开发。

2．薄弱的前端工作

对于那些十分必要的项目前端工作，有些企业根本没有做。对于必要的尽职调查（市场研究、技术评估和财务分析等），或者做了一些表面工作，或者完全不做。图2.1揭示了这一事实：大量的企业在关键的前端工作上做得很差（图中展示的是平均企业数量，以及20%最差绩效企业的情况），在最差绩效企业中：

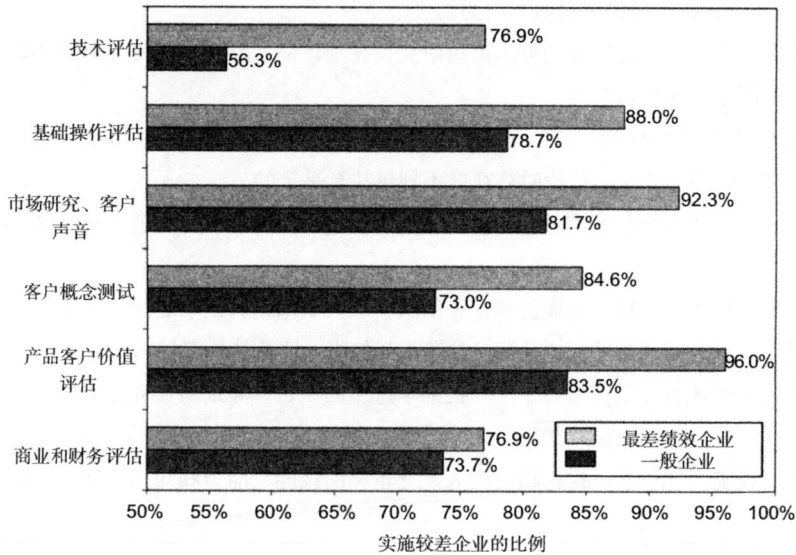

图 2.1　新产品开发早期阶段存在严重不足——低绩效企业尤其严重

- 96%的企业，产品对于客户价值的评估工作，十分薄弱。
- 约 93%的企业，很少或几乎不做市场研究和客户声音（Voice-of-Customer，VOC）工作。
- 约77%的企业，没有有效地进行技术评估工作。
- 约77%的企业，没有很好地做项目商业和财务分析工作。

这是 20%最差绩效企业的情况。那么，典型企业怎么样呢？图 2.1 中显示的企业平均数据也同样糟糕，有超过一半的公司在所有六项前端工作中都执行得很差。这些数据令人震惊，揭示出产品创新流程上存在的质量危机——不是指产品质量，而是指"执行质量"。简单地说，关键任务或者没有做，或者没有被很好地执行，必然导致大量新产品处于低绩效状态。

薄弱的前端工作带来一个恶劣的后果，就是当到了进行关键决策（产品设计决策或通过/淘汰投资决策）的时候，大部分情况下只好基于假设，很少能够基于事实。缺乏前端工作的一般性理由是没有时间和资金来做，更常见的理由是其他工作太忙了。这都是糟糕的借口。还有一个理由是，希望缩

> 对于新产品的前端工作和尽职调查工作（市场研究、产品客户价值评估、技术评估、商业和财务评估）75%~90%的最差绩效公司都存在工作缺陷（见图2.1）。

短产品推向市场的时间。削减前端工作以节省几个月时间，这个理由听起来很有说服力。但大量实例得出的结论正相反：不做或者仅做薄弱的前端工作，实际上将延长而不是缩短产品开发周期，并将降低新产品的成功率。

3. 缺乏顾客或用户信息及市场洞察

导致如此多的新产品未能实现预期销售额和利润的另一个原因是，对市场和客户缺乏足够了解。大量研究结果显示，这是新产品失败的第一原因。大部分情况是，在对市场缺乏足够了解的情况下，比如，没有开展客户声音工作，项目团队也没有去拜访客户以获得真实需求和客户问题的洞察，产品开发团队（甚至管理者）就根据自己认为的产品应该是什么样的，确定了产品概念。图 2.1 揭示了如下事实：绝大多数企业仅仅做了很微小的市场研究工作、客户概念测试工作、产品客户价值评估工作。需要注意的是，销售人员和产品经理的声音并不能等同于客户声音。

即便做客户调查，调查对象也往往局限于一位或者几位客户，仅仅是一些当前客户，从没想过扩大客户基数或者深入价值链各个环节中去倾听"客户的客户"的声音。还有，随着产品趋于成形及各种迭代产品的出现，更缺乏针对客户的产品验证工作，即使做也是到了流程末尾才做。简言之，在产品开发过程中，客户没有成为流程的参与者。结果是，当产品开始现场试用、客户测试，甚至上市时，产品往往是错的甚至很快就死掉了。

4. 产品规格不稳定和项目范围漂移

多项研究表明，不稳定的产品和项目定义——产品定义随着项目进展不断变更，是导致项目延期的第一原因。这种情况就像在比赛中，一些队员将球向球场方向踢，另一些队员将球向球门方向踢，导致进球变成几乎不可能的事。举例来说，项目范围变更：项目最初基于一个简单的单一客户需求，之后就变成多客户需求。当开发进行一半时，又开始重新定义，这次是一个面向整个市场的新产品了。还有一种情况是，一个单一国家产品突然变成了全球性产品。另一种常见情况是，产品定义和规格不停地在变——产品要求、性能特点、规格都极具变动性。对产品有影响力的人不停地往产品上增加新的特性或者功能，甚至在项目接近开发阶段尾声的时候也一直这样做。

有时，产品规格和范围的不稳定，是因为有些因素不是项目团队可以控制的，比如，出现一个新的竞争产品或者出现一项新技术。但是，最常见的原因是新的信息：一名销售人员提到产品需要增加一个新特性，或者一名执行官在展会上看见一种竞争产品从而想增加一些新功能，等等。其实，所谓新信息并不新，这些信息应该是在产品开发开始时就已经提供给项目团队了。根本原因是，前端工作没有做好。

5. 职能障碍型项目团队，过多的职能墙

对于很多新产品项目来说，缺乏真正的跨职能团队是一个重要的失败点。实际上，有足够证据表明，一个有效的跨职能团队可以有效地缩短产品开发周期。但是很多公司都做错了。在一些公司中，项目开发就是一种接力比赛：市场部跑完第一棒，就全部交付给研发部门进行开发，研发部研发好了以后就直接交给制造部，最后交给销售人员推向市场。

这种扔过部门墙的做法，与跨职能团队恰恰相反。还有一些企业希望建立真正的跨职能团队，但是往往没有成功：团队里缺乏来自核心职能部门的成员（比如，运营人员常常很晚，或者直到开发阶段末期才加入开发团队，为时已晚！），选错了团队负责人或者这个人根本就不适合做负责人，团队缺乏凝聚力而且对产品愿景缺乏一致观点，还有的团队成员缺乏责任心和承诺，团队责任感缺失。所有这些，都是职能障碍型团队的特点，而不是跨职能团队的特点！

6. 管道中有过多的项目（没有重点）

产品开发中的最大问题之一是来自高层管理的——开发管道过载。在早期的通过/淘汰关口批准了太多的项目，超出了资源能力。在后续阶段又没有切实地解决资源问题：项目不断加入任务清单中。导致项目开发没有获得充足的资源，人力分配也过散。面对如此多的多任务（一人承担过多的项目），系统就会变得相当低效，大量时间浪费在项目和项目之间的切换上。这样的结果是，项目周期远超其应有的时间，开发管道就像河流阻塞了一样。另一个结果是，项目质量开始下降：为了走捷径，跳过了必要的市场研究，简略了现场测试，并常常带来悲剧性的结果。

7. 缺乏能力、技能及知识

在一些企业和一些项目中，不仅是人力使用过散，还缺乏有合适技能、能力和知识来执行项目的人才。还有的企业缺乏某项关键成功因素，如市场渠道或必需的技术。原因往往在于管理层批准了项目但没有意识到项目开发关键资源和能力尚且缺失：这些项目在第一时间就不应该被批准。其他时候，能力缺失是因为一些企业缩减得太厉害导致关键技术和市场人才的缺失：那些擅长做重要但长期项目的人员离职了（不是指那些做日常工作的人员）。最后一个原因是，缺少必要的合作和联盟关系：管理人员没有坚持通过寻求外部合作者为项目带来缺失但必需的技术，或者与错误的合作伙伴进行了合作。

如果你的企业足够典型，你会在企业发现全部七种或者部分导致新产品失败的原因。无疑，发现别的企业和自己企业经历着同样的问题，感觉上会舒服一些。然而更激动人心的是，许多企业在认识到这些问题后已经找到相似的原因并开始去解决它们。举个例子，我们反观这七个原因时，会发现一些潜在的解决之道——更加以客户为中心，更好的前端工作，管道中更少但更好的项目，这些都可以带来更好的结果。接下来，我们讨论成功因素及需要采取的行动。

2.3 新产品成功的八个共性因素

成功产品创新的挑战是为产品设计一个任务书、蓝图或流程——一个新产品从创意到成功上市的快速的和高效率的全过程。在进行任务书设计之前，我们首先需要了解成功的奥秘——成功的产品创新和失败的产品创新到底有什么区别，决定成功者和失败者的关键成功因素（Critical Success Factors，CSF）是什么。

有些成功因素显而易见，但在你开始因为其明显而省略它们之前，一定要注意，大部分人其实真的把它们省略掉了，或是因为忽略了，或者因为缺乏知识。下面我们开始一次洞察之旅，审视每个成功因素，思考如何将这些因素转化成新产品开发体系中的可操作因素（见表 2.2）。

表 2.2　新产品成功的八个关键成功因素

（1）一个独特的、卓越的产品。差异化的产品能为顾客或用户带来独特的利益和有吸引力的价值主张，这是新产品成功的第一关键因素。

（2）基于客户声音。有一个市场驱动并以客户为中心的新产品流程，对成功至关重要。

（3）做好前期工作并将前端工作嵌入项目，是成功者和失败者的区别所在。开发前期的尽职调查，会在后期获得回报。

（4）尽早获得清晰的产品和项目定义。避免范围蔓延和规格不稳定，将带来更高的成功率和更快的上市速度。

（5）螺旋式开发：建构—测试—反馈—修正。尽早将产品呈现在顾客面前，这有助于确保产品正确。

（6）世界级产品。一个针对国际市场的全球化产品或者"全球本土化"产品（全球概念，本土定制），能确保更大利润。

（7）精心构思并有效执行的上市工作，对新产品成功至关重要。一个完善的营销计划是上市工作的中心。

（8）加速！加快开发进程的方法很多，但不能以牺牲执行质量为代价。

1．一个独特的、卓越的产品。差异化的产品能为顾客或用户带来独特的利益和有吸引力的价值主张，这是新产品成功的第一关键因素

产品能否为用户提供独特和真实的价值，是区分成功者和失败者的最重要因素。根据我们的调查，这类卓越产品相比那些不具备该特点的产品有超过五倍的成功率、超过四倍的市场占有率、四倍的利润率。在许多新产品研究中，产品优势、卓越性、差异性是决定成功与否的关键因素。产品创新者应该清楚地认识到，产品差异性和卓越性是成功的关键。显然，这并非对所有人都是显而易见的：一项又一项的研究表明，普遍的情况是大家都在开发"应对型产品"和"模仿型"产品，结果往往是大多数项目无法创造大的利润。另一个非常普遍的情况是，有些"技术迷"们借此机会为自己"树碑立传"——为自己的技术寻找市场，这同样会产生不好的结果。

> 一个独特的、卓越的产品——向顾客交付独特的利益和卓越的价值主张，这是新产品成功和获利的第一关键因素。

那些具有特定客户和用户价值的卓越新产品到底有哪些共同特点呢？这些特点包括：

- 比竞争产品更能满足用户需求，提供竞争产品无法提供的独特价值和利益，或者解决了一个竞争产品没有为用户解决的问题。
- 提供的产品利益显而易见，提供的利益和属性很容易让客户感知为有用。
- 产品特性优质，对于客户来说很值，降低了客户的总体成本（高使用价值），具有优越的性价比。
- 相比同等竞争产品而言，为客户提供了较高的产品质量，而且是从用户对质量的评价角度来看的。

注意，存在至少两种类型的产品优势：据某项研究，产品意义性指的是用户从购买和使用新产品中得到的利益，而产品卓越性指的是新产品胜过竞争产品的程度。还应注意，"产品"一词不仅包括显性的实体产品，也包括"延伸产品"——与产品相捆绑的全部利益，包括产品支持系统、产品服务和支持，以及产品品牌和形象。

第1章介绍了最佳创新企业，这些企业是我们的榜样。从细部观察这些杰出企业会发现，最佳创新企业往往更强调新产品开发中的某些特定因素，如图 2.2 所示。最佳创新企业强调其新产品要提供重要而又独特的产品利益、卓越的价值主张及更好的客户价值等。

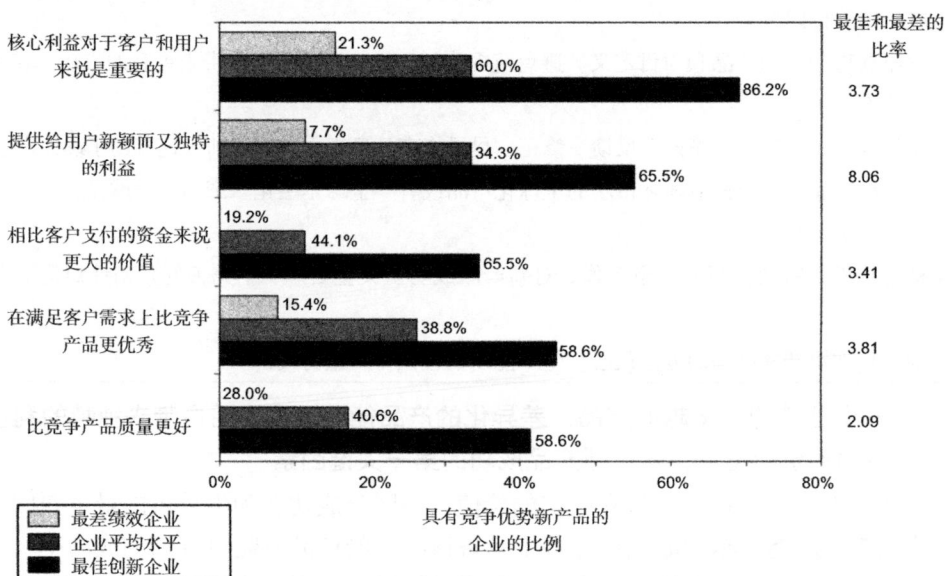

图 2.2　一个独特而卓越的产品是新产品成功的第一关键因素

图 2.2 有力地证明了这一点。还提供了如下重要信息。

首先，在图 2.2 中列出的卓越产品因素，为评估新产品建议项目的成功概率提供了有用的问题清单：这些问题成为项目筛选清单或评分卡上最具优先级的问题。

其次，这些因素成为项目开发团队在设计新产品时的挑战。简言之，上述五个产品优势因素成为项目负责人和开发团队每个人的目标，同时必须纳入项目任务书中。

但是，人们是如何创造或构建产品卓越性的呢？应该清楚，产品卓越性来自产品的设计、特性、属性、性能、质量、规格，甚至品牌、形象和定位。关于产品卓越性有一点非常重要，就是要从客户或用户的角度来定义产品卓越性，而不是从研发、技术或设计部门的角度来定义。有时，产品的卓越性来自新技术或突破性技术，但是要构成产品卓越性，不能仅仅依靠技术和独特性能。请记住：特性和功能是产品开发者花钱购买的，而利益才是客户真正愿意花钱购买的。特性和利益两者常常不一样。所以，在定义产品独特利益时，一定要把产品视为用户的一个利益包，而所谓利益，就是客户或者用户视为对他们有价值的某种东西。

案例： 绿山咖啡始于佛蒙特州郊外一家 1981 年开业的名不见经传的小咖啡屋，这家企业开业不久便开始自己进行咖啡烘焙，并向当地的酒店和饭店销售。管理者注意到客户有一个很大的需求——一个亟待解决的问题：客户需要一个能制作出单人咖啡的实惠方便的家用咖啡机。要注意，咖啡机及单人咖啡都不是新的事物；市场上许多的好咖啡机是从欧洲进口的，很贵却又不适合美国咖啡消费者。

绿山发明了 K-Cup 和 Keurig 系统，这个产品独特而又实惠，完美地迎合了美国咖啡消费者一直以来没有满足的需求。Keurig 系统采用简单实用的提前包装好的咖啡包（K-Cup），可以快速地冲泡咖啡，既不忙乱也不会浪费，产品包含了多种咖啡类型和咖啡品牌。公司与多家知名咖啡公司签订了合约（西雅图的 Tully's、Newman's Own，加拿大的 Timothy's，等等）。

这个商业模式与吉列公司的剃刀-刀片模式十分相似：顾名思义，以低价销售机器，然后通过 K-Cup 赚钱。Keurig1998 年上市后，公司取得了很大的成功，2014 年销售额达到 47 亿美元，占据了美国的家庭咖啡市场，并因其在 2010—2014 年销售额的爆炸式增长，创造了当代美国最大的商业成功之一。

从中我们可以获得一条重要经验：一个独特而又卓越的产品，只有为顾客提供独特的消费者利益，比竞争产品更好地满足顾客需求，才能掌握通向成功的关键！即使这样，不尽如人意的状况和新出现的经验总是并存。到 2015 年年底，产品和公司都陷入了困境。Keurig 可能迎来的"死亡"就和它曾经惊人的崛起一样令人难以置信。最近几年，新的客户需求出现了，新的利益也在不断探索中，但是公司的决策太过缓慢，也就是说，公司痛苦而又缓慢地应对环保可循环咖啡包或"绿色 K-Cup"的承诺。很显然，管理人员没能留意到本该从 Keurig 早期成功中总结出的经验和教训。以至于到 2015 年年底，出现了销售迅速下滑的局面。

建议： 要从客户感知的角度来定义产品的独特性和卓越性，以及带来什么样的利益。所以就需要对客户的需求、需要、问题、喜好和厌恶有深入的理解。

（1）项目始于确定客户需求——在项目早期就进行客户声音研究。目的是识别出客户需求是什么而不是他们想要什么。客户想要什么，往往很显而易见，客户也很容易描述出来。但是确定客户需求很有挑战性，特别是那些尚未得到满足和不容易明确表达出来的需求，但这里往往能产生具有突破性的新产品。所以，从客户需求-需要研究开始，开展市场研究并进行客户洞察，发现客户的需求、需要、问题、偏好、喜好和厌恶。确定什么是客户的"痛点"——赢得订单的指标、客户的问题、客户对于一个有较大改进的或卓越的产品到底真正期待什么。

（2）进行竞争产品分析。竞争产品不是完美无缺的。如果你能发现竞争产品的弱点，那么你就成功了一半。记住：开发产品的目的是使产品具有卓越性，也就是说，要超越已有的甚至未来的竞争产品。在你的实验室或设计部门剖析竞争产品。当你进行客户声音研究时，一定要询问客户对竞争产品优点和缺点的看法。还有一点很重要：预测竞争产品在可预见的将来会发展成什么样。永远不要把竞争产品的现状当成你的新产品上市时将要面对的对手的参照。做完这两项调查，项目团队人员就可以将这些收集到的信息转换成一个产品定义，尤其要关注产品将为客户提供什么样的利益和价值主张。

（3）对新产品进行反复测试和迭代，以验证和测试你的新产品假设。一旦产品的概念和规格确定下来，马上进行用户概念测试以确保它们可以得到肯定的答复。也就是说，在重要开发工作开始之前，就要通过概念迭代、虚拟原型、概念原型（Protocepts）开始测试这个产品，即使你还没有拿到这个产品。这种发现产品卓越性方法的本质是以客户为中心，引出成功因素二——强有力的客户信息。

2. 基于客户声音。有一个市场驱动并以客户为中心的新产品流程，对成功至关重要

全面理解客户或者用户需求、竞争环境、市场特性是新产品成功的必要因素。这一结论得到了几乎所有新产品成功因素研究的支持。有关主题包括：

- 需求认知。
- 理解用户需求。
- 市场需求满意度。
- 持续的客户接触。
- 充分的市场知识和市场调查。
- 营销工作的执行质量。
- 加大对与市场相关的前端工作的投入。

相反，产品创新中如果没有足够的市场投入，不愿进行必要的市场评估和客户声音研究，或者在产品开发时将客户撤开，必将导致失败。几乎所有对新产品开发失败的研究都表明：薄弱的市场研究，不充分的市场分析和市场调查、市场测试，对营销活动投入不足，都会导致新产品开发失败。

让人失望的是，绝大多数企业的新产品开发都没有进行充分的市场聚焦。详细的市场调研常常被忽略。一项研究表明，超过75%的企业是这种情况。也就是说，面向市场的活动是整个新产品开发过程中执行得最差的一项活动，比相关技术活动差得多。不仅如此，仅有很少的资源和资金被投入市场活动中，在整个开发项目总成本中占比不足20%。

最佳创新企业是那些强力聚焦市场的领导者（见图2.3）。有如下特点：

- 与客户或用户紧密合作来识别需求、问题和"痛点"——这方面最佳创新企业是最差绩效企业的4.5倍。
- 与领先用户（创新用户）合作——用户始终走在创新浪潮的前列——来生成新产品创意（最佳创新企业与最差绩效企业的比例是5:1）。
- 通过市场研究来进行产品定义，也就是说，客户声音研究是生成新产品定义的主要来源。（没有一家最差绩效企业这样做过，一般企业中只有11%会这样做。）
- 在开发全过程与客户保持交互，而不是仅在开始和收尾的时候——最佳创新企业与最差绩效企业的比例是6:1。

- 研究购买者行为，来指导制订上市计划。

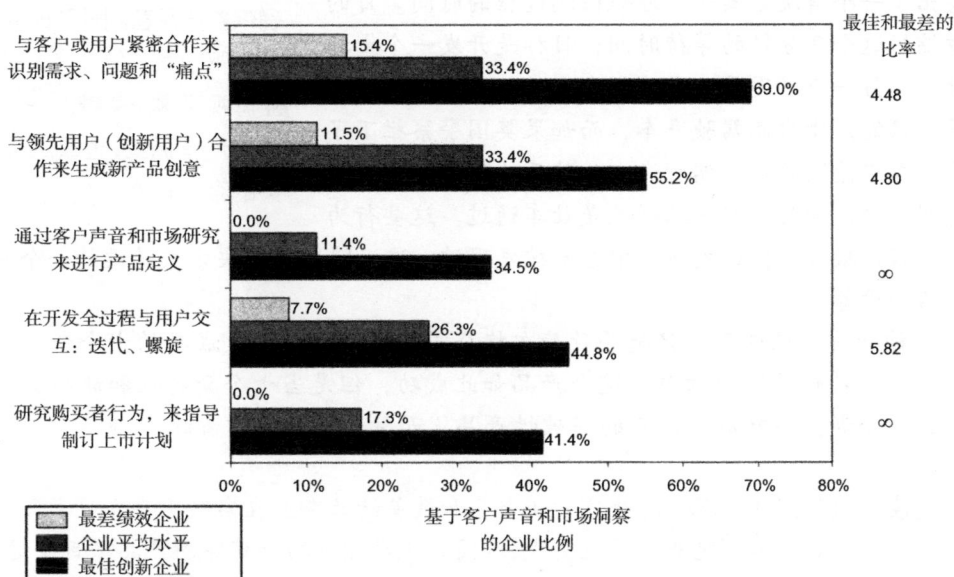

图 2.3　客户声音和市场洞察对创新绩效有重要影响

案例：德尔格公司（Drägerwerk）是医疗和安全技术行业的国际领军企业，它的德尔格安全子公司为个人和设备保护提供风险管理的产品、服务及解决方案。这家公司的一个产品线，即酒精测试仪设备，被警方用于测试酒驾司机摄入酒精的浓度。公司目标是开发一个适用于欧洲的酒精测试仪新产品线，但缺乏面向未来的突破性创意。该公司组建了两个客户声音调查小组，在进行了一些人种学调查的训练后，他们开始了在英国、荷兰和德国的实地调查（Camping-out）工作。

在调研这些国家的工作中，这两个客户声音调查小组选择在警察局做调查，虽然他们都对警察局里的警官及其上司进行了传统的访谈，但真正的所获和洞察来自他们的实地调查——外勤值夜，即在警察出外勤时，客户声音调查小组站在警察旁边，观察他们如何对司机们进行检测。这些洞察十分关键，有助于为新产品找出其显著竞争优势。例如，英国的客户声音调查小组通过警察的工作，很快就意识到警察在维持秩序和控制局面时遇到了哪些困难。一名警察将警车停在一辆满载着刚从附近酒吧喝完酒出来的年轻人的车前，然后对车上的人发出标准的命令："待在汽车里！"这名警察戴着橡胶手套以防止感染艾滋病（Human Immunodeficiency Virus，HIV），通过车窗将酒精测试仪递给车上的人，并且指示他们向吹口吹气，之后，酒精测试仪读出数据需要整整两分钟。

与此同时，另一名警官拦下了另一辆车，这样这名警官就不得不同时管理两辆装满酒鬼的车。很明显，这名警官面对这种群体控制状况时感受到了某种威胁，因为车里的人很多，而且其中大部分人的年龄是这名警官的一半，身材却是他的两倍。这种威胁是在白天的正式访谈中看不到的。

为了解决这类群体控制和威胁的问题，客户声音调查小组想出了一个解决方案——缩短检测过程的时间。目的是逐步缩短这个 2 分钟的等待时间，目标是开发一个十秒钟测试仪。另一个发现是，因为仪表盘的位置原因，英国版的设备只能用于右侧驾驶汽车，而如果英国警察拦下了来自法国或者德国的左侧驾驶汽车，就无法很快完成测试。因为时间压力，警察的唯一选择就是让车通过。这些行为从未向上级汇报过，在正式访谈中也未被发现过。这一问题的解决方案是设计一个左右侧同样灵活的设备。

> 基于客户声音开发产品是确保新产品营利性和时效性的最大驱动力。但是绝大多数企业忽视了这一关键点——缺乏客户声音调查，也缺乏基于事实的客户洞察。

如此神奇的特性创意，只是导致德尔格公司新产品获得巨大成功的十个新特性中的两个。每个新特性并不能独自使这个产品如此成功，但是当十个新特性和新利益累加在一起时，这个新产品就成为真正的突破性产品，而且非常受警方青睐。

建议： 从图 2.3 可以看出，最佳创新企业和最差绩效企业在实践上存在巨大差异。图 2.3 的实践活动其实就是"最佳实践"。因此，聚焦市场要贯穿新产品项目全过程，如图 2.4 所示，从创意生成开始。

（1）**创意生成阶段：** 最好的创意来自客户。可以投入更多资源在以市场为导向的创意生成工作上，比如，焦点小组、客户声音研究等，以识别出客户的问题和需求。让销售人员主动向客户征询意见，并与创新用户、领先用户建立联系。很多创意还来源于网络或社交媒体，第 7 章将介绍更多的创意生成方法。

（2）**产品设计阶段：** 在定义产品需求和规格时，用户和顾客需求对产品设计是至关重要的。通常，等到市场研究全部完成时已经太晚，因为此时产品设计已经确定，而之后进行的市场研究只是对产品设计的检验。要注意，必须把市场研究作为设计决策的一个信息源。最佳创新企业在一开始就会确定用户和顾客需求，项目始于用户需求研究调研（客户声音研究），同步进行竞争产品分析（竞争标杆分析）。这里，包括如下最佳实践：对消费者和用户进行一对一的深度访谈，客户现场拜访（由整个项目团队完成），和客户一起"现场调研"（延伸性的实地拜访或人种学研究），客户圆桌会议，大样本定量市场研究。即使技术驱动型新产品（创意来自技术，如某项技术突破），如果项目一开始就将顾客和市场纳入项目信息源，项目成功的概率会大大增加。

（3）**进入开发阶段前：** 一定要进行产品概念测试，在客户面前展示产品样本、模型、实体模型、原型、CAD 图形，甚至虚拟产品，来测试客户的兴趣、喜好和购买倾向。在产品开发开始前进行产品概念测试比在产品开发出来后进行这样的测试成本更低。

（4）**整个开发阶段：** 开发前市场研究只要没结束，顾客研究就不能停顿。客户反馈、概念测试、用户交互设计是一个持续迭代的过程——"螺旋式开发"是成功因素的第五项。让客户参与到流程中，通过一系列的概念测试、快速原型测试、客户试用，来确保对新产品成功的所有假设进行验证。

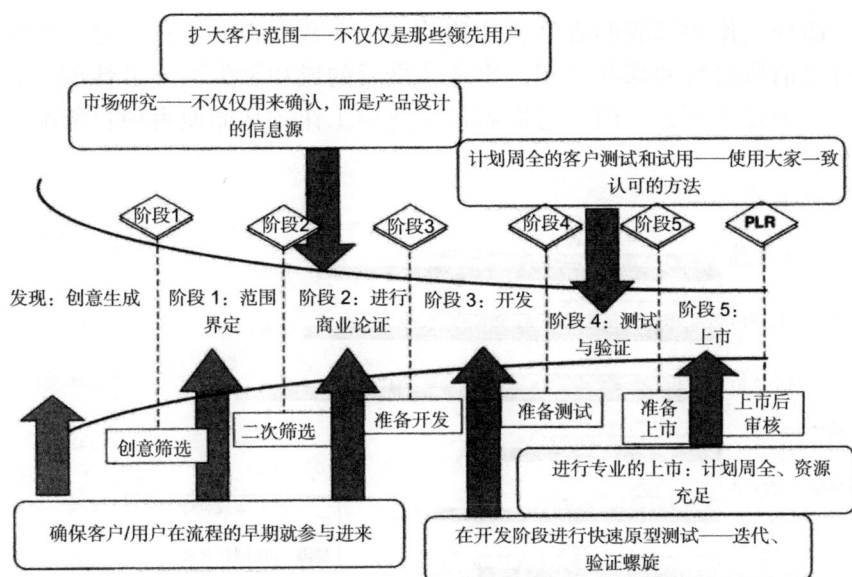

图 2.4　高度聚焦客户是产品创新流程自始至终的关键任务

案例：柯美科公司（ComCo，化名）是加拿大的一家小型公司，业务是为重载运输卡车生产在偏远地区使用的通信设备。该系统内置于卡车内，通过卫星而不是传输塔传输信号。该设备主要用于偏远地区，尤其是接收不到手机蜂窝信号的地区，比如，在加拿大北部、阿拉斯加、巴西。到目前为止，该设备只提供语音通话功能，确保司机始终与调度员保持联系。

这个新产品项目已经通过了前面几个关口，即将进入开发阶段。产品还提供一些额外的信息给车队经理和维修部门，包括关于发动机、变速箱和卡车性能（发动机温度、油温等）的信息。产品采用了车载传感器，通过卫星将信息传递给卡车的总部，以确保卡车得到及时的维修。

项目负责人和团队成员在进行客户声音调查时（实际上是在做前面说的概念测试），获得了一些全新的、令人兴奋的洞察。项目团队采用的是现场一对一深度访谈方法。当项目团队试图去了解用户需要哪些有关发动机和操作的信息时，惊讶地发现，用户对新产品的建议特征根本不屑一顾。客户声音调查表明，用户的真实需求是如何使用 iPad 来与总部沟通……卡车司机在偏远地区使用 iPad 直接与调度员进行沟通，比如，下载表格、数据、负载下降信息、谁给运单签字等。

根据这些新的信息，项目团队进行了重组，产品也重新进行了定义。客户声音调查结论导致项目开发方向发生了重大改变，这对公司来说是一个巨大的胜利！再一次证明了寻求客户声音的价值，并揭示出，采用未经客户需求测试的假设具有多大的危险。

3. 做好前期工作并将前端工作嵌入项目，是成功者和失败者的区别所在。开发前期的尽职调查，会在后期获得回报

我们都经历过高中，对那些令人厌烦的家庭作业记忆犹新：我们讨厌家庭作业！

但在这里，前期工作和尽职调查是成功的关键。无数调查显示：在进入实际开发和设计工作阶段之前所进行的那些步骤，决定了最后的成功和失败。最佳创新企业的"模糊前端"工作表现得更好，因为它们做足了前期工作，从而使得项目前端不再那么模糊（见图 2.5）。

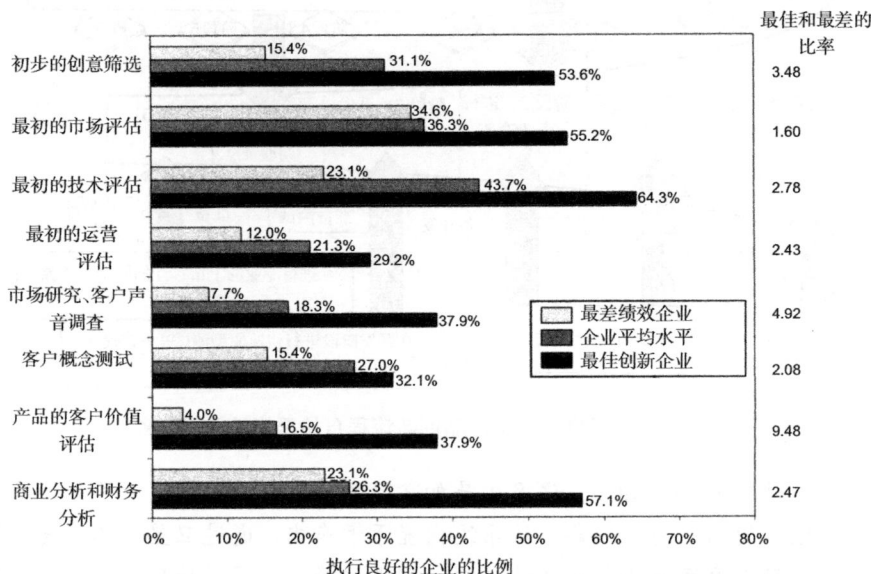

图 2.5 "模糊前端"的执行质量对新产品成功具有巨大影响

- 初步的创意筛选——进入项目的第一项决策（创意筛选）。
- 最初的市场评估——进行第一次快速的市场调研，评估市场规模及产品接受和销售的概率。
- 最初的技术评估——对项目进行技术评估，考察技术风险和可行的技术路线。
- 最初的运营评估——关注供货源、生产和运营问题。
- 详细的市场研究和客户声音调查（如上所述）。
- 客户概念测试——对产品进行客户和用户概念测试，以确认客户偏好及购买意向。
- 产品的客户价值评估——确定产品对客户的价值。
- 在进入开发阶段的决策之前，进行商业分析和财务分析。

最佳创新企业在新产品项目初期有什么过人之处呢？相比那些最差绩效企业，最佳创新企业在以下方面胜出：将客户声音作为产品设计、确定产品对顾客的经济价值、商业论证中的商业分析和财务分析等的重要输入。这些都不是简单的任务，即使最佳创新企业在这项工作上也要竭尽全力。另一个问题是前期工作的平衡。在项目的最初阶段，最佳创新企业会努力做好市场导向工作和技术导向工作之间的平衡，反之，最差绩效企业倾向于一股脑地投入技术开发中，对市场工作只是口头上

> 稳固的前期工作将会获得回报：如果前期工作做得好，产品成功可能性将更高；更好的产品定义有助于加速项目开发进程；项目临近上市时的意外和临时改动也将更少。

重视。图 2.5 显示了最佳创新企业是如何更好地执行这些工作的，特别是早期的市场/业务工作。令人吃惊的是，绝大部分公司承认它们在新产品前期开发阶段存在严重缺陷。只有少量资金和时间投入了这些关键的步骤中：只有 7% 的资金和 16% 的精力投入。

开发前端工作非常重要，因为它们对该项目起到了决定性作用并且回答了诸多重要问题，例如：

- 项目在经济上具有吸引力吗？产品会畅销并挣大钱吗？是否值得在开发与商业活动阶段投入资本呢？
- 具体目标客户是谁？这个产品应如何定位？
- 究竟什么样的产品会成功？产品需要拥有哪些特性、属性及性能，才能称为卓越产品呢？
- 这个产品是否能以合适的成本得到开发？可能的技术解决方案是什么？
- 供应源是什么？自己供应还是别人供应？成本和投资分别是多少？

我们常常听到这样的抱怨："过多的前期工作将导致过长的开发周期。"这个观点看似正确，但经验表明，前期工作也是有回报的，可以缩短开发周期并提高成功率。

- 第一，所有证据都表明：如果省略了前期工作，那么产品失败的可能性就会大大增加。因此，你的选择就是，要么在前期开展更多的工作，要么在后期收获更多的失败：没有投入，就没有回报。
- 第二，扎实的前期工作能够更好地定义项目，这样其实可以加速开发进程。导致项目开发进度延误的主要原因之一，就是产品在进入开发阶段时定义不明确，即目标模糊且变换不定。
- 第三，既然在整个项目生命周期中产品设计不可避免地需要不断更新，那么就要避免大部分设计变更发生在开发阶段结束或进入市场之时。充分的前期工作可以预见到这些变更，并促使这些变更在流程早期而不是晚期成本过高时发生。

> **建议：**必须清楚，不要跳过这些前期工作！首先，跳过这些工作会降低成功率；其次，跳过这些工作或许节约眼前的时间，但是在将来会浪费更多的时间。这是一种"捡芝麻，丢西瓜"的节约时间方式。正如丰田《新产品手册》给出的建议：前端承载着整个项目。也就是说，在项目前期阶段要着手进行大部分工作，并确保在没有完成图 2.5 列举的各项工作之前，没有重大项目进入开发阶段，即前期工作应该列入公司的"从创意到上市体系"中。

4. 尽早获得清晰的产品和项目定义。避免范围蔓延和规格不稳定，将带来更高的成功率和更快的上市速度

在进入开发阶段之前，产品和项目是否进行了很好的定义，是取得成功的一个关键因素，对产品营利性和缩短上市时间都有着积极的影响。观察图 2.6，留意最佳创新企业在进入开发阶段之前是如何更好地定义产品的。定义应包括以下五个因素：

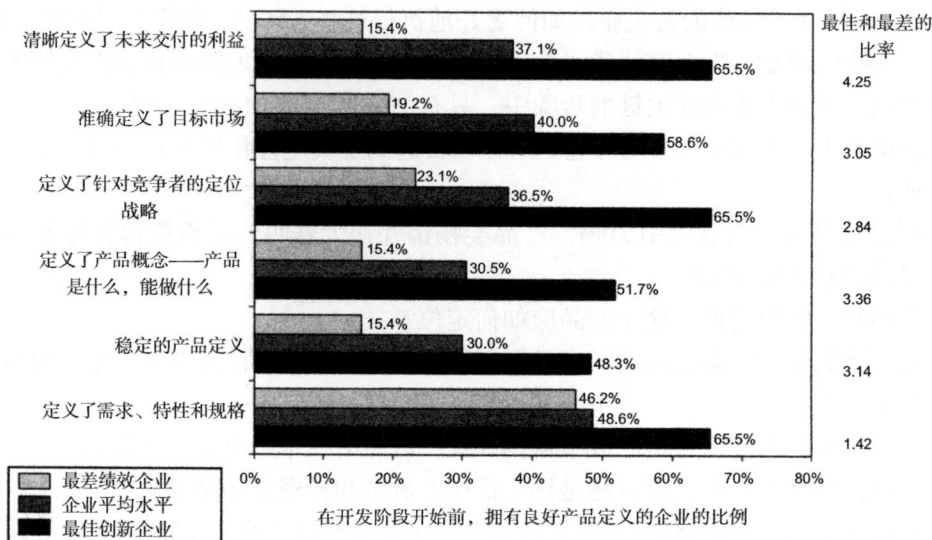

图 2.6　在开发启动前，确立一个清晰、稳定、基于事实的产品定义有助于创新成功

（1）项目范围。比如，是国内产品还是国际化产品，是产品线延伸还是全新产品或平台型产品。

（2）目标市场。潜在消费者或用户是哪些人？

（3）交付给客户的产品概念和利益，包括价值主张。

（4）定位战略，包括目标价格。

（5）产品特性、属性、要求和高级规格。区分出"必需的"和"希望有的"。

<blockquote>
在开发阶段开始前，保证明确的、早期的、稳定的和以事实为依据的产品定义是缩短周期时间和保证新产品成功的第一因素。
</blockquote>

观察图 2.6，辨别最佳创新企业和最差绩效企业在这五个因素上存在着哪些重要差异。这些产品定义因素对最佳创新企业非常重要。通过对比发现，在开发之前没有准确地定义产品和项目范围是新产品失败和延期进入市场的一个主要原因。尽管我们一直强调尽早形成一个稳定的产品定义是成功的一个关键因素，很多企业还是做得很差（见图 2.6）。"产品规格不稳定"和"项目范围蔓延"仍大量出现在很多新产品开发项目中。

建议：在企业从创新到上市体系中，建立一个强制的产品定义步骤。除非上述因素都得到了清晰的定义，基于事实并得到了开发阶段前所有各方的同意，否则失败概率将大大增加。原因如下：

- 在新产品开发体系中增加产品定义步骤，能够迫使企业更加重视前期工作。这是成功的关键驱动力。
- 产品定义的一个重要作用是作为沟通和指导的工具。所有各方意见一致和认同，意味着参与这个项目的各个职能部门对于产品应该是怎样的有一个清晰不变的

> 定义，而且这是大家的一致承诺。
> - 产品定义为开发阶段及其开发团队提供了一系列非常明确的目标。有了定义明确、清晰可视的目标后，开发团队就可以更加迅速和高效：目标不再模糊和变动不定。

从图 2.6 还可以看出，要做到产品定义稳定是一件非常具有挑战性的事情，即使对最佳创新企业来说也是如此。由于市场具有很强的动态性、流动性、模糊性，即所谓的万物都在变，因此传统的开发前"100%固定产品设计"的做法在 IT 和软件行业是行不通的，其他行业也越来越展示出同样的特征。但是这并不意味着产品定义是不可能的，并不意味着必须边开发边定义。通过好的前端工作和尽职调查（上述的成功因素 3），即便在那些动态性很强的市场，产品设计要素需要随着项目进展不断地变动和调整，在开发前仍然可以确定很多要素。

> **建议：**这个建议专门针对那些动态、流动、模糊的市场，针对那些在产品开发之前很难确定产品定义的情况。
> - 正如成功因素第三点所述，要进行必要的前期工作。市场瞬息万变不能作为偷懒的理由，请在快速的失败和缓慢的成功之间做出选择。
> - 尽可能地在开发阶段开始之前确定产品定义——使用上面列出的五个因素。
> - 在开发之前就确定产品的哪些要求和规格是"已知的"和确定的，哪些是变动的和不确定的（我们希望进入开发阶段前，超过 50%的因素是确定的或"已知的"）。在你的产品定义模板中列出两栏：一栏是确定因素；另一栏是不确定因素。
> - 在开发进程中采用与用户的迭代验证或者"螺旋"方法收集数据，使你的产品定义中的不确定因素随着开发进程的推进逐步确定下来，这引导我们开始讨论成功因素 5。

5. 螺旋式开发：建构—测试—反馈—修正。尽早将产品呈现在顾客面前，这有助于确保产品正确

螺旋式或迭代式开发是快速开发团队用变动的信息来控制动态的流程的方法。螺旋式开发可以帮助项目开发团队得到正确的产品和产品定义，而不必担心信息是变动的，甚至在进入开发阶段时有些信息仍然是不可靠的或不确定的。

很多企业在开发产品时采用严格的线性流程。项目开发团队在开发前期勤劳地拜访客户，尽可能地确定客户的需求和要求。这样前端工作很圆满地完成了，产品规格和定义也确定下来。到这一步为止，一切都是很好的状态。

项目开发阶段在严格的线性流程下不断推进。项目团队处于一种"埋头赶路"而不是"抬头看路"的状态。10～15 个月过后，当到了线性开发流程的终端，产品开始进行现场

测试或者完整客户测试时，问题一下子爆发了出来：当把产品原型或 Beta 产品进行产品测试时，原先那些潜在购买用户现在则表示，"这并不是他们心目中想要的产品"或者"情况已经变化"。又或者，一个新竞争产品已经面市，竞争格局早已改变。

实施严格且线性的开发流程，使项目团队和企业遭受了失败。也许最初的产品要求就不是很正确，因为在最初的客户声音收集工作完成时就漏掉了一些关键的要素；或者由于不确定性，再多的客户声音收集工作也无法确定所有的产品需求；或者情况确实发生

> 人们在看到或体验到具体产品之前，并不清楚自己到底想要什么。所以要尽快地让产品出现在客户或用户的面前，并一直不断重复这些测试，直到开始正式的产品测试和现场试用。在面对动态的市场和不确定自身需求的客户时，大量的重复测试和产品验证——螺旋式开发——是必需的。

了变化。现在，项目开发团队必须回到开发阶段来再次尝试开发该产品……甚至还得回到图纸阶段。我们目睹了严格且线性的开发流程的受害者，这种开发流程无法使团队适应不断变化的环境。

聪明的企业和开发团队采用螺旋式开发（某种程度上源于 IT 行业采用的"敏捷开发"）。比如，对两个欧洲的 B2B 制造行业领军企业的研究揭示，从早期模型到原型，有 3～4.5 个产品版本，在开发和测试阶段要提交给客户来验证（另一个数据是，产品创意和设计服务商 IDEO 公司，每个项目要和客户迭代 15 次！）。如图 2.3 所示，在整个开发环节，最佳创新企业与客户和用户进行交互的概率要多过一般企业的 6 倍。它们建立了一系列的迭代步骤或称"循环"过程，为客户展示产品的后续版本以寻求反馈和认可，如图 2.7 所示。这些循环是一系列的"建构—测试—反馈—修正"的迭代过程（这种重复性特点产生了术语"螺旋式开发"）。

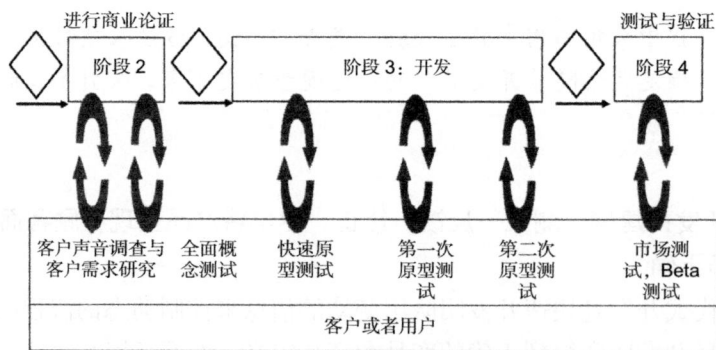

图 2.7　螺旋式开发：一系列的"建构—测试—反馈—修正"的迭代过程，
在不浪费时间的前提下确保产品正确

"螺旋式开发"与敏捷开发并不完全一样。螺旋式循环以几个月来度量，敏捷冲刺和确认以几周来度量。建构在门径管理上的敏捷，不仅仅是简单频繁和快速的客户确认，还有更多的内涵。有关内容见第 6 章。

> **建议**：采用螺旋式开发：一系列的"建构—测试—反馈—修正"的迭代过程。这个螺旋式方法是基于客户在看到或体验到产品之前并不真正清楚自己到底想要什么，所以将你的成果放在客户面前，任何东西，即使距离最终产品很远。然后，尽快获得客户可信的反馈，对产品进行必要的改进，在客户面前展示一个新的更完整的版本，并进行新的迭代。需要提醒的是：不要在流程早期就提供真实的原型或开发出实际产品来，此时需要提供给客户的，只是一些最初的提案，速度快、成本也低。

在实际工作中，螺旋式开发是如何进行的呢？图 2.7 中提供了一个螺旋式开发的简化模型。需要注意的是，这些循环或者螺旋要从前端阶段开始，并贯穿整个开发阶段和测试阶段，即始于客户声音研究，终于产品整体测试。

6. 世界级产品。一个针对国际市场的全球化产品或者"全球本土化"产品（全球概念，本土定制），能确保更大利润

当今世界就是一个商业竞技场！因此，公司的增长和盈利需要有一个与产品创新相结合的全球化战略。在全球市场中，产品开发在获得持续竞争优势方面发挥着重要作用。那些把全球方法纳入新产品开发中的跨国公司，远胜那些把研发资金仅用于国内市场的企业。针对国际目标市场或近邻出口市场进行国际化产品设计才是最佳绩效新产品（见图 2.8）。相反，仅针对国内或本土市场进行产品设计，只是在销售给近邻市场和国际目标市场时才进行一些调整的产品很难成功。国际新产品和国内产品是存在显著差异的：在性能多样性上存在 2：1 或 3：1 的差异。

新产品目标市场战略

		国内目标市场	区域（近邻）国外目标市场	全球目标市场
NPD 产品战略	国内产品战略	为本土市场开发产品，仅销售给本土（国内）市场 结果不错	为本土市场开发产品，并针对近邻国外市场调整国内产品 结果很差	为本土市场开发产品，并针对全球市场调整国内产品 结果很差
	全球产品战略	✕	根据来自多个区域市场的多元信息，为国际市场开发单一产品。销售给区域目标市场	根据来自全球市场的多元信息开发单一产品。销售产品给全球目标市场
	全球本土化产品战略	✕	针对多个区域性市场开发有多种定制版本的区域产品（通常基于一个平台）	针对国际目标市场开发有多种定制版本的全球产品（通常基于一个平台）

图 2.8　不同国际化战略对绩效的影响

上述研究结论在管理上意味着，全球化市场需要全球化新产品。将新产品市场定义为国内或包含一些近邻的国家，将严重限制市场机会。要使产品创新实现最大成功，必须确立为全球设计并销往全球的目标。遗憾的是，大家往往忽略了国际化，即使考虑了，也是在开发流程晚期才纳入考虑，或者仅仅是作为次要问题来处理。

全球化导向意味着需要一个国际化的市场定义，并为了满足国际市场进行产品设计，不仅是为了满足国内市场。其结果是，不仅仅获得一个全球化产品（Global，一个用于全世界的版本），而是一个全球本土化的产品（Glocal，不论是开发工作还是产品概念或者产品平台，都有很多种类，以满足不同国家的市场需求）。还可以是两个全球本土化产品，比如，一个产品或产品平台是针对发达国家设计的，用不同产品版本以满足不同发达国家或区域的需求；另一个是更基本的产品或平台，是针对发展中国家的，同样，也会被定制成不同版本以满足这些国家的需求。

全球化导向还意味着要在多国而不是仅在本国进行客户声音研究、概念测试和产品测试，还要在多个国家同步或者接连不断地上市；还意味着，需要一个成员来自多国的全球化项目团队，一个仅有5人的新产品项目团队就可以称为一个全球化开发团队！

7. **精心构思并有效执行的上市工作，对新产品成功至关重要。一个完善的营销计划是上市工作的中心**

爱默生说过："打造一个更好的捕鼠器，全世界的人都想来找你。"但爱默生是一名诗人，而不是一名企业家。这句名言其实从未行得通。产品不仅要足够卓越，其价值也要得到足够的宣传和推广。一个有质量的上市，直接关系到产品的营利性。图2.9说明了最佳创新企业是如何做的。

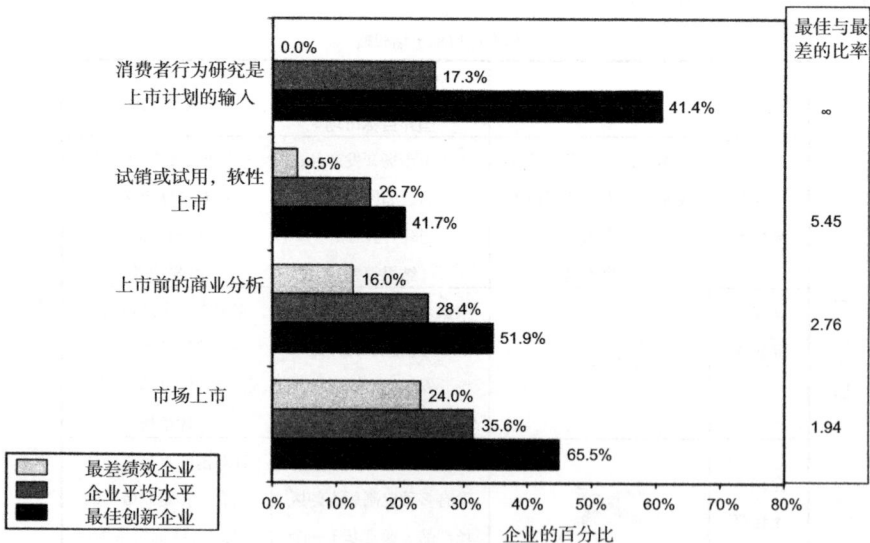

图2.9　上市及相关活动对开发结果影响巨大

- 做必要的**市场研究**。理解客户和购买者的行为，以便更好地制订上市计划。有趣的是，不到一半的最佳创新企业做这个调查，而没有一个最差绩效企业做这个调查。于是，我们将这一行为总结为优秀公司和最差公司之间的重要区别。

- 最佳创新企业会进行试销或者试用以检验新产品的适销性，同时测试上市计划各要素。
- 进行全面的上市前的商业分析。
- 最重要的是，最佳创新企业的上市执行能力是最差绩效企业的三倍。

结论：不要认为好的产品就不需要营销了，也不要把产品上市看成仅仅是一个最终结果。上市是产品开发流程的最后一步，永远不要低估它的重要性。一个全面集成并对准目标的上市并不是凭空而来的，而是来自精细的营销计划、有力的支持和专业的执行。

营销计划——从营销目标到战略再到营销项目，是一个复杂的过程。大量的书籍聚焦于这个主题。这个复杂的营销计划过程必须囊括进新产品开发体系里。比如，定义目标市场、制定定位战略，就是制订营销计划的关键步骤，这是开发阶段之前的产品定义步骤的工作内容之一（见成功因素 4）。还需要回答许多关键问题：客户如何购买？通过什么样的渠道？他们的信息来源是什么？他们需要什么样的服务？这是确定营销项目具体细节的核心。这些问题的答案来自新产品流程和任务书中的市场调研。

> **建议**：关于新产品上市和营销计划的建议。
>
> （1）制订上市计划是新产品开发从创意到上市流程中不可分割的一部分，它与开发阶段一样都是这一流程的核心内容。
>
> （2）制订上市计划必须在新产品开发项目的早期启动，不应该在产品接近商业化时才被想起。
>
> （3）上市计划的好坏是由其所基于的市场信息决定的。产生对上市计划有价值的市场信息的市场研究，必须纳入新产品开发流程。
>
> （4）上市必须投入足够的资源和资金。往往一个伟大的产品之所以没有取得好的市场绩效，就是因为没有投入充足的资源。
>
> （5）实施上市计划的人，即销售团队、技术支持人员和其他一线员工，必须参与制订上市计划，并在之后进入执行团队。以确保有价值的建议和洞见融入该计划，确保资源的可获得性，确保上市计划实施人员的投入——这些因素对上市成功都非常重要。

8. 加速！加快开发进程的方法很多，但不能以牺牲执行质量为代价

我们在第 1 章讨论过的一个重要的挑战是，在最短的时间里进行大胆的创新。上市速度的确是一个好目标，有一系列理由强调缩短开发周期的重要性。

（1）加速带来竞争优势：第一名会赢！当然，对于这一断言，存在着各种相互冲突的论据，因为第二个进入市场的产品通常可以避免第一个产品的错误而获得更大盈利。但是平均来说，第一个进入市场的产品通常表现得更好，如图 2.10 所示，该图列出了不同进入市场次序所带来的影响。

（2）速度带来更高利润率。同样，这个结论的论据也不一致。尽管如此，第一个进入市场的产品可以更早地实现其收入，而资金有时间价值，因此能在整个产品生命周期中实现更多收入与利润。

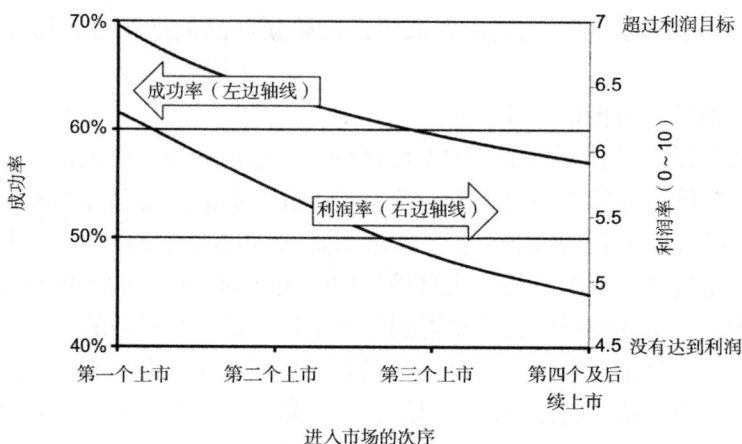

图 2.10   第一个进入市场的产品往往表现得更好——更高的成功率和利润率

（3）速度意味着更少的变故和更低的风险。如果一个产品投入市场速度很快，通常市场不会变化很快。市场变动带来的变故可能性也会较小。

（4）速度是一个创新者不成文的目标，包括高层管理者和项目团队成员。大多数参与产品开发的人都缺乏耐心。他们早已厌烦太多的项目花费了太多的时间。长周期常常会破坏项目团队的士气，也会导致高层管理者对项目失去兴趣或耐心。

问题：速度很重要，但也只是实现最终盈利目标的途径之一。很多缩短产品开发周期的举措导致了公司成本上升，因为与健全的管理实践相冲突。因此，加速产品开发也有不利的一面：

- 出于好的愿望，人们往往选择走捷径，但这会带来灾难：忽略的一些严重错误、计划不周的捷径策略，不仅延长了产品周期，还带来了更高的成本，甚至产品失败。

- 缩短产品开发周期将我们导向关注那些简单并迅速的线索，如那些"挂在低处的果实"项目——产品线延伸和细微调整。这必将在未来付出代价——企业由于缺乏显著创新的新产品而丧失长期竞争优势。回想一下图1.1展示的开发组合中的那些消极的改变。

- 设定不切实际的产品开发时间表，以期能赶上上市最后期限。当不可避免地错过里程碑时，就会引发项目成员的挫折感、紧张和道德问题。

建议：一定要小心，不要过分追求提高速度和缩短产品开发周期。当然，总有一些缩短开发周期的方法，既与有效的管理实践相一致，又满足了上述关键成功因素。图 2.11 展示了这些成功因素是如何对新产品盈利能力产生积极影响，以及如何缩短产品开发周期并提高效率。在第 6 章和第 7 章中，我们可以看到一些更好更彻底的方法，这些方法是领军企业采用的，可以使它们的从创意到上市体系更敏捷、更快速和更有适应性。表 2.3 列出了 6 个基本的、低风险的、明智的方法，也许不那么激进，在增加成功概率的同时缩短了上市时间！

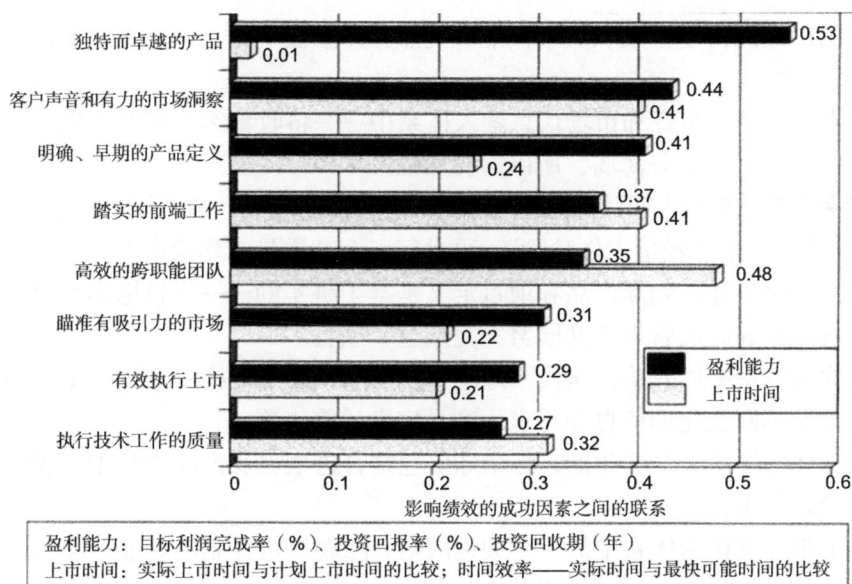

图 2.11　影响新产品盈利能力和上市时间的因素

表 2.3　6 个基本的缩短上市时间的低风险方法

（1）基于事实而不是传闻和推测来进行前端工作，并制定早期的稳定的产品和项目定义（成功因素 3 和成功因素 4），这将节省下游的时间。

（2）强化项目每个阶段的执行质量。最好的节省时间的方法是，避免回退去做重复工作。

（3）组建一支高效的跨职能团队："剖析一个失败的项目，你定会发现项目拖延的原因 75% 是因为部门墙，或者垂直组织需要逐级传递信息来完成决策，或者串行地解决问题。"

（4）采用并行开发流程：接力棒式的项目开发流程已不再适合今天的快速开发项目。交叉性工作有助于加速流程（详见第 5 章）。

（5）采用螺旋式开发：见成功因素 5 和图 2.7。这些创建—测试—反馈—修正的迭代过程，始于早期概念测试，终于上市前的全面现场测试或用户测试。这会让项目正确，从而避免将来出现昂贵的项目回退。

（6）进行优先级排序并聚焦：完成很少的但高价值的项目。用专门的项目团队，将资源聚焦在真正值得的项目上。这不仅使工作得以改善，还使工作进展更快。

2.4　将成功因素写入任务书

许多企业都有"操作规程"或关于如何将事情做好的指南。试想你正在为新产品起草一份指南或一系列操作规程，比如，一份"从创意到上市的任务书"或一个推动新产品进入市场的门径管理体系。什么应该是支撑这一体系的八个关键成功因素呢？本章前面介绍过八个关键成功因素，表 2.2 同样也有阐述。这里讨论如何做。

（1）确保你的从创意到上市体系包含能产生大胆的、差异化的、能为客户提供有吸引力价值主张的产品的行动标准和决策标准。大部分体系做不到，从而丧失了这个第一获利因素。

（2）将大量的客户声音和市场信息融入体系中——将收集客户声音变成一个强制性的行动。通常，这项工作十分薄弱，所以需要加强。

（3）确保前端工作嵌入项目。在进入开发阶段前，进行一个或两个稳健的"前期工作阶段"。往往先进行一个"轻量工作阶段"，再进行一个"重量工作阶段"。

（4）建立一个步骤，确保产品和项目定义是基于事实的——将目标牢牢固定住。然后项目团队所有成员和高层管理者共同努力完成这个项目。

（5）在你的体系中加入验证迭代或螺旋开发——一系列建构—测试—反馈—修正的迭代，以确保面对不断变化的信息和需求，产品定义始终正确。

（6）确保你的体系是全球化的，将全球信息整合进项目和产品设计中，或构想一个全球化产品的全球性平台。

（7）将上市计划作为体系中的一个关键因素，随着执行计划的职能方面的输入和协议达成一致。让销售人员参与到项目团队中！

（8）速度至关重要。加速可以带来很多潜在利益，也有很多负面影响。上面提出了六个基本的、合理的加速开发方法——将这些融入你的从创意到上市体系中。

下一章将继续讨论成功因素，但是会在更大范围上进行讨论，讨论的主要是企业层面问题而不是项目层面问题。请继续阅读并了解企业应该如何在产品创新中脱颖而出。

第 3 章

最佳创新企业成功的原因

成功的秘诀在于恒心。

——本杰明·迪斯雷利（1804—1881），英国前首相

3.1 成功者的与众不同之处

为什么一些企业比其他企业在产品创新方面更成功？我们在第 1 章看到最佳创新企业与其他企业在绩效上的巨大差别。它们成功的秘诀是什么？我们在第 2 章讨论了一部分"秘诀"，尤其是那些与企业新产品项目取得巨大成功紧密相关的秘诀。追求独特的卓越的产品，进行扎实稳固的前端工作和客户声音工作，与用户螺旋迭代，规划和执行有效的上市，以及加速流程（在某些条件下），这是第 2 章所讨论的成功因素。在本章，我们继续讨论"成功因素"这一话题，我们在这里关注的不是项目而是企业：从创新绩效看，是什么促使最佳创新企业获得成功的？

现在，我们来考虑一个重大课题——导致成功企业和失败企业不同的关键成功因素。仔细想想，你的企业是如何从每个因素中获益的？你的企业是如何将这些因素转化为实际行动的？（参见表 3.1 的总结。）

表 3.1 企业成功的九项关键成功因素

（1）新产品开发绩效卓越的企业，都有产品创新战略或技术战略，使业务聚焦于最佳战略领域，这也为创意、路线图和资源配置提供了方向。

（2）成功的业务聚焦。这些企业做更少的却是更好的项目，拥有正确的项目组合。它们通过一个系统性的组合管理体系，在新产品从创意到上市流程中建立严格的通过/淘汰决策点，来实现这一目的。

（3）借助核心竞争力杠杆，对项目成功至关重要。"陌生领域"项目的开发，即业务进入一个不熟悉的新领域(不熟悉的新市场或新技术)，往往遭遇失败。协作开发和开放式创新有助于规避部分风险。

（4）瞄准有吸引力的市场。项目最好瞄准有吸引力的目标市场。市场吸引力是项目选择的重要标准。

（5）资源必须充足。

（6）合理的组织结构和项目团队设计是产品创新成功的主要因素。

（7）有支持并促进创新的氛围和文化。

（8）高层管理者的支持虽不一定保证成功，但绝对能助一臂之力。许多高层管理者都忽视了这一点。

（9）遵循多阶段的、规则严格的新产品流程（门径管理体系）的公司绩效更好。

3.2 战略因素

1. 新产品开发绩效卓越的企业，都有产品创新战略或技术战略，使业务聚焦于最佳战略领域，这也为创意、路线图和资源配置提供了方向

我们生活在一个动荡的时代。技术以更快的频率更新；客户和市场需求在持续改变；竞争速度越来越快；全球化既带来了新的竞争者，也带来了新的机会。不仅如此，企业比以往任何时候都需要一个产品创新和技术战略方法来帮助其规划开发路径。企业拥有一个清晰的新产品战略会直接带来积极的绩效。以下战略因素会对企业绩效产生积极影响。

（1）清晰定义的产品创新长期目标和短期目标。最佳实践揭示，公司应该为产品创新确立一个长期的目标。比如，在接下来 3～5 年的销售、利润或增长中来自新产品的百分比是多少。令人惊讶的是，大多数公司这方面都很薄弱，有定义和沟通过的新产品开发长期目标和短期目标的企业不超过 40%。

（2）估算产品创新在企业总体目标中的作用。战略规划师建议产品创新目标与企业总体目标相关联，以准确估算产品创新在实现企业目标中的作用。比如，公司业务增长的百分之多少来自新产品？清晰地定义这个"目标"，可以将你的创新战略与公司总体战略联系起来。

（3）定义战略领域，产品创新聚焦于哪个战略领域？一个有效的创新战略的核心就是聚焦。要选择创新机会富足的战略领域——足以成为企业未来增长引擎的领域。很多企业都指定了战略领域——市场、产品领域、产业区域或技术，以使其产品开发聚焦。有证据表明，大部分企业聚焦在了错误的领域上——传统的、枯燥无味的领域，无法找出机会，也无法构建产品组合。在第 10 章，我们将讨论如何制定企业创新战略，围绕"如何选择最好的战略领域"进行深入的讨论。如果对战略领域没有清晰的定义，企业往往会以无明确目的的产品开发为终结，或者更糟的是，在市场、区域和产品类别上没有为实质性增长做出任何贡献。

（4）采用战略桶方法。研究表明，具有明确用途的资源桶（资金或人·日），分别瞄准不同项目类型或不同战略领域，有助于确保产品开发项目的战略一致性和正确组合平衡。最佳创新企业在运用战略桶方法方面，比最差绩效企业高出 2.5 倍，如图 3.1 所示。

（5）制定好产品路线图。产品路线图是将一系列开发项目描绘到一个计划的时间序列上，通常的时间是未来 3～5 年。路线图描绘了管理层"如何达到他们想要的既定目标"的总体思路，也为未来开发的具体项目提供了方向。最佳创新企业使用路线图的频次是那些绩效较差企业的两倍。

（6）长期承诺。企业是否对其产品创新有一个长远的设想？还是产品开发仅仅是企业的一种短期努力——只是一个今年和明年的开发项目列表，缺乏对长期项目的考虑？总体上仅有 38.1%的企业有长期的产品创新战略，而大部分最佳创新企业都有这样一个战略。

更多关于开发创新战略的内容详见第 10 章。

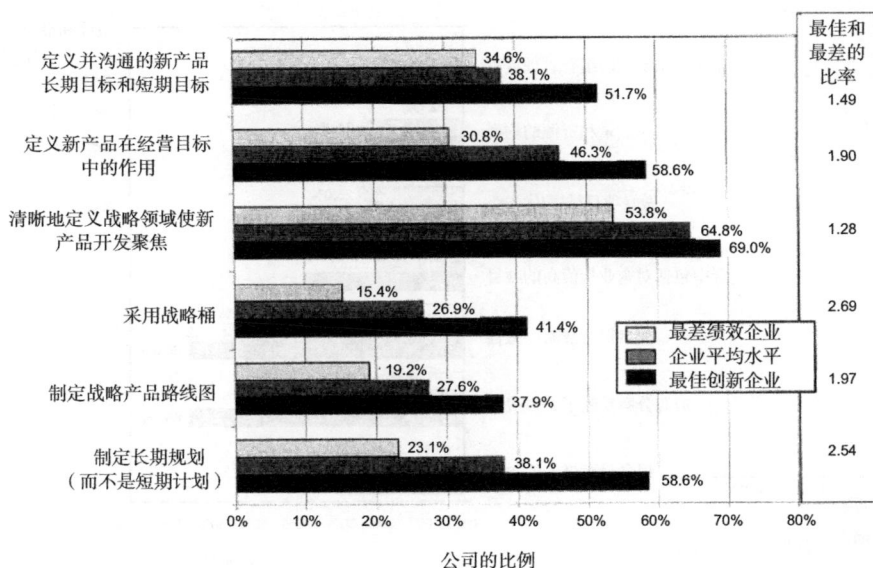

图 3.1　最佳创新企业制定产品创新和技术战略来指导公司新产品开发

2. 成功的业务聚焦。这些企业做更少的却是更好的项目，拥有正确的项目组合。它们通过一个系统性的组合管理体系，在新产品创意到上市流程中建立严格的通过/淘汰决策点，来实现这一目的

很多公司承受着项目过多却没有足够资源和能力处理好每个项目之苦。其中大多数项目是"歪瓜裂枣"，缺少大胆的创新。造成这一结果的原因是公司缺乏充分的项目评估和优先级排序，很差的组合管理必然带来负面结果：

- 稀缺的高价值资源浪费在那些低价值的项目上。
- 真正值得投资的项目——那些大胆的优质项目，却无法获得足够的资源。

砍掉低劣项目、将有限资源用于值得投资的项目，意味着公司必须进行严格的通过/淘汰和项目优先级决策。也就是说，有效的组合管理——进行正确的开发项目投资决策，是创意到上市流程必不可少的部分。这样做使得公司高度聚焦、获得高成功率，并缩短进入市场的时间。

然而，许多公司都不重视项目评估，或者根本没有评估环节：决策交给了错误的职能部门（职能不关联的部门）的错误的人员，用于项目筛选或排序的标准经常在变；甚至根本没想去淘汰项目——任由项目自生自灭。例如，只有 31.1% 的公司进行了正式的新产品创意筛选，只有 26.3% 的公司在其商业论证时进行商业分析和财务分析（见第 2 章的图 2.5）。大多数公司缺少正式的组合管理体系，像图 3.2 中显示的那样。3/4 的企业将有限的资源用于太多的项目，大部分企业没有很好的项目优先级排序；4/5 的企业有一个很差的项目组合，管道平衡也很差，充斥着既微小又不起眼的项目。相比而言，最佳创新企业在项目选择和组合管理上做得很棒——好的组合管理必然带来好的结果！

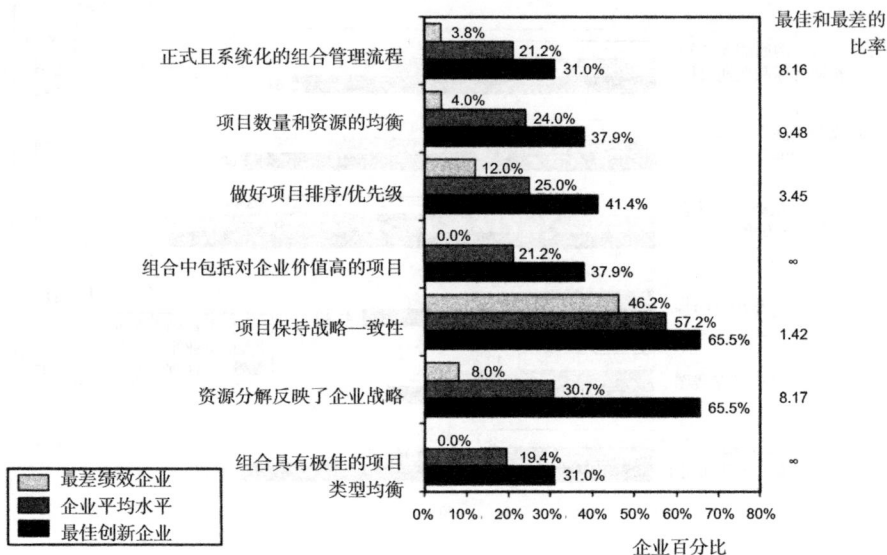

图 3.2　为了获得最优组合——最好的项目和正确的组合，
需要一个有效的组合管理体系

从图 3.2 可以发现一个重要问题，公司将有限的可用资源浪费在了大量的无用项目上。产生此问题的根源，在于企业不愿意舍弃无价值的项目，所有的项目没有优先级排序。正如某位沮丧的高管所言："我们从来不淘汰项目，而仅仅是减少投入。"他说出了一个事实，企业没有严格的淘汰决策，资源对各个项目而言是同时减少的，这样做的结果是资源分散在每个项目上，必然埋下失败的伏笔。在很多情况下，管理者也承认，一旦项目进入开发阶段就不会轻易被叫停，而是任由这些项目"自生自灭"。

高层管理者必须学会在萌芽期舍弃项目，这就好比一个习惯了操纵牌局的扑克能手心甘情愿地变为弱牌手一样令人沮丧。淘汰项目绝非易事，尤其是在已经发生了一些投入之后。但是，企业不能为了个人情绪而对所有项目说"通过"。不是所有的项目都同等"出色"——项目价值分布呈"钟"形曲线。就项目对公司的价值来说，有的项目价值很高，有的价值一般。砍掉最末尾的几个项目，可以提高组合中的"项目平均价值"并提高总体的研发生产率。进一步说，如果同时开发所有的项目，那么资源必定分散、执行质量必然打折扣、项目周期必然延长、上市必然延迟。

> 设定严格把关的关口，学会"舍弃一些萌芽期项目"。这样，可以实现更好的项目聚焦——更少但是更好的开发项目。

较差的项目优先级排序问题，通常源自缺乏一个对项目进行排序、评分、设定优先级，甚至淘汰的机制或体系。公司没有具体的决策评审点或关口；不清楚谁是真正的决策人，由谁决策都不是很明确；也没有一个正式并且一致的项目评估标准。

> **建议**：一些公司已经采取的方法是，重新设计其新产品流程，形成一个漏斗状的流程，以成功地淘汰无价值的项目；以严格关口的形式建立决策评审点。在决策评审

时，高层管理者仔细审查这些项目，然后做出"通过/淘汰"和优先级排序决策。在关口处采用透明的通过/淘汰标准提高了决策效率；更重要的是，可以将那些已经识别出的导致项目成败的因素，作为评分卡的评判标准来进行项目选择和优先级排序。这些评判标准来源于本章和之前章节陈述的成功因素。

（1）战略因素：项目与公司战略的一致性程度，以及项目的战略重要性。

（2）竞争和产品优势因素：项目是否具有差异性，是否能提供独特的消费者利益，是否能向用户展示有吸引力的价值主张。

（3）市场吸引力因素：市场有多大空间和成长性？竞争态势是否有利：竞争是否激烈，竞争对手很多还是很少，很强还是很弱？

（4）核心竞争力杠杆因素：项目是否基于公司的核心竞争力，如营销、技术、制造/运营等方面？

（5）技术可行性因素：是否有能力开发并制造出这个产品，这是一个新科学领域项目，还是一个技术复杂型项目，抑或是一个技术复制型项目？

（6）风险和回报因素：相对于所承担的风险，项目财务前景如何？如净现值（Net Present Value，NPV）、内部收益率（Internal Rate of Return，IRR）和投资回收期。

然而，项目选择并找出成功的新产品提案，仅仅是工作目标之一。另一个工作目标是，为公司开发组合选择一个正确的项目组合和平衡，确保组合的战略一致性，确保用于开发项目的支出反映了公司的战略优先级。图 3.3 显示，组合管理和项目组合对公司十分重要：最佳创新企业有一个更具进取心的开发组合，而且高创新性项目占据了更高的比例，而最差绩效企业的组合十分保守。在接下来的第 8 章和第 9 章，我们将讨论这两个重要且棘手的问题：项目选择和组合管理。

	最差绩效企业	企业平均水平	最佳创新企业
促销性开发和包装改变	12%	10%	6%
渐进性产品改进和改变	40%	33%	28%
重大产品改进	19%	22%	25%
对企业是全新的产品	20%	24%	24%
新问世产品	7%	10%	16%
	~45%	~55%	~65%

10 分的等级

最佳创新企业更聚焦于创新性和颠覆性的项目

图 3.3　不同项目组合显示出最佳创新企业和
最差绩效企业在产品创新上的不同

3．利用核心竞争力杠杆，对项目成功至关重要——脱离核心优势的项目注定失败

"立足优势发起攻击"是一句古老的谚语，这句话的确可以用于新产品开发。如果新产品和公司基本业务无法协同，那么新产品绩效不会很好。"协同"（杠杆）一词很常见，

但如何准确地运用到新产品开发上呢？协同（或者利用核心竞争力杠杆）意味着新产品项目与公司资源、能力、经验间有着完美的匹配性：

- 研发资源（理想的新产品应该利用内部和外部的已有技术资源）。
- 营销、销售团队、分销渠道资源。
- 品牌、形象、市场沟通和促销性资产。
- 制造或运营能力及资源。
- 技术支持和客户服务资源。
- 市场研究和市场情报资源。
- 管理能力。

协同和杠杆是将新业务和旧业务连接起来的纽带。从产品创新角度可以这样理解：利用已有的内部优势、竞争力、资源和能力可以提高新产品项目的成功率。反之，脱离核心竞争力的项目会将公司带入超出其经验、竞争力和资源基础的领域并加大失败的可能性。

> 利用核心竞争力（营销的和技术的）的能力，是项目筛选的重要标准。立足优势发起攻击！

相似性是与协同性是相对应的一个概念，很多公司使用"相似性矩阵"对开发项目进行归类：新市场和新技术为坐标轴（见图 8.7）。有的新产品项目属于公司陌生的领域：公司新产品，服务新客户和响应陌生的需求；不熟悉的技术；新销售团队、渠道及服务需求；陌生的制造流程。遗憾的是，公司常常为这些项目付出代价：脱离核心优势的项目，由于缺乏经验、知识、技能和资源，失败率常常很高。

在开发新产品时，要尽可能地立足优势发起攻击。这意味着，公司充分考量内部资源和技能来选择项目，并使产品开发项目保持协同性。这一结论来源于众多的新产品开发成败的研究。"利用核心竞争力"的原因如下：

- 专业知识：在自己精通的市场或技术领域开发新项目，由于有丰富的领域知识，因此团队开发项目十分方便。相反，进入不熟悉的领域，往往带来意想不到的恶果。
- 经验：熟能生巧——将经历记录下来，然后按经验曲线做事。其结果是，做每个项目所花的时间更少，成本支出也更少。
- 资源可获得，而且只发生边际成本：如果新产品开发采用的都是已有的内部技术，或者是通过已有的销售渠道和团队卖给老客户，那么，与采用外部技术、建立新销售团队并聚焦陌生客户群相比，成本要低很多，风险也要小很多。

有两类核心能力对产品创新最为重要：

- 技术杠杆：高技术杠杆及其协同性产品是建立在公司已有的和内部的开发技能上的，运用内部工艺和技术，利用已有的制造或运营资源及能力。
- 营销杠杆：高营销杠杆及其协同性产品是建立在公司已有的销售团队和分销渠道上的，利用已有的客户关系、品牌名称和形象，利用已有宣传和市场沟通技巧和资产。

图 3.4 和图 3.5 显示了这两个维度的影响。

- 高技术杠杆及其协同性产品的成功率几乎是低技术杠杆产品的 3 倍。高技术杠杆产品的利润率比低技术杠杆产品要高很多（见图 3.4）。

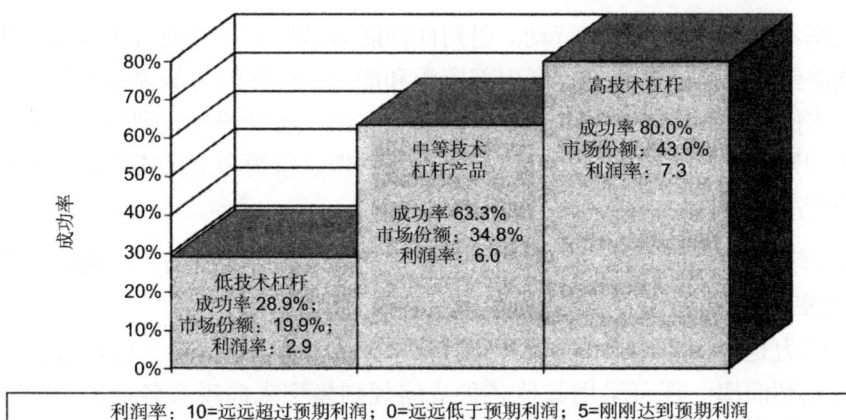

图 3.4　采用技术核心能力能使得成功率和利润率超出三倍

- 类似地，那些充分利用公司已有营销杠杆和技术杠杆的产品，成功率超出其他产品成功率 2 倍。这类高营销杠杆产品获得的市场份额是低营销杠杆产品的 1.6 倍，而且平均利润率也远远高过低营销杠杆产品（见图 3.5）。

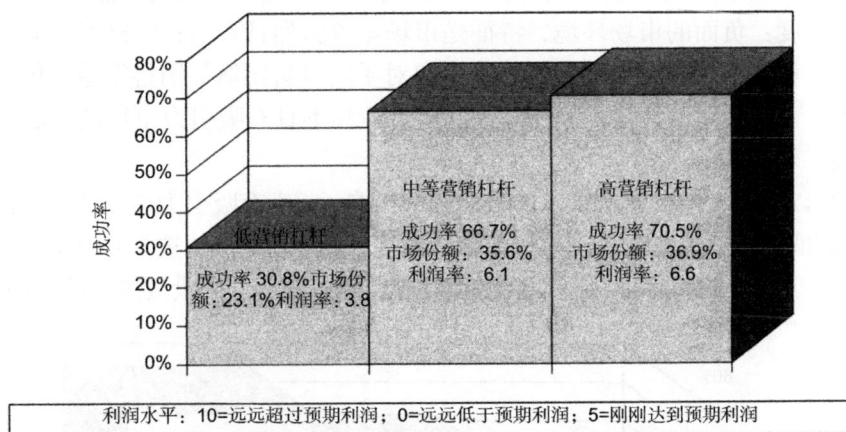

图 3.5　采用营销核心能力使成功率和市场份额翻倍，对提高利润率也产生了积极影响

> **建议：**在设计新产品战略并选择开发哪个新产品时，永远都不要低估杠杆的作用。无法利用公司内部资源的领域和项目，势必使公司耗费更多的精力和财力。这些项目带给公司的还常常是新而陌生的市场和技术，并伴随着意想不到的障碍。换句话说，在新竞争领域会遇到太多"意想不到的恶果"。

技术杠杆和营销杠杆已成为评分或分级模型的内容之一，帮助公司确定新产品项目优先级。如果杠杆能力很低而项目仍然要继续进行，意味着肯定有其他更充分的理由。杠杆和协同并不是必需的，其他方法也可以代替这两项标准，但是它们确实可以提高产品成功率。

有时候，公司需要大胆进入新的陌生的市场领域、技术领域或采用新的制造流程。出现故障的概率不会高到破坏整个行动。遇到杠杆能力虽然不高但项目还有其他吸引人之处的情况，就需要采取一些措施来提高内部资源和能力。杠杆能力低提示我们需要寻求外部资源——合作伙伴、外包或其他"开放式创新"方法。通过开放式创新，开发者可以获得外部的资源和知识、产品创意、知识产权、开发工作、营销和上市资源，甚至是已经做好上市准备的产品的授权。

4. 瞄准有吸引力的市场。项目最好瞄准有吸引力的目标市场。市场吸引力是项目选择的重要标准

市场吸引力是一个重要战略变量。波特的"五力模型"认为，市场吸引力的各个要素决定了行业利润率。还可采用其他各种战略规划模型来向现有各业务单元（明星、现金牛、瘦狗和野猫）配置资源，比如，二维 GE-麦肯锡图（GE-McKinsey）或业务组合网格——市场或行业吸引力是网格的一个重要维度。

市场吸引力对新产品十分重要。瞄准一个有吸引力市场的产品有更大的成功可能性。市场吸引力有两个维度：

- 市场潜力：积极的市场环境，特征是市场空间巨大且具有成长性。消费者对该市场区的产品需求旺盛，而且需求具有一定刚性。瞄准这样市场的产品成功率就会很高。
- 竞争强度：负面的市场环境，特征是市场竞争激烈且残酷；价格因为竞争已经降到底线；竞争产品质量高而且强大；竞争对手的销售团队、销售渠道、售后服务都很强大；竞争导致利润低下。瞄准这些竞争性和不具有吸引力市场的产品成功率不会很高。

图 3.6 从以上两个维度展示了市场吸引力的影响。瞄准有吸引力市场的新产品的成功率几乎是原来的两倍，并能赢得更高的市场份额和更多的利润。持续选择并投资于正确的开发项目，是公司创新制胜的途径之一；市场吸引力是公司做出正确投资决策的一项重要标准。

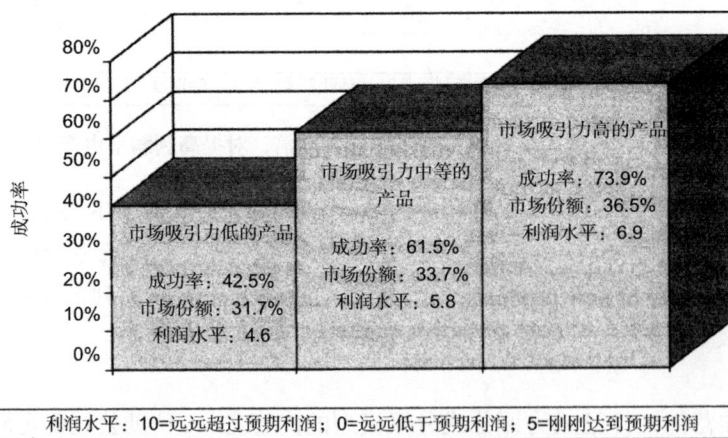

利润水平：10=远远超过预期利润；0=远远低于预期利润；5=刚刚达到预期利润

图 3.6 市场吸引力使成功率几乎翻了一番，并对市场份额和利润率产生了积极影响

采用市场潜力和竞争强度这两个维度，会带来明显效果。但是，企业在评价新产品成功率时，经常忽略或低估它们的作用，往往陷入情绪化。

　　案例：在一个小型企业的会议上，一名发言者正在展示公司即将上市的新产品。该新产品技术含量很高，采用复杂数学算法来处理数字化图像，以使用驱动机器人手臂来从事生产中的摆放工作。展台上的样品展示出的应用非常吸引人：把沙丁鱼装进沙丁鱼罐头。当第一条沙丁鱼出现在传送带时，我们期待地关注着展台；然后，我们听到照相的声音，惊奇地看着机器臂抓起沙丁鱼并完美地将其放进罐头——鱼头、鱼尾恰到好处地放在小罐头里。看完这些，我们全都鼓掌了。

　　公司领导人和他强大的技术团队为他们的技术成果感到骄傲，在展台上鞠躬致谢。但是，棘手的问题出现了：产品对于使用者有什么意义呢？包装沙丁鱼的机器能替代多少包装工人？替代这些工人能节省多少工资？在高工资国家又有多少家沙丁鱼包装工厂呢？等等。

　　据调查，有三家北美的沙丁鱼工厂的包装工人的薪水比较高。剩下的工厂基本上都在低薪酬国家，因此，这一自动包装机的价值是很有限的。最终，上面提到的这家公司只卖掉了一台机器。可谓，一流的技术，三流的市场！

　　这个故事提醒我们，这几个关键问题必须问清楚：市场潜力多大？产品给消费者带来什么价值？竞争的激烈程度如何？竞争对手获得高利润了吗？这些问题要在进入开发阶段之前提问，而不是在产品上市之前提问。在现实中，我见过很多虽然瞄准大众市场，但很"绝妙"的新产品。

> **建议：**市场吸引力的两大因素——市场潜力和竞争强度直接影响新产品盈利能力。因此，这两个因素都必须纳入你的评分和分级体系，以进行项目选择和优先级排序。这就是在上面的成功因素 2 中，市场吸引力列入评分清单的原因。

3.3　组织因素——人、资源、文化和高层管理

5．资源必须充足

　　拥有一个完美的比赛计划，并不能保证成功。赛场上的队员十分重要——不是那些兼职队员，而是全职人员。但是，很多项目和企业都受尽时间和资金短缺之苦。结果也是显而易见的：更高的产品失败率，更长的推向市场时间，更差的开发项目。

　　在第 1 章我们曾讨论过产品创新的高失败率和低绩效。经过多年研究，人们已经找出了多个新产品失败的原因，包括一些大家耳熟能详的，比如，缺乏市场信息、没有倾听客户声音、薄弱的前端或开发前期工作、不稳定的产品定义、关键任务执行较差，甚至还包括组织结构不合理、低效率项目团队。我们在第 2 章讨论过这些直接原因。

　　我们基于很多产品失败案例的分析表明，这些问题本身是相互联系的，追溯其根本原因，是关键领域的重要资源不足。例如，项目执行质量很差、漏掉了一些重要任务（如客户声音或前端尽职调查工作），其原因并不是公司故意忽视或不愿做，而是没有足够的时间和人手。正如一位高层项目负责人所说："我们不是刻意把项目搞砸。但是，同时进行七个重要项目，再加上原来忙碌的'日常工作'，这无疑是说我准备走向失败——因为没有足够的时间和精力去做需要完成的工作，所以我只好偷工减料。"

这位项目负责人的观点具有普遍性。我们的调查和标杆研究表明，新产品开发资源不足问题十分普遍。下面是我们的调查结果：

- 在一些重要的标杆调查中我们发现，公司新产品研发计划中的第一缺陷是缺少聚焦和资源不足：项目团队同时进行大量的项目或者对新产品开发工作不够聚焦。只有极少数企业表示，在新产品开发过程中项目团队能获得充足资源来完成高质量的工作，如图3.7和图3.8所示。营销资源尤其缺乏，其次是生产/运营资源，如图3.7所示。

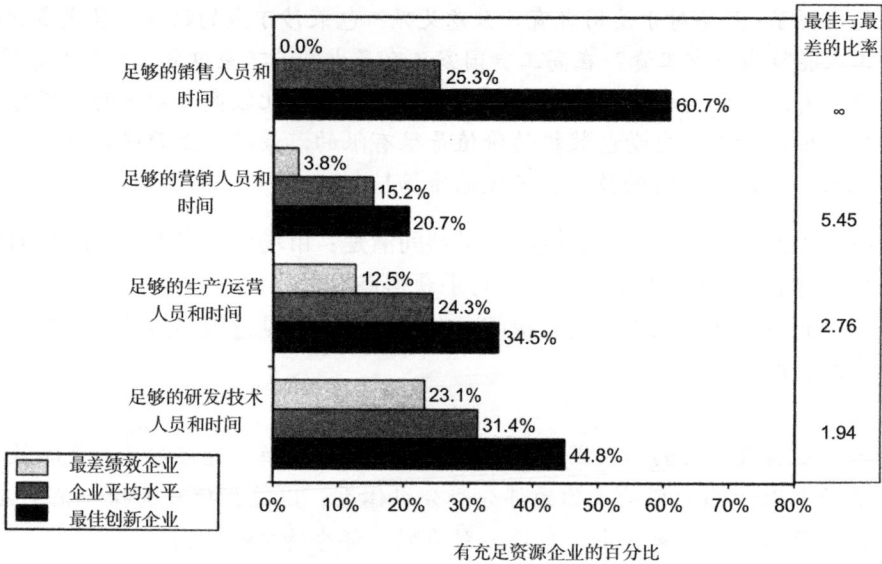

图3.7　忽略职能部门，产品创新存在严重的资源不足——最佳创新企业更好地获得了资源

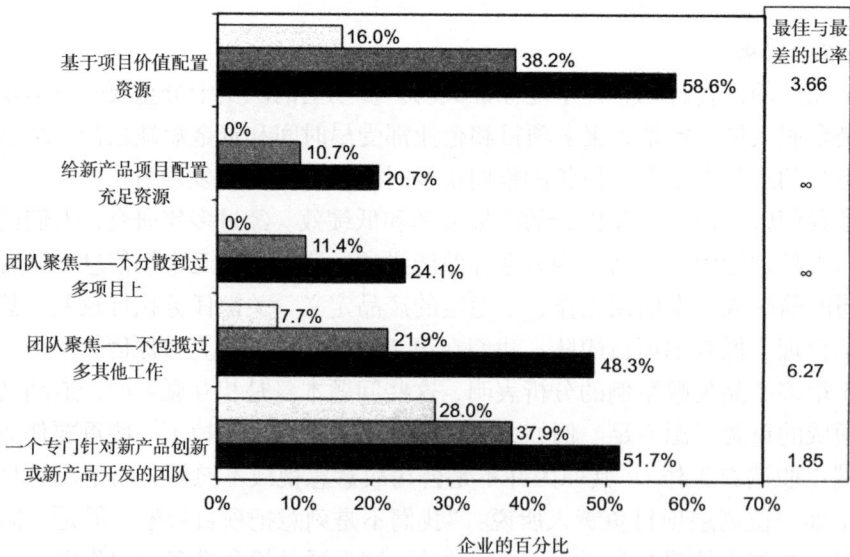

图3.8　项目团队聚焦和专属资源（专属团队）对产品绩效有强烈积极影响

- 更糟糕的是，用于产品创新的有限资源分布在不同的项目上。图 3.8 显示出这种缺乏聚焦的情况。例如，我们发现 91% 的企业曾遭受员工将精力分散在过多项目上的困境；有 79% 的企业员工做了太多其他工作，并没有将足够的精力聚焦于产品创新。

缺乏资源会带来一系列不利后果。第一，工作质量降低：因为项目团队要争取按时完成任务，却又缺乏所需资源，只好偷工减料。第二，周期时间或上市时间延长："完成工作时间"并不是处理工作的时间，而是排队时间——等待员工抽出时间来处理工作（正如工艺工程师把它标为处理中的作业一样）。因此，进入市场时间必然延长。第三，士气受损：因为缺少必要的人才和职能负责人的承诺，项目团队无限延长，错过了截止时间，压力不断累积，员工受到批评指责，整个团队士气开始下降。

然而，缺乏资源最致命的结果是无法产生改变游戏规则并大胆的创新。新产品失败、延迟上市通常会带来高昂的执行成本，从而造成资源短缺。机会成本更是无法衡量的。试想，有多少大项目是由于缺乏资源而无法完成的？在时间和资源非常有限的情况下，公司通常会将资金投放到那些"必要"的和成熟的项目上，紧急情况似乎总是优先于重要项目，重要的大胆的创新项目通常会被搁置。这可以解释为什么 79% 的企业在投资组合中缺乏高价值或大胆的项目（见图 3.2）。

为项目配置充足的资源——专注并投入的人才，对创新绩效至关重要。合理执行任务需要时间和资金，否则"更快，更好，更便宜"不可能实现！看看以下事实：

- 投入充足资源到新产品开发对新产品绩效影响很大。实际上，来自新产品的销售额的比重，是企业研发投入直接结果（研发投入占销售额的比重）。此外，图 3.8 显示，尽管最佳创新企业也会面临资源缺乏，但是它们遭受的损失远比那些最差绩效企业小得多。

- 最佳创新企业更聚焦，对产品创新的专属资源投入更大，如图 3.8 所示，有一半的最佳创新企业有投入产品创新的专属资源（项目团队成员没有从事过多的"其他任务"），超过一半的最佳创新企业有一个聚焦且专注的团队——通常是跨职能团队（来自研发部门、市场部门、运营部门等）——100% 服务于产品创新。

> **建议**：对于那些项目太多、资源太少的公司来说，可以通过现状评估（包括资源能力分析）来解决。
>
> （1）确定公司是否有充足的合适资源配置给当前开发管道中的活跃项目。首先分析当前活跃项目列表。根据项目时间轴确定完成项目所需资源，这些数据可以从项目负责人那里获得——批准的资源和实际需要，可以用职能部门的人·日来表达。然后，再考虑这些资源的可获得性——能调用谁来做新产品工作？能调用其多大比例的时间，从哪个部门调用？每月制定一个电子表格，列出项目、人员（或职能部门）、人·日，然后进行计算！通常，这样做之后，公司会发现某些部门存在的主要差距，从而找出潜在瓶颈。
>
> （2）确定公司是否有充足的资源来实现企业产品创新目标。首先分析新产品目标：业务销售额中新产品占多大比重？然后确定实现这一目标需要多少资源：为

了实现这个目标每年需要上市的大型、中型、小型研发项目数量，从创意到上市流程的各个阶段需要有多少个活跃的项目，每年需要多少资源才能完成这些项目。再找出基于目标的资源需求和可供资源之间的差距。这时，需要在基于资源能实现的目标和扩大资源量之间，做选择。

其他分析方法包括以下几种。

- 制定公司产品创新和技术战略（第 10 章提到的成功因素）。资源问题总会浮出水面，所以现在公司需讨论它们是否有充足的资源来实现目标；基于战略，资源是否应该增加；公司的产品创新目标是否太过激进或不切实际。
- 资源专门化。将产品创新人员作为专属资源——所有时间都用于产品研发工作，而不是在众多的任务中调来调去。
- 组合解决方案。使用战略桶方法为不同类型的项目预留资源。在第 8 章我们会有讨论更多组合管理的话题。
- 聚焦。做更少但是更好的项目（本章中提到的成功因素 2）。一次扎实的实时项目修订工作，可以淘汰那些弱势项目，使公司资源重新聚焦于优秀项目上。

6．合理的组织结构和项目团队设计是产品创新成功的主要因素

产品创新一定是团队努力的结果！对失败新产品项目进行复盘会发现，每个部门只负责它们自己那部分，开发团队和职能部门之间几乎没有沟通，这是一种"固步自封"思想——表明每个参与者并没有真正地对项目承诺。许多调查发现，项目团队的组织方式和功能在很大程度上影响项目成果。

建议：务必为产品创新设计好的组织结构。产品创新是一个多专业、跨职能的工作，如何组织起来是一个很关键的问题。除那些简单的产品线延伸、产品改进类的项目外，产品创新必须打破部门之间的壁垒和篱笆。设计一个良好的组织需要考虑哪些元素，这一点理应很熟悉，但令人惊讶的是许多企业还是没有掌握要领。

最佳创新企业组织新产品项目团队的方式，如图 3.9 所示。首先，必须为每个开发项目安排一个明确的团队——团队成员是项目的一部分并为其工作，而不是仅仅参加会议。也就是说，在通过/淘汰或关口决策会议之后，要明确指定哪个人加入项目团队，并明确其具体分工及完成项目的时间。然而令人吃惊的是，实践中并非如此。

在最佳创新企业中，会明确指定一位团队负责人——负责推动项目。团队负责人的角色与创业企业的领导者很像：是一位企业家，不仅领导团队（如运动场上的队长），而且需要推动项目进程、寻找资源、处理项目外部联系，特别是需要与高层管理者联系。项目负责人通常被比喻成创业企业家，其负责的项目就是一个创业企业。高效率的团队负责人具有以下特征：讲信誉，有激情，富于创业精神，人际交往能力强，具备项目管理的知识和技能。

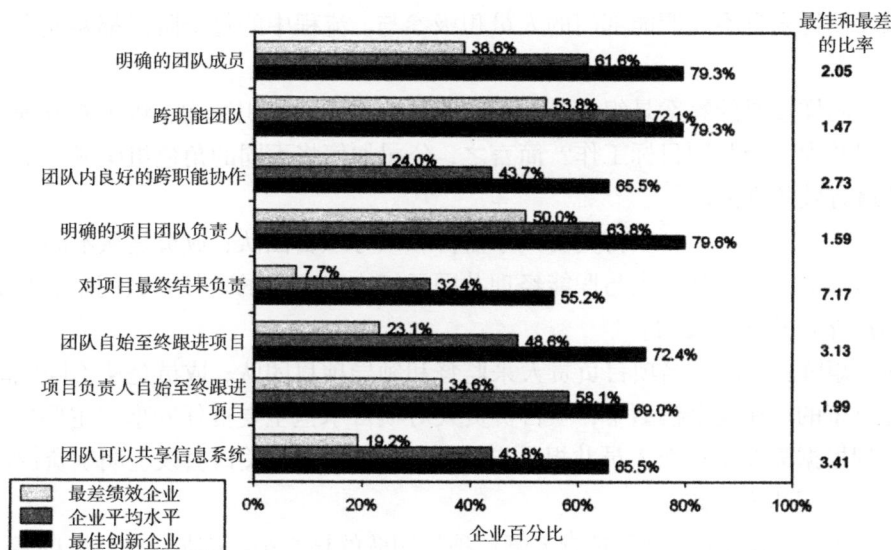

图 3.9　新产品开发项目团队的组织形式强烈地影响创新绩效

许多公司还会任命一名项目经理,这个角色具有不同的作用,尤其是在大型项目中。项目经理更像行政角色而不是企业家角色;负责管理日常项目活动,处理项目细节,组织团队会议,管控时间和预算,所有这些任务都需要好的项目管理。

项目团队负责制是创新成功的关键因素,如图 3.9 所示。也就是说,当项目负责人及其团队向企业高层管理者提交一份商业论证时,其中会包括一些预测,如第一年销售额、利润预估及预计上市日,一旦项目被批准,这些预测就成为对公司的承诺:成为团队目标,项目团队最终为他们的成就负责。许多公司正在建立"上市后评估"制度,团队会在上市之后一年左右向之前汇报过的高层管理者汇报项目结果,这就形成了一个闭环反馈系统。在现实中,虽然负责制理念很好,但仅有 1/3 的企业运用了这个制度。调查发现,建立团队负责制的最佳创新企业与最差绩效企业的比例是 7:1。

> 跨职能团队,拥有明确任命并负责人的团队成员,自始至终在团队内,在一位具有高度愿景的负责人领导下,是最佳创新企业的共性特征。

为了培养团队责任感,项目团队成员必须持续跟进整个项目。我们对多家公司的标杆研究表明,习惯做法是"上市并解散",即产品一上市,团队成员就开始忙其他的任务,而不去管到底会出现什么结果。这种缺乏责任感和团队延续性的做法,会导致很多不良后果:过分高估初始预测(以使项目能够获得批准),无法持续跟进项目以确保实现承诺的目标。最佳实践是,项目团队自始至终地跟进项目,而不是只在项目中做一小段时间或一小段工作。大约有一半的企业运用了这种端到端的方法,该方法在最佳创新企业表现尤其明显。

如何设计一个体系,可以将各种活动、各种跨职能输入集成起来并培育出跨职能团队?一个答案是制定一种产品创新的系统化方法——从创意到发布的蓝图或路线图,可以打破职能界限并使得来自不同职能部门的人员积极参与。流程中的每个阶段都要成为一个跨职能阶段。

另一个同样重要的答案是组织设计。采用什么类型的组织结构，将千差万别的众多员工聚到一起并为一个共同目标工作？简言之，公司如何将不同的角色组织成一个团队？以下是三种最有效的方法。

- 平衡矩阵：指派一名项目负责人来监督和领导项目团队；成员是从不同职能部门派遣过来的。项目负责人与职能经理共同承担完成项目的责任并共同享有权力：批准和指导是共同完成的。
- 项目矩阵：指派一名项目负责人来监督和领导项目团队；成员是从不同职能部门派遣过来的。在这个模型中，项目负责人对项目承担主要责任并享有主要权力。职能经理根据需要来选派人员并提供专业技术和指导；在关口会议上明确资源配置并对人员分配达成一致。
- 项目团队：指派一名项目负责人管理项目团队的核心小组成员，成员来自多个职能部门。一旦这些人员确定下来（通常是在关口会议上由各职能部门高管确定），职能经理对这些人员不再具有正式的影响和支配权。项目负责人现在是"他们的老板"。

上面三种组织设计，最后一个最适合大型的复杂项目，项目矩阵既适合复杂的也适合简单的项目。

不管公司选择了以上三种结构中的哪种，较强的项目领导力——一个具有奉献精神而又有权力的项目负责人，对于项目的准时和成功，都是至关重要的。项目负责人必须拥有正式的授权（权力由各职能部门主管共同决定）；项目负责人和团队必须被授予进行项目决策的权力，并且职能领导或高层管理者不能事后批评，对团队施加影响，或"事无巨细地管理团队"。[①]

为了使整个团队协作，团队成员位置上应该互相靠近。共同办公是一种解决办法——来自公司不同部门的团队成员在一个区域或部门内重新安排座位，敏捷模式下甚至在一个房间里。共同办公对于全球项目或外部项目不太可能实现；因此，良好的通信技术——拥有可靠且易使用的视听链接的电子会议室，结合及时的且定期的面对面会议，对于项目的成功至关重要。

最后，组建这样的多职能团队的一个重要组织元素是氛围与文化，这种氛围和文化要能够培养团队创造力、创新力及团队工作方式。

7. 有支持并促进创新的氛围和文化

创新氛围和文化是一个很流行的话题，包含众多要素和视角。接受一种氛围与文化是困难的，有时甚至根本不能接受，那么，我们该怎么办呢？所有调研都证明，如果我们把新产品结果作为目标，那我们就不能忽视氛围和文化。图 1.2 的创新钻石模型显示，氛围

---

① "事无巨细地管理团队"是用来形容高层管理者某种行为的词，这个词意味着高层管理者每天干涉项目团队的工作。

和文化是区别最佳创新企业与最差绩效企业的最具识别性的要素之一。

一个积极的氛围应该具备哪些要素？有多少企业真正拥有这些要素？这些要素到底给企业绩效带来哪些影响？我们对积极氛围应具有的特性进行了一系列的调查，图 3.10 和图 3.11 揭示出最佳创新企业和最差绩效企业在氛围上存在哪些重要差别。我们将纳入考虑的 12 个要素分为两个主题：第一个是一般氛围（见图 3.10），第二个是为促进积极氛围而采取的具体行动（见图 3.11）。

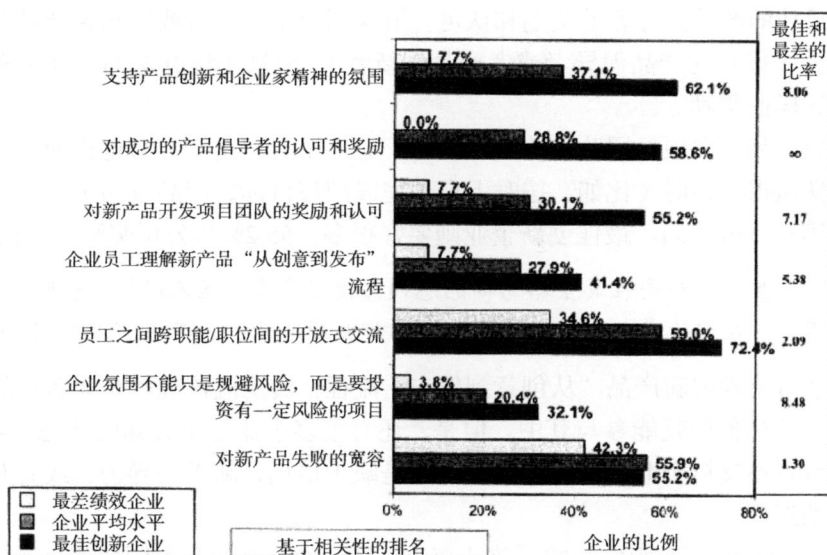

图 3.10 产品创新的氛围与文化——价值观、态度、政策、排序（影响由高至低）产生主要影响

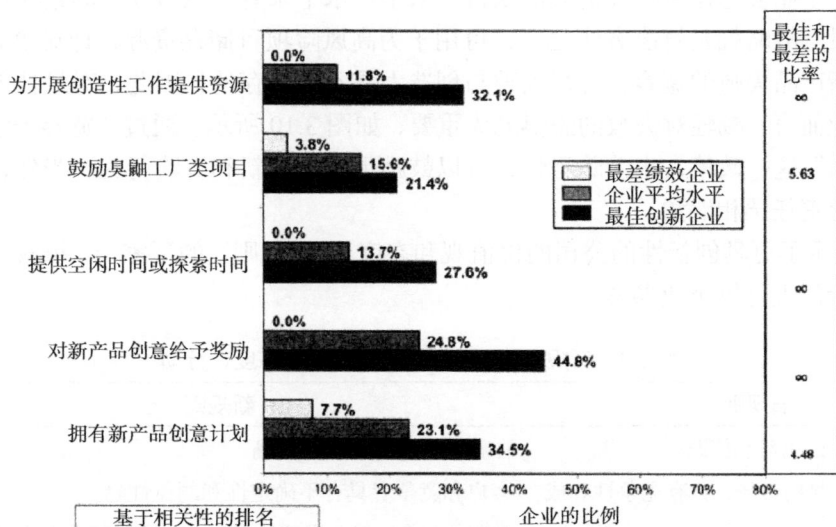

图 3.11 NPD 的氛围与文化——具体行动按顺序排列（影响由高至低）产生主要影响

（1）支持产品创新和企业家精神的氛围：最佳创新企业和最差绩效企业间在这个方面存在很大的不同，62.1%的最佳创新企业得分很高。

案例： 格兰富公司（Grundfos）是一家位于欧洲的大型泵生产商，抓住每个机会宣传新产品开发。新产品开发无所不在：公司年度报告更多地关注产品创新而不是财务；新产品样品占据了总部的整个前厅；强调创新的海报在公司随处可见。这也的确十分有效：公司员工的积极性极大地提高，无论是新员工还是资深员工都投身于新产品开发中。

（2）对成功的产品倡导者的奖励和认可：最佳创新企业认可或奖励新产品项目负责人和事业负责人（成功的产品倡导者或者产品创新者）。但采用该办法的人并不多，只有少数公司提供这样的奖励。

（3）对新产品开发项目团队的奖励和认可：总体来看，这个环节也很薄弱，当一个新产品项目团队做得很棒时（比如，按时上市，完成销售目标，产品成功了），仅有不到 1/3 的公司会奖励和认可他们。最佳创新企业则要好很多：55.2%的公司奖励了它们的团队。

案例： 艾默生电气公司在其圣路易斯的总部大楼里有个"名人墙"。这里，放置着项目团队成员的照片供人们欣赏。格兰富公司也在其前大厅展示新产品及产品项目和执行团队。

（4）企业员工理解新产品"从创意到发布"流程：员工应该理解企业新产品从创意到上市的体系，这样他们就能参与其中。但是，还有很多企业处于无知的状态：4/5 的企业员工不理解或者不支持企业的创新流程，原因是缺少培训，缺乏领导力，或者对企业怀有消极或怀疑的态度。

（5）员工之间跨职能/职位间的开放式交流：最佳创新企业为不同职能、部门和职位的员工提供开放式交流的机会。开放性有助于激发创造力，促进项目团队的跨职能交流。

（6）风险规避：最佳创新企业不会采取规避风险的方法，而是勇于投资更冒险的项目，其中近 1/3 的企业会选择风险性更大的项目。从平均水平来看，只有 1/5 的企业选择风险性较高的项目。战略桶是解决方法之一，可用于为高风险项目储存资源，详见第 8 章。

（7）对新产品失败的宽容：恐惧失败与创造力是不能共存的！因此，对最佳创新企业和大多数企业而言，减轻对失败的恐惧尤为重要，如图 3.10 所示。通过"宽容失败——失败了，没关系"这一政策，来消除恐惧，可以鼓励更多的创新和冒险行为。当然，这个鼓励不能与缺乏责任感相混淆。

表 3.2 显示了更具创新性的公司的价值观和态度："新规则"的玩家与"旧规则"的信徒，这两组价值观可供企业参考。

表 3.2 新规则与旧规则——价值观、态度、行动	
旧规则	**新规则**
在传统市场上的更新和修改	在新市场上的大胆的创新
稳定的、可预见的市场，具有竞争性和成熟性	客户和竞争者具有不确定性和颠覆性趋势
不断地增加赌注，很少淘汰	大胆的投资，基于规则的淘汰——正确的淘汰意味着"成功"

续表

旧规则	新规则
传统的门径管理流程——线性的、死板的、不具备适应性	新的门径管理体系——适应性的、灵活的、敏捷的、快速的
顾客反馈主要在后期阶段——测试或现场试用阶段	客户反馈在早期、频繁，并伴随着迭代——螺旋式开发
首先想到的是要求正确：不能有错误！	倡导经常地、尽早地、低成本地失败——从错误中学习
控制内部环境——避免风险	内部环境是宽松的和大胆的——承受风险并减轻风险
做那些显而易见的并基于现存事务的事情	寻求那些非传统的、突破性的创意和解决方案
项目团队聚焦于交付文档	项目团队聚焦于交付一些实体性内容——体现在开发结果中

第二个文化和氛围因素包括很多行动导向的内容和更具体的任务，目的是促成构建一个积极的氛围（见图 3.11）。这些内容按照影响力由高到低排序如下：

（1）为开展创造性工作提供资源：绝大多数最佳创新企业向创造性员工提供了支持和资源（资金/设备等），以促进这些员工的项目。但总体来看，所提供的资源是不足的。

（2）鼓励臭鼬工厂类项目：一些最佳创新企业会鼓励臭鼬工厂类项目。臭鼬工厂其实是一个团队，他们脱离于典型的公司官僚主义和业务架构之外开展工作，常常是一些高度创新性的、非常重要的或机密的项目。在大多数情况下，这个团队直接向首席执行官汇报，团队成员从职能部门抽调出来：不再在职能部门工作，而是成为项目团队的全职员工。

（3）提供空闲时间或探索时间：许多最佳创新企业向创造性员工提供资源和空闲时间，让他们做自己的项目——这个时间往往成为创造力的来源。总体来说，这个关于这一时间设定的情况仍然较少，只有 13.7% 的公司提供了。

案例：3M 公司制定了一项政策，公司任何一位员工都可以得到一个项目，可以将 15% 的工作时间用在这上面——不需要正式的启动，不需要管理层的批准，也不需要关口。因此，并不是每个项目都是在正式的新产品创新流程（3M 的门径管理系统）中开始的。这类"15%项目"的负责人大部分都是技术人员，虽然这个体系是对 3M 公司的所有人都开放的。这些"15%项目"使其项目负责人获得了充足的资源和时间，来"把一些事情放在一起以从客户那里获得反馈"，使得他们可以把技术和市场连接起来。基本上，一旦有了资源，这些项目就会被纳入 3M 公司的正式新产品流程中。3M 公司公开承认，公司的一些重大创新就是通过这条路径产生的。

（4）对新产品创意给予奖励：最佳创新企业经常向那些提交新产品创意的员工进行奖励和认可。

案例：在一家材料行业的公司，提交创意者会收到"绩点"，绩点多少是根据创意通过了多少关口确定的。绩点可以累积，最终可以兑现为奖金，这有些类似航空公司的忠诚计划。

（5）拥有新产品创意计划：这个计划在最佳创新企业很普遍，主要用于动态性地收集员工的新产品创意。当然创意计划在大部分企业仍没有得到广泛采用（参见第 7 章），但这一方法未来一定是新产品创意的重要来源。

很多公司的产品创新氛围和文化，已经薄弱到了令人惊讶和极其危险的地步，如图 3.10和图 3.11 所示。最薄弱之处涉及了所有非正式的创造性工作，包括自由时间或探索时间、资源对创造性项目的支持、臭鼬工厂、自由时间项目、未经批准的所谓"地下"项目等。相反，最佳创新企业有很大比例在强调并支持这一类活动。第二个非常薄弱的领域是员工创意提交方面：许多公司没有创意提交计划，没有对创意的奖励或者认可。第三个重要的薄弱领域是，不愿意对更冒险的项目进行投资——普遍存在风险厌恶。

> **建议：**如果你想在公司形成大胆创新的氛围和文化，就要关注以上这些关于最佳实践的论述。可采取的行动包括：
> - 提供探索时间并向有创造力和激情的员工提供资源，以便使他们从事梦想的项目，像 3M 公司的自由时间项目，即允许一些非正式的项目。
> - 对重大项目尝试采用臭鼬工厂方法，即项目团队脱离正式组织开展工作。
> - 制订新产品创意提交计划。
> - 对创意生成者和项目团队成员的努力进行奖励和/或认可。
> - 制定规则：对为那些结果不佳或被淘汰的项目付出辛苦工作的人不予惩罚！
> - 为大胆的创新项目设定一个单独比例的资源（一个单独的"战略桶"）。切实地实施一些有风险的项目，并让每个人都知道你允许并鼓励这些。
> - 确保员工真正理解你的从创意到上市体系；提供一些培训和领导力课程，使他们更投入产品创新中。
> - 鼓励职能部门之间、不同办公地点和不同国家分支之间的开放式交流（不允许有部门墙）。
> - 最重要的——支持并鼓励开放式的和有激情的产品创新。

8. 高层管理者的支持虽不一定保证成功，但绝对能助一臂之力。许多高层管理者都忽视了这一点。成功的产品创新领导者应具备 7 种习惯。

高层管理者的支持是产品创新成功的必要因素。高层管理者对项目的影响，如图 3.12所示。

- 80%的最佳创新企业高层管理者强力支持产品创新，而最差绩效企业的这一比例只有 27%。

> 创新是公司持续增长的先决条件。别无选择。
> ——A.G.雷富礼，宝洁公司前CEO

- 50%的最佳创新企业的高层管理者的年度目标是新产品指标，而最差绩效企业的高层管理者几乎没有这种目标。
- 2/3 的最佳创新企业的高层管理者为团队和成员提供有力的支持并授权，而最差绩效企业这样做的百分比仅为 8%。

- 总体来说，首席执行官把项目日常活动和决策交给项目团队负责——他们不会事无巨细地管理，最佳创新企业更是如此。
- 80%的最佳创新企业的高层管理者参与通过/淘汰决策，而在最差绩效企业中只有42%的公司高层管理者这样做。

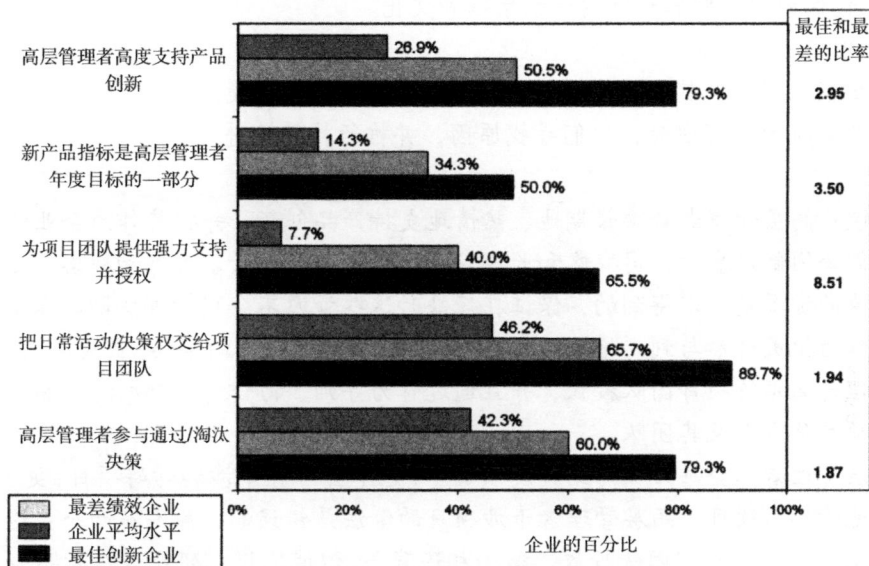

图 3.12 高层管理者的实践和承诺是驱动创新的关键

领导者要首先富有激情地致力于产品创新。尽管这在现今以财务为导向的企业中很难做到，但重视产品创新胜于重视财务，是领导者对创新的最大支持。一些卓越企业的领导者努力做到这一点：在《乔布斯传》一书中，乔布斯说他希望灌输给苹果公司一种少有的愿望——产品高于利润。他为了成功而坚守住的这一品质成就了世界上最有价值的技术公司。的确，乔布斯的原话是"我发现我的观点是正确的。产品就是一切"。如果你致力于产品创新和生产出无与伦比的新产品，利益最终会有的。但是单纯追求利益可能导致一无所获。

成功的产品创新领导者的 7 种习惯

1. 他们抓住每个机会来拥抱并支持产品创新，不论是语言还是行动：
- 他们对创新充满激情。
- 他们将资源准备到位。
- 他们视产品高于利润（利润终会到来）。
2. 他们领导公司制定创新战略。
3. 他们积极参与关口的通过/淘汰决策：
- 他们坚持有效把关。
- 他们制定"参与规则"，并承诺遵守规则。

4．他们是创新组合经理：
- 他们了解公司的开发组合。
- 他们在组合评审中扮演积极的角色。

5．他们理解并支持公司的从创意到上市门径管理体系。

6．他们为创新培养适宜的组织氛围和文化。

7．他们不断进步：
- 他们让自己、其他高层管理者、项目团队对结果负责。
- 当目标无法实现时，他们寻找原因，并推行持续改进。

建议：高层管理者必须长期地、热情地支持产品创新，并将其作为企业增长的源泉。他们必须制定基于公司战略和长期目标的产品创新愿景、目标和战略。他们必须确保必要的资源是可以得到的，保证在短缺时这些资源不会用于那些即时需要。他们还必须作为把关者参与到严格的流程中，协助公司把产品推向市场。最重要的一点是，高层管理者必须给项目团队授权，并且通过作为导师、协作者、"教父"、高级倡导者来支持项目负责人及其团队。

高层管理者不会每天参与到开发项目中，也不会一直干涉和妨碍项目，更不会"事无巨细地管理"项目。高层管理者干涉项目的做法是错误的，原因有两个：这样做夺取了团队的权力（与"团队授权"概念相违背）；坦诚地说，研究证据表明，在管理项目时，高层管理者不能合理处置那些"高管喜欢的项目"！

3.4　制定新产品任务书

9．遵循多阶段的、规则严格的新产品流程（门径管理体系）的公司绩效更好

很多公司的产品创新（从创意到上市）的流程是破碎的，流程存在很多疏漏、错误和障碍：产品进程不按其应有的时间、方式发生！流程缺乏连续性，也缺乏执行质量，所以急需修改。多项研究表明，很多公司的从创意到上市体系是有缺陷的，甚至是缺失的，需要一个完整的、高质量的新产品流程。

采用一个系统的新产品流程，如门径管理体系，是很多公司为克服上述新产品开发受阻问题所采取的解决方案。简单地说，门径管理体系是针对如何成功且有效地推动新产品从创意到上市流程的路线图、"菜单"或"任务书"。根据 PDMA 的一项最佳实践调查，截至 2000 年，大约有 68%的美国产品开发者采用了早期

> 领先公司已经采用了门径管理体系（本书作者提出）来加速新产品项目从创意到上市过程。

版本的门径管理流程。最近的标杆研究表明，73%的公司采用了这一流程，而且几乎所有最佳创新企业（大约 90%，而最差绩效企业的这一比例是 44.4%）有清晰的被定义的新产品开发流程——任务书、剧本或门径管理体系，用来指导从创意到上市的新产品开发项目。这说明，拥有一个正式的流程，本身就是一项最佳实践。

在没有体系的情况下管理新产品开发，就像在没有磋商、没有战术、没有预演的情况下让运动员参加足球比赛，而且还期望他们能得分。这种情况出现一次或许行，但从长期来看，有好的规则的选手必将赢得比赛。

高效的从创意到上市体系的目标是，把本章和前面章节所概括的最佳实践融入一个流程中，使这些成功因素或最佳实践能够按照所设计的实现，而不是偶然才出现。在运营层面上，一个从创意到上市体系将产品创新流程分解成一系列跨职能的阶段，类似北美足球比赛的"战术"。每个阶段由很多预先设定的"最佳实践"活动或任务组成，由跨职能团队并行地完成这些任务。最佳实践，如前端工作、用户参与的螺旋式开发、上市规划、客户声音等，分别融入不同的阶段中。每个阶段的结果就是一组可视化的预先设定的交付物。

在每个阶段之前，会有一个关口或通过/淘汰的决策评审点——可以把这个想象成足球比赛的队员靠拢商议。此时，团队与管理层商议是否进行下一项比赛，或者继续比赛，那么就需要决定如何行动，或者停止比赛以脱离不利处境。这种门径管理的形式有很多名字，如"阶段关口""阶段门""门径管理"。现在大家使用的"门径管理"（阶段关口）一词是我在一篇早期的文章里提出来的。图 4.10 列出了一个典型的门径管理体系，用于面向大型新产品项目。注意，第 4 章介绍的典型门径管理体系中，也有针对小规模和低风险项目的微型版本。。

有很多事实证明，系统化的从创意到上市或门径管理体系是十分有效的。Booz Allen Hamilton 公司首先发现了那些采用新产品流程的企业更加成功，而且应用这一体系时间越长的企业新产品开发成功率越高。正如某位副总裁所说："多阶段新产品流程是产品开发成功的关键因素。"

宝洁公司认为其 SIMPL 门径管理体系对公司产品创新绩效是至关重要的："门径管理不是一个可选项……在当今的环境下，它是成功的必需因素。"使用这种流程的效果十分显著，我们可以看到：团队合作得以强化，重复工作和返工的次数减少了，成功率提高了，更早发现失败，上市情况更好了，甚至周期缩短了。宝洁公司认为 SIMPL 门径管理体系"改变了职能部门间的界面"（什么时间及如何合作，各自的责任明确了），能更高效地推动新创意进入市场。门径管理体系的确有效。

看一下图 3.13 中正式的门径管理流程效果的量化指标：成功率更高，达到销售额和利润目标的项目翻了一番。最近，一份 A.C.Nielsen 公司的关于包装消费品制造业的调查报告显示，好的结果来自严格的带有关口的阶段，关口处采用计分卡，负责任的治理者（通常称之为把关者），如图 3.14 所示。

> **建议**：如果公司没有有效的新产品流程，或者流程 3 年没有变过，或者流程运转不灵且过于老化，那么，设计并实施一个新版本的、快速的、专业的从创意到上市体系是公司的首要任务。我们在第 4 章中详细讨论这一问题。

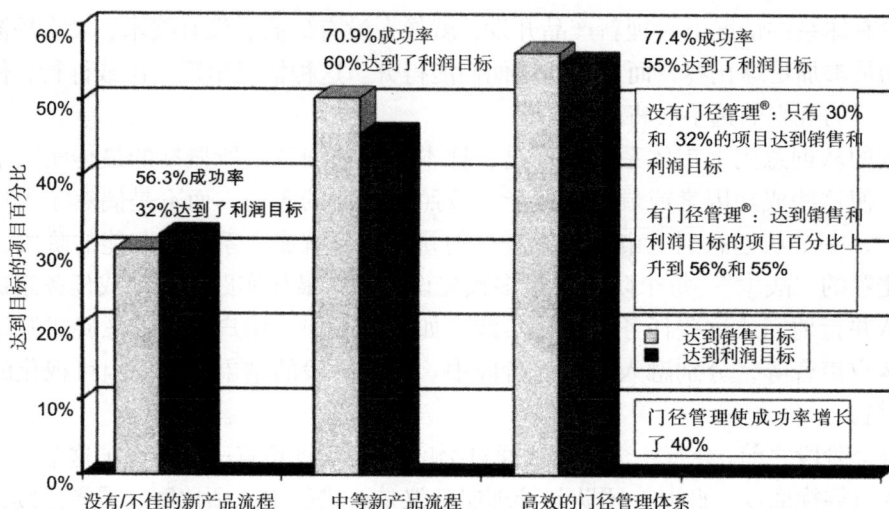

图 3.13　高质量的新产品门径管理体系可以提高成功率，使更多的项目完成销售和利润目标

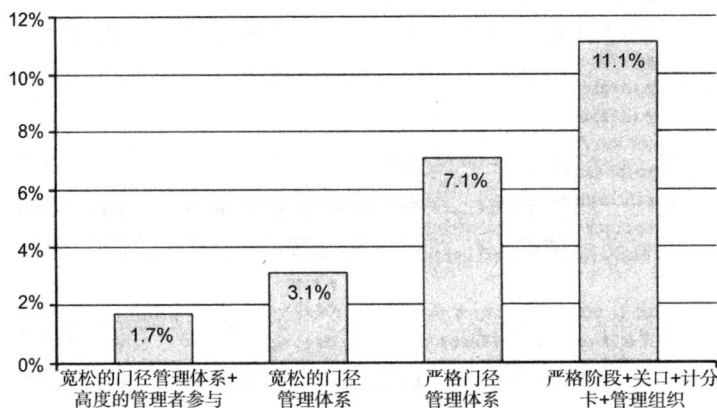

图 3.14　有严格的关口、计分卡、治理者的有规则的流程可带来更高的新产品销售额

3.5　通向新产品门径管理体系

本章重点讨论了与公司创新相关联的关键成功因素：一个清晰的创新战略、更好的聚焦（开发更少但更好的项目）；利用公司核心能力杠杆，瞄准有吸引力的目标市场；培养高效率的跨职能团队、积极的氛围和文化，合理定位高层管理者的角色；提供充足的资源；并强调了一个精良的从创意到上市体系的必要性。第 2 章提到的八种关键成功因素，都是非常战术性的并且针对项目层面的。这两章所讨论的成功因素不是凭空想象出来的，而是基于事实的——基于大量已发表的研究报告，包括项目层面和公司层面的新产品开发的成功与失败的绩效研究。

现在的挑战是，如何将这些成功因素应用于实际操作中。这正是新产品门径管理体系的价值所在。在第 4 章，我们将把这些成功因素制作成一种路线图、蓝图或任务书。新产品项目从创意到上市的高效且成功的方式就是门径管理。

第4章

门径管理：从创意到上市的体系

流程是一种用来取代旧模式的方法论，它年复一年地指导着公司的活动。它不是
一个过客，也不是临时而为，更不能应付一阵子后就抛弃掉。

——索马斯·H. 佩里《全面质量变革管理》

4.1　什么是门径管理

门径管理是一个既具概念性又具操作性的路线图，用于推动一个新产品项目从创意到上市及其进一步的后续工作，也可以说，它是一张可以提升新产品开发流程管理效率和效果的蓝图。它是一个体系或一个流程，而不仅是类似美式足球那样的任务书。它描绘了应该做什么，包括每个战役、每个阶段；还描绘了如何去做，以赢得最后的胜利。

门径管理的前提是，项目团队真正理解如何去获得成功并且也确实做到了。实际上，门径管理理论源于一些相关研究，这些研究对那些成功进行的勇担风险创新项目和团队进行了模拟。但是，有太多的项目和团队失败了。进一步的观察表明，这些失败的项目受到了以下因素的困扰：遗漏了一些必要的步骤和活动、糟糕的组织设计和领导力、质量活动执行不力、不甚可靠的数据、错过的时间线等。因此，这些团队和项目需要将那些成功团队的做法汇集起来为我所有，门径管理就是这些经验的汇集。

门径管理应用于很多领先企业中

一个世界级的产品创新流程，如门径管理，是解决困扰着众多公司新产品开发工作问题的方案之一。面对日益增加的既要缩短开发周期又要增加新产品成功率的压力，许多公司期望用门径管理来管理、指导并加速产品创新速度。也就是说，它们开发出一种系统化的流程——一种蓝图或任务书，将一个新产品从创意到上市的历程划分为不同的阶段和步骤。更重要的是，它把许多关键成功因素和最佳实践纳入任务书中，从而提高它们的项目开发活动的效率。请看下面的实例。

- 3M 公司有令人羡慕的新产品开发历史记录。我们谈起这家公司的成功秘诀时常常会说，3M 公司具有创新型的企业文化和氛围。但远不止这些，多年以来，3M 公司运用了各种类型的门径管理体系来管理创新流程：新产品创新（New Product Innovation，NPI）是一个五阶段的新产品体系；新技术创新（New Technology

Innovation，NTI）是一个三阶段的流程，更具有迭代性，更适合技术类项目（接近于基础科学项目）。

- 康宁玻璃公司（Corning Glass）长期以来一直是一家世界领先的创新型企业，从许多年前的耐热玻璃（Pyrex）和康宁陶瓷，到最近几年用于制造纯平显示器的纤维光学和玻璃产品，康宁玻璃公司一直保持着持续的成功。康宁玻璃公司推动新产品走向市场的驱动力，就是在 1987 年设计并应用的门径管理流程。该流程经过了多年的改善和合理化（见图 4.1），经历了多次的演进。流程的最新版本近期被采纳并应用到"大猩猩玻璃"项目上（更多内容见第 5 章）。

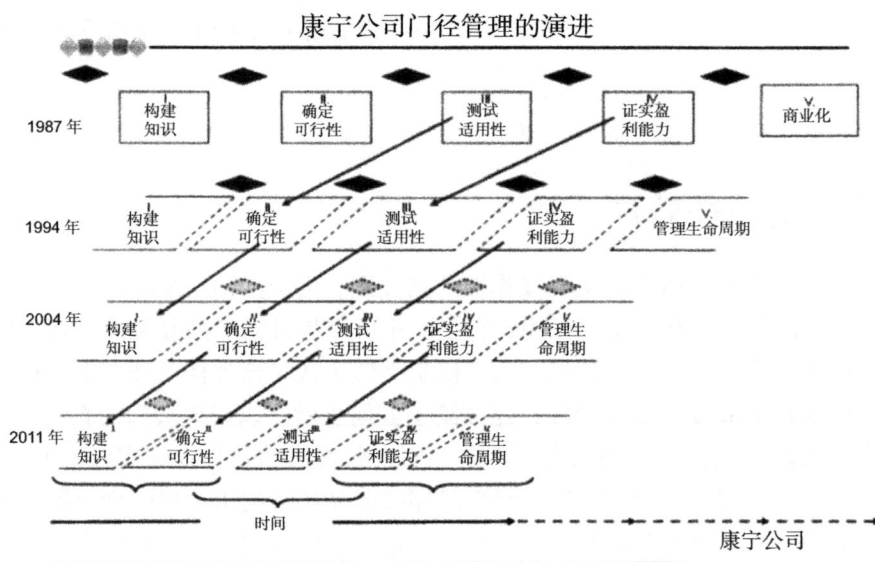

图 4.1 康宁公司门径管理流程经历了多次演进，包括阶段的重叠化（并行化）和合理化

- 艾克森化学公司（Exxon Chemical）在 20 世纪 80 年代后期开始在其聚合物事业部使用门径管理流程。该流程非常成功，因此艾克森化学公司把这种方法推广到其全球的各个化学业务领域。艾克森化学公司产品创新流程（Product Innovation Process，PIP）的创始人说："最近 10 年，产品创新流程的应用对我们业务方式产生的影响可能比艾克森化学公司过去 10 年中所实施的任何一种创新都要大。"今天，该流程已经被艾克森的其他业务部门所采用，并成为一项深入人心的决策流程。它几乎用于集团中的每种类型的项目，从工艺开发到重大资本开支（厂房扩建），甚至用于油井钻探！

- 乐高公司（Lego）是成功的丹麦玩具制造商，每年其产品线上约有 1/3 的产品要换成新品。为了确保这种快速的新产品导入能够持续地、成功地、年复一年地进行下去，必须有一个有效的流程。目前，乐高公司依靠的是新产品门径管理流程，使所有要素凝聚成一股力量，确保每年都有大量的新产品快速上市。2016 年，乐高公司在其教育事业部引入了门径管理的最新版本———一个敏捷嵌入的混合模型。（关于该

主题的更多内容见第 6 章）

- ITT 公司在 21 世纪初实施了一个五阶段的门径管理体系，这个体系被称为基于价值的产品开发（Value-Based Product Development，VBPD）。当时，ITT 公司的新产品销量远低于其他全球性工程产品制造商，市场份额一直徘徊在 15%。ITT 公司的 VBPD 体系引入了大量的最佳实践，如客户声音研究、可靠的前端工作、把关者采用计分卡来严格管控关口、高效的跨职能团队等。绩效得到了显著提升：通过采用门径管理，采用创新钻石模型中的各个要素，ITT 公司的新产品销量实现了不止一倍的增长，市场份额在 9 年时间里从原来的 15% 提升到了 35%！

门径管理方法的确有效！在前面章节中，我们讨论了支持从创意到上市门径管理体系的证据。一个有关产品创新的主流最佳实践研究表明，这一流程简直是天赐之物。下面是从这一研究中摘录的一段话：

新产品流程是指导新产品开发项目从创意到上市全过程的一个任务书或者路线图，对于成功的新产品开发来说是另一种更受欢迎的关键因素。提到新产品流程，不仅仅意味着一个简单的流程图，这个词包含了所有的流程要素——阶段、阶段活动、关口、可交付成果，以及一个定义明确的新产品流程的关口标准。几十年来，我们一直在呼吁管理者设计和实施这样的新产品开发流程，而且他们似乎也确实听取了专家们的建议。事实上，在我们调查过的企业中，最为普遍的实践就是拥有一个定义明确的新产品流程。

一项更近的研究揭示了更为有力的结果："90% 的最佳创新企业拥有清晰、良好定义的新产品开发流程（相比之下，只有 44.4% 的最差绩效企业拥有该流程），一个指导新产品开发项目从创意到上市的任务书或门径管理体系。实际上，最佳创新企业实施成功的新产品开发流程的概率比最差绩效企业高出 2~3 倍，这表明拥有正式流程本身就是一个最佳实践"。

4.2　新产品从创意到上市体系的 7 个目标

本节的要点如下：我们在第 2 章已经讨论了关于如何管理新产品项目的 8 个关键成功因素；在第 3 章还讨论了适合在业务单元层面操作的 9 个关键成功因素，这些因素源于成功或失败新产品开发经验及各类标杆研究。那么，如何将这些因素转变成可操作的有效的新任务书？比如，如何提高执行质量，如何提高市场聚焦，如何做好前期工作？我们先快速浏览一遍这个新产品体系必须做到些什么。

4.2.1　目标 1：执行质量

支持全面质量管理理论的人的观点是："质量的定义是明确的；它意味着在所有的时间里满足所有的要求。它是基于这样的原则：所有工作都是一个流程，可以通过专注于改善业务流程来消除错误。"这种概念逻辑上很完美，也很简洁。多数明智之举都是这样的。这一逻辑也可以用于新产品开发。

产品创新是一个流程。始于最佳实践体系中的某个创意，甚至更早，终于一个成功的产品上市或之后。从企业整体来看流程却不是一个新事物。在实际业务中有许多运转良好的流程，如制造流程、信息流程等。

执行质量的危机存在于产品创新流程中。简单地说，事物不是按照它"应该"的时间、方式、效果去发生的。在前两章有明显的例子，众多公司和众多项目的众多关键性活动，从客户声音工作、前端工作，到规划和上市执行工作，都存在缺陷。这些严重缺陷，如省略某些步骤及低劣的执行质量，甚至是一种常态而非例外。这些缺陷与产品失败之间有着紧密的联系。我们也观察到，这些活动的执行质量及它们是否已全部完成，对最后的成败有着至关重要的影响。最佳创新企业常常比其他企业更善于执行这些关键性任务。

产品创新流程的执行质量危机，证明了公司有必要在创意、开发和上市新产品时需要一种更系统的、更高质量的方法。处理质量问题的方法是把产品创新视为一种流程，然后对这个流程运用流程管理和质量管理的方法。注意，业务中的任何流程都可以通过质量角度来管理。确保流程的每个细节是正确的，那么结果必然是一个高质量的输出。

执行质量是新产品开发流程的目标。具体地说，理想的任务书应该：

（1）重视完整性。保证那些对取得新产品开发项目成功的关键活动得到切实开展——没有缺陷、没有遗漏，成为一个完整的流程。

（2）重视质量。保证这些环节的执行质量是一流的。也就是说，把创新活动当作一个流程，强调一次就把事情做对，并在流程中纳入质量控制和检查环节。

（3）重视关键环节。在新产品开发流程中，要将注意力和资源聚焦在关键和薄弱的步骤上，尤其是前端活动和市场活动。

新产品开发体系是一种流程管理的工具。我们把执行质量纳入新产品开发流程，就类似于把质量方案成功地贯彻实施到工厂的基层。

4.2.2　目标 2：更聚焦，更好的优先级排序

许多公司的新产品开发工作都缺乏聚焦：有太多的项目，但没有充足的资源。以前，充足的资源被看作公司新产品性能的主要推动力量，而缺乏资源使得太多公司的开发努力毁于一旦。在资源问题被解决之前，执行质量（上面提到的目标 1）不可能达标。

有时候，缺乏资源是因为公司的管理层没有向新产品开发项目投入所需的人员和资金。更常见的是，资源问题是源于缺乏聚焦，这是缺乏项目评估带来的结果，也是没有优先级排序和进行有力的通过/淘汰决策的结果。简言之，"关口"太薄弱——管理层缺乏决断力！事实上，大多数关键性的评估点——从初步筛选到新产品上市前的商业分析，都存在严重的缺陷：没有做决策，很少或者没有确定优先级，缺乏信息输入，没有决策准则，决策相当随意或前后不一致。

新产品开发流程应当是一个"漏斗"，而不是一个"管道"。新产品"漏斗"要求在整个流程都采用严格的通过/淘汰决策点，以剔除那些劣质项目，并将稀缺的资源重新分配到真正值得投入的项目（高价值项目）中，结果就是新产品开发更聚焦。漏斗方法是围绕一系列关口或者通过/淘汰决策点来构建新产品开发流程。这些关口就是剔除点，在这些关口我们会问："我们还在产品开发活动中吗？"关口类似于生产装配线中的质量控制检查点。

关口会问两个基本问题：

（1）是否在正确地做项目？

（2）是否在做正确的项目？

关口要在新产品体系中的不同点预先设定好。每个关口都有自己的通过指标和准则，这与生产过程中的质量控制检查非常类似。这些指标和准则涉及项目中的多方面问题，包括：

- 准备程度的检查标准：项目为关口评审会议做好准备了吗？可交付成果就绪了吗？数据是否完备？
- 项目投资商业评估的标准：通过/淘汰和优先级的标准。例如，项目的净现值是多少？
- 关于下一步计划、所需资源、资源可得性和项目资源配置决策等方面的标准。

这些关口用于描绘并指引新产品体系。当一个项目的经济和商业价值为负时，即完成项目的障碍变得不可克服时，或者项目的费用将远远超过预算及完成期限远远超过规定时限时，这些关口会显示出一个"淘汰"的决策。关口阻止项目向下一个阶段进展得过于深入，直到关键环节按质按量完成。关口绘制前进的路线：它们决定前面将有哪些任务或里程碑，以及为完成这些任务所需要的资源、预算和时间表。

4.2.3 目标 3：快速推进的并行的螺旋流程

新产品负责人面临着两难困境。一方面，他们受高层管理人员的敦促去压缩项目周期，缩短新产品从创意到上市所需要的时间。另一方面，他们被要求改善产品开发的效率，降低失败的概率——做正确！这种"做正确"的愿望意味着一个完成得更彻底、时间更长的流程。

解决方法之一是并行流程。这有助于实现完整的高质量的流程，还可以满足当代快节奏商业世界对时间的要求。历来，新产品项目通常是采用串行方法进行管理的——一项任务按顺序接着另一项任务。类似接力跑，各个部门为该项目"跑各自的 100 米"。在以这样的接力跑方法开发新产品时，诸如"切换""把项目传下去""掷球""把它扔过墙头"等表达都很常见。

与这种接力或者串行方法相反，并行流程意味着许多任务可以同步进行而不是依序进行。对这种方法最恰当的比喻就是橄榄球比赛，而不是接力跑比赛。在橄榄球赛中，一个团队同时在场地上奔跑，自始至终紧密地相互影响，局面变幻莫测。在并行流程情况下，工作强度相比接力赛紧张得多，同一时间里完成的工作更多：首先，同时有 3~4 项活动由项目团队的不同成员去完成；其次，不太可能因为缺乏时间而使某些活动或者任务遭到忽略，各项活动并行实施，因此不会延长项目花费的总时间；最后，整个新产品流程成为跨职能部门、跨业务领域的流程，整个团队——包括市场、研发、工程、运营部门都在一起工作，积极参与每项活动，参与每个关口评审或每个 Scrum。

第二个关键内容是，在这种并行方法中建立一个验证螺旋——如第 2 章介绍的，一个系列类似"建构—测试—反馈—修正"的闭环或客户迭代。螺旋方法可以较早地对产品设计进行验证，最小化无用时间，阻止项目在错误的需求假设中陷得过深。螺旋开发是基于这样的前提：客户在看到最终产品之前并不了解他们到底想要的是什么，所以，尽可能早地将产品展示到他们面前。有些人将这种方法称为"早失败，常失败"，这里并不是提倡故意的失败，而是强调一系列的流程、快速简单的测试、依靠价格低廉的早期版本产品（模型、虚拟原型或者原型概念）来达到快速的反馈，并且在项目产生更多沉没成本之前确认产品设计。螺旋开发和并行工程可以很好地结合起来，两种方法都能在不降低执行质量的情况下加速开发进程。

4.2.4　目标 4：一种真正的跨职能团队方法

新产品开发流程是跨职能的：它要求从组织中的不同职能部门抽调人员并使其积极参与活动。创新的跨职能本质特点，加上并行流程的要求，意味着为了赢得一项新产品的成功，必须应用真正的跨职能团队的方法。这里在描述跨职能团队时强调"真正"这个词的目的，是与公司中存在的许多"虚假的"或者"假装的"团队相对而言的。虚假团队的特征：

- 所谓的团队成员只在会议上出现，没有真正投入团队中，在会议上他们只是作为职能部门的代表。
- 团队成员没有获得从"日常工作"中解脱出来的时间，这种项目团队活动排在已经很繁重的工作之外。
- 团队成员许诺在下次会议之前完成某些任务，但是他们的"真正的岗位工作"常常对这一承诺起到阻碍作用，可能他们的职能部门领导又给他们分配了其他的任务。
- 团队成员为项目承担了许多责任，但被赋予很少的权力。职能部门领导仍然可以对项目进行决策，经常是在更高的位置上监控项目。
- 团队成员没有得到基于整个团队取得的成果而给予的认可，例如，个人的关键绩效指标（Key Performance Indicators，KPI）不是基于团队绩效的。

这些听起来很熟悉吧？如果是这样，那么现在应该认真观察一下你们的新产品开发组织方式。理想的新产品体系要求每个重大的新产品项目都要有一个真正的跨职能的项目团队。这种团队应具备如下特征：

- 项目团队是跨职能的，具有来自各个职能部门的团队成员，包括市场、工程、研发和运营部门。应该提供给团队成员从其日常工作中解脱出来用于新产品开发项目的时间（通常，人员和时间承诺在关口会议上决定）。
- 项目团队要有明确任命的团队队长或者负责人。这名负责人要专注于该项目（而不是负担着许多其他任务或者项目），并且在该项目的整个过程中始终都负责任，而不是只局限于一个阶段。
- 团队负责人要有正式的授权，这意味着从职能部门领导那里共同出让权力。当高层管理人员在关口决策会议上批准团队行动计划时，也要向项目领导及其团队提供资源（包括资金、人员和时间）。同时，高层管理人员要向团队转移决策权。在每个关口开始时向团队非常清楚地说明这种权力的期望和范围。
- 正如第 3 章所强调的，团队负责人要具有企业家精神，即负责人不应只能领导团队，还要能激励团队、寻求资源，以及处理项目的外部对接（尤其是与高层管理人员的对接）。
- 大型项目团队中要有项目经理，但其工作与项目负责人不一样，也更机械。项目经理负责项目管理，即时间、预算和会议等。

- 有些资源是"专用的"。也就是说，为该项目工作的人员是百分之百为新产品开发服务的，或者为这个项目或者为另一个项目。新产品开发是其全职工作！
- 团队的结构应该具有动态性，随着工作的需要会有新成员加入（或者原成员离开）团队。但一个小的由负责任的、敬业的、可靠的团队成员组成的核心小组应该自始至终在团队中。
- 高层管理者要确保团队整体对结果负责，包括所有团队成员，而不仅仅是团队负责人。报酬方面，如提高待遇、奖金和工资等，都应该与团队绩效和取得的成果挂钩。

4.2.5　目标 5：基于客户声音的高度市场聚焦

太多的新产品项目缺乏市场聚焦。很多人一致地将新产品失败归因于缺乏客户声音的调查和充分的市场评估。此外，与市场相关的活动已经成为新产品流程中最薄弱的环节，但是这些活动与成功紧密相关。尽管许多管理者认同市场导向，但在新产品开发流程中时间和金钱的支出方向并非如此。如果把提高新产品成功率作为目标，那么市场聚焦——以一种高质量的方式执行关键的市场活动，必须作为一种例行工作而非期望被纳入新产品体系中。市场信息在项目中自始至终发挥着决定性作用。在新产品任务书中，必须考虑 10 个市场活动（但是它们经常缺失），如表 4.1 所示。

表 4.1　新产品任务书中的 10 个重要市场行动

（1）基于客户需求形成新产品创意：与领先用户和关键客户一起工作来识别问题、"痛点"、差距，以及把握新的解决方案出现的机会

（2）前期市场评估：设计一种用来评估（所提议的新产品开发项目的）市场吸引力和测试市场可接受性的早期的、相对节约成本的步骤

（3）市场分析：确定市场规模和潜力的更加细致的研究，目的是定义细分市场和产业架构，以及识别成功因素（要在这个市场上成功，需要做哪些事情）

（4）确定用户/客户的需求与愿望的客户声音的相关工作：通过深入地、面对面地、现场地采访客户，或者置身于客户的生活中（人种学），来确定客户的问题、需求、愿望、偏好、爱好、讨厌的事情和购买的标准等，并把这些信息反映到新产品设计中

（5）竞争分析：评估竞争对手，包括他们的产品和产品缺陷、价格、成本、技术、生产能力和市场策略等

（6）概念测试：对产品建议——一种虚拟产品或者产品原型进行测试，来确定市场的可能接受程度。注意：这里产品还没有被开发，但是关于这个产品的模型或陈述会展示给潜在用户，来测定他们的反应和购买意愿，这是众多迭代的第一步

（7）开发过程中的客户迭代：在整个开发阶段，持续进行概念、原型概念和产品的测试，即螺旋开发——运用快速原型、模型和部分完工的产品来测试客户的反应，收集反馈信息

（8）用户测试：提供完工的产品（或者商业原型）给客户进行现场试用、偏好测试、试用测试或贝塔测试，来验证产品在客户使用条件下的性能表现，并确认客户购买意图和市场接受程度

续表

（9）市场测试或者试销：在一个有限的地理区域，或者单一的销售地区，或面向少量客户（或模拟测试市场）对产品进行可选的小规模发布或"软上市"。这是一个对包括产品本身的营销组合的各个因素的测试
（10）产品发布：基于坚实的市场推广计划并有充足资源支持的专业发布

4.2.6 目标 6：把前端工作做得更好

新产品开发的成败很大程度上取决于行动之初的几个步骤，这些关键性的步骤和任务早于实际的产品开发活动。根据我们的标杆研究，坚实的前期准备工作和明确的前期产品定义是一个成功的新产品开发流程的关键因素，能为项目带来更高的成功率和收益。前期准备工作有助于定义产品，以及确立开发的商业论证。具有讽刺意义的是，大部分花费在项目上的时间和资金都投在了过程的中期或者后期阶段，而前期的行动存在遗漏、执行质量低劣和资源不足等问题。

理想的新产品体系要保证这些前期阶段在该项目得到继续进行的许可之前完成——在该项目被允许进入全面的开发阶段之前。在项目得到正式的开发许可之前，用于确立商业论证的必要活动都必须预先完成。

在一个设计良好的体系中，有哪些必要的前期活动呢？它们在表 4.2 中有描述。

表 4.2 做前期的工作——内嵌的 10 项关键活动
（1）初步筛选：项目投入时间和资金的初始决策
（2）初步技术评估：一种评估技术可行性、描述生产或者操作的含义、识别技术风险和问题的早期尝试
（3）初步市场评估：在表 4.1 中强调过，这是第一个通过的市场研究
（4）具体的技术评估：显示产品概念的技术可行性（展望的技术解决方案）和确定技术风险和路障的细致的技术工作（非开发工作）
（5）操作（供应来源）评估：技术工作，用来决定生产、操作或者供应来源的含义和选择，以及资本投入、可能的生产或者交付成本等方面的问题
（6）详细的市场调查：包括客户声音的用户需求和愿望研究，竞争分析和以上描述的概念测试等
（7）财务和商业分析：分析项目期望的财务结果和风险水平
（8）产品定义和商业论证：把技术、运营、市场和财务的分析结果整合成产品定义，形成项目可行性方案和项目计划
（9）推进计划的开发：包括所需任务、时间和资源的行动计划
（10）对商业论证进行决策：这是一项细致的项目评估和通往全面开发的决策

4.2.7 目标 7：具有竞争优势的产品——大胆创新

不要忘记利用任何机会建立产品的优势——差异化的产品、独特的收益和令客户注目的价值主张。这也许是成功新产品盈利能力的最重要的驱动力量。我们通常见到的是，在重新设计新产品流程时，公司却陷入与当前重复的错误实践中，没有努力寻求真正的更优秀的产品。因此结果是可以预料到的——嘘声一片，乏味的产品。以下是一些寻找产品优势和大胆创新的方法。

- 保证在每个阶段的关口至少有一些聚焦产品优势的标准，诸如"产品中是否有令人惊叹的地方——它会令客户或者用户兴奋吗？""产品有引人注目的价值主张吗？给我看！"它是否解决了一个主要的客户问题？""产品是否至少拥有一个具有竞争优势的元素？""产品是否能给用户带来新的或者不同的好处？"这些问题对于评估和产品排序至关重要。这些问题给团队带来了压力，迫使其更深入地挖掘真正的竞争优势，这就恰好淘汰了某些不存在竞争优势的大项目。
- 要求该过程的每个阶段都要包含设计用来交付产品优势的关键行动 [前面已经强调一些（目标 5 和表 4.1）]，具体包括：聚焦客户的创意过程；客户声音的研究；竞争产品分析；概念和原型概念测试，偏好测试和试销；在开发阶段通过快速原型测试，与客户进行反复确认。
- 要求项目团队向（做出）通过/淘汰（决策）的项目评审人员提交有关产品优势的证据，使产品优势成为这些会议上的重要可交付成果和讨论的问题（而不只是在财务预测中详细描述）。
- 确保对新产品成功至关重要的综合产品定义不仅包括性能表现方面的要求和规格，而且要针对引起客户关注的价值主张进行非常清楚的描述。

> **建议：**仔细观察你所在公司的从创意到上市的新产品开发流程。它能够保证执行质量吗？它是否围绕一套关口或者决策点建立起来，从而可以剔除差的项目，把资源集中在真正值得开发的项目上？它是否强调并行处理——好比橄榄球比赛，或者它是否像一场接力跑比赛？它是否包含了一个客户迭代的过程来尽早地确认设计？它是否建立在一个经过充分授权的，并且由一个具有权威的领导者所领导的跨职能团队的基础上？你的流程是否在很大程度上基于职能来建立新产品开发团队？该流程是否强调市场导向，以及项目中多大比例的支出分配在与市场相关的活动中？你是否为前期准备工作阶段分配了足够的资源？你是否将表 4.1 和表 4.2 所列出的要素纳入行动中？你是否建立了一些设计用来取得独特的、大胆创新的、优异的、真正具有竞争优势的产品的活动和准则（或者你的体系是否只是喜欢做一些细微的、简单的、大家都这样做的活动）？
>
> 　　如果上述中的一些回答是否定的，那么现在是时候重新考虑你的新产品路线图了。或许是时候彻底检查你的从创意到上市的体系——它有一点过时，或者太笨重，或者缺少许多重要的促进成功的驱动力和上面所描述的目标。也许现在是时候使用第 2 章和第 3 章阐述的最佳实践中所建立的目标，来彻底改造你的创新体系，同时使用上述的 7 种目标，来为下一个 10 年创造你的门径管理体系。

4.3　风险管理

　　新产品管理就是风险管理，所以你的路线图的设计也必须体现风险管理的思想。事实上，如果你认真观察，会发现在前两章中所列举的大多数关键成功因素都是研究如何处理风险的方式。在新产品开发中回避所有的风险是不可能的，除非一家公司决定不进行任何创新，也就意味着慢慢走向死亡。

大多数人都知道"危险的境地"意味着什么。在产品创新中，一种高风险的情况是这样的：在其中许多东西都面临风险（比如，该项目花费了大量的资金或者对该公司具有战略性的关键意义），并且结果是不确定的（比如，不知道该产品的技术可行性或者不知道是否在市场上有良好的表现）。风险的组件包括：风险数量和不确定性（见图 4.2）。

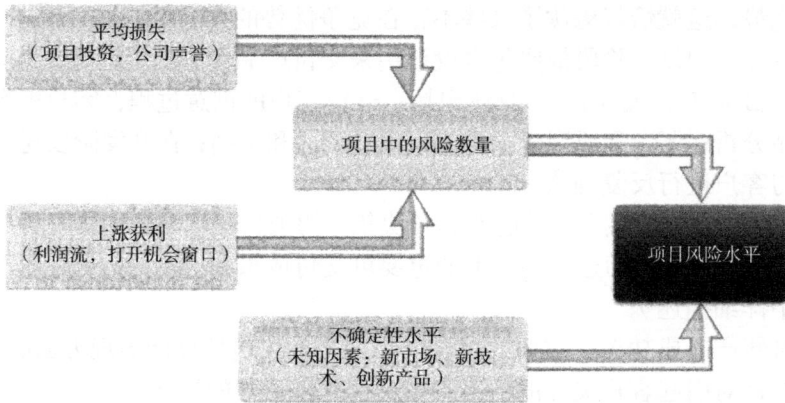

图 4.2　开发项目风险有两个组件——风险数量和不确定性，门径管理体系
同时管理这两个方面

4.3.1　俄罗斯轮盘赌：一场生或死的赌博

假设在某一时刻，你面临着一场与你性命攸关的赌博。你已经被邀请去一个百万富翁的农场度周末。昨晚，你玩扑克牌输掉了你付不起的钱——大约 10 万美元。所有其他玩扑克的人都很富有。今天晚上他们给你机会去扳平。其他 10 名参与者都在赌盘中下了 100 万美元的赌注。

那是 1 000 万美元——可能比你曾经见过的钱还要多。这就是赌博。其中一名打牌者掏出一把六发子弹的手枪，取出所有的子弹，并且在每个人都看到的情况下，在手枪中装上了一发真子弹。然后他旋转枪膛。为了 1 000 万美元，你被要求用枪指着自己的脑袋，并且扣动扳机。你愿打这个赌吗？

大部分人会说：不！但是这种情形展示了风险的关键因素：风险客体很大（1 000 万美元或者你的生命），并且存在很大程度的不确定性——子弹可能存在于枪膛的任何位置。

4.3.2　减少可能损失的数量

这个假设的赌博代表了一种不可接受的风险水平。然而这精确地描绘了一些管理者进行新产品开发的方式：巨大的风险数量，伴随着很大的不确定性。其他人仅仅是因为惧怕风险，然后躲开，其实这也可能是错误的决策。如何才能降低风险到可接受的水平，这样你就可以大胆赌博呢？如何减少新产品管理中的风险，从而你也能安心地放手一搏呢？

一种途径是减少风险威胁的数量。例如，使用空子弹并戴上耳罩去消除噪声，并且不是把枪对着你的脑袋，而是对着你的脚。如果枪真的响了，可能损失的仅仅是被那群打扑克的人嘲笑而已。但是上面的收益和下面的损失是必然联系在一起的。因此，如果不是下1 000万美元的赌注，而是每名参与者现在都下注1美元。你还会打这个赌吗？许多人将回答："谁在乎？"那里已经没有足够大的风险使该赌博值得做甚至有趣味。风险非常小，以至于决策变得不重要。许多所谓的新产品几乎就是这样无关紧要的。

4.3.3 一些风险管理的规则

风险管理的第一个规则：如果不确定性很高，那就保持较低的风险数量。风险管理的第二个规则：随着不确定性减少，可以增加风险客体的数量。这两个规则使得风险处在控制之中。

在我们假设的赌博中还有另一种可以管理风险的方法。赌注仍然保持在1 000万美元，使用一颗真子弹，并且枪必须对着你的脑袋。但是这一次，你的对手为了简单起见，标出了子弹在枪膛的准确位置。他旋转枪膛，要求你掏出2万美元给他。作为回报，他会让你看一眼真实的子弹装在手枪的什么位置，然后由你决定是否还愿意继续这场赌博。简而言之，他给你提供了一个购买选择权的机会——看一看（子弹的位置），以一个（比1 000万美元）低得多的价格。

我们中的多数人可能认为这是一个"很好的赌博"（假设我们有2万美元），这是一个风险水平可接受的赌博。用一个相对小的金额购买了看一眼手枪里子弹位置的机会。在已为这一观察付了费，并且知道子弹的位置之后，你现在可以做出第二步的决策：你还在这个游戏中吗？这很像在一个你愿意投资的资产市场中购买期权。风险通过转变决策方式已经被降低，从一个全部或者无所作为的决策转变成两阶段的决策：两个步骤和两个决策点。你购买信息的能力也是最小化风险的工具：信息已经降低了该情形的不确定性。最后，从博弈中退出的能力——跳出来，也降低了风险。

通过将流程分解为分段增量来管理风险。在不确定性和未知因素较高的情形下，要保持低成本的支出。

设计用来管理风险的第三个及其后的规则是从第二种赌博的情况中发展而来的。第三个规则：增加决策过程——打破要么全部得到，要么一无所获的决策，使之转变为一系列的阶段和决策。实际上，购买期权并做应有的检查。第四个规则：要准备为相关的信息付费以减少风险。第五个规则：提供一个跳出点——提供一个收手、离开或者退出博弈的决策点。

4.3.4 新产品开发管理中的风险

这5个风险管理规则可以直接用于新产品开发活动。接近项目开始的时候，可能遭受的风险损失量比较低，而结果的不确定性非常高。随着项目进展，可能遭受的风险损失量开始增加（见图4.3）。如果风险得到成功管理，随着风险数量的增多，结果的不确定性必须有效降低。除非不确定性确实降低，否则风险损失量不能允许增加。

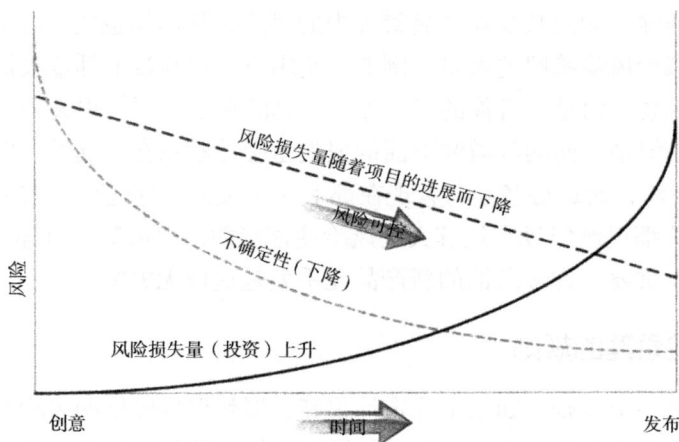

图 4.3　在项目的整个生命中，随着风险数量（投资）的上升，
不确定性在下降，风险是被管理的

　　不确定性和风险损失量必须保持平衡。遗憾的是，在许多新产品项目中，风险损失量随着项目的进展而增加，而不确定性也保持在相当高的水平（见图 4.4）。额外的花费并没有降低不确定性！项目伴随着基于假设和谣传的决策前进——缺乏事实支撑。到项目结束的时候，也就是接近产品上市的时候，管理层并不能比项目刚开始的时候更加明确该冒险的商业后果是什么。风险损失量增加了，不确定性仍然很高，风险水平高得不可接受。

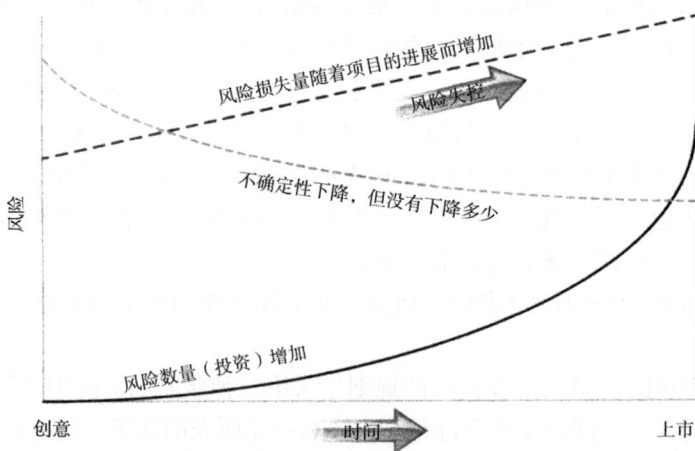

图 4.4　风险数量（投资）上升，但是不确定性并没有降低多少，风险失去控制

　　风险损失量每增加 1 000 美元，在图 4.3 中的不确定性曲线必须减少相等的数量，否则就会使风险超出控制。简单地说，在新产品流程中的每项花费——在图 4.3 中的风险损失量曲线每上升一小段，必须带来不确定性曲线相应下降。整个新产品开发流程，从创意到上市，可以视作一个涉及期权购买的不确定性递减的过程。记着这 5 个博弈规则：

　　（1）当新产品项目的不确定性很高的时候（也就是当成功的前景还很模糊的时候），要让风险损失量保持在较低的水平。当你不知道该向何处走的时候，脚步要迈得小一点——购买一系列的期权，而不是投资全部的数量。

（2）随着不确定性降低，要让风险损失量增加。当你对走向哪里了解得更多的时候，步子可以迈得越来越大。

（3）把新产品流程划分成一系列的步骤或者阶段。视之为一系列的期权购买，每步都会比上一步投入得更多。

（4）每个阶段都要有减少不确定性的意识。记住信息是降低风险的关键。过程中有花费的每个步骤都必须减少（与花费）相同数量的不确定性。

（5）提供及时的评估、决策和退出的决策点。这些决策点（或关口）聚集了所有以前阶段取得的新信息，并形成一个问题："你是否继续进行该项活动？你是否应该继续进行到下一个阶段？还是现在就淘汰该项目？"

> **建议：**上面介绍的这 5 个博弈规则应用于几乎任何高风险的情况。你的公司是否在日常的管理实践中遵循这些规则？回顾你公司的新产品开发实践活动，也许可以运用一个实际的案例，评价你们的管理团队是否恰当地处理了风险。

7 个最佳实践目标连同前两章所叙述的关键成功驱动因素，已经塑造了一个门径管理体系———一种把新产品项目从创意推进到上市的概念和运作模型。

4.4　新产品体系的最佳实践

4.4.1　门径管理体系的结构

7 个关键目标和 5 个博弈规则，连同前两章所叙述的成功驱动力，已经塑造了一个门径管理体系的最佳实践———一种把新产品项目从创意推进到上市的概念和运作模型。这种门径管理体系是通过管理产品创新来提高有效性和效率的一种路线图或者蓝图（见图 4.5）。

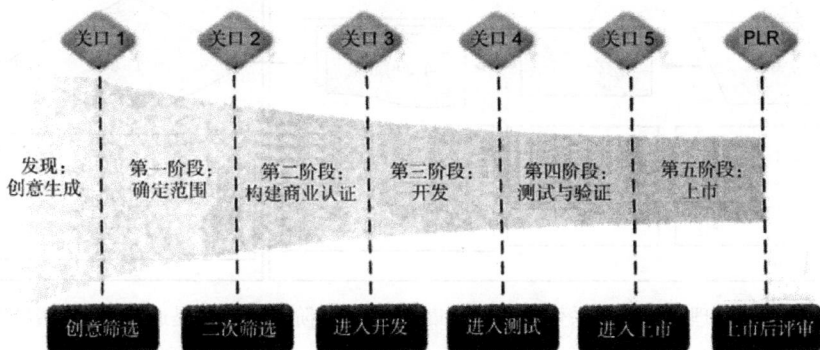

图 4.5　门径管理体系是一个概念性和操作性的路线图———从创意到上市及以后

门径管理体系既优雅又简捷，并且非常有意义：它是一系列的伴随着决策关口的信息收集阶段。门径管理把产品创新视为一个流程，并且任何流程都能通过建模变得更完善、更有效。不再将产品开发看作一个黑箱——创意进入，然后商业化的成品出来或者一个黑洞——创意进入，但没有任何成果——门径管理体系将创新流程划分成一系列预先设定的、易管理的、离散的阶段（见图 4.6）。每个阶段由一组规定的、跨职能的、并行的活动组成：

- 执行某些重要活动来收集数据的团队成员。
- 随后是数据分析和说明。
- 创造关键的可交付成果（信息）。
- 基于高层管理者——资源的拥有者的通过/淘汰决策的基础上。

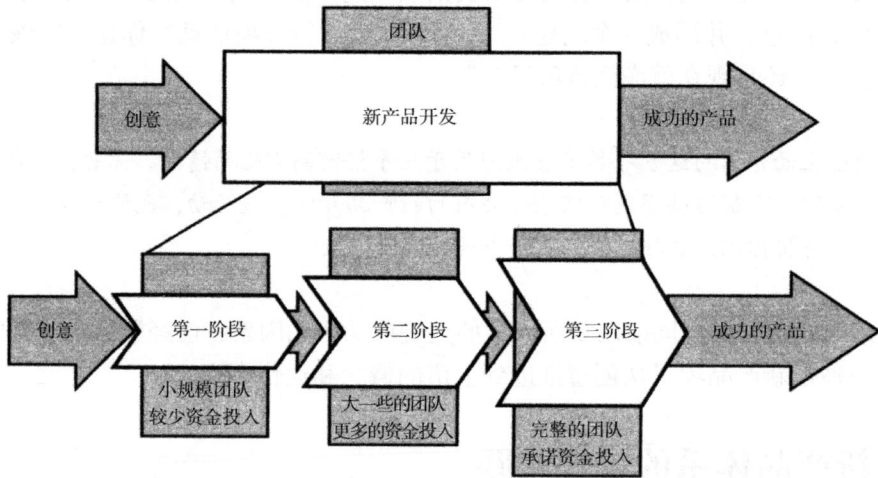

图 4.6　门径管理体系将产品开发划分成一系列便于管理的、伴随着递增的资源承诺的阶段

同时，过程不断地重复（见图 4.7）。每个阶段的入口（或者出口）是一个关口：这些关口控制着过程，并且起到质量控制和通过/淘汰决策评审点的作用。从这些阶段和关口的结构可以得到"门径管理体系"这个名字。

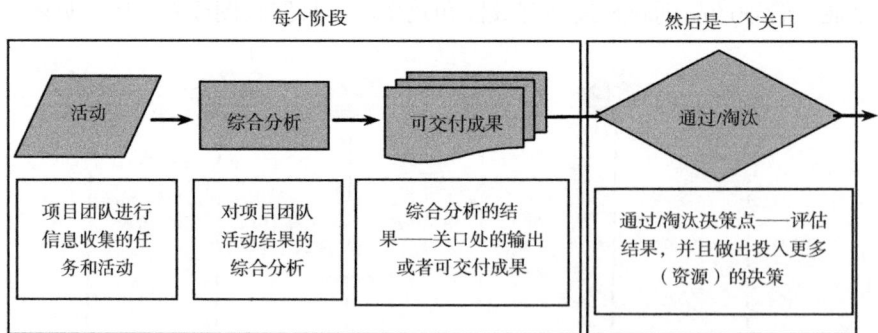

图 4.7　门径管理包含了一系列的信息收集阶段，（每阶段）之后是通过/淘汰的决策关口

4.4.2　阶段

每个阶段都被设计成用来收集把项目推进到下一个阶段或者决策点所需要的信息。不同种类的信息——市场、技术、运营都非常重要，因此每个阶段的工作都是跨职能领域的：

这里没有"研发阶段"或者"市场阶段"。每个阶段都是由其中的活动来定义的——一系列并行和跨职能的整合诸多最佳实践的任务。

- 如表 4.1 和表 4.2 列出的 10 个与市场相关的重要行动和关键作业活动。
- 一些成功的关键因素，如执行质量和早期的、精确的产品定义。
- 7 个目标，如我们在这一章前面部分和后两章所见到的，不懈地追求更优秀的、差异化的产品。

一些活动是强制性的，其他的仅仅是被描述和被高度推荐的——门径管理流程是一个指引，而不是一本规则手册。这些阶段性活动被设计用来收集信息，同时降低不确定性。每个阶段通常都比上一个阶段花费更多的成本：该流程是一个承诺不断递增的过程，就像购买一系列的期权一样。

典型的门径管理体系的通用流程如图 4.8 所示。这些阶段包括以下方面。

（0）发现阶段：旨在发现和寻找机会并产生创意的前期工作。

（1）确定范围：对项目进行快速、初步的调研和范围确定，主要是案头研究。

（2）构建商业论证：一种更具体的调查，包括主要研究——同时涉及市场和技术，从而产生商业论证，包括产品和项目定义、项目论证和推进计划（行动计划）。

（3）开发：对新产品进行真正的、详细的设计和开发，以及操作和生产流程的设计。

（4）测试与验证：进行市场测试或实验、技术测试和操作实验，对已提出的新产品，以及该产品的营销、生产或操作进行核实和确认。

（5）产品上市：上市——全面运营、生产、营销和销售的开始。

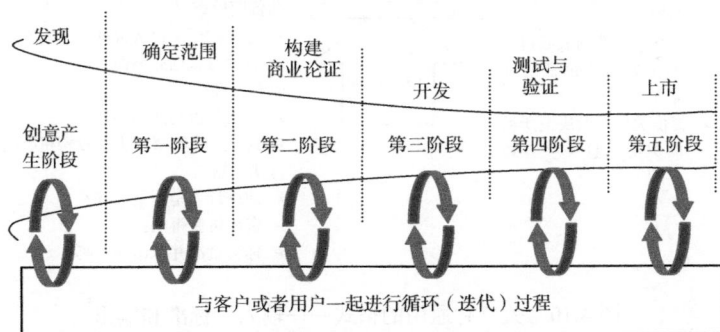

图 4.8　在传统的创意到上市的门径管理体系中的五个阶段——从发现（创意）到上市

4.4.3　关口

每个阶段前面有一个关口或者通过/淘汰决策点（见图 4.9）[①]。关口好比橄榄球或者足球场上的拥挤和拼抢点。它们是团队聚集在一起并且审查所有新信息的一些节点。关口作为一种质量控制检测点、通过/淘汰决策点和排序决策点，同时是允许开发活动向流程的下一个阶段推进的关口。

[①] 严格地说，关口跟随着阶段——收集信息，然后做一个通过/淘汰决策。但是把它们当成进入的大门更加实用——打开通往下一阶段的大门。

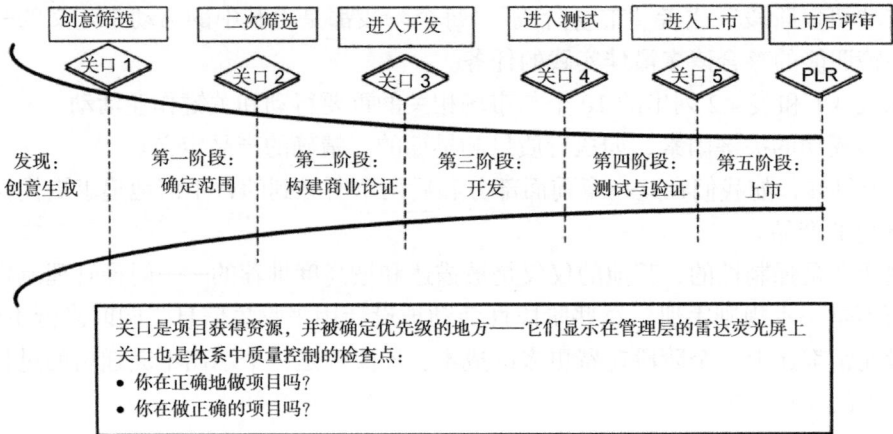

图 4.9　每个阶段之前有一个关口——体系中的决策点或者通过/淘汰点

每个关口的结构都是类似的（见图 4.10）。关口包括以下几个部分。

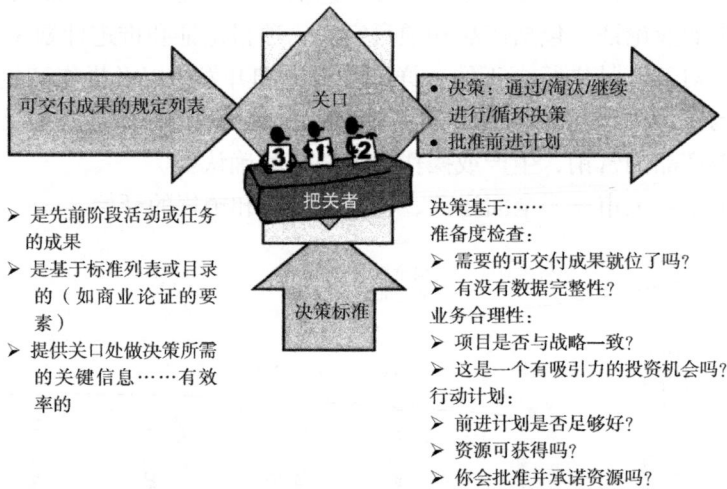

图 4.10　关口有通用的格式——输入、标准和输出

（1）一系列要求的可交付成果：项目领导和团队向决策点提交的东西（如一系列已完任务的结果）。这些可交付成果是可见的，它们建立在每个关口的标准目录之上，并且取决于前一个关口的输出。这样，管理层对项目团队的期望就被清楚地表达出来。可交付成果通常以模板的形式加以明确。

（2）项目据以判断的关口准则：这些关口准则包括快速检查的"必须满足"的或者"清除什么"之类的问题（设计用来快速剔除不适合或"无成功希望"项目的检查清单），例如：

● 提出的项目是否包含在商业或战略的授权书中？

● 它符合我们的环境、健康和安全政策吗？

同时关口准则包括评分标准（"应该满足"的标准或者令人满意的要素），它们被赋予分数、被累计（以点数计）、被用来做出通过/淘汰的决策，以及确定项目的优先次序，例如：

- 价值主张的优势或产品竞争优势。
- 在这个项目中利用核心优势的能力。
- 相关的市场吸引力。
- 财务回报与风险的规模。

（3）确定的关口输出：比如，一个决策（通常四种可能结果的一种：开始/淘汰/继续进行/循环），获得批准的下一个阶段的行动计划，以及资源承诺（包括要求的人员、资金、承诺的工时和一个达成共识的时间表），还有可交付成果清单和下一个关口的日期。

关口通常由各个职能部门的高层管理人员负责，他们掌握项目领导和团队要求的下一个阶段的资源：他们被称为把关者，并且是五个关口中每个的预设团队。例如，对于更大的项目，关口 3、关口 4、关口 5 通常由业务领导团队——公司负责人和营销/销售、技术、运营和财务部门的负责人来负责。更早的关口通常由中层管理者来负责，这些关口的资源承诺更少些。

关口特性的可交付成果（项目团队交付给关口的成果），做通过/淘汰和优先级排序决策的准则（通常以评分表的形式），以及关口输出（开始/淘汰/继续进行/循环决策，以及每个决策转化成实践的成果）。

4.5　门径管理体系综述

现在我们总览一下门径管理体系——每个阶段和关口都涉及哪些事情。在后面的章节中，我们将会深入研究发现阶段，或者研究如何产生突破性创意（第 7 章）。第 8 章和第 9 章详细研究了如何设计和操作关口或者决策点。第 5 章和第 6 章描述了关口体系的新一代版本。但是现在让我们快速通览一遍这个为更大的新产品项目设计的模型，你可以按照图 4.11 中的顺序一个阶段一个阶段地往下看。

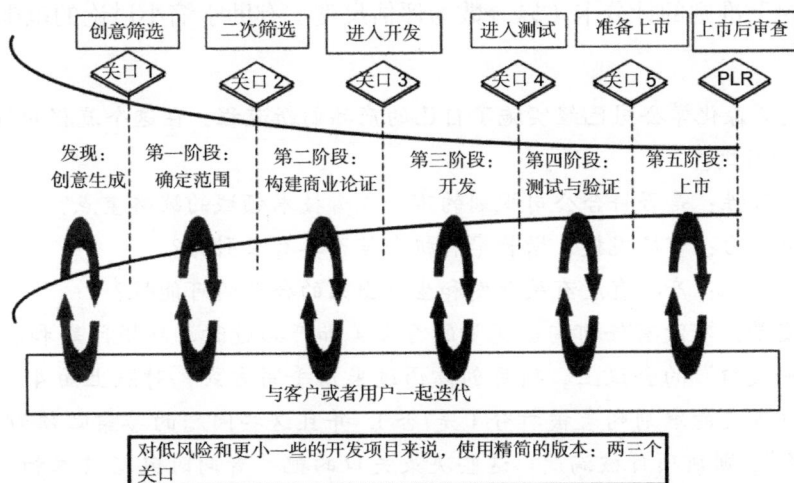

图 4.11　这个五阶段的从创意到上市的门径管理体系是用来针对大多数且风险更高的新产品开发项目的

4.5.1　发现：创意生成

创意是新产品开发流程的给养或者触发器，它们会开启或者中断系统。不要期望靠一个卓越的新产品开发流程去克服好的新产品创意中的缺陷。如果你需要伟大的创意，那么一定会伴随着很高的创意淘汰率，这意味着创意生成阶段十分关键：你需要有伟大的创意，并且要有大量伟大的创意。

许多公司认为产生产品创意非常重要，因此它们把寻求创意作为流程的一个正式阶段，我们称之为发现阶段——它们建立了明确的、激励创意产生和捕获创意的体系。为了激励伟大的新产品创意的产生，发现阶段可以涵盖很多活动。这些活动包括：实施直接而基本的技术研究，探索新的技术可能性；和领先或者创新的用户一起工作；使用客户声音研究捕捉说不清的需求和客户的问题；竞争分析和对有竞争力产品的逆头脑风暴；实施一个创意-建议的机制，激发来自员工的创意；通过"开放的创新"来搜寻来自外部的创意；使用战略性的计划活动，发现市场中的缝隙、缺口和机会（见第 7 章）。

关口 1 的可交付成果是创意，通常记录在一张一页纸的简单创意模板上。

4.5.2　关口 1：创意筛选

创意筛选是向项目分配资源所做的第一步决策：项目在这一决策点诞生。如果决策是通过，则项目会进入确定范围或者初步调查的阶段。因此，关口 1 标志着对项目做出初步的、暂时的承诺：如同一盏闪烁的绿灯。

该关口是一种"温和的过滤"，相当于把项目限定在一些关键的"必须满足"和"应该满足"的准则上。这些准则用来处理战略一致性、项目可行性、机会的规模、市场吸引力、产品优势、利用公司资源的能力和与公司政策的适应性等问题。财务准则通常不包括在第一次的筛选中，因为这方面的情况知道得还很少。另外，在这一阶段，资源的分配也相当少。在这一早期的筛选中，一个用于"必须满足"准则的检查清单和一个用于"应该满足"准则的计分卡（以分数为评估尺度）有助于缩小讨论的范围和对项目进行排序。

案例：艾克森化学公司已经实施了自己的产品创新流程，在这个流程的最初关口有一些重要的是/否准则。

- 战略一致性：是否符合公司规划的市场或者技术领域的战略重点？
- 市场吸引力：市场规模、增长率和机会是否具有吸引力？
- 技术可行性：产品有没有被开发和生产出来的合理的可能性？
- 淘汰变量：有没有任何淘汰变量的存在（如产品过时、环境问题和法律纠纷）？

在"开始关口"的会议上，项目创意通过采用手写方式，对照上面 4 个准则进行审核：这个必须满足的准则列表被打分（是/否），并且这些问题的答案必须为"是"；如果有一个为"否"，则该项目被淘汰。这些决策关口的把关者同时包括技术和商业（市场）人员。

4.5.3　第一阶段：确定范围

这是第一个且成本较低的作业阶段——"轻作业"，该工作阶段的目标是决定该项目的技术和市场优势。第一阶段将快速确定项目的范围，涉及案头分析工作和侦查工作，这里很少或者不会涉及主要研究工作（见图 4.12）。这一阶段通常在一个月内完成，每天需要 10～20 人参加。

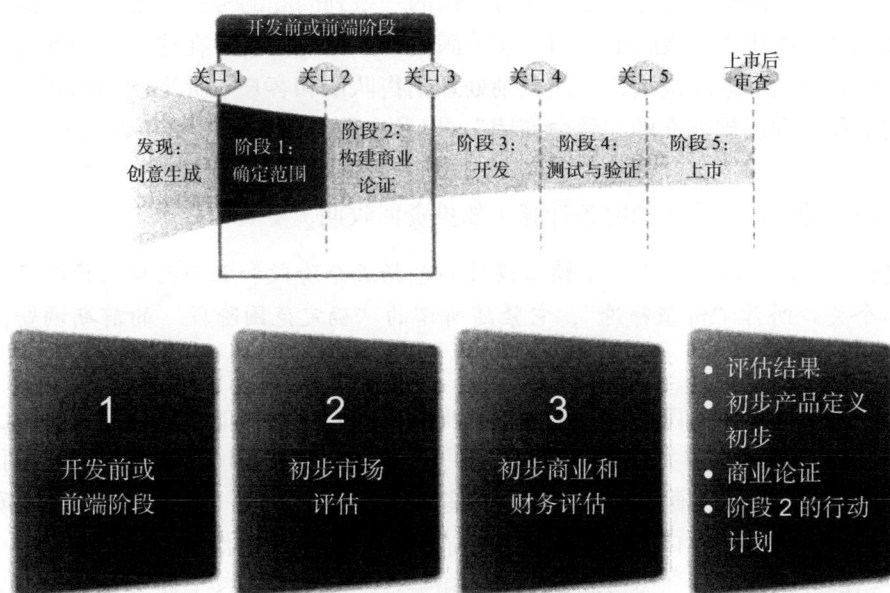

图 4.12　关口 2 确定范围和可交付成果

初步市场评估是第一阶段的一项内容，包括许多相对而言花销不大的活动：互联网搜索、图书馆查阅、内部信息、与销售人员的会议、与关键用户联系、焦点小组，甚至对一部分潜在客户进行快速的概念测试。其目的是决定市场规模、市场潜力和可能的市场接受度，并开始塑造产品概念。

现在已经进行了初步技术评估，涉及对提议的产品进行快速的初步内部评估。其目的是评估开发和制造（或者供应来源）的路线、技术或者运营的可行性，可能的实施时间和成本，以及技术、法律和行政管理风险和障碍。

因此第一阶段要同时收集市场和技术信息——以较低的成本和较短的时间，以保证一个作为第二阶段输入的粗略的、初步获得通过的财务和商业分析。在这里介绍有关初步措施的商业论证，但是它建立在相当不确定或者推测的数据的基础上。由于所做的工作有限，并且取决于项目的规模，第一阶段的活动常常由只有几个人组成的团队来实施，这些人员来自市场部门或者技术部门。

关口 2 的可交付成果是前期市场和技术评估的结果、初步产品定义（第一个草案），以及基于非常粗略的财务估算的初步商业论证。

4.5.4 关口 2：二次筛选

现在新产品项目进入第二个关口，这一关口从某种程度上说是更为严格的筛选。这个关口同关口 1 很相似，但是对这里的项目要结合第一阶段获得的新信息进行重新评估。如果在这一决策点做出通过的决策，那么项目将进入下一个花销比较大的阶段——构建商业论证。

在关口 2，项目要经受有关是否准备就绪的一系列问题的考验，也包括类似于在关口 1 处使用过的一系列"必须满足"和"应该满足"准则的检验。在这里，额外的"应该满足"准则可能纳入考虑的范围，这些准则处理销售队伍和客户对提案产品的建议，潜在的法律、技术和管理法规方面的"致命变因"，以及在第一阶段收集的新数据的结果。

同样，一个检查清单和计分卡有助于这个关口的决策。在关口 2，财务收益将会被评估，但只是一种快速、简单的财务计算（如投资回收期）。

案例： ITT 工业集团使用一个精心设计的包括五个阶段和五个关口的产品门径管理体系。第二个关口叫作"价值筛选"，它紧随所谓的"确定范围阶段"的前期调查，而且开启了更为细致的调查，即"构建商业论证"。

这个"价值筛选"关口的本质是结合从确定范围阶段获得的额外的信息，对已提出的项目进行再次评估。这个关口的特色是综合了"必须满足"和"应该满足"这两种准则。

"必须满足"项目必须获得"是"的答案，处理关于战略一致性和满足公司安全、法律和伦理标准的问题。关口 2 的大多数项目通过这些潜在的淘汰问题。

更严格的评估准则与"应该满足"准则相关：把关者基于这个评分体系的计分卡上的（如下）6 个问题，按照 10 分制对项目进行评估：

（1）战略（重要性和适合度）。
（2）产品和竞争优势（唯一优势产品）。
（3）市场吸引力（规模、增长和竞争力）。
（4）杠杆作用（利用我们的核心竞争力）。
（5）技术可行性。
（6）财务回报与风险。

总分及确保的讨论是通过/淘汰决策和项目排序的重要输入。

4.5.5 第二阶段：构建商业论证

商业论证打开了全面产品开发的大门（繁重的技术工作），而且在第二阶段，商业论证被构建起来。这一阶段是一个具体的调查阶段，在重大支出活动之前，这个阶段清楚地定义了产品，并且验证了该项目的吸引力。这也是一个关键的准备工作阶段——一个被发现常常处理不好的环节（见图 4.13，可以了解阶段 2 一系列建议的活动）。

确立成功的新产品定义是第二阶段的主要工作。这一定义的因素包括目标市场定义，产品概念描述，产品定位战略陈述，产品能够带来的利益和价值主张，并且说清（对于客户来说）必要的和渴望的产品特征、属性、需求和高层级规格说明。

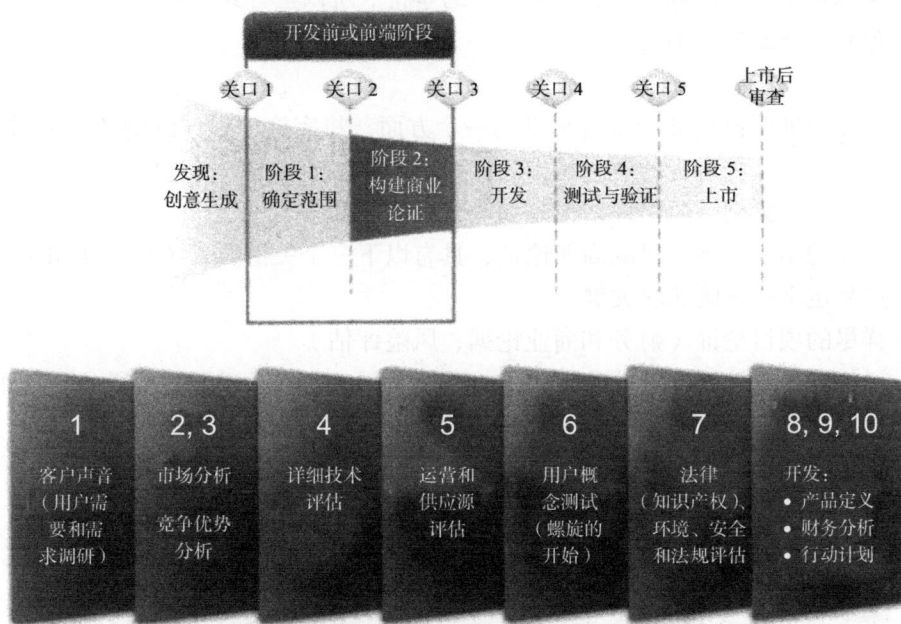

图 4.13　第二阶段的关键活动是基于最佳实践的公司和团队
用来构建合理的商业论证

　　第二阶段通过实施市场分析来明确市场吸引力和市场特征：这个分析比第一阶段的研究更为翔实，并设计来确定市场规模和潜在客户，从而定义市场细分和产业结构，以及确定成功要素（在这个市场上采取什么措施才能成功）。

　　第二阶段也应该实施客户声音，从而真正了解客户需要、需求和偏好的细节，也就是说，帮助在下一阶段启动开发工作前定义"成功的"新产品。基于更加深入的客户声音工作，早期的客户声音和客户洞见工作帮助产生创意、产品需求的细节，并在这里达成一致。

　　竞争分析也是这一阶段工作的一部分。另一个市场活动是概念测试：把已被提议的新产品陈述提交给潜在的客户，从而衡量其反应，依此明确新产品可能的客户可接受程度——第一个客户确认的迭代。

　　在第二阶段，详细的技术评估重在考察该项目的可行性和风险。也就是说，客户需求和"愿望列表"被转换成一种技术和经济上可行的概念上的解决方案。这种转换甚至包括一些初步的设计或者实验室的工作，但是这种转换不能被构造成一个完备的开发项目。操作性（或者生产性的）评估通常也是构建商业论证工作的一部分，它对可制造性问题、供应来源、生产成本及所需要的投资等进行调查研究。

　　如果合适，法律、专利和管理上更详细的评估工作也会得到实施，以求消除风险并筹划出所要求的活动。

> 构建商业论证是项目的"制造或中断"阶段。在这里，众多项目团队会遇到麻烦，灾难的种子开始播种。如表 4.1、表 4.2 和图 4.13 所强调的，此阶段建议了很多任务，所有任务都基于最佳实践及优胜团队所做的事情。所以应仔细看一下这些任务，并将其置于你的新产品体系和项目中。

最后，作为证明该商业论证合理性的一个方面，将实施一项详细的商业和财务分析。财务分析通常涉及一种折现的现金流方法（净现值和内部收益率），连同敏感性分析一起，来检查重要假设的影响。风险评估也是商业分析的一部分。

第二阶段的结果是该项目的商业论证，具有以下三个关键要素（见图 4.14）：

（1）产品定义——成功的关键。

（2）详尽的项目论证（财务和商业论据、风险评估）。

（3）详细的项目计划（行动计划或"前进计划"），尤其对于下一阶段，开发详细说明的所需时间和资源。

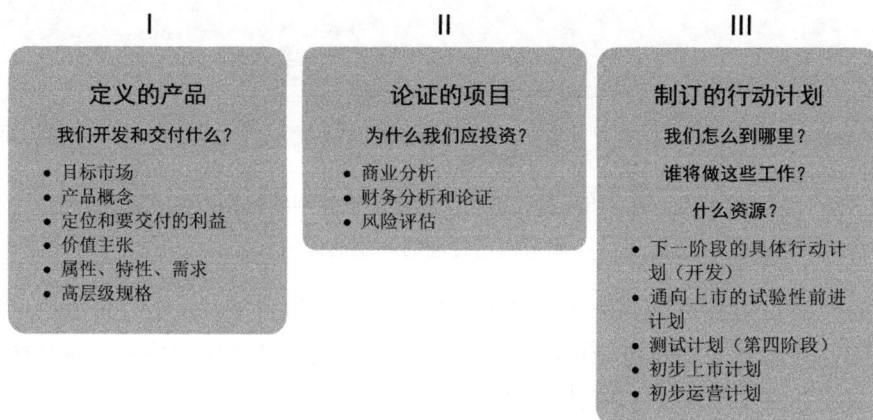

图 4.14　第二阶段的目标是商业论证，具有三个关键要素

第二阶段涉及的工作量比第一阶段要多很多，并且要求多方面的资源投入。第二阶段最好由一个跨职能部门的成员组成的团队来处理——他们是最终项目团队的核心小组。

4.5.6　关口 3：进入开发

这是开发阶段之前的最后一个关口，是在进入花费巨大的全面开发活动之前，项目可以被淘汰的最后一个控制点。有的公司称之为"资金关口"：一旦通过了关口 3，财务上的承诺就是实质性的。事实上，关口 3 意味着"走向巨大的花费"。它如同漏斗的形状，如图 4.10 所示，拥有一个优雅的倾斜——多数淘汰决策是在早期关口中做出的，关口 1、关口 2 或关口 3；相当少的项目会在关口 3 之后被淘汰。关口 3 也标志着产品和项目定义的结束。

关口 3 的定性评估包括回顾第二阶段的每项活动，检查这些活动是否得到实施、执行的质量是否很好，结果是否积极。下一步，关口 3 将再一次使用类似于关口 2 曾经运用的

"必须满足"和"应该满足"准则对项目进行检查，但此时需要更严格和更实际性的利益数据。最后，因为在关口 3 处通过的决策会产生大量支出的承诺，因此财务分析的结果是这一次筛选的重要部分。

如果决策的结果是通过，关口 3 将保证对产品定义的承诺和对有关描绘未来前进路线的项目计划的一致意见：开发计划、初步操作计划和营销计划将在这一关口得到审查和批准。完整的项目团队——一个由权威的项目经理领导的、获得充分授权的、跨职能部门的团队，将被正式指定，并且资源——人·天的工作量和资金将正式承诺。

> 在开发阶段，项目团队的技术人员会将开发计划和项目定义转化为现实——他们将开发产品！该阶段的细节因行业的不同而各有差异，因此请你描绘出你公司的开发细节。也不要忘记"其他"或非技术的任务：与客户进行确认或迭代确认，更新商业论证和财务分析，以及制订项目下一阶段的计划。

4.5.7　第三阶段：开发

第三阶段开始开发计划的实施，以及产品的实体开发。也就是说，项目团队的技术人员从事必要的技术工作，来交付原型和可测试的产品，供应源和操作问题得以解决。对于服务类产品，具体的服务设计最终确定，并且与客户一起的服务交付的操作步骤和标准操作程序（Standard Operating Procedure，SOP）会在这个阶段制定出来。第三阶段的阿尔法测试、内部测试或实验室测试保证了产品在控制的条件下符合要求。

对一些周期比较长的项目，大量的里程碑或者阶段性的项目审查将被纳入开发计划。这些里程碑审查本质上不是关口：这里不做出通过/淘汰决策，但是，这些里程碑检查点对项目提供控制和管理，检查项目是否按时，以及是否按照计划推进。然而，错过一两个里程碑通常标志着项目偏离了轨道，这时就需要立即、紧急的关口评审。第三阶段注重的显然是技术工作。但市场和运营活动也要并行实施。例如，在技术开发的同时，市场分析和客户反馈工作也在继续，同时包括在开发阶段形成的客户对产品意见的持续收集。这些就是图 4.11 中显示的"建构—测试—反馈—修正"（迭代流程），即客户确认的循环，伴随着每个开发的结果都提交给客户以进行评估和反馈，如原型概念、快速原型、工作模型、首个原型等。同时，详细的测试计划、市场发布计划、生产或者操作计划，包括生产设施要求，也都在制订之中。也要从技术、操作和客户反馈工作所获得的新的洞察对财务和商业分析进行更新，同时行政管理、法律和专利权等问题也都要得到解决。

一些领先公司目前正在将来自 IT 世界的敏捷项目管理的方法和门径管理方法进行结合。这种方法初期用于软件产品，不过最近也用于众多不同行业的实物（硬件）新产品。这些敏捷方法强调短时间盒的冲刺（通常 2 ~ 4 周）；能展示给利益相关者的产品迭代的快速交付（以周为单位，而不是以月为单位）；专注的、集中办公的团队，以及针对客户需要和需求变化的快速反应。门径管理和敏捷方法的初始整合通常先用于技术阶段，也就是开发和测试（图 4.11 中的第三阶段和第四阶段）阶段。不过更有经验的公司将敏捷-门径管理体系的混合方法用于如图 4.11 所示的从创意到上市的全流程。我们将在第 5 章和第 6

章探讨更多关于敏捷–门径管理体系的混合方法。

　　第三阶段结尾的主要可交付成果是部分测试的原型（客户曾审查过数次，但可以为下一阶段的全面客户测试做准备）。其他可交付成果包括全面的市场发布计划，提供产品或服务交付的操作计划，下一阶段（也就是测试阶段）的计划，以及更新的财务和商业分析。

5.5.8　关口 4：进入测试

　　开发后的审查是为了检查产品和项目的进程及持续的吸引力。回顾和检查开发工作，确保开发工作已经保质、保量地完成，确保产品"工作"（也就是说，具有基于内部测试或阿尔法测试结果的技术完整性），确保满足客户的需求和需要，收到客户积极的反馈……

　　这个关口通过经过改进的财务分析来对经济方面的问题进行再次审视，该财务分析基于最新的和更加准确的数据。下一阶段的测试与验证计划会被批准并立即实施。另外，详细的市场和操作计划也会为了可能的未来实施而被评审。

> 　　测试与验证阶段是一个重要的阶段：通常，在快速确认迭代中没有捕捉到的显著的产品错误，将在更加深入和长时间的现场测验中发现。但是这个阶段不仅仅是客户验证，它还包括扩展的内部测试和产品或操作实验。有时候，产品设备也在该阶段购买并进行安装和委托使用。

4.5.9　第四阶段：测试与验证

　　这一阶段主要测试与验证整个项目的可行性，包括产品本身、生产或者运作流程、客户可接受程度和项目的经济状况。众多的活动会在第四阶段实施。

- 内部产品测试：在经过操作控制的或者实验室的条件下，延伸的技术实验室测试或者阿尔法测试，以检查产品的质量和性能。
- 产品的用户、偏好或者现场试验：在真实使用的情况下，验证产品的功能，同时测量潜在客户对产品的反应，即是否产生购买意向。
- 试验性的、限制性的或试点生产/操作：测试、调试、证明生产/操作流程，并且确定更准确的生产成本和产量（生产设备可能在这些实验中需要用到，因此设备也会在该阶段购买和委托使用）。
- 模拟市场测试、"软发布"、测试市场或试销：真正将产品卖给有限客户群的尝试，目的是测量客户的反应，测量发布计划的有效性，明确期望的市场占有率和收入。
- 修正的商业和财务分析：依据更准确的收入和成本数据，检查项目后续的商业和经济可行性。
- 有时候第四阶段会产生一些消极的结果，并倒退到第三阶段。来回循环，甚至徘徊于阶段之间，在整个门径管理体系中是非常可能的（实际上很可能）。

4.5.10　关口 5：准备上市

　　最后一道关口打开了全面商业化的大门——市场发布和全面的生产或者运作的启动。

这是最后一个仍可以淘汰项目的决策点。该关口重点关注测试和验证阶段的活动的质量及它们的成果。该关口的通过准则主要聚焦在：第四阶段的测试结果是否积极，预期的财务收益，产品上市和运作启动计划是否保持一致，准备是否就绪的检查——所有的工作都为发布做好了商业准备。运营和市场计划会被评审，并且在第五阶段被批准实施，同时，在有些公司中，这些就是产品生命周期计划（该计划使得产品顺利越过上市阶段，进入成熟甚至产品退出阶段）。

4.5.11 第五阶段：上市

这一阶段包括市场发布计划和运营计划的双重实施。生产设备采购、安装和使用（就像上面所说的，尽管有时候这些工作早在第四阶段作为第四阶段的产品测试的一部分就完成了），物流渠道就绪，销售也开始了。除非发生预想不到的事情，新产品将会非常明晰……又一个新产品成功了！

4.5.12 产品上市后评审

在产品商业化后的某段时间（通常 12～18 个月后），新产品开发项目就会被淘汰，项目团队被解散，同时产品将成为该公司生产线上的"常规"产品。通常也是在这个时候对项目和产品的绩效表现进行评审。将最新的有关收入、成本、费用、利润和时间安排的数据和第三阶段及第五阶段所制订的预测计划相对比来测量新产品的市场表现。团队责任的问题也是这里的话题。最后，进行事后审计——项目的回顾分析，描绘项目从开始到结束的步骤，反思哪些地方做得好，哪些地方做得差；研讨有关从该项目中能够学习到的东西，以及如何才能把下一个项目做得更好。这种回顾分析对于持续完善或改进的流程至关重要。

这种回顾总结标志着项目的结束。注意：项目团队和团队领导在产品上市后的一段时期内，直到发布后的评审节点，仍然对项目的成败负责。

案例：艾默生电气公司的新产品开发 2.0 门径管理体系建立了严格的上市后的后续行动，以此作为团队的责任确保项目实现销售和利润目标。"上市后的回顾也通过闭环反馈建立了一个系统的方法来提供对新产品开发流程的持续学习和改进。"这一回顾在产品上市后的一两个月，以及 12～24 个月中（这两个时间段）进行。"起初的后续行动会允许行为的改正和对团队表现的全面评审。后期的回顾则提供了对结果的责任，并且决定项目的下一阶段步骤或者改变新的新产品开发流程。"

像艾默生电气公司这样，许多公司实行了两阶段的上市后评审活动：一个是在发布后很短的时间内，对项目的错误做出立即修正，并且趁着记忆新鲜的时候，对项目进行回顾分析；最后的回顾则是在上市后的 12～18 个月中进行，来审视与期望结果的反差，并且淘汰这个项目。

现在你知道了门径管理体系——概念上非常简单，而且作为一种推动新产品走向市场的方法非常实用。在了解这一流程运作的细节，以及一些额外的复杂性、灵活性和一些公司已经建立的新技术（在下面几章中会叙述）之前，让我们先来辨明门径管理流程是什么或者不是什么吧！

4.6　门径管理体系的五个主要部分

我经常受邀去一家公司与公司的特别工作组一起设计或整修该公司的门径管理体系。我经常看到的是出于善意的工作，结果却是一个缺少不少关键组件的体系。简单来说，特别工作组遗漏了一些本应在巧妙的门径管理体系中具备的关键组件。门径管理体系中有五个主要组件，将任何组件遗漏都意味着你不具有一个真正完整的门径管理体系，就像汽车缺少发动机或轮胎一样。以下是我们所期待的。

（1）阶段：门径管理体系有着良好定义的阶段，每个阶段都有标号，并且有明确定义的目的。阶段也有基于每个阶段最佳实践的所建议的活动，如图 4.13 所示的例子（每个阶段都应该像图 4.13 那样有概略图）。

（2）可交付成果：可交付成果是项目团队在每个阶段结尾所寻求的阶段的终点，并交付给即将到来的关口。可交付成果必须在体系中清晰定义，因为这确立了团队在这个阶段的目标，也提供了管理层用来做出有效关口决策所需的重要信息。可交付成果通常以简短清晰模板的方式来定义，以保持可交付成果精练。

（3）关口：门径管理也要有关口；每个阶段都以清晰的目的来清楚地标明（简单、可理解的名字）。关口也必须有通行的标准，也就是说，一系列针对每个关口的通过/淘汰和排序标准。这些通常以计分卡的形式来表示，用来给项目进行打分或评分。

（4）输出：关口也有输出，也就是说，决策：开始/淘汰/搁置/重做。这些决策也必须进行定义，例如，在通过决策情形下会发生什么，如上面所说："在通过决策情形下，下一阶段的行动计划审批通过，并得到资源承诺（所需人员、资金和人·天）；阶段的时间进度达成一致；下一个关口的一系列可交付成果和日期得以明确。"

（5）角色：在本章和其他章节中描述了大量的门径管理角色，包括：

a．项目团队成员：核心项目成员——跨职能，通常来自技术、市场、运营和销售部门，他们实施项目，并且为商业化结果负责；团队成员都被分配给项目指定的时间（对于主要项目，在理想情况下专注于一个项目）。

b．项目负责人：项目团队的"船长"，一个具有企业家精神和重要的角色。他是项目团队的一员并且具有明显的权威（在关口处获得）；他也负责激励项目，找寻资源，并且处理项目的外部接口（尤其是高层管理者）。

c．项目经理（可选）：利用项目管理工具和方法（甘特图、预算和会议引导技术）使项目职能很好地符合合理的项目管理实践（对于小型项目，通常由项目负责人处理这些任务）。

d．把关者：拥有项目推进到下一阶段所需资源的资深人员，做出通过/淘汰决策和优先级排序决策的人，是一个跨职能的小组。

e．流程经理：监督整个门径管理流程，并且负责检查项目团队是否理解并遵循流程及其实践，也负责引导关口会议（更多见第 9 章和表 4.3）。

　　f. 执行发起人：对于更大的项目,辅导和指导项目团队的高层管理者(可以是把关者),他也是项目领导寻求建议和帮助的人, 有时候被称为项目的 "教父"。

4.7　门径管理体系适合什么类型的项目

　　门径管理体系常被实体产品的制造者所应用——消费品和工业或 B2B 商品,也被服务提供者所应用, 如银行、保险、咨询和电信公司。以上所描述的模型和图 4.11 为重要和冒险的项目所设计。一个新产品可以是激进的或大胆的创新,也可以是重大的产品改进,或者仅是产品线的延伸 (见图 1.5),所有这些新产品项目的类型都可以用门径管理体系来应对。在下一章我们会看到, 针对这些不同类型的新产品,有不同版本的门径管理体系。

　　门径管理可用于其他类型的项目, 如流程改进、兼并与收购, 以及基础建设项目。概念是一样的——阶段(以明确的可交付成果来进行, 接下来是关口和推进的决策), 但是这些门径管理模型的细节对每个应用都是唯一的。

　　一些公司将门径管理体系的方法进行拓展——从阶段的概念、定义的任务和产出的可交付成果,连同关口、明确的把关者和可见的通过/淘汰准则,拓展到广泛类型的投资决策。除了新产品项目, 门径管理的这些其他应用包括:

- 内部项目 (如 IT 项目,"客户"处于公司内部)。
- 新流程开发——"可交付成果"是新的或改进的制造流程, 也面向"内部客户"。
- 新业务开发——在公司的当前市场和技术边界之外。
- 联盟或合作项目。
- 基础研究或科研项目。
- 平台开发。
- 探索项目 (一家大型石油公司应用门径管理体系来实施油井勘探项目)。
- 基础建设项目 (厂房拓展或厂房建设)。

　　针对这些不同类型的项目, 系统的原则是高度一致的, 但很具体——特定的阶段和关口、通过/淘汰准则, 以及关口期望的可交付成果, 加以定制来适合每种类型的项目。

4.8　门径管理不是什么

　　门径管理流程的概念听起来很简单, 但是令人惊讶的是仍有一些人总是错误地理解它。他们读了有关的书并且宣称已经实施了一个 "正如书中所描述的那样" 的门径管理流程;但是在从书本到实际的转变中, 有些重要的东西丢失了。这里有一些人经常错误地解读、错误地应用并将其滥用在另外的代表系统上的方式, 不属于门径管理流程。

4.8.1　门径管理流程不是一个职能性的、阶段性的评审体系

　　不要把 21 世纪的门径管理流程混同于 20 世纪 60—80 年代的 "分阶段评审" 流程。令人惊讶的是, 一些公司仍然在使用这种笨拙的阶段评审体系。这种分阶段评审流程由美

国国家航空航天局及其他一些机构所认可，它把产品创新过程分解为不同的阶段，每个阶段都要向不同的职能机构或者部门报告。带着做到最好的目的，该流程几乎把新产品开发过程延长了一倍。为什么？因为该流程设计得像一场接力赛——各项活动按顺序进行而非并行；流程中存在很多交接活动，一个职能部门把项目转交给下一个部门（因为有交接，不可避免地存在工作质量的降低，甚至更糟糕的是，这样做直接使工作偏离了正确的路径），并且自始至终没有哪个小组对该项目负责——缺失责任主体。该流程是一个技术流程，而非商业流程；其关口更像里程碑回顾点或者技术是否准备就绪的检查点（项目很少被淘汰）。

相比而言，现在的门径管理流程是建立在速度基础上的。阶段是多职能的，而不是由某个单一的职能领域所主导的：它是一个商业流程，不是一个研发、工程或者营销过程。该项开发活动是快速的，各项活动并行发生而不是按顺序实施。管理过程是清晰的，具有明确的关口和准则用来及时、有效地做出通过/淘汰决策。项目是由一群专注的、获得授权的、由企业家式的团队领导或者队长领导的团队成员来实施的。

4.8.2　门径管理流程不是一个古板的、因循守旧的系统

有些公司的从创意到上市的体系类似路线图———一个充满了规则、制度、强制性程序和每个项目必须遵守的不考虑实际环境的"你应当做哪些事"的死板流程。如果你的流程如上所述，不用怀疑，人们一定会避免它或者绕道而行！

门径管理是一个从 A 点（创意）迈向 B 点（成功的新产品）的地图。就像任何地图一样，如果情况有变，便要绕道而行。比如，许多公司使该模板适应其自身的具体环境，并且在它们的流程中融入了许多灵活的做法。

- 并不是每个项目都要经历该模型的每个阶段或者每个关口。
- 在某些项目中，某些活动或者可交付成果可以省略或者绕开。
- 同样，可以把活动从一个阶段转移到另一个阶段。例如，如果有足够长的提前期，可以把某项活动移到前一个阶段去做。

关于灵活性的这些方面，我们会在下一章讲。

4.8.3　门径管理流程不是一个线性系统

因为一些与门径管理体系相关的、形象的图形化表示，一些人就认为它是一个线性模型，即阶段和每个阶段中的活动都是线性的。他们忽视了这一点，即尽管阶段是一个接一个安排的，但每个阶段内部的活动和任务根本不是线性的。事实上，在阶段内部，伴随着项目的执行，有很多循环、重复、往复的行为；一些活动是相继实施的，一些是并行的，另一些则是重复的。从公司和系统延伸到客户和用户，经常存在螺旋上升的过程。甚至这些阶段会被允许是重叠的（一个阶段于其前一个阶段完成之前开始），并且项目经常必须回溯到前一个阶段。所以，即使传统的图表描画了一个整齐的、线性的、富有逻辑的过程，门径管理流程也绝不是线性的。

4.8.4　门径管理流程不是一个项目管理系统

门径管理是一个宏观的流程，一个包罗万象的流程。相比之下，项目管理是一个微观流程。门径管理流程不是替代项目管理的方法。相反，门径管理流程和项目管理应同时运用。具体地说，项目管理方法应用于门径管理流程的各个阶段之中。例如，在相对比较长和复杂的阶段（第三、四、五阶段：开发、测试与验证、产品上市），必须应用项目管理的方法，诸如：

- 时间表、甘特图和关键路径计划。
- 里程碑评审点（在每个关口处得到批准并且纳入行动计划）。
- 团队的最初任务，用于定义项目——它的使命和目标。
- 定期的项目评审。

敏捷项目管理方法更多地用于门径管理的阶段，而不是传统的甘特图形式（瀑布式）的项目管理方法。

4.8.5　门径管理流程不是一个项目控制系统

笔者访问了一家位于德国法兰克福附近、享有国际声誉的公司，并且通过 PPT 展示，了解了它的门径管理流程。标题幻灯片上写着"项目控制系统"，展示也从该标题展开。门径管理不是而且从来没有可能成为一个控制机制，使得高管、审计师和财务人员能够在他们的办公室里控制，或者监控项目的实施。相反，门径管理体系是一个路线图，该路线图用来使项目团队和团队领导能够为其项目获得资源，并且使用可能确保成功的最佳方法将项目加速推向市场。

4.8.6　门径管理流程不是一个过时的、呆滞的系统

尽管门径管理流程已经存在了很多年，但现今的版本同最初的模型已经大为不同。它已经随着时间发生了演进。全世界都成为门径管理流程的实验室，来自不同地区的富有创造性的人已经对该系统做了很多适应性的改进。许多新奇的改进已经融入本章中叙述过的标准模型，你将会在下一章中发现更多这样的改进。

从恰当的角度理解，营销的概念在 1960 年首次提出，并且它的法则——以客户为中心，在今天仍然有效，但是我们实践营销的方法已经与 1960 年有了很大的不同。这与门径管理的情形相同，只是理念依然如故。如今的门径管理体系与最初的模型几乎无相似之处。它发生了相当大的变化，包括新的精益和快速生产的原则；它建立在大量新的、在早些时候无法想象的最佳实践的基础之上，并且现在存在着许多不同的定制的门径管理体系版本。

关键在于门径管理体系不是一个静态工具；相反，它是一个广泛的、集成的、进化的、永葆青春的、在很多最佳实践和方法中得以建立的系统，并且它总是在变化。很多博学者提出了令人喜欢的工具或者特别的方法作为"答案"或者门径管理体系的替代品。尽管这

些新工具中的一些是有用的，而且事实上许多门径管理体系的使用者将这些工具吸收进了他们的门径管理流程之中，但是要谨慎——这些工具通常不是门径管理体系的可选择的替代品。举个例子来说，精益生产的发展为在创新流程中消除浪费提供了一些非常好的技术、规则和方法，很多公司因此将它简单地纳入门径管理体系中。六西格玛是另一个有价值的工具，同样有大量的公司，如爱惜康（强生公司的子公司），就已经在它的门径管理流程中很好地集成了 DFSS（Design for Six Sigma）系统。

> 门径管理随着时间已经有了很大的演进，今天的门径管理的版本与原来的模型相比已经面目全非。全世界都是门径管理的实验室，并且来自各大洲的有创意的人针对这套体系做了许多改进和适应。

4.8.7　门径管理流程不是一个官僚主义流程

遗憾的是，一些管理者将任何一个系统都视为强加更多纸面工作的机会，多种形式，无休止的会议，工作执行上多余的繁文缛节。要记住：这里的目标是一个系统化的、流畅的流程，而不是一个停滞的官僚主义流程！要好好审视一下你的从创意到上市的流程。如果存在冗余程序，诸如会议、委员会、强制活动，或者其他不增加价值的形式，赶紧消除它们！

案例： 一家瑞士的知名公司进入输电和传送带产业，面临着一个关于上市时间的挑战。笔者首次来到该公司时（笔者来自另一家有效地使用了门径管理流程的公司），新的首席技术官正震惊于该公司的关口流程运转的速度。"它（流程）是笨重的、官僚主义的。"他宣称。因此，在这名首席技术官的坚持下，一个强制性的任务展开了：流程被彻底改造并且精简，取消了所有不必要的活动和程序。这样项目领导们就可以专注于继续做他们的工作，将产品推向市场。这一流程现在已经发挥作用了！

4.8.8　门径管理流程不是一个数据录入方案

一家美国的汽车轮胎制造商实施了它的门径管理流程。令人惊讶的是，这一整套系统设计是由 IT 部门领导（该部门对产品开发知之甚少）的，软件构成了这一流程的主要部分。当在新系统中登录时，第一个界面要求输入诸如"客户对于新疲倦的要求"及"预期的媒介和它们的容量"等信息。

该系统看似一个订单输入，事实上并非如此；这是对门径管理流程的擅自理解。在这个流程中没有关口，阶段也是名义上的，每个阶段会要求额外的信息。但是不能找到最佳实践，诸如前文提到过的，做一些客户声音的工作，执行竞争分析，或者进行技术评估。事实上，正如一名精明的员工指出的那样："如果我准备造假数据，我能够接触到整个从创意到上市的体系，甚至不用离开我的键盘。"这样的公司不是个别的。笔者曾经在其他知名的公司里看到过类似的由 IT 驱动的模型，它们的管理者本应对门径管理流程了解得更好。

门径管理不是一个数据录入系统或者一个 IT 模型。尽管具备要求数据输入的软件，可以成为流程的一个有价值的促进，但不可本末倒置。门径管理体系包含了一系列的信息收集活动，这些活动产生的数据可以由 IT 部门方便地操纵，来支持文档管理和项目团队成员之间的交流沟通。但是软件和数据录入只是一个工具，而不是流程本身！

4.8.9　门径管理流程不是一个后期的或者产品交付的流程

一家大型工程和制造业公司的经理向笔者夸耀："一旦产品被定义且商业论证被接受，我们的门径管理流程就开启了，通常从这里开始，路径都很清晰了。都是前期的工作——在进入门径管理流程之前——导致问题的发生。"笔者震惊于他对门径管理流程的理解匮乏，礼貌地解释了"所有的前期工作"都是门径管理流程非常重要的部分。观察一下图 4.11 中的流程图，在开发进行之前，有三个阶段（或者说模型的一半）已经发生。模糊前端工作——创意、确定项目范围、定义项目，以及商业项目的建立——或许是门径管理流程中最关键的部分！事实上，工作的成败正取决于前几个步骤，所以门径管理的前端工作非常重要，模型的这一部分对更高的成功率有着最突出的贡献。

> **建议：**读完本章之后，认真观察一下你所在公司从创意到上市的新产品体系。首先，你们有没有这样一个流程？如果有，把它放在你的面前。对照本章前面所列的成功因素，自问："我们的新产品流程是否将这些项目中的每个都吸收进去了？它们在哪里？我能指出它们吗？它们是否清晰可见？"
>
> 最后，回答下一个问题："我们的体系是否真是可运作的，它是一流的吗？"关于如何把这一模型从 PPT 转变成一个完全可操作的体系如表 4.3 所示。回顾表 4.3 的清单，问一问你的体系是否能通过。如果对这些问题的回答是"不"的话，请继续读下去，因为现在是改造你的公司从创意到上市的新产品开发体系从而使它能够运作和实践的时候了。

表 4.3　一个好的检查表——一个运营一流的门径管理体系的关键特性

一个可视的、全面文档化的流程：一些公司宣称拥有新产品开发流程，但是更近距离地观察会发现，它更多的是一个高层级的、概念化的流程———些带有方形、菱形及其他更多形状的流程图。为了便于操作，一个有效的新产品流程应该被很好地描绘出来，并且进行良好的文档化：阶段进行定义，阶段中的活动有清楚的说明，关口进行命名，关口的准则和可交付成果进行描绘，甚至把关者得以确认，门径管理体系的五个主要产物也进行了描述。大约有 2/3 的企业都有合理的、良好文档化的流程，3/4 的最佳创新企业也有类似的实践。

新产品开发流程是否真正在使用：新产品开发流程的真实测试是有关它是被真正使用，还是它在业务中仅仅是装装门面的。制定从创意到上市的流程并使其到位只是一件事，不过流程真正地使用，并且在大多数开发项目中坚持不懈地使用是另外的事情。少于半数的公司（44.9%）在开发流程中真正地使用新产品开发流程；60%的最佳创新企业拥有新产品开发流程，而只有 18.5%的最差绩效企业有新产品开发流程。

帮助项目团队获取他们所需的资源：另一个关于从创意到上市流程的测试是流程是否真正促进开发，帮助项目团队获得所需的资源，并使产品上市（或者相反，作为官僚障碍）。大约 70% 的最佳创新企业具有促进流程，而一般的公司只有 45.8%。在最差绩效企业中，只有 23.1% 的公司具有促进流程。这项实践也被标注为最佳实践。

促进合规性：监督新产品开发流程的遵循情况是一个确定的门径管理体系是否真正部署良好的方式。测量项目是否真是"在流程中"，或按时达到关口和里程碑的要求，符合关口会
议的质量，并试图达成合规性。整体来说，这是一个相当弱的领域，只有 39.1% 的公司采用这样的合规检查和指标，也只有 50% 的最佳创新企业这样做。

适应性和可扩展性：流程是否灵活，能够适应项目的需求、规模和风险？流程是刻板的、一成不变的，也不辨别高风险和低风险的项目、大项目和小项目？流程应是灵活的和可扩展的，具有不同的版本。例如，对于大型项目的完整的五阶段、五关口流程，对于更低风险项目的更短小的三阶段流程（例如，产品增强、产品修正和产品延伸的项目）。关于这个主题在第 5 章会有更多论述。大约 2/3 的企业（62.3%）具有灵活的、可适应的和可扩展的流程；75% 的最佳创新企业具有灵活流程，是最差绩效企业的两倍。

具有流程经理：大部分公司（72.2%）具有指定的门径管理流程经理，负责指导和监督关口体系。这个人的角色是确保流程有效运转、辅导团队、协调关口会议、维护项目数据库、提供培训，并且维护系统及其文档和 IT 支持。

内置的持续改进：应利用内部学习机制，使得流程随着时间推移不断完善。尽管是出于最好的本意来实施的，但有太多的流程看起来是制造了官僚作风，并纳入了很多不增值的工作。因此必须时刻警醒，避免不增值的工作或过时的方法，消除官僚作风或潜入流程中的浪费。定期评审流程，并做出必需的完善。大部分公司会不断再造其流程，在过去 3 年内有 73.2% 的公司实施了流程再造，在过去 5 年内这个数字则有 83.8%。

第 5 章

超越门径管理

> 学习与创新紧密相关。认为昨天所做的事情对明天就足够了是对成功的
> 过分乐观。
>
> ——威廉·波拉德，英国牧师（1828—1893）

5.1 新一代门径管理

作为门径管理体系的创始人，我经常问："门径管理接下来是什么？"多年来，我一直没有得到答案。最初的门径管理体系创建于 20 世纪 80 年代，它基于大型企业的成功"内创业"推动成功的新产品上市过程的深度研究。它们所得到的实践和教训提供了早期门径管理模型的研究基础（如同在第 4 章所探讨的）。这些年来，门径管理不断演进，纳入了许多新实践，并且一些公司已经开发出了它们自己的门径管理版本，不仅内建了一些积极元素，也内建了消极元素。

> 有发展潜力的公司正在开发新一代的从创意到上市的关口流程。

今天，我们看到正在领先公司中逐步兴起的新型方法，这代表了新一代的从创意到上市的流程。在某些情况下，该流程是门径管理体系的演进版，演进为更好、更快的模型；而在其他公司更像革命，成为一种非常不同的体系。不过对于新一代从创意到上市的体系应该是什么并没有统一的意见。本章将观察领先公司为了超越它们当前的从创意到上市的方法论，并努力将它们的实践整合到新一代体系中，而正在做的事情。

一些批评意见

门径管理体系对于新产品的概念、开发和上市有着显著的积极影响，但是也存在一些批评意见，这些意见有些是关于流程本质的，而有些是关于公司实施这套体系的方式的。自从第一个门径管理体系实施以来，世界变化非常大——节奏加快、竞争更加激烈、全球化程度更高及不可预测性更强，并且具有更大的模糊性，例如，看起来越来越多的客户更不清楚他们的需要和需求。在这样的背景下，门径管理体系招来大量的批评：它被指责为太过于线性化、太刻板、规划过于繁重，而不能应对创新性更强或更动态的项目；它不够

具有适应性，也不鼓励实验；它不是基于背景条件的——不能一成不变；它的关口过于结构化，也过于基于财务，而体系也过于偏向控制和官僚化，充斥着大量的文案工作、清单和太多的不增值工作。

一些作者和专家已将这些批评意见作为问题来对待，并把大多数归因于错误的实施，而有些缺陷已经在最近的门径管理体系的演进中修正过了。我经常发现一些公司正在使用一套非常陈旧的门径管理体系，一套绝对是多年以前的体系！不过问题依旧存在，因此少量的公司正在重新思考和再造它们的门径管理体系。通过我对以下方面的持续研究——标杆最佳实践、具有潜力的公司从事于"新一代是什么"的讨论会、与领先公司的个人互动，在本章我已经构建了关于新一代从创意到上市体系方向的概貌。

5.2 3A 体系

乍一看，很多公司创建的从创意到上市体系的新实践和新建议看起来像极了传统的流程；其中仍然有将工作完成的阶段，仍然有做出决策的关口。但是与图 4.1 所示相比，这个流程的细节及其功能完全不同：出现的关口流程更敏捷、更充满生机、更动态、更灵活，从而更精益、更快，也更具有适应性和更基于风险。这就是我所称的 3A 或 A-A-A 体系——适应性和灵活性（Adaptive and Flexible）、敏捷（Agile）和加速（Accelerated）（见图 5.1）。

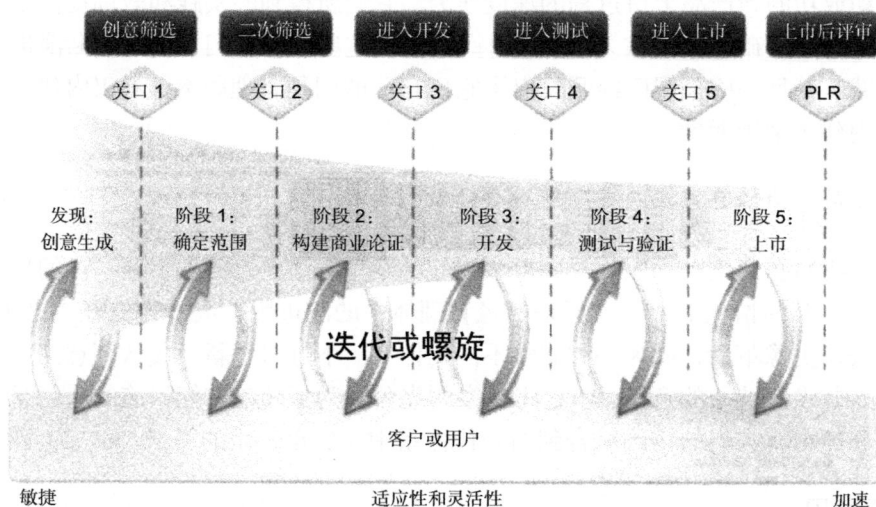

图 5.1 新一代体系可能看起来像传统的门径管理体系，但是功能完全不同

A1——适应性和灵活性：新一代的从创意到上市体系是具有适应性的……随着项目推进不断适应变化的环境。创新通常以不可预知的方式逐步展现出来，因此，为了有成功的机会，新一代体系是基于"少投资、多学习"的原则的。它将循环或迭代开发纳入其中，经常通过一系列构建—测试—反馈—修正的迭代，尽早地将成果展现给客户。我们在第 2 章和第 4 章中已经介绍了螺旋或迭代开发。进一步来讲，产品在进入开发前可能连一半都没明确，

但通过迭代，产品得以不断演进，并在经历开发和测试阶段的过程中不断适应新的信息。

新一代体系也称为"到如此程度的适应性"。因为基于市场背景和开发流程的需求，对每个开发项目来说，每个阶段的行动和每个关口的可交付成果都是唯一的。这与产品开发的标准操作程序（Standard Operating Procedure，SOP）方法相反，SOP 方法规定了标准的行动和可交付成果，也有针对低风险项目的快速跟进版本的流程。在新一代体系中，基于风险的应急模型规定了合适的活动和可交付成果，并基于项目假设和风险进行确定。最后，通过/淘汰标准应灵活（每个关口并没有标准集或通用的标准），关口与组合管理也应进行整合。

A2——敏捷：新一代体系包含了敏捷开发的元素，敏捷是软件行业的快速开发体系，但现在开始应用于实体产品或服务。例如，Scrum 的冲刺［非常短的增量，冲刺中的可交付成果能用来展示给利益相关者（而不是展示文档）］是新系统的组成部分。这种新的敏捷—阶段—关口的混合模型强调了适应式规划（对新需求的快速反应）、演进式开发（一开始最小的产品定义），以及由专注的开发团队所实施的迭代式时间盒的方法。

A3——加速：新一代从创意到上市的体系聚焦于加速开发流程。系统中的项目配以合适的资源（尤其是大型项目），由专注的跨职能团队进行完全配备，从而以最快速度上市。阶段内的活动相互重叠，甚至阶段也相互重叠；"阶段"理念的相关性减弱。新体系更加精益，消除所有的浪费：没有官僚作风，没有不必要的活动。更加注重模糊前端，使其更加清晰，减少模糊性，这样项目可以清晰地定义范围，并且关键的未知因素、风险和不确定性尽可能早地识别出来。最后，提供稳健的软件支持来减少工作，促进更好的沟通，并加速流程。

3A 的元素（适应性和灵活性、敏捷、加速）在图 5.2 中进行了总结。让我们来看看每个元素是如何付诸实践的。

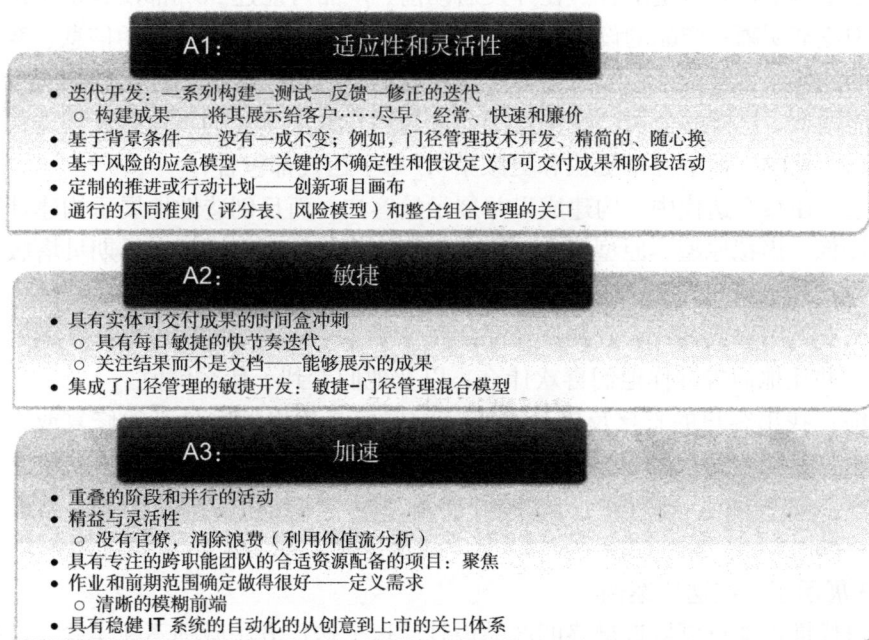

A1: 适应性和灵活性
- 迭代开发：一系列构建—测试—反馈—修正的迭代
  ○ 构建成果——将其展示给客户……尽早、经常、快速和廉价
- 基于背景条件——没有一成不变；例如，门径管理技术开发、精简的、随心换
- 基于风险的应急模型——关键的不确定性和假设定义了可交付成果和阶段活动
- 定制的推进或行动计划——创新项目画布
- 通行的不同准则（评分表、风险模型）和整合组合管理的关口

A2: 敏捷
- 具有实体可交付成果的时间盒冲刺
  ○ 具有每日敏捷的快节奏迭代
  ○ 关注结果而不是文档——能够展示的成果
- 集成了门径管理的敏捷开发：敏捷-门径管理混合模型

A3: 加速
- 重叠的阶段和并行的活动
- 精益与灵活性
  ○ 没有官僚，消除浪费（利用价值流分析）
- 具有专注的跨职能团队的合适资源配备的项目：聚焦
- 作业和前期范围确定做得很好——定义需求
  ○ 清晰的模糊前端
- 具有稳健 IT 系统的自动化的从创意到上市的关口体系

图 5.2 新一代门径管理体系的元素

5.3 适应性和灵活的流程

5.3.1 螺旋式或敏捷开发

新一代从创意到上市体系因为适应性和灵活性获得活力，能根据特定项目的背景不断调整。这些性质起源于四项实践：螺旋开发周期、基于背景条件的阶段定义和活动、推动决策的基于风险的应急模型及通过/淘汰决策的灵活的准则。

传统的门径管理流程要求产品和项目在项目进入开发阶段进行定义。实际上，清晰的、早期的和基于事实的产品定义是门径管理的基本原则。当今世界变化太快，不可能针对业务、市场和项目进行稳定和严格的产品定义。通常，客户一开始并不清楚他们的需求（需要），所以在开发前不可能得到 100%准确的产品定义。就像史蒂夫·乔布斯永远不是传统市场研究的支持者一样，他有名言："人们永远不知道他们想要什么，直到你给他们看。"有时需求经过开发的启动到结束的过程中产生了变化（例如，新的客户需求、新的竞争性产品或新的技术可能性产生了），原有的产品定义不再有效。

> 优秀的公司已经将从创意到上市体系变得更加具有适应性：它们已经构建了允许与用户一起实验的多重螺旋或迭代，每个迭代包括构建—测试—反馈—修正。这样产品定义在开发过程中持续演进和强化。

因此优秀的公司，尤其是那些正在做风险更大、更激进的项目的公司，已经将从创意到上市体系变得更加具有适应性。在开发启动前，产品可能连 50%都没有定义好，不过在开发过程中逐渐明晰；产品的设计和定义在上市的过程中不断适应新的信息、客户反馈和不断变化的条件。也就是说，产品定义是在开发过程中持续演进和强化的，而不是在开发一开始就能做到。这样的公司已经构建了允许与用户共同实验的多重螺旋或迭代（如同我们在第 2 章所见的，但不经常更快和更频繁），每个迭代都包含：

- 构建：在每个迭代中，构建成果并展示给客户，而且创造性地展示构建计算机生成的图像、虚拟原型、原型概念、快速原型、粗略的工作模型、早期贝塔版本或最小可行产品（Minimally Viable Product，MVP）。
- 测试：与用户或客户一起测试产品的每个版本——测量利益、喜好、偏好和购买意向，并让他们告诉你他们喜欢什么，以及他们看到了什么价值。
- 反馈：找出客户的直接反馈，并且最重要的是找出哪些是必须修复或变更的。
- 修正：基于客户反馈，重新思考价值主张、所获利益和产品设计；并为下一个构建—测试—反馈—修正的迭代做好准备，但本次迭代的产品版本距离最终产品又进一步。

图 5.3 展示了一些迭代案例。

每个迭代推进项目更接近最终的产品设计。这个迭代方法激励不断实验，鼓励项目团队经常失败、尽早失败，并以低成本失败，这是乔布斯在其苹果公司的整个职业生涯中所应用的原则。该螺旋或迭代开发与针对软件开发的敏捷宣言的核心相一致：聚焦于变化的快速反应，以及在产品开发中持续的客户或利益相关者参与。

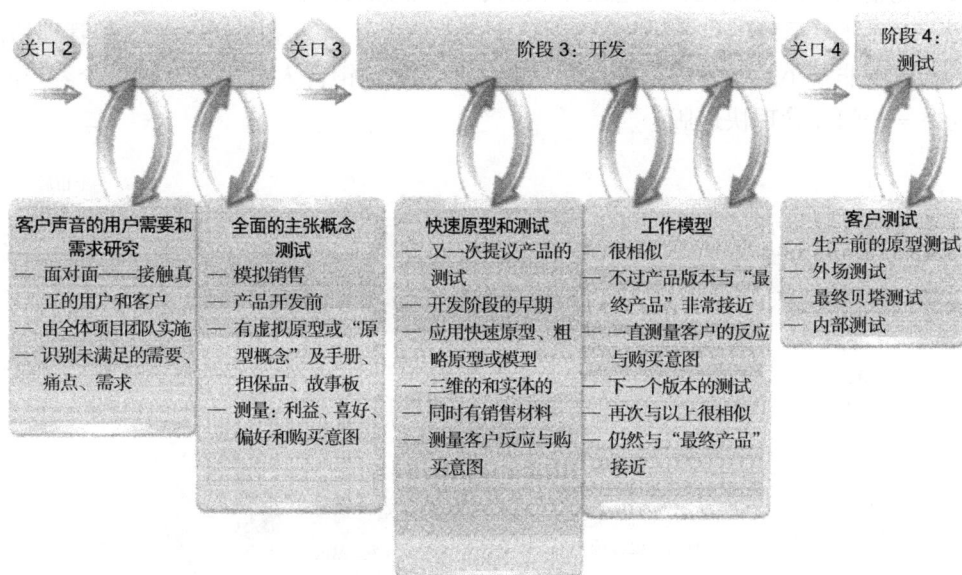

图 5.3　新一代体系具有适应性——迭代开发——内置构建—测试—反馈—修正迭代
（迭代案例如下所示）

案例：康宁公司提供了一个迭代开发的例子。对于一些特殊项目，也就是像金刚玻璃这样大型的、高风险的、大胆激进的项目来说，康宁公司将开发和测试阶段细分成独立的增量，以 60～90 天的计划来定义，每个增量包括众多迭代，这些迭代产生可测试的产品版本，并作为关键里程碑（通常一周或两周）的可交付成果。这些增量与敏捷冲刺非常像，不过它们有时持续数月，而不是以周为单位。在这些增量中，会有多个与高层管理者沟通的一天会议（有时是每周一次），以便审查和推进项目。每个增量结束时都会有一个大的里程碑评审会，其中项目团队必须交付能展示给利益相关者（客户和管理层）的成果。

建议：在你的开发计划中建立一系列"构建—测试—反馈—修正"循环，就像康宁公司在重大项目中所做的那样。在产品只有部分定义的时候，允许项目在开发阶段启动，要知道：贯穿开发与测试阶段的多个与客户互动的迭代，能使项目不断演进并确保其正确。

5.3.2　基于背景的阶段和关口

在门径管理体系的第一代中，公司通常开发单一的关口模型，意图是应对最难或最复杂的新产品项目。具有讽刺意味的是，大部分项目非常简单，只有一小部分是流程所设计应对的复杂项目。

许多公司现在已经开发出更快跟进或更精简版本的门径管理体系，以应对它们众多，但风险更低、更加明确、复杂度更低的开发项目。最近的标杆研究显示，75%的最佳创新公司使用可扩展的从创意到上市的流程。例如，通常有三个版本的门径管理体系（见图5.4）：

（1）完整的五阶段流程，以应对重大的、高风险的开发。

（2）对于中等风险项目使用轻量版本，如重大改版、完善和扩展——门径管理精简版。

（3）对于非常小的开发项目使用快速版本，例如，销售人员要求针对一个客户的小的产品变更——门径管理快速版。

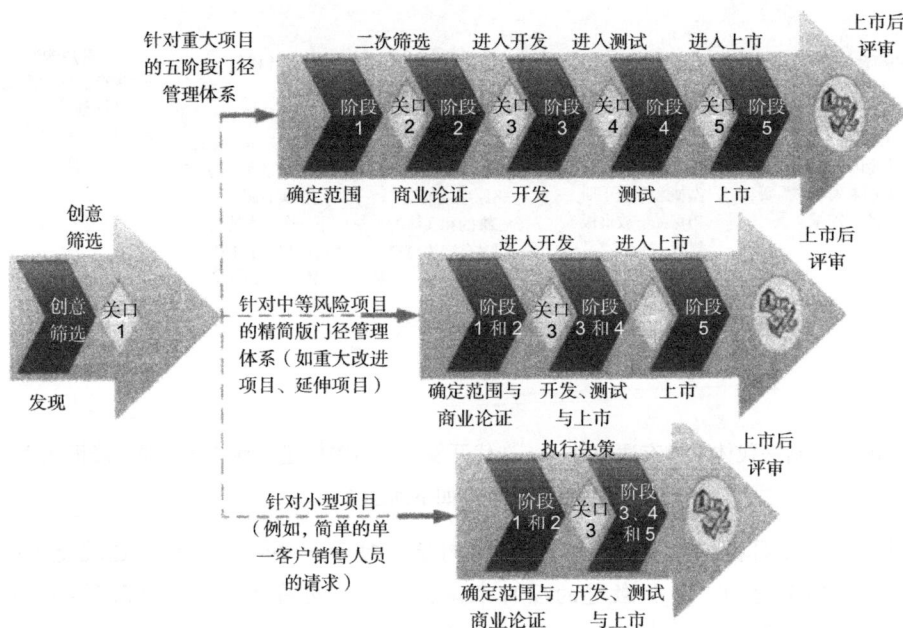

图5.4 门径管理体系是基于背景和具有可扩展性的，不能一成不变

另外，许多公司已经引入特色版本的门径管理体系来应对可交付成果不是一个新产品，而是一项技术能力的技术开发项目。这样的项目仍然需要遵循门径流程，但是活动、可交付成果和通行准则对于这些类型的项目来说是独特的。因此，它们应该有自己的体系。下面是一些相关背景的案例。

凯洛格公司有三个版本的 K-Way 创新流程：常规的五阶段流程应对新产品项目，针对更小的项目实施精简的三阶段关口流程，三阶段流程应对像新科技或发明项目的技术开发。

3M 公司拥有其常规的新产品创新体系，一个用来应对典型新产品项目的标准五阶段模型。同时有国际子公司所使用的更精简的三阶段版本，子公司负责修改由美国开发的产品，并在当地销售。最后还有三阶段新技术创新体系，用于管理新技术的设计和开发。

相反，宝洁公司决定针对快速跟进项目不采用不同的流程，而是应用其长期的五阶段 SIMPL 流程。正如创新菱形管理公司的领导者迪特玛·布勒斯所说："当你为二阶段和三阶段流程打开大门时，随之而来的是四阶段、五阶段和六阶段。最终任何事情都会发生。我们想要持有一个能裁剪的通用的门径管理流程（称为 SIMPL），这个流程基于单个项目的风险情况制定，否则每个团队、职能领域或业务部门会自行其是。"尽管如此，该公司仍然开发了一套需要独创的针对创新的价值驱动流程，它被称为 FEI（前端创新）；争论点在于当一个项目没有发明创造就进入 SIMPL 体系中时，这个项目将永远处于设计阶段。因此技术开发必须提前进行。

惠普公司认为，其传统的阶段评审流程虽然能很好地应对需要产品完善和延伸的成熟市场，但不能够适应新兴的、快速发展的市场。为了满足这些不同类型市场的需求，惠普公司定义了三种开发流程：

（1）针对像云计算那样的初创开发技术应用新兴模型。

（2）针对像刀锋服务器那样的成长性行业应用敏捷模型。

（3）针对笔记本电脑那样的成熟市场，应用传统的阶段评审体系来交付低成本或新特性。

奥米克伦电子有限公司是澳洲一家具有高度创新性的测试电子能源网络的硬件和软件制造商。该公司拥有一个称为加速推向市场（Accelerate to Market，ATOM）的构建完善的门径管理体系，这套体系能很好地应对传统项目。不过对于突破性项目来说，项目更加模糊不清，或者项目甚至会导致完全未知的结果，该公司应用了一套不一样的流程：突破推向市场（Breakthrough to Market，BTOM）。BTOM 体系给不明确、高风险的项目提供了一些喘息的余地，给予项目空间，使得它们在早期阶段通过"死亡之谷"，并到达能够向管理层和客户展示成果的状态点。

以下是 BTOM 如何运转的：如果一个创意在高层管理团队中产生了很好反响，项目就被审批为 BTOM 项目，并且提供为期六个月的资源。这个小型的项目团队不受限制，没有规则，也没有项目评审，实际上是六个月的"保护期"。在六个月的尾声时，项目团队必须有能展示的成果，而且这些成果已经被客户所看到并测试过。在这个点上，项目可能有三种结果：

（1）中止。

（2）转换到传统的 ATOM 流程，通常的规则和程序一应俱全。

（3）继续作为 BTOM 项目，再持续六个月。

这个方法仍然是很新的，不过已经展示了非常有希望的成果，那就是数个突破性的新产品成功上市，这用传统的 ATOM 体系是永远不可能达成的。

> **建议**：如果你的业务有众多不同类型的开发项目，从具有众多未知结果的重大高风险项目到简单的修改和延伸，甚至是流程开发，你可能已经发现单一版本的门径管理模型不可能满足所有的类型。看一下以上领先公司的案例，考虑采用多个版本或规模的门径管理体系，来更好地应对开发项目的多样性。

5.3.3　针对技术开发项目的门径管理——技术开发体系

像 3M、凯洛格、埃克森等公司从事技术和技术平台的开发项目。这里"可交付成果"本质上并不是一个新产品，而是一项新的技术能力或专门技能，最终将被用于许多新产品（或新产品流程）中。这些新产品开发的项目虽然更加具有实验性和不确定性，却可以用门径管理体系来有效管理，即使这套体系与用于产品开发的模型有很大的不同。

针对技术开发（Technology Developments，TD）和技术平台的典型门径管理体系如图 5.5 所示，它包括三个阶段、四个关口。

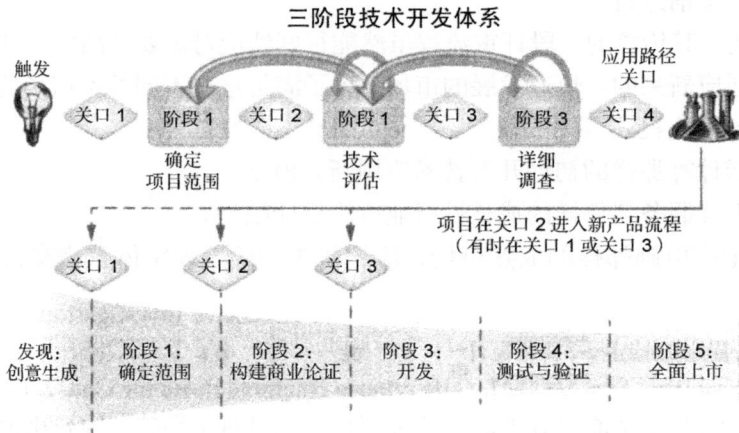

图 5.5　技术平台和技术开发体系——阶段-关口-技术开发

发现：创意生成是流程的触发点。创意生成通常由科学家或技术人员完成，不过也可以是其他活动的结果，如战略规划演习、技术预测或技术路线图演习。

创意筛选：第一个关口是创意筛选，给予 TD 项目承诺有限的时间和资金的初始化决策。这个关口是一个温和的筛选，提出了如下问题：创意值得投入工作量吗？通行的准则大部分是定性的——战略、潜在影响、影响力及技术可行性。关口 1 的把关者小组通常由资深的研发人员组成（企业的技术方面领导人、其他资深研发人员，以及来自企业市场和业务开发部门的代表），从而确保商业端的输入。

阶段 1，确定范围：第一个阶段是确定项目范围，其目的是构建技术开发项目的基础，定义项目的范围，勾画出下一个阶段的前进计划或行动计划。这个阶段的工作量相对有限，通常不会超过数周的时间。阶段 1 活动是概念性和准备性的工作，包括技术文献的查找、专利和知识产权的搜寻、竞争替代方案的评估、资源差距的识别及初步的技术评估。

二次筛选：关口 2 会做出关于启动阶段 2 中有限的实验性和技术性工作的决策。如同关口 1 一样，这个关口也是一个相对温和的筛选，并且提出以下问题：创意值得开展有限的技术性和实质性工作吗？关口 2 同样也是定性的，不需要财务分析（因为技术所产生的产品、流程和影响大部分仍然是未知的）。把关者与关口 1 是一样的。

阶段 2，技术评估：阶段的目的是在理想条件下展示技术的可行性。这个阶段牵涉初步的实验性或技术性的工作，但不应花费超过 1~2 人·月的工作量，并且持续时间不应超过 3~4 个月。这里的活动通常包括开展细致的、概念性的技术分析，执行可行性实验或确定的技术工作，发展合作伙伴网络，识别针对资源差距的资源需求和解决方案，并且评估技术对公司的潜在影响。

关口 3：这是关于启动阶段——部署超过数个人·月的资源，以及开展更加详细和昂贵调查的决策。这个关口基于来自阶段 2 的新信息，因此涉及比关口 2 更加细致的评估。关口准则看起来有点像关口 2 的评估，但有着更多和更严格的子问题，回答也要有更好的收益数据。关口 3 的把关者通常包括公司的技术领导、其他资深技术或研发人员、公司市场或业务开发人员，以及将技术商业化的业务部门的领导。非常常见的情况是，企业将支付即将到来的阶段 3 的部分成本。

阶段 3，详细调查：阶段 3 的目的是实施全面实验性或技术开发的计划，从而验证技术可行性，并且定义技术的范围及其对公司的价值。这个阶段涉及重大的支出，以及有可能多达数个人·年的工作量。除了深入的技术工作，其他活动聚焦于定义商业产品或流程能力；从事针对这些能力的市场、制造和影响方面的评估；并且准备商业论证的落实。合理的项目管理方法也在这个漫长的阶段 3 得以应用，包括定期的里程碑检查，以及与管理层一起的项目评审。请注意，如果前景黯淡，项目在这个阶段仍有可能中止，或者返回到前一个阶段重新来过。

应用路径关口：这是在技术开发流程中的最后一个关口，一个或多个新产品或流程开发项目的"开门器"（见图 5.5）。在这里，技术工作的结果会得到评审，目的是就技术对于公司的应用、范围和价值达成一致，并决定下一步。请注意，这个关口 4 通常与常规的产品开发流程中早期关口结合在一起（例如，图 5.5 底部所示的关口 1、关口 2、关口 3）。把关者通常是公司的自身研发人员、公司市场或业务开发部门人员，加上来自相关业务板块的领导团队人员。这些人承担所产生的商业开发项目的所有权。

> **建议：** 如果你的业务开展技术或技术–平台项目更接近于基础科学的项目，那么就观察其他领先公司在做什么。部署一个如图 5.5 中的经过特殊设计的阶段–关口–技术开发流程。不要迫使这些更具有创造力和实验性的项目通过传统的产品导向的门径管理体系：迫使会对项目产生很大的伤害，导致不必要的文案工作和报告，使项目负责人灰心失望，并很有可能淘汰一个很棒的项目！

将技术转移到业务：巨大挑战之一是将技术从企业实验室（或者基础或技术研究完成的实验室）转移到业务单元，最终实现技术的商业化。这种转移如图 5.5 所示。正如一位高管所说："这些并不是顺畅的交接。它更像将球扔过墙，或更经常只是'把球扔掉'。"将一个企业技术项目空投到业务单元是优秀技术项目的主要杀手。为什么？因为一旦进入业务单元，就没有针对项目的所有权和热情了；技术项目与业务当前优先级不一致；没有交接新项目的流程和机制，并且在业务部门中也没有人将工作继续下去。因此另一个潜在的重要的项目和产品就这么简单地死去了！

来自公司中成功处理过这项挑战的人的建议：

（1）如图 5.5 所示，将转移流程清晰地勾画出来，将技术开发流程与业务存在关口或新产品体系连接起来（检查业务真正具有高效的从创意到上市的体系！）。

（2）确保业务单元的把关者存在图 5.5 中的技术开发关口。这会提升业务单元的关键人员对于技术项目的支持。甚至在转移前，努力获取关键业务人员对于技术项目的某些资源的承诺，如同图 5.5 中的阶段 2。业务人员可以构建实验性的商业论证或做初步的市场分析，并且最重要的是，业务单元就将会"有利益在其中"了。

（3）如图 5.5 下方所示，将最终的应用路径关口与业务单元关口体系中的关口 1、关口 2、关口 3 合并在一起。

（4）确保用于技术开发流程中的关口准则与业务单元相匹配，并达成一致。

（5）建立技术开发项目的组合管理，邀请业务单元的关键人员成为组合决策流程的一部分。

（6）当项目在转移时，将工作在技术开发项目的一些人员从企业或技术实验室（技术开发项目完成的地方）转移到业务，也就是说，一些人员随着项目暂时转移。根据大型跨国公司的重要研究成果，转移人员可能是确保新技术开发在业务中扎根的最重要方法。这样的人员转移构建了责任、动力、知识传承、主人翁精神和热情。

5.3.4 风险应急模型

刻板、因循守旧的流程概念是死的。今天快节奏的门径管理体系是灵活可变的，这与刻板谨慎地遵循"规则和程序的书本"相反。门径管理体系是建议的最佳实践、推荐活动和可能的可交付成果的指南。但是，项目团队有很大的自由度来决定执行哪些活动，以及依据什么来做决定。

每个项目都是独特的，并有自己的行动计划。项目团队在每个关口展示其建议的行动计划——明确为了使项目成功而需要采取的最佳行动。在这些关口中，把关者承诺所需的资源，并伴随审批行动计划。不过请注意这是项目团队计划，而不是简单的标准化流程的机械执行！

什么活动也没完成，只是因为它们在一些 SOP 手册的清单上，或者可交付成果准备好了，因为有一个必须完成的模板。

标准的关口体系的最大可能偏离是对每个项目定制化流程的能力——SOP 方法的对立点。在这种新方法中，整个从创意到上市的新产品流程被视为设计用来收集信息，从而减小不确定，并因此管理风险的一系列步骤和活动。因此，针对一个项目的不确定性本质和风险应对决定了该项目所需的行动。不过请注意，信息只有能提高具有经济成果的决策水平（减小项目不确定性或验证假设）的时候才有价值（见图 5.6）。

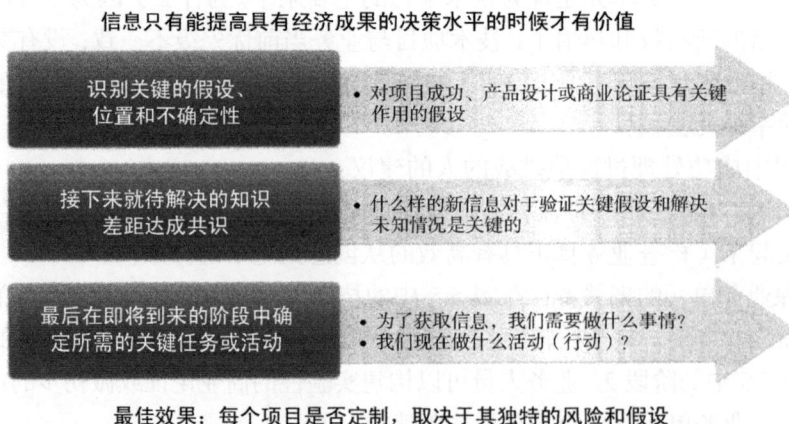

图 5.6　在风险应急模型中，关键的假设和未知确定了待解决的知识差距，以及所需的阶段活动

这样，项目团队从一个空白的画布开始，接下来：

- 识别关键未知情况和不确定性。
- 明确指出关键假设（在具有经济成果的点上具有"关键"意义）。
- 确定验证这些假设需要什么信息。

需要这些信息反过来定义了在下一个项目评审前需要解决的知识差距，并因此确定了在该阶段所需的活动。用这种方法，项目团队勾画出其在下个阶段将要开展的活动或任务集合，并定义针对其自身项目的可交付成果。没有活动完成，只是因为它们在某些 SOP 操作手册上的清单里；或者准备好可交付成果，因为有一个必须完成的模板。

流程是非常灵活和高效的；每个项目都有其自身定制化的行动计划，其中没有包含不增值的工作。不利的一面是，项目团队必须在这方面非常有经验。

案例：康宁公司用空白画布制定并试行了基于项目风险的应急模型（见图 5.7）。关键假设和未知要素在每个阶段都有识别。假定这些关键假设、关键活动定义好："在这里，具有最佳实践的项目团队做了哪些事情，并且在给定其假设和风险的基础上，在你的项目中应用了哪些最佳实践。"所以，关键假设帮助定义项目所需的活动集合。具有经验的团队成员在识别要做什么重要事情、哪些任务重要、要做哪些最佳实践等方面没有问题——不是所有项目都需要做所有的事情。金刚玻璃是这样的团队应用此类方法所开发的产品之一。

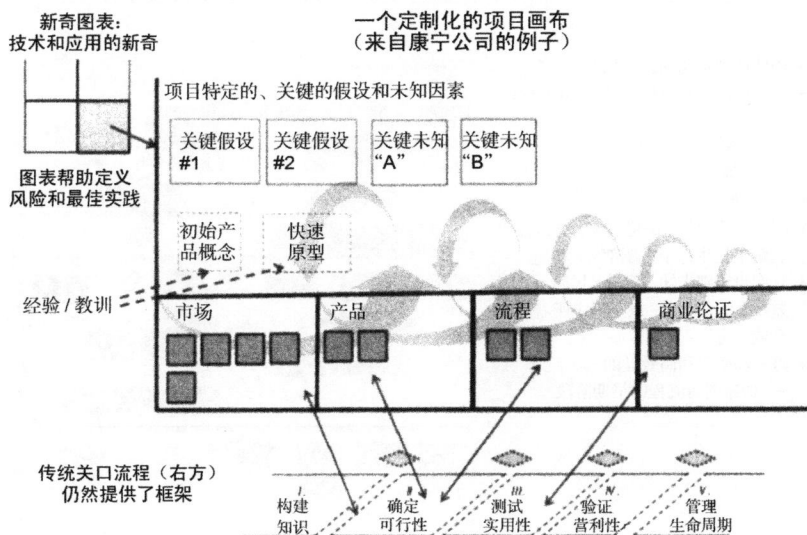

图 5.7　识别关键的假设和未知要素，以帮助确定所需信息和接下来的行动

5.3.5　创新项目画布

一个项目团队如何有效地制订出其项目的行动计划或下一步工作？康宁公司使用"空白画布"（它实际上不是像图 5.7 中一样空白的，有标题作为指引）。不过公司规定仅有 20%

的项目使用这个新模型——最大、更重要及更加激进的项目。进一步来讲，管理层会注明"这些是非常聪明的人的"。

但是"普通项目"和"普通人"怎么办呢？创新项目画布是经验不太丰富的团队可能需要的空画布流程，这个流程能够提供更多的指南，如图 5.8 所示。当项目团队开会制订行动计划时，团队成员在画布上使用便利贴列出多个领域的项目假设。画布的主题领域包括：

- 客户：谁是产品的目标客户（客户细分）？
- 客户需要：什么是标准需求，以及什么是重要的未解决问题或未满足的愿望？
- 市场趋势：未来什么样的发展前景能影响产品的需求？
- 竞争：谁是最重要的竞争者（以及他们的解决方案和市场定位是什么）？
- 价值主张：我们将提供什么，以及为什么对客户和用户有吸引力？
- 解决方案：应考虑什么样的解决方案？
- 商业模型：我们从这个项目中如何获得针对公司的价值？
- 挑战和风险：什么会严重危害项目的成功？（我们也可以列举出对项目成功的重要假设，如图 5.7 中康宁公司在画布模型所做的那样。）
- 重要的未知：我们必须解决什么知识差距？
- 优先级问题：什么任务应给予高优先级，从而减少未知，并且提升成功概率？
- 关键活动：下一步是什么（由谁来做、完成时间、所需资源）？

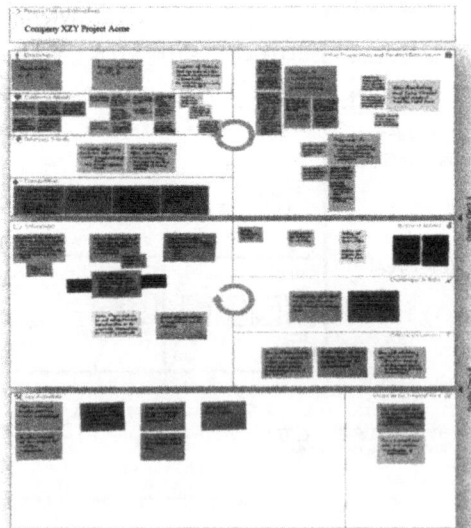

图 5.8　创新项目画布是帮助项目团队制订下一步行动计划的工具

当他们试图在便利贴上列出对产品、市场和竞争对手所了解的信息后，团队能快速看到哪些条目是基于事实的，哪些实际上是未验证的假设或高度不确定的或纯粹的猜想。这些认知反过来会引发关于必须解决哪些知识差距的讨论，以及最终导出优先级的问题和所需关键活动。制订出项目的行动计划是非常符合逻辑和具有实践性的方法。在图 5.8 的例子中，使用不同颜色的便利贴来代表不同的市场细分；不同颜色也可以表示不同程度的不确定性和未知情况。这个团队流程通常是引导式的。

> **建议**：与严格依赖每阶段的"行动标准列表"或标准操作规程，从而产生可交付成果的标准清单的做法相反，尝试让项目团队制订出自己的行动计划，尤其是对于"标准模型"不能很好奏效的、更具有创新性的项目。使用基于风险的应急方法（见图 5.6 和图 5.7），团队从中识别关键的未知、假设和风险，定义必须解决的知识差距，以及最后继续制订他们的行动计划。在制订行动计划时尝试创新项目画布，这个工具能给团队提供更多的指导。好处是这个定制化计划可能更适合特定的项目；在"标准清单"中但不增值的任务会被删除并且这是项目团队计划——成员对于该计划有更多的承诺。

5.3.6　通过/淘汰决策的灵活准则

大部分关口流程过度依赖财务准则来进行通过/淘汰决策。基于背景的模型扩展，需要重新思考对于这些通过/淘汰决策的投资准则。研究证据表明，财务准则并不能产生最佳组合，这不是因为财务模型逻辑上是错误的，只是因为缺乏可靠的数据。简言之，商业论证是错误的，对最具创新性的项目尤其如此，因为项目通常是按照财务量级来排序的。

进取的公司因此采用更灵活的通过/淘汰关口准则。这种灵活性对于技术开发项目来说是最重要的，这些项目必须更加依赖战略准则，而不是财务准则，因为通常较难预测技术的长期经济影响。埃克森化学公司是最早针对基于研发产品开发门径管理体系的公司之一，该公司选择非财务准则（如战略一致性、竞争优势和市场潜力）作为通过/淘汰准则，而不是使用传统的盈利指标。

同样，对于高度创新的项目来说，财务预测很可能是非常不可靠的，其建议的模型使用包括战略、竞争性、影响力和财务准则等综合的平衡计分卡法。当遇到所面临情况更加模糊和不确定的新产品项目时，平衡计分卡有助于给出更好的决策；会采用更合理的方法来更有效地处理项目风险，如期权定价理论、蒙特卡洛模拟，以及期望商业价值（我们将在第 8 章深入介绍这些对于更具有创新性和更加不确定的项目来说，更有用的、不同的通过/淘汰技术和排序技术）。

最后，关口及其通过/淘汰决策不再是独立的。门径管理体系在组合管理在 20 世纪 90 年代流行前就已经开发出来了。如今，领先公司已成功地将关口与组合管理结合起来。组合管理日益重要，是因为在公司组合的发展中越来越侧重考虑项目组合及其平衡，特别是因为公司更倾向小型、低风险的项目，而远离大型、冒险的项目的趋势（回顾第 1 章的图 1.1）。关口实时存在，并深度关注个体项目；在关口中，有问题的项目在仔细审查后被淘汰。相反，组合评审定期举行（通常一年四次），并且关注整个开发项目集合——检查项目的组合、平衡和优先级排序。更多关于组合管理的内容见第 8 章。

5.4　敏捷的流程

新一代从创意到上市体系的目标是创造更敏捷和灵活的流程：敏捷–门径管理体系！敏捷开发（此后称为"敏捷"）是基于敏捷宣言的一套敏捷开发方法，设计用来提升团队合作、协作和流程适应性。敏捷的两个关键原则：

- 可工作软件频繁地交付（在数周内而不是在数月内交付）。
- 可工作软件是进度的主要测量方式。

> 众多公司已经将敏捷宣言的关键要素整合进它们的门径管理流程中。

在软件世界里，敏捷将开发流程分解为具有最小计划的小型增量。这些增量称为"冲刺"，是具有时间盒特性的，被限定于非常短的时间框内，通常为 1～4 周。每个短冲刺由一个冲刺规划会议来启动，并以一个冲刺评审来结束。在冲刺的每天中，团队在早晨的"每日站会"或"每日敏捷"上快速会面，来规划这一天的工作（Scrum 源于橄榄球——虽然某种程度上更加偏向身体运动，但 Scrum 与美国的足球抱团很像；竹内弘高和野中郁次郎在这个背景中介绍 Scrum 这个词）。在每个冲刺结束的时候，开发团队必须交付可工作产品或产品特性——可执行的软件代码。可能需要多个迭代或冲刺来上市一个产品或新的特性。

最近，敏捷已经开始引起实体产品开发者的浓厚兴趣，如霍尼韦尔、乐高、丹佛斯及利乐包装这样的公司。在制造型企业中，敏捷首先由 IT 部门或软件开发是硬件项目的重要部分（例如，电信系统）的研发部门所采用。这些初期项目的成果，鼓励正工作于硬件或实体产品开发的研发部门尝试敏捷，并且根据它们的需求来修改方法。

实体产品开发与软件开发有很大的不同。首先，软件开发几乎可以无限划分。一个包括上百万行代码的开发软件可以分解成 100 个大约 10 000 行代码的增量，每个增量生成一个工作特性。不过一台新机器、一种新食品或者一个高分子聚合物的开发不能用这种方法来分解成增量，因此短期时间盒式冲刺的概念和在每个冲刺结束的时候能交付成果的做法不能很好地应用。

尽管有这些差异，领先公司已经将敏捷宣言的关键要素整合进它们的门径管理体系中，并创造了敏捷–门径管理混合模型（见图 6.3）。它们已经构建了可交付成果是能展示的实体成果的时间盒冲刺：侧重点是成果，而不是文档。在每个"完成冲刺"的结束时，实际成果（例如，一个验证的可工作模型或设计图纸）会基于该冲刺的规划来进行检查。

案例： *张伯伦——一家大型的美国电机控制设备（如家庭车库遥控器）制造商，正在日益进入远程控制设备领域。举例来说，通过智能手机的连接来控制汽车道大门、照明设备，甚至前门锁。因此，越来越大比例的新产品项目包括软件开发。不足为奇，硬件和软件开发者的持续冲突产生了：门径管理还是敏捷？*

作为回应，公司新产品开发的副总裁理查德·彼得森引入了门径管理体系中的敏捷理

念，将两个概念整合起来，从而提升所有部门和所有项目类型的开发成果。"我们开发了一套需要严格的门径管理流程和持续端到端评估的改良的敏捷方法。"公司针对门径管理阶段中的实体产品开发和 IT 开发都使用敏捷冲刺和 Scrum。敏捷在门径管理流程的开发和测试中尤其要采用。敏捷教练监督大约 20 分钟的每日站会；公司也将设计审查构建进一些敏捷流程中，甚至引入同行和组织外部的人来进行同行评审。冲刺的时长大约为两周。对于该公司的远程控制设备来说，通常不可能每两周就产生一个潜在的可上市产品，不过项目团队必须在冲刺结束的时候展示在冲刺启动的时候就定义好的实体产品成果中；这是该冲刺完成任务的结果，而不仅仅是一组幻灯片。例如，冲刺的结果可能是一套完成的设计图纸或原型，或产品的早期工作模型。

在张伯伦公司的体系中，每个项目都有专职的项目团队成员。专职团队对每个项目并不都可行，因此公司只对更大型、有重大收入的项目使用这个敏捷-门径管理方法——大约是开发管道中 20% 的项目。

张伯伦公司在所有的重大新产品项目中采用这套混合流程有大约四年了。根据高层管理的反馈，这套流程很有效，并且缩短了周期时间。同时，开发团队之间也有更好的沟通，有更为强化的社区意识。业务转化负责人大卫·舒达描述了一个开发自动开门装置的复杂项目。"我不知道如果没有敏捷-门径管理方法，我们如何将这个项目完成。"他继续说，"我们达成了产品市场反馈 50% 的削减，这是很难实现的。"舒达预估"新产品项目中有 20%~30% 的周期时间，因为目前项目中的'返工'大大减少"。生产力也提高了："只要你能减少周期时间，就会有工作的削减！"

张伯伦公司也遇到了一些挑战。项目负责人和团队倾向于聚焦冲刺——接下来的数周和该冲刺的目标，因此团队迷失了最终目标。高层管理者目前与混合团队定期会面（比仅在关口处会面更加频繁），从而确保考虑长期的愿景，使得最终目标清晰。这个问题得以解决。

另外，高层领导最初有点怀疑新的 Scrum 体系。因此，他们不用敏捷的语言说话，公司也没有改变用于业务上的新产品开发语言。同时，关口仍然保留公司关口体系的原有风貌：检查先前阶段的可交付成果，做出通过/淘汰决策，从而推进到下一阶段。变化发生在项目团队层级——开发和测试阶段应用多个冲刺，项目经理（项目负责人）面临不小的压力，学习如何促成敏捷流程及如何成为敏捷教练。

这个方法是高度资源集中的：项目团队 100% 供职于项目，高层管理者忙于多个冲刺评审。如果重要的假设没有被验证，项目会在任何里程碑处被淘汰或重新定向，不会等到下一个关口的通过/淘汰决策。

将敏捷与门径管理整合：敏捷-门径管理混合模型

采用敏捷方法并不意味着抛弃门径管理体系。实际上，如同丹尼尔·卡尔斯特罗姆和珀·鲁内森在他们的应用敏捷和关口体系的高科技公司的案例研究中所说，门径管理框架能给敏捷开发流程提供重要支持："软件开发项目不是孤立的活动。它们通常以子项目的方式存在于包含硬件开发、营销、生产规划等的环境中，这些必须进行同步管理和协调……

门径管理体系不仅给予项目内沟通的支持，也给赞助项目或获取项目成果的决策者提供支持。"同样，巴里·贝母和理查德·特纳通过讨论计划驱动的软件开发方法和敏捷方法的差别，推断出将来的项目需要敏捷与纪律的结合，这可以通过将敏捷的开发方法包含于关口模型中来达到。

> 采用敏捷并不意味着抛弃门径管理体系。实际上，门径管理框架可以给敏捷开发提供重要的支持。

很多公司正自己得出这个结论。康宁公司甚至对于这些敏捷项目仍然应用门径管理框架。"企业创新效率"公司的前总监布鲁斯·科克曾说："当应用门径管理体系超过 20 年后，人们对它非常熟悉。它是一个横跨营销、生产和研发的共通参考点和良好的沟通工具。"通信设备（硬件和软件）制造商爱立信也把敏捷方法和门径管理体系整合起来，在整个开发和测试阶段都依赖有实体可交付成果的时间盒式迭代。敏捷–门径管理混合模型的更多细节在下一个章节中有论述：结果、挑战、解决方案和示例。

5.5　加速的流程

新一代从创意到上市体系的第三个目标是加速项目。通常采取简单的步骤，如通过著名的价值流分析的"精益方法"来消除时间浪费和障碍，大幅缩减上市时间。许多公司正采用一系列方法来加速开发项目，这些方法包括重叠的阶段和并行的活动、全职团队分配给合理资源的项目、清晰化模糊前端的工作，以及支持项目管理的自动化系统，等等。

5.5.1　重叠的阶段和并行的活动

加速项目的重要方式是同步或并行执行。在这里，关键活动甚至整个阶段相互重叠，当信息可靠和稳定时，允许项目向前推进；也就是说，不要等待完美的信息（见图 5.9）。项目团队可以通过并行而不是串行地执行活动来将活动向前推进。规则是这样的：当信息可靠和稳定时，向前推进（换句话说，不要等待从前一个任务中得到完整的信息再来启动下一个任务）。用这种方式，项目可以被加速——一种具有多个并行活动的橄榄球方式，而不是活动以非常慢的节奏顺序开展的接力赛方式。在某些情况下，甚至可以接受将活动从一个阶段推进到另一个早期的阶段，实际上就是将阶段重叠：在前一阶段完成前启动下一个阶段，像图 4.1 下方所显示的康宁模型那样。

请注意图 5.9 中时间得到了节省。上面的图是传统模型（18.8 个月上市），通过阶段内活动重叠（中间的图表），时间缩减了 3 个月。通过阶段重叠（阶段 4 和阶段 3，以及阶段 5 和阶段 4）时间缩减了 5 个月。

> 门径管理体系必须是敏捷、可适应、灵活的。伴随着推进活动前进的迭代—重叠的阶段和活动（并行活动），是执行该体系的方法。

116

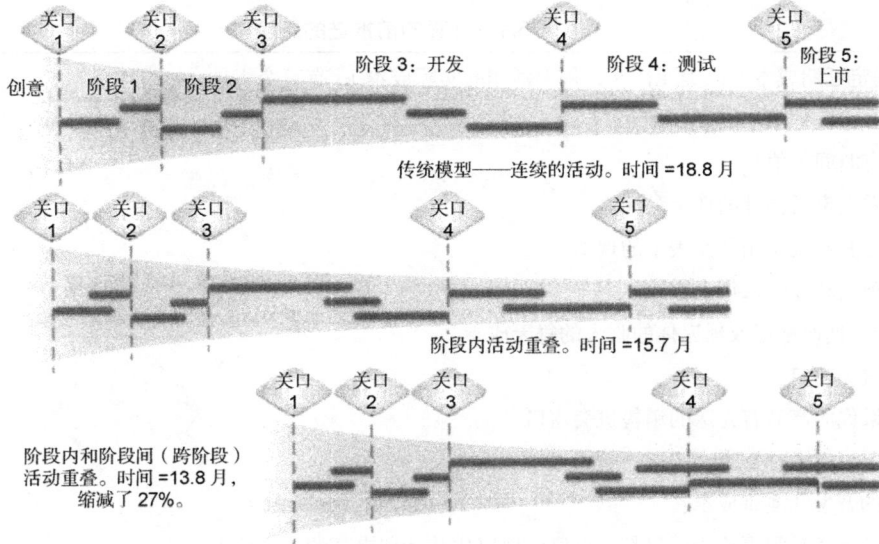

图 5.9　阶段内活动重叠，甚至阶段间活动重叠（阶段重叠），节省时间但增加风险

案例：丰田一直以来都使用这种方法；在公司开发流程的规则是同步流程，为的是同时执行。也就是说，每个随后的功能将来自前期功能的稳定、可用的信息（当信息可用时）的效用最大化。开发团队必须利用那些不可能变化的部分数据来尽其所能。每个功能的流程设计用来同步推进，并围绕可用、稳定的数据来构建。

并行工程已经存在一段时间了，但缺少较好的实践。将横跨多个职能的活动并行，目的是加速新产品流程。什么时候推进活动前行部分取决于可用信息的质量。项目团队所拥有的信息应该基于以下条目来判断：

- 可靠性——信息是基于事实还是基于传闻、推断和观点？
- 稳定性——信息可能改变，或随着时间推移相对不变？

提示：正如丰田的精益开发原则所提出的，只使用那些不太会改变的数据。使用早期和不稳定的数据来工作会造成大量的浪费：你认为在节省时间，但实际上比传统的线性流程花费了更长的时间。因此，审查可用的数据（例如，设计需求），注意哪些是基于事实的和坚实的信息，而哪些是推断性的和不稳定的。

同步执行通常会给项目增加风险。例如，在外场测试完成前购买生产设备的决策，避免了很长的顺序前置时间，可能是同步执行的良好应用。不过其中也有风险——在专属生产设备购买后项目可能被取消或方向改变。重叠活动和阶段的决策是能计算的风险，也就是说，延期的成本必须与做错的成本与概率相权衡（见表 5.1）。

建议：如图 5.9 所示，看一下你的典型重大项目，看一下通过转向并行流程能节省多少时间。重叠活动，甚至重叠阶段。不过其中有风险，因此要计算风险，判断推进活动和阶段是否有意义。表 5.1 提供了指南。

表5.1　计算向前推进的风险

首先，确定延期成本（以美元计算，每天延期的实际成本）。有五个组件：

1. 延期收入流的成本：
   - 钱有时间价值！
   - 查看上市后预计的现金利润流。
   - 确定其现值（用美元表示的现值）。
   - 将现值和你的每年资本成本率（%）相乘，再除以 365 天。

这是由于延期而推迟或延迟你的收入的每天成本。

2. 失去机会窗口：
   - 如果你的产品有先定的销售机会窗口。
   - 确定这些损失销售的成本（基于每天）。

3. 额外的开发和测试成本：
   - 任何持续时间更长的项目都不可避免地以比其计划更高的成本结束。
   - 预估项目比计划更长的"徘徊不前"的每天边际成本（这个边际成本比每天的研发完全成本要少，但大于零）。

4. 失去竞争优势：
   - 在快速推进和竞争激烈的市场，成为先行者很重要。
   - 这是一个预估——失去市场份额的影响。

5. 其他成本，例如：
   - 对于关键客户，交付延期的成本（有时会有合同惩罚条款，而且也一定会有其他隐性成本）。
   - 合作伙伴的产品延期上市的成本。

将上述 1～5 项加起来，当你确定向前推进是否有意义时，在你的计算中使用延期的每天成本（美元）。以加速的方式向前推进是可计算的风险，因此要计算风险！

延期成本=节省的天数×延期的每天成本

对比

错误成本×错误概率

错误成本通常可以确定。例如，不得不取消一个关于生产设备的订单或报废一些营销和上市材料的开发。如果延期成本大大超过错误成本和概率，向前推进！将冗长的前置时间项目提前！

5.5.2　精益简化流程

许多公司所接受的敏捷开发的另一方面是让系统更加精益和灵活的动力。官僚的定义是"不增值的工作"，将你的从创意到上市体系中的这些工作消除，以与另一个敏捷原则一致："简单——将未完成工作的数量最大化的艺术是重要的。"这里有一些典型的问题：
- 要求大量不增值的工作：一些公司的流程将所有可能的活动构建进每个阶段，每个阶段的所需任务和活动的冗长清单就是结果。许多门径管理流程随着时间的推移，越来越多的无价值工作加入系统中，变得非常笨重。

- 可交付成果过犹不及：许多公司的新产品流程深受每个关口提交给把关者太多信息的困扰——冗长的报告和 PPT 呈现。项目团队叫喊"太官僚了，为了关口有太多工作要准备"，而把关者抱怨他们必须费力地处理很厚的材料，大多数与决策无关。以下多个因素导致了可交付成果过犹不及：

  — 因为项目团队不确定需要什么信息，他们过度交付——他们准备了一份过度详尽的报告，并且为了做这件事情，他们把自己变得无坚不摧。所需要的是更好地了解项目团队和把关者之间关于每个关口需要什么信息：双方的期望必须清晰约定。

  — 错误也可能是公司关口体系本身的设计问题。体系通常包括针对每个关口不管怎样都必须填写的精心设计的模板；有些专家提到模板可以做到思维提醒，并且鼓励不必要的工作；其他人则辩称模板在任何流程中都是有用的指南，帮助结构化数据。不管怎样，过度详细的模板、满页要填写的字段会导致可交付成果过犹不及。

尽管关口体系所要求的有些信息可能是有趣的，但通常大量的信息与关口决策无关。市场研究如何完成的详细解释，或者新分子长什么样子的概述，对于决策毫无价值。将可交付成果及其模板限定在做关口决策所需的信息方面。以下是一些示例：

- 强生公司修订了其从创意到上市流程来消除官僚——不增值的工作，使用的是精益六西格玛方法。在公司的爱惜康手术部门，曾经要花费数周准备的 30 ~ 90 页的商业论证，现如今缩减到 4 页，减少了大量的工作。

- 宝洁的 SIMPL 流程，伴随着公司转向更加精益的关口也同样进行了裁剪，将可交付成果包的数量消减到只有 6 页。在普莱克斯公司，流程经理使用精益方法（价值流分析）来观察问题和时间浪费在什么地方。举个例子，研发工作的化学反应器针对任务进行典型设计，而不是为了转型。但是要花费 3 天来做这项任务，接下来需要 21 天来为下一项任务做反应器的转型。一个设计为了转型和任务两个方面的反应器消除了开发阶段大量的时间浪费。

把官僚与有用的工作相混淆？在实施中的任何系统都需要某些工作，并且实际上门径管理体系对项目团队、负责人和把关者都有确定的要求。例如，期望项目团队达到明确的标准，这个标准要考虑前端作业及获取项目的事实，这些对于习惯于无中生有产生数字的人来说可能是有挑战的。同样，关口也需要一些工作，并且要代表把关者和项目团队两方的要求，这对一个习惯于进行随意或直觉决策，或一个人说了算的关口会议的公司来说尤其如此。

所有这些要求对门径管理体系的新手来说，可能看起来像额外的工作。提出的争论点是"所有这些额外工作都是官僚的——我们可以忽略这些任务，并且节省我们大量的时间和金钱"。如果没有以下证明，这个争论点是令人信服的：额外的工作值得付出工作量，并且以从长期来讲提升的成功概率、更大的项目利润和更短的上市时间等好处数倍回报于工作量本身。关键点是必须十分小心不要将消除官僚（定义为做不增值的工作）与知识懒惰或草率的执行（忽略能增加大量价值的关键任务，不过要花更多的时间和工作量将任务做对）混淆。许多项目团队和公司都有后者的错误。

5.5.3 使用"精益技术"来消除浪费

优秀的公司已经研发它们新一代门径管理的精益流程，在每个机会中消除浪费和低效。它们借用了精益生产中的价值流分析的概念，并将其应用到从创意到上市的新产品流程中。

价值流是以最大化客户价值为目标的所有流程步骤的简单连接。在产品开发中，价值流代表与新产品或服务创造相关的所有价值增值活动和价值非增值活动连接，被称为价值流程图的工具，用来识别和记录产品创新中的价值流，对识别增值活动和非增值活动都很重要。因此是完善你的从创意到上市流程的重要工具。

当采用价值流分析时，任务小组针对业务的典型开发项目创造价值流程图——使你当前从创意到上市流程的方法真正工作（一个简略的例子见图 5.10）。典型项目中的所有阶段、决策点和关键活动都得以制定，并带有每项表明的活动和决策的典型时间。在墙上使用长卷纸和大的便利贴来显示流程中的关键活动和决策点。通常，在实施这个流程图时，在流程应该工作的方式和真实工作的方式之间有着显而易见的差异。

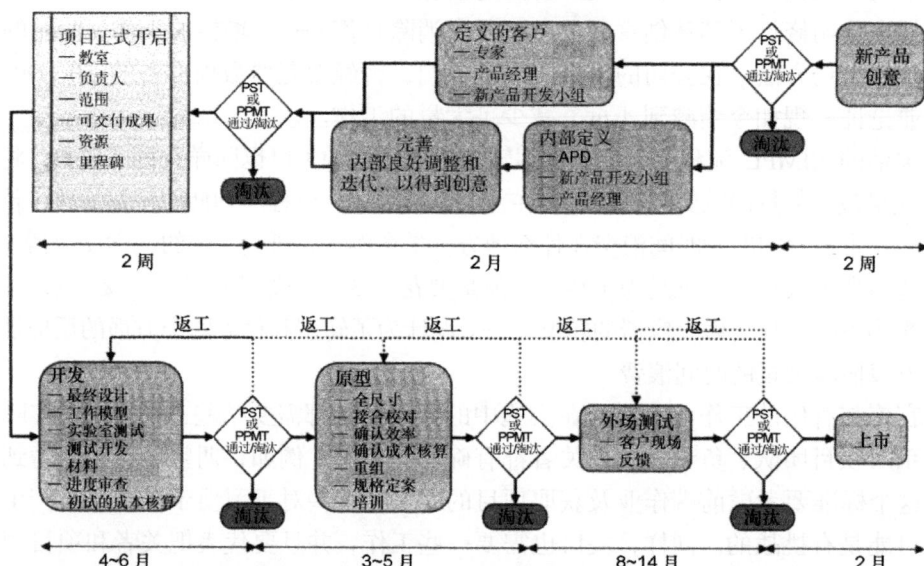

来自流程设备制造商的价值流程图，有隐藏和缩减。流程图在一张十米长的纸上绘制，不过缩减显示在这里。
完成每项任务的时间有标注，同时有循环和返工（流程的缺陷也在原图中有标注，但在这里没有显示）

图 5.10 构建你的从创意到上市流程的"价值流程图"，以及考虑消除浪费

一旦价值流制定出来，任务小组就进一步审视并剖析流程，慎重地评估流程中的每个步骤和活动，并提出四个重要问题：

（1）这个步骤、阶段或活动中完成了什么工作？
（2）我们执行活动有多出色？通常花多长时间？

（3）这个步骤或活动真正需要吗？

（4）如果是，如何做得更好？如何做得更快？

所有程序、所需可交付成果、文件和模板、委员会和决策流程都需要检查，寻找时间浪费点。一旦发现了问题、时间浪费点和非增值活动，任务小组接下来就致力于消除它们。这样的有纪律的方法始终如一地发现系统中的非增值工作，修改系统能采取的步骤就是消除非增值工作。

案例：阿珂姆公司（化名）是一家造纸公司，开发造纸机的重要组件。（造纸机是庞大的超过 100 万美元的持续造纸的机器，占有飞机机库那么大的空间。）图 5.10 中的价值流程图是该公司的缩略图。

图 5.10 所示的流程中的一个麻烦的方面是以外场测试为中心：在一台真实的造纸机上从事外场测试会花费 8～14 个月；通常测试不会一次成功，所以必须重复进行。外场测试因此可能给项目增加数月，甚至数年的时间！

任务小组执行根本原因分析，揭示出以下原因：外场测试在客户工厂完成——造纸厂，因此阿珂姆必须等到客户工作的排程结束。外场测试对客户来说是很昂贵的，因此他们某种程度上不愿意总是做外场测试。对客户来说没有真正的激励因素为阿珂姆公司做外场测试。更深刻的洞见是：频繁的返工会拖慢项目，并给客户增加成本，主要是因为缺乏用户需求和应用的了解，或解决方案中的严重技术缺陷。

额外的分析揭示主要的竞争对手没有同样的问题，因为他们在公司内部试运行的工厂造纸机进行初始的外场测试。试点机器很好地模仿了完整的造纸机，因此减小了外场测试对客户的风险：实验产品在试点机器上几乎可以验证，因此返工可以大部分消除，竞争对手在实施一个完整的客户外场测试前将产品搞好。

接下来任务小组努力工作，目的是找到定义问题的解决方案。这里有作为该价值流和根本原因分析结果的解决方案，而这个价值流和根本原因是任务小组所提出和实施的。

- 获得试点工厂的造纸机：任务小组调查该选项，并且找到几个可用的试点机器。例如，几个大学里面的机构有这样的机器，并且可用相应的费用来获得。

- 更好的前置作业和客户声音工作：由首席营销官来赞助的客户声音的任务小组建立起来了，从而探究如何来做这项工作。客户声音的方法得以调研，并有一些方法得到了推荐。客户声音成为他们从创意到上市流程中的必需步骤：投入时间和行动来确定需要、应用需求、操作条件、客户利益的诉求等。

- 针对客户更多的激励：项目团队被指导去寻求对客户的使用价值有更好的了解（更好的客户声音和前端工作的结果）。进一步来说，针对客户的激励得以内建（例如，关于产品使用的独特程度）。

- 关于新产品项目的更多选择权：管理层设置了一些更为严格的关口和政策："不要做每个客户的要求，只做那些对客户有可展示、可见利益的项目，以及有强烈合作动机的项目。"

- 技术问题：公司的技术技能问题在世界上排名第一。但对于客户问题、利益诉求和操作条件的更好理解会帮助聚焦于研发工作。

这五项行动事项得以实施。它们戏剧性地减少了外场测试的问题，并且极大地加速了创新流程——另一个价值流分析的成功！

> **建议**：*消除浪费、官僚和超重行李！如果它不增加价值，消减它。借用包括价值流分析在内的精益制造领域的方法，来识别不增值活动，并且使用根本原因分析来纠正你的流程中有问题的步骤和任务。*

5.5.4 配有合理专职团队资源的项目

新产品快速交付的重大障碍之一是缺乏聚焦和资源不足：资源分配给太多项目和其他工作，分布过于稀疏。我们在第 3 章中看到缺乏聚焦和资源不足是业务的新产品开发工作的排名第一的弱点，图 3.7 和图 3.8 揭示了缺陷的规模。

> *如果你想要快速上市，就要聚焦——配备给项目合理的资源。*

如果你想快速上市，那就要聚焦——配备给项目合理的资源。完全专注的团队是最大化上市速度的必需条件，对于重要和大胆的项目来说尤其如此。标杆研究显示，最佳表现的创新公司比其他公司更加聚焦，不会将资源过于稀疏地分配给太多开发项目。它们也有产品创新的专职资源：一半顶级公司有专职的产品开发团队（项目团队成员不会工作于许多其他工作），并且超过一半的公司有完全专注的产品创新小组，全职致力于新产品开发（见图 3.7 和图 3.8）。上面介绍的敏捷方法明确要求，开发团队必须 100%专注于项目，甚至要集中办公（在同一个房间）!

> **建议**：*如果快速上市是目标的话，你不能躲避充足资源的问题。首先，获取你的新产品资源情况的事实：执行第 3 章所描述的资源能力分析。解决两个问题：*
>
> *（1）根据所提议的时间或上市日期，你有足够的资源（在项目团队中）来执行开发管道中的项目吗？*
>
> *（2）你有足够的资源来执行正确的项目，从而达成业务新产品开发的目标吗（例如，新产品的年销售目标）？*

一旦你有了事实依据，接下来就要制订解决方案了：就像上面案例提到的，可能要精选出 20%的"高优先级项目"，并配备专注的资源；或者可能开展艰难的裁剪练习，并消除掉给公司提供最小价值的边缘项目，这样可以释放出稀缺资源给更加值得的项目；或者只是将必要的资源保证到位——一个全职的创新团队，或只是新成员和技能的增加。

5.5.5 使模糊前端清晰化

更加深思熟虑的范围界定（为了期待挑战而预先更好的前端作业，以及使得项目获取正确的新技术）能够节省下游时间。一个更清晰、更早的项目需要和解决方案的定义，能帮助引导下游决策，并澄清假设和风险。

案例：宝洁解决了它们敏捷创新管理（Agile Innovation Management, AIM）体系中的设计问题，开始构建项目领导的能力，并将体系的敏捷度提升到更高的层级。AIM 迫使对项目范围确定的非常深思熟虑的聚焦，重点关注 SIMPL 流程前端，并使模糊前端更少模糊性。这个范围确定是通过在项目推进前必须清晰回答的一系列问题来完成的：

- 什么是项目风险？什么是成功的真正需求？
- 你想要什么及何时要？
- 什么是可能的及何时？
- 你需要发明吗？

如果一直到最后的问题都为"是"的话，项目就进入宝洁的技术开发体系前端创新，如门径管理–技术开发）。

5.5.6　软件支撑的自动化系统

加速项目的一个日益普遍的做法是在门径管理体系和新产品开发的支持下，使用自动化软件。自动化有多个好处。花更少的时间完成阶段活动和可交付成果，并且与流程执行相关的行政负担减轻了。例如，项目团队成员能更容易地创造关口可交付成果、搜索文件，并且当他们能接触到嵌入的模板和最佳实践时，能执行其他日常任务。有些系统用记录在系统中的项目信息为关键的可交付成果提前填充好模板（如状态报告、演示文件和资源图）。这样，先前要花费几小时或几天来准备的文件能在几分钟内完成。

模板进一步可作为项目团队成员在完成任务时可以遵循的如何做的参考，帮助确认关键的流程步骤。自动化也可以帮助提供给项目负责人以格式化的模型来创建新项目，包括每个阶段和关口以及相应可交付成果清单的定义。这样的预格式化模型同样帮助确认流程执行中的一致性。

高层管理者和项目负责人获取所需的信息：他们可以看到一个特定的项目如何向前推进，或者得到整个项目组合的视角。仪表盘的任何数字和视图都可以提供管理层和项目负责人想要的信息类型。

最后，这样的软件工具对产品开发的许多方面都有着积极的贡献，包括资源管理、组合管理、创意管理、产品路线图及其他，所有这些都帮助提升创新流程的效率和效益。

5.6　将新方法整合到新一代从创意到上市体系中

本章已经提供了众多领先公司为了重塑其门径管理体系正在做的事情的深刻见解，并且在某些情况下已经超出于此。整合这些不同的完善和改进措施，有些是演进式的，如快速跟进版本；有些是革命性的，如基于风险的应急模型和敏捷–门径管理混合模型，产生了新一代从创意到上市体系的框架。如同图 5.11 至图 5.14 所总结的，这个新的框架与传统的门径管理开发在背景、系统设计、关口角色及项目团队组织等方面形成对比。

> 据我所知，没有哪家公司已经实施新一代体系的全部要素，但是有些公司已经开始接近了。

	传统的门径管理体系	新一代门径管理体系
情境	成熟的市场 熟知的市场、客户和需要 熟知的技术 较少的市场或技术不确定和风险	
项目类型	在已有产品线，产品完善、改正和革新中的新项目	创新：更大、更冒险的项目
实例	惠普喷墨打印机的新模型	苹果的 iPod
客户需要	随着时间推进，保持熟知和稳定	一些已知，一些不清晰。许多未解决的问题和未满足的需要
市场规模	大型的和明确的；可能是成熟的、平滑的或其至下滑的	市场是已有的，不一定要大型的，但增长迅速；潜在市场很大；在产品生命周期的"增长阶段"
竞争性	红海；众多有能力的竞争对手；同质化的产品，其至商品	某些早期的竞争对手，仍然可能没有正确或主导的解决方案
技术成熟度	成熟的、熟知的、公司内部的	更新的技术，不过大部分是已有的。对公司来说，技术可能是新的，但也是熟悉的
技术风险	更少的风险；技术障碍可以很容易地克服。已经可以展望解决方案	某些风险和技术的障碍；障碍有可能克服。技术解决方案大部分可以展望

图 5.11　背景或情境——传统的门径管理体系和新一代门径管理体系

	传统的门径管理体系	新一代门径管理体系
从创意到上市体系	良好定义的传统门径管理流程（见图4.11） 一定程度上可重复和可预测的活动 阶段按照线性方式展开 活动在每个阶段都有明确规定，如同 SOP 手册一样 标准的关口可交付成果，预先明确规定 清晰的通过/淘汰决策，大部分是与财务相关的 严格的关口评审 对照计划监督项目	敏捷的、具有适应性的和灵活的、加速的门径管理体系 阶段划分为快速、短小时间盒的冲刺 快速和敏捷地推进，冲刺接着冲刺 包含频繁的"设计—构建—测试"迭代 重叠的阶段。精益，消除所有浪费 定制裁剪的行动计划——创新项目计划 基于风险的应急方法
产品定义	前期详细规范（>90%明确规定） 基于良好了解的客户需求和定义的技术解决方案	前期部分确定（开发前 40% ~ 70%明确规定） 通过循环来更新——关于设计和变更或新客户需要的反馈
理解市场和客户	使用传统的市场研究，包括现场考察和人种学的客户声音 确定需求、需要、欲望和问题	创建与代表市场的真实客户一起工作的机制 确定需要、问题和潜在市场的早期的客户声音 接下来通过快速原型、原型概念、早期贝塔版本等与用户一起迭代
构建正确的技术解决方案	遵循通过增加客户增值特性的主导设计方案（可视化改进） 强调流程和聚焦成本的创新（降本）	通过针对客户的早期和快速原型、原型概念和贝塔产品来定义产品、技术选项和特性 寻求客户关于设计、价值和循环销售量的确认

图 5.12　从创意到上市的方法论——传统的门径管理体系和新一代门径管理体系

	传统的门径管理体系	新一代门径管理体系
通过/淘汰决策	大部分是财务的：净现值、内部回报率、投资回收期 财务风险与回报评估	更加定性和战略性的 基于积分卡，具有非财务和财务准则 用风险投资项目来应对风险和期权
把关者	来自业务单元的高层和中层管理者	来自业务单元的高层和中层管理者。把关者（赞助者）是高层人员——确保充足的资源
重点	关口可交付成果大多数是信息和文档（可能过分重视报告，通常过于大量）	关注结果，而不是文档。能给利益相关者展示可工作的成果（或实体成果）
需要的可交付成果	针对每个关口的良好定义的可交付成果清单（依赖标准的模板）。相当有纪律性	可交付成果模板确实存在，不过只是用作指南 更高的层级、更少的细节，精益简洁
可交付成果如何决定	针对每个项目和关口的相当标准化和宽泛的清单，很像 SOP	团队和把关者识别关键的假设和未知，接下来定义知识差距、任务和可交付成果。项目具体定制的可交付成果
组合管理	大多数通过/淘汰的决策在关口会议时做出。组合评审是一次检查。	关口与组合审查相整合（通过/淘汰在两次审查中都做出）

图 5.13　关口如何工作——传统的门径管理体系和新一代门径管理体系

	传统的门径管理体系	新一代门径管理体系
项目管理	传统的基于计划的方法：甘特图或关键路径计划针对整个阶段进行开发和批准	敏捷项目管理方法：从迭代计划开始，接下来"计划一直在运行" 阶段划分为快速和短小的冲刺
组织架构	以专业化的职能或跨职能项目团队来进行组织	以项目—跨职能项目团队的方式来组织 可以是创业团队 对于大型项目，团队在组织架构外运作，例如，"臭鼬小组"工作方式或场外团队
资源	团队成员在多项目同时工作；项目经常人员不足。时间和资源分配决策在关口处做出	团队是专职的：100%（或高比例的成员时间）专注于项目 正确的资源配备："你需要什么才能将该项目搞定？"
团队架构	平衡的矩阵：指定项目负责人来监督项目。团队成员从职能部门处指派	项目矩阵：指定项目负责人来监督项目，并且针对项目有主要的职责和职权 对资源有掌控力
与职能部门的联系	项目负责人与职能经理分享职责与职权。联合审批和决定方向	职能经理指派所需人员，并且提供给项目技术和营销专家

图 5.14　管理和组织项目——传统的门径管理体系和新一代门径管理体系

　　传统流程很好地适用于已知和传统的产品开发，在许多公司大部分项目都属于这种类型。更新的流程通常为更加创新和冒险的项目而设计，定位于不那么明确的但不断增长的市场，这个市场依赖有一定技术风险的较新技术。

　　新一代体系是具有适应性的、灵活的、敏捷的和加速的，从一个冲刺到另一个冲刺，项目更加快速和敏捷。产品功能频繁地进行实验或循环，伴随着演进的产品在一系列构建—测试—修正的迭代中定期展示给客户。产品定义在开发刚开始的时候距离 100% 的完成遥不可及，但随着客户通过原型概念、快速原型和早期贝塔版本确认产品价值主张而不断演进产品。团队使用敏捷项目管理方法——阶段划分为快速、短小的冲刺，团队计划在一个接着一个的冲刺里一直"在运行中"。

　　阶段和活动相互重叠，像橄榄球方法一样！流程通过基于风险的应急方法针对每个项目进行定制化：从创新项目画布开始，团队识别不确定性和风险，定义关键假设，并且识别和验证关键假设的信息差距和所需活动。

关口仍然是新一代体系的一部分，不过是与组合管理和组合审核相结合的。如果重要的假设没有得到确认（例如），通过/淘汰和优先级决策可以在组合管理和组合审核点上，以及某些冲刺的结尾处的审核（里程碑）点上进行。通过/淘汰指标更少基于财务，而是更强调战略、竞争性和杠杆因素；当指标是财务的时，它们采用更合适的财务模型来说明风险和期权购买。为了加速执行项目，高级管理层更多地参与投资决策流程，乐于承诺所需资源。

从组织角度来讲，新一代体系需要专职的跨职能项目团队，配备能快速推进项目前进的所需资源——针对重要项目配有专职人员，而不是分散于多个项目和其他任务。职能经理成为资源提供者。项目团队可能组织为项目矩阵或创业团队，甚至在公司的官僚体制以外运行（例如，像一个"臭鼬小组"那样工作）。

据我所知，没有哪家公司已经实施在这里描述的新一代体系的每个要素。但是有些公司已经开始接近了。与这些公司高管的讨论戏剧性地揭示了正面成果。

因此可能是时候重新思考你的从创意到上市体系了，借用本章所描述的某些方法，努力打造更具有适应性、更敏捷、更加速的门径管理体系。

第 6 章

敏捷-门径管理体系混合模型

> 所谓智慧，就是适应变化的能力。
>
> ——斯蒂芬·霍金，英国物理学家

6.1 哪个更好：敏捷与门径管理

6.1.1 敏捷与门径管理的比较

我曾经引导过的最白热化的会议之一是在美国一家大型仪器公司的一次软件开发者和硬件开发者之间的会议，该公司的产品既包括硬件组件，也包括软件组件。问题是，对于软件组件的开发，对敏捷开发方法——针对软件项目来设计及门径管理体系——针对硬件项目来设计，这两种方法应该一起来应用还是只能分开应用？更多的是，硬件开发者可以或应该采用敏捷的部分方法，例如，对敏捷开发方法来说，作为其核心的冲刺和 Scrum。换句话说，这两种方法是互补的还是互斥的？敏捷可以与传统的门径管理模型相结合吗？产生的混合模型也能用于实体产品的开发吗？

创建敏捷是应对面向软件开发者的特定问题的。当公司的产品包括硬件和软件时，其相关性是显而易见的，因此两者的开发工作必须进行整合：敏捷-门径管理混合体系既可以应对项目每个组件的特定需求，也可以整合两个工作。进一步来讲，敏捷方法承诺提升上市速度，并提高开发生产率，这是所有的硬件开发都力求的事情。

当他们面对日益多变的市场时，市场中没有什么是长期稳定的。制造商也开始寻求更具有适应性的开发方法，从而能够针对变化的客户需求有更快的反应。有些正在应对这些挑战的制造商，发现敏捷非常具有吸引力。不过敏捷单独并不能够支持制造商的新产品开发。结果，即使没有涉及软件开发，某些从食品到机器设备等的产品制造商也开始应用整合敏捷和门径管理体系的混合开发流程，并且这些公司发现采用敏捷-门径管理混合模型的好处是非常显著的。

6.1.2 敏捷的演进

敏捷软件开发是一系列基于迭代和增量流程的软件开发方法论，其中需求和解决方案通过自组织和跨职能团队间的协作来不断演进。当敏捷在 18 世纪 90 年代和 20 世纪早期兴起时，其方法就被视为软件开发中许多问题的有效解决方案，而这些问题是当时软件行业所应用的传统瀑布法或基于计划的开发流程不能解决的。

这些传统的瀑布流程倾向于关注一个大的、长期的目标——最终产品及其主要功能。但是在软件项目中，需求容易变化；在项目一开始规划定义的功能和进度在 12 ~ 18 个月的开发周期收尾处经常不再有效。就像里根所解释的："当你从一个巨大的瀑布顺流而下的时候，很难改变航道……太多的前期规划意味着太多的变更管理的顺流行为。"对功能和进度的早期承诺意味着在这场游戏的晚期就需要妥协；对传统产品开发流程中的大型功能、长期进度、冗长的反馈环和重新规划的早期承诺导致了众多低效，并拖慢了开发周期。

20 世纪 90 年代敏捷在软件开发行业兴起，并由需要更聪明的方法来执行项目的软件项目经理来不断开发。这个趋势是全球化的，有超过 14 种不同的敏捷方法论或框架得以提出和实施。最终在 2001 年，敏捷大师们在美国犹他州的一个小木屋会面，讨论了他们的方法论并找到了一个共同的基础。这个会议产生了敏捷宣言，正是这个宣言在今天仍然将敏捷的方法论用一系列共同的价值观绑在一起。敏捷宣言强调：

- 个体和互动高于流程和工具。
- 可工作的软件高于详尽的文档。
- 客户合作高于合同谈判。
- 响应变化高于遵循计划。

敏捷宣言演绎出一套 12 条的支持原则，其中坚决贯彻可工作软件快速交付和频繁迭代（以周为单位的周期，而不是以月为周期），并且可工作软件是进度的首要测量方式（见图 6.1）。

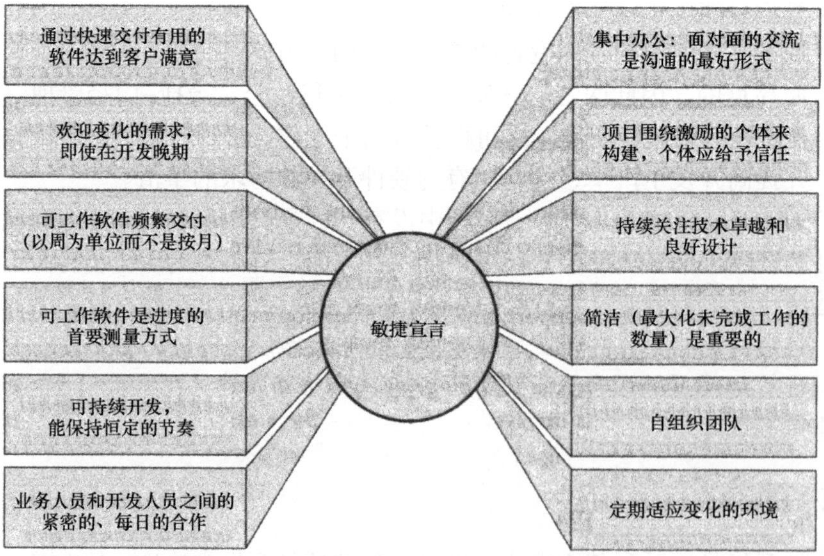

图 6.1 在软件世界里构成敏捷开发基础的敏捷宣言中的 12 条支持原则

6.1.3 敏捷概览

敏捷开发设计是为了有针对性地帮助产品开发者通过与客户持续确认来快速创造可工作软件。一旦开发项目得以批准，并且其初始化需求制定出来，敏捷则聚焦于执行。也就是说，写代码行。从实践上来说，敏捷将项目的开发阶段分为一系列非常短的时间盒迭代或冲刺，每个时长通常为 2~4 周。每个冲刺的目标是交付能展示给利益相关者的可工作软件的代码，也就是说，潜在可发布到市场的软件（尽管通常花费数个冲刺来产生可推向市场的产品）。

> 敏捷将开发划分成一系列短的时间盒冲刺，每个时长通常为 2~4 周。

在一个房间集中办公的专职开发团队，每天早上以每日站会或每日敏捷的方式来开会，讨论进度、问题和当天他们将要完成的工作。在每个冲刺开始的冲刺规划会议决定在接下来的 2~4 周的冲刺中什么能切合实际地完成。客户反馈和所需的产品变更在每个冲刺的收尾时引入，作为下一个迭代的行动。这样，敏捷流程是非常快速和积极反应的，它不是基于计划的，更像一个冲刺接着一个冲刺的"实际操作的计划"，也就是图 4.11 中典型关口体系的开发（阿尔法）和测试（贝塔）阶段的同义词。

> 敏捷流程是非常快速和积极反应的，它不是基于计划的，更像一个冲刺接着一个冲刺的"实际操作的计划"。

6.1.4 敏捷和门径管理各自的适用性

巴利·波姆和理查德·特纳在他们的书中恰当地总结了计划驱动的软件开发（基于瀑布模型）和敏捷方法的差异。他们解释道，关口模型通常是"计划驱动的模型"，而敏捷更像随着项目进展而规划。作者详细地比较了计划驱动的软件开发与敏捷方法，并以来自软件行业的成功案例而结束，在这里两个模型整合在了一起。例如，计划驱动的方法强调核实（反映原始需求的可工作产品）和确认（满足其预期使命的最终产品），而敏捷强调基于 YAGNI（你不需要它）的简单设计———一种不设计当前所不需要的概念，因为当事情发生变化时，就可能永远不需要了。

作者提议了一种平衡敏捷度和计划驱动方法的方法，来适应给定项目的需求：平衡取决于如何看待在计划驱动或敏捷的方向上摇摆过头的风险。在他们的书中所得出的结论之一是未来的项目将同时需要敏捷度和纪律，这可以通过在关口模型中纳入敏捷开发方法来实现。作者标记了最好适应每种方法的项目类型（见图 6.2），既然没有项目在所有五种维度上是 100% 极端的，那么平衡的方法看起来是最好的。

针对采用敏捷−门径管理混合方法的争论点是两个模型都带来了好处，一种模型比另一种更好乃是环境使然，并且最后，高层管理者对敏捷是有怀疑的，因此不愿意丢弃已经尝试和验证过的计划驱动模型。

项目或背景的特征	敏捷领地	计划驱动（关口体系）领地
项目关键性	低	极大
开发者经验	高级（有经验）	更低级
产品需求	项目期间经常变更	稳定的需求与规格
项目团队规模	小	大
公司文化	应变的文化	要求秩序的文化

图 6.2　敏捷和计划驱动的关口模型在哪里适用

6.1.5　敏捷与门径管理间的重要差异

差异来自两套体系的不同意图：门径管理体系是全面的从创意到上市的体系，是一个宏观规划的流程，而敏捷是一个微观规划的项目管理方法论（见图 6.3）。门径管理体系是跨职能的（也就是说，涉及营销、销售和运营，同时还有技术人员），并且具有横跨整个从创意到上市流程的多个阶段，从创意生成到商业论证、开发到上市。它同样是一个在每个阶段构建具体最佳实践的行动指南——开展客户声音的工作、构建合理的商业论证、设计高效的上市等。这种方式与其说是项目管理方法，不如说更像足球战术集。门径管理体系的决策遵循投资决策模型；关口处的通过决策承诺下一阶段的资源，这样当项目的潜力显现时，资源就筛选给最好的项目。门径管理体系因此提供了关于做什么项目及接下来在每个项目内做什么的指南。

特　　征	门径管理体系	敏　　捷
模型类型	宏观规划	微观规划，项目管理
范围	从创意到上市，端到端	通常针对开发和测试阶段，也可以扩展到开发前和上市阶段
组织：项目团队和广度	跨职能：研发和工程或技术人员、营销、销售和运营	大部分是技术层面(软件开发者、工程师、IT 人员)，专职团队
终端	市场上的新上市产品	开发和测试的可工作软件产品
设计模型	投资模型：通过/淘汰决策涉及资深的治理团队	大部分是战术层面：下一个冲刺所需的行动，由自管理团队所做的决策

图 6.3　门径管理体系与敏捷的特征

关口模型已经在大多数开发应用中证实非常有效，尤其是在制造业和服务业，当然同样也有批评。正如在最后一章所说的，这样的模型被看作过于线性、过于刻板及过于有规划性，而不能处理当今的快节奏和通常快速变化的世界。门径管理体系不具有适应性（尽管最近的版本确实包含了迭代循环），并且不鼓励尝试；这个体系在某些公司内过于严控和官僚，有很多文案工作、清单及太多非增值工作的负担。一些作者对这些批评予以驳斥，争论说大多是因为错误的实施，一些低效之处在最近演变的门径管理体系中得以改进。

对比之下，敏捷开发进行有针对性的设计，以帮助产品开发者以客户的持续确认来快速创建可工作软件。一旦软件项目得到批准，接下来敏捷就在项目的执行中发挥作用了。

也就是说，编写软件的代码行。如同上面所说，敏捷开发通常包括称为冲刺的一些短的开发周期，每个冲刺由专职的项目团队开展。一个冲刺迭代通常持续 2～4 周。

每个冲刺的成果应是能展示给利益相关者（管理层和客户）的可工作产品（可执行的软件代码）。一个迭代可能没有产出足够的功能来发布市场版本，但其目标是在每个迭代收尾处具有一个潜在可用的版本：通常需要多个迭代将产品或主要的新特性带到市场发布点。每个迭代与利益相关者确认产品，并可能发现新的所需特性。用这种方法使在一开始并不完全知晓的产品需求，通过迭代不断揭示和确认。最初认为重要的需求结果被清除掉了，因为产品设计在开发期间不断演进！

这两个体系间的概念化的差异来自敏捷–门径管理专家彼得·福斯特的说法："在项目管理中有三个变量：工作范围、预算和时间。在传统的关口方法中，工作范围是不变的（产品需求），并且预算和时间是可变的。但在时间盒体系中，时间和预算是不变的，而工作范围至少对每个迭代是可变的（我加上去的重点）。"（见图 6.4）

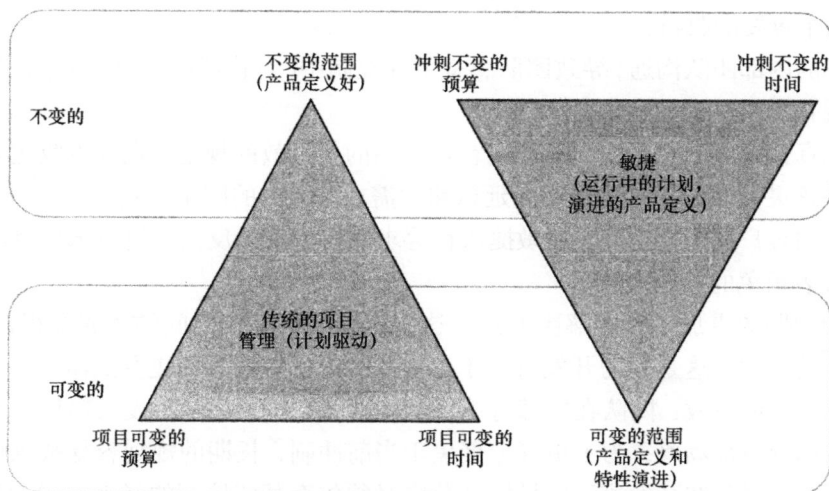

图 6.4　在传统项目管理中，工作范围（产品定义）是不变的，而时间和预算是可变的。
在敏捷时间盒方法中，范围是可变的，而时间和预算是不变的

总结来讲，敏捷是一个微观规划的项目管理工具，设计用来使开发团队（包括客户）快速打造最终产品。敏捷多数（至少最初）用于新产品项目的开发和测试阶段，也就是说，用于图 4.11 中包含在典型的门径管理流程中的阶段 5 和阶段 6 的两个阶段，并且主要由技术人员首先使用来开展实际的开发工作。

除去炒作的部分（敏捷自从敏捷宣言诞生后，已得到了显著的关注），敏捷确实看起来给软件公司提供了某些重要的好处。在他们基于软件背景的实施研究中，安德鲁·贝果和纳池潘·那加潘识别出三个主要的好处：提升的沟通和协调、快速的产品上市，以及快速反应变更的客户需求或技术挑战。有了这些重要的好处，敏捷开始被软件开发产业的很多地方所采用和接纳。

6.2　整合敏捷与门径管理

首先在 IT 部门整合

由于敏捷根植于软件行业，一些已拥有正式开发体系的更大的 IT 公司开始将敏捷构建在它们的已有关口流程中，这样就创建了混合模型。根据其经验，它们建议敏捷和门径管理体系结合起来使用更有优势。例如，丹尼尔·卡尔斯卓姆和珀·鲁内松研究了三家欧洲的大型高科技公司，在这些公司的 IT 项目中，门径管理体系和敏捷整合在一起。参与这个研究的三家公司——爱立信(Ericsson)、阿西布朗勃法瑞(ABB)和沃达丰(Vodafone)，已经有门径管理体系，它们只是将敏捷方法（极限编程版本）构建进它们已有的从开发—批准关口直至先前的流程中。

研究者发现，第一，整合确实有效（两种方法实际上是兼容的）；第二，这种混合方法产生了数个重要的收益：

- 更好的内部团队沟通，导致团队感觉更在控制中(对管理层来说,更好和更加直观、可视化的进度指标,如燃尽图)。
- 基于真正重要的产品特性的早期客户反馈的更高效的规划（在开发收尾的时候，避免缺乏灵活性、导致重要功能延迟和"需求填鸭"的固定计划）。
- 提升的客户反馈，这是因为敏捷流程寻求客户的持续反馈（使技术项目经理成为客户代表角色的优秀人选）。
- 文档问题的更加清晰的解决方式，这是由于文档和代码间的优先级得以解决。
- 提升的态度，这是因为开发者由于改善的沟通和控制感而更受到激励。

当然也有一些挑战：团队在内部有更好的沟通，不过团队全职投入项目中可能导致与组织的其他部分更加隔离；为了更好地聚焦于当前冲刺，长期的规划容易被忽略；可能存在冲突和抵制，对于在开发流程的敏捷部分中必须放弃某些控制的经理来说尤其如此。

从整体来说，尽管研究者得出结论："敏捷方法是将微观规划、每日的工作控制和进度报告提供给门径管理模型的强大工具。"敏捷方法所提倡的每日面对面会议提供了比书面文件更强大的沟通、来自客户关于产品功能的快速和持续的反馈，这有利于产生更好的产品和更高效的项目。相反，他们指出："软件开发项目不是隔离的活动，它们通常因由硬件开发、营销、产品规划等组成的环境中的子项目而存在，所有项目必须同步地进行管理和协调……（门径管理体系）不仅给项目内的沟通提供支持，也为发起项目或获取项目成果的决策者提供支持。"这样，敏捷给予了更高的效率和专注，并且门径管理体系提供了一种与其他开发团队相互协调，与例如营销和高层管理者相互沟通的方式。

> 敏捷方法是将微观规划、每日的工作控制和进度报告提供给门径管理模型的强大工具。

6.3　在实体产品上应用敏捷–门径管理混合模型

6.3.1　激动人心的成果

最近，敏捷已开始引起了实体产品开发者的浓厚兴趣。其中也包括像霍尼韦尔、乐高、丹佛斯、张伯伦、利乐和约翰迪尔这样的著名公司。典型的敏捷–门径管理模型如图 6.5 所示。近期有证据表明，敏捷–门径管理混合模型对于从重工业设备到食品和玩具的实体产品制造商来说，有显著的潜在收益，产生了令人惊奇和激动人心的积极成果。

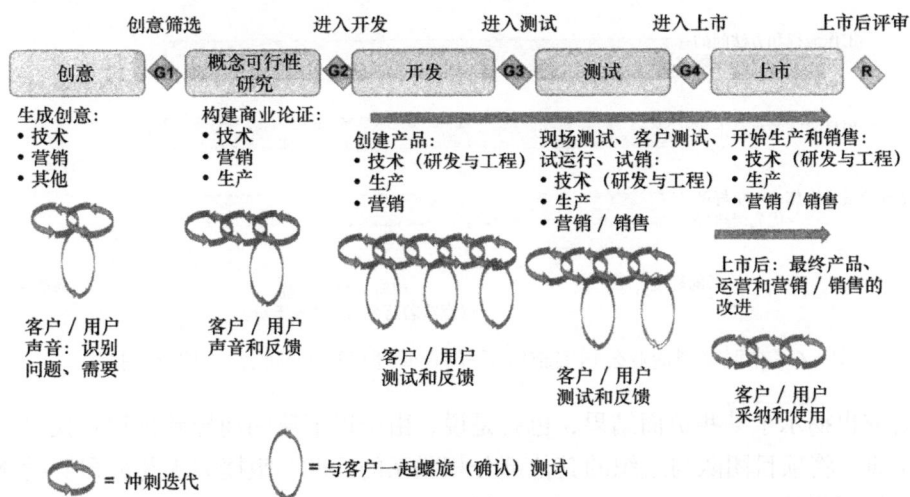

图 6.5　典型的四阶段、四关口体系，敏捷构建于每个阶段敏捷–门径管理模型

许多从内部 IT 部门熟悉敏捷的研发经理，对于敏捷能否与关口方法一起使用、能否用于硬件或实体产品的开发表示怀疑。毕竟软件的开发与制造业中的新产品开发是有明显差异的。因此敏捷能用于制造业环境吗？相关证据有限，但来自制造业的领先用户的早期成果建议，敏捷方法实际上可以与传统的门径管理或基于计划的模型结合在一起，而且确实对于从大众食品到 B2B 重设备的工业制品有很好的效果。

在制造业的领先用户公司中，敏捷要么由内部 IT 部门，要么由其软件开发是硬件项目重要部分（如电信系统）的研发小组所首先采用。这些最初项目的结果是鼓励致力于硬件开发的研发小组试用敏捷，并修改敏捷方法来适应他们的需求。

关于丹麦五家重要的制造业公司的研究显示了非常积极的成果，这五家公司将敏捷构建进它们已有的门径管理体系，因此创建了敏捷–门径管理混合模型。这些公司涉及广泛的行业范围，从 B2B 重设备到专业化产品，再到食品公司，报告了许多在软件世界中所发现的同样结果，也就是：

- 设计灵活性（针对变化更快的反应）。
- 项目团队成员中提升的生产率、沟通和协作。
- 改进的项目聚焦，从而有更好的优先级排序。

- 团队成员间更高的士气。

图 6.6 定性地显示了绩效结果，请注意积极的反应有多么强烈。同样的结果也在其他公司的案例研究中有报道。

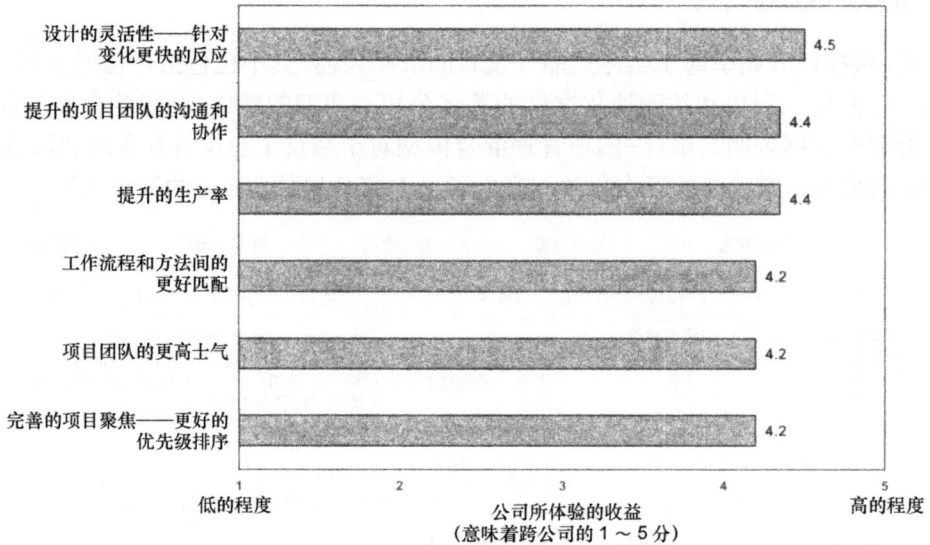

图 6.6 在五家制造业公司实施敏捷–门径管理过程中的收益（按分数排序）

该研究也揭示了某些负面结果，也就是说，由于以下原因而导致延迟：找寻专职团队成员的困难、将项目团队与组织的其他部分相联系的问题、敏捷需求与公司奖励体系的失配，以及体系仍然过于官僚化的意识（见图 6.7）。但这些负面结果与图 6.6 中的令人激动的积极反馈相比，是相当弱化的。

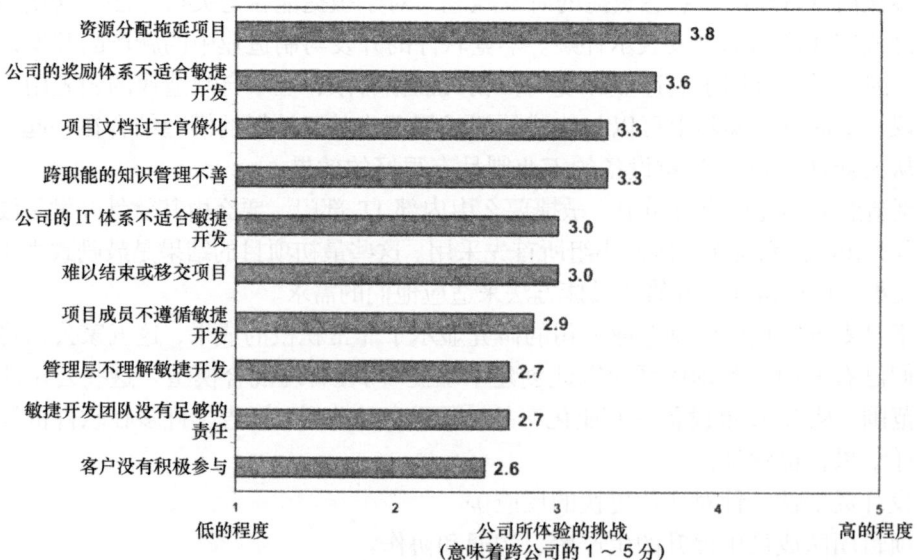

图 6.7 在五家制造业公司实施敏捷–门径管理过程中所面临的挑战（按分数排序）

采用敏捷的制造商的其他挑战也已得到了识别，包括缺乏可扩展性、全球化项目团队的挑战，以及管理层由于相较于关口体系的熟悉度差别，而缺乏支持。管理层的抵制也可能是因为某些共同的错误认识，例如，实施敏捷并不意味着抛弃门径管理体系。敏捷可以加入门径管理体系中，从而创建包含两者正向特征的混合模型。

6.3.2　如何将敏捷–门径管理应用于制造企业

据报道，尽管有 26 种不同的敏捷版本，Scrum 方法看起来是不少公司针对新制造产品采用的敏捷方法中最受欢迎的变种。Scrum 由竹内弘高和野中郁次郎最初在 1986 年所发明，定义为"一种灵活的、全面的产品开发策略，开发团队作为一个单位来达成一个共同的目标"，这与"传统、顺序的方法"形成了对比。这种新的商业化的产品开发方法，被称为橄榄球法，承诺速度和灵活性的提升：整个从创意到上市的流程是由一个在多个跨阶段工作的跨职能团队所实施的，在过程中团队努力作为一个单位坚持到底，来回传球，与橄榄球队运球的方式很像。在橄榄球运动中，Scrum 是轻微违反规则后重启游戏的方式，有点像橄榄球运动中挤作一团的状况；在新产品开发中，Scrum 是项目团队规划其下一个行动的会议，也就是决定怎样将球运到前方。

案例：建筑设备部门中的敏捷–门径管理体系。当面临重要机械、电气和软件子系统的加速开发的挑战时，一家全球化的瑞典制造商（汽车工业，B2B）采用了一种混合式的敏捷–门径管理方法。这家公司应用传统的关口体系已经数年，在这套体系中，相当大的工作量花费在前端的工作上，目的是避免在有很大知识差距的情况下就进入全面的开发中。但是针对这些前端阶段来定义有形的和独特的任务是困难的，因此项目团队最终就会侧重技术方面，也就是侧重于设计和制图。结果，在客户声音、市场需求和技术概念能力等的数据方面有大量的知识差距。这样，团队在不知道概念如何进行技术落实或其能否满足客户需求的情况下，就仓促地进入开发阶段。

引入 Scrum 的目的是提升开发速度，以及使得前端工作更加明确。定义了四周的冲刺，并用自然月来持续排期，从而使得规划和时间报告更加容易。分配给每个项目一个可视化的房间，将敏捷看板挂在一面墙上，一些替代的设计则在另一面墙上。每个团队在看板面前一周召开两次敏捷会议。

Scrum 方法所创造的清晰聚焦和紧密跟进激发了项目团队的强大驱动力：团队内部的绝对压力是相当大的，团队成员相互推动来履行冲刺清单。每次敏捷会议后更新的燃尽图曲线，提供给团队迈向冲刺目标的进度指示。在一些冲刺后，团队也将学会在工作规划上更加现实。

时间盒的概念也得以引入，目的是提升某些任务的效率，例如概念评估。时间限制（例如，表示为"尽最大可能利用 10 小时来评估概念 X"的任务需求）帮助团队避免过度设计。"完成"的一致定义（包括以下结果：记录为一页纸报告、格式化为张贴的信息、由同事审查的记录，以及登记进文档库的文件）也帮助团队指导何时向前推进。与项目团队以外的重要利益相关者一起开展的演示会议，在每个冲刺后举行。冲刺以回顾会议收尾，其间评审成果，以及确定下一步行动。

顾问和教练拉斯·赛德布拉德描述了他应用混合流程的经验，其结果是"在项目的前15 个月，我作为敏捷教练和独立变更代理，取得大约 30%的速度增长的结果，超过我们的期望。成员更有积极性，且有更高的满意度。同时显示了 Scrum 在聚焦于项目的前端阶段，填补知识差距方面也表现良好"。

在实施后的四年里，大部分业务项目遵循关口体系内的敏捷方法，具有同样积极的效果。所有项目的燃尽图曲线当前都在高层级的项目脉搏会议上得到审查，使得管理层可以识别潜在问题，并在它们发生前行动。

如同其在软件世界中一样，敏捷–门径管理针对制造商也以极为类似的方式运作（但也有一些重要的差别，会在本章后面描述）。对制造商来说，敏捷–门径管理也基于一系列短期的时间盒冲刺，每个冲刺持续 2～4 周。在每个冲刺的结尾，项目团队产生能演示给利益相关者（通常是客户）的"实体成果"。每个冲刺实时地规划—运行中，因此流程是反应高度敏捷和可适应性的。概念、设计和快速原型的快速、迭代和增量版本，提供了快速和及时的反馈，这个重复的反馈不断修正产品，并提升市场成功的概率。因为客户也会更好地通过积极参与来定义他们自身的需求（例如，通过频繁的用户测试或客户代码设计），所以客户声音成为贯穿项目的动态驱动力。项目团队专注于一个项目（不会过于分散），并且在一个房间内集中办公，因此确保有更好的沟通和更快的开发。进一步来说，利用新颖的显示计划、进度和实时结果的可视化指标，使整个流程是高度可视化的。

关口和阶段一直是流程中很重要的部分，关口是重要的通过/淘汰决策点——淘汰差劲的项目，并提供开发管道的项目聚焦，同时使得高层管理者能在每个重要阶段的完成时细致地审查项目。阶段提供了项目主要阶段的高层级概览，也是每个阶段所需或所推荐的活动，以及每个阶段收尾处的期望可交付成果的指南。

6.4 敏捷–门径管理的细节

敏捷执行有九个特定的要素——三个交付件、三种角色和三个工具，也就是"九大动力"。

6.4.1 三个交付件

交付件产生快速、增量产品开发的框架。第一个交付件是冲刺：这是持续 2～4 周的时间盒式的工作投入，其中会执行一小部分项目。冲刺始于冲刺规划会议，其间项目团队确定什么能在冲刺内切合实际地完成，并制订执行的任务和计划。目的是在每个冲刺结束时完成增量产品。在每个冲刺的收尾，冲刺评审将冲刺成果展现给利益相关者（通常是客户和管理层）。实际上对于制造商来说，并不是所有的冲刺都能产生产品增量或原型，一些冲刺可能产生一个设计、概念或快速原型，甚或客户声音研究的成果——"有形的成果"。

尤其在产品较为复杂的时候，一些制造商采用比正常的 2～4 周时间更长的冲刺。这种更长的冲刺允许团队有更多的时间来创建实体成果和能展示给利益相关者的更有用的成果。在其他的公司，客户反馈的时间也有所延长，不仅是在冲刺收尾处的非常快速的冲刺评审，而是整个冲刺（可能是完整的两周）专注于获取产品版本的客户反馈。

第二个交付件是每日敏捷或每日站会。这是一个短暂的会议，项目团队在每天开始碰面 10 ~ 15 分钟，来审查最新进展。每个团队成员轮流说明昨天他们完成了什么，今天期望做什么，以及他们可能遇到什么问题。这次会议后，标记的问题通过持续的团队内协作来解决。每日站会的好处是即时的知识分享和提升的团队激励。

第三个交付件是冲刺收尾的回顾会议。这个会议的目的不是评审冲刺的结果（这是在冲刺评审会议中完成的），而是对团队成员来说如何提升团队功能。在这个回顾会议中，团队成员挑战自己的绩效，突出内部合作的成功，并努力改进一起工作的方式。这个会议因此帮助将持续改进加以制度化：解决引发的关键问题，从而演进到高绩效团队。

案例：西门子（电动机业务）使用每个冲刺收尾的回顾会议来进行自我评估，并提升团队合作和敏捷原则的应用水平。它们的海星图帮助使会议结构化，从而涵盖图 6.8 中的主题，每个团队成员在图上记录他们的问题和建议；接着展开关于下一个冲刺如何自我改进的对话。这个回顾会议由敏捷教练协调，他确保遵循海星模型，并观察所有的团队成员都能平等参与。

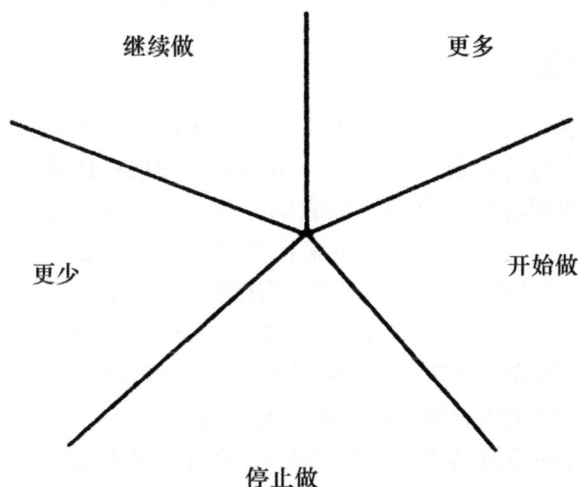

团队成员使用便利贴展示问题和建议

图 6.8　在西门子冲刺回顾会议中使用的"海星图"，作为帮助团队改进的指南

定期的冲刺产生了富有成果和创造力的工作的"项目心跳"。稳定的心跳具有固定长度的迭代，并尽可能短。一个强有力的心跳产生可部署的可工作软件。一个反应敏捷的心跳基于上一个迭代的反馈和变化的客户需求来创建每个迭代的新计划，而不是只基于什么没有完成。这个可测量的、可预测的、持续的和稳定的节奏或韵律帮助团队规划和达成其承诺。

项目心跳的这个类比很好地对应了流程（见图 6.9）：具有明确计划的每个短小迭代，容许工作在 2 ~ 4 周内没有打扰或变更的情况下持续进行，而且规划活动不会考虑未来太长期的规划（计划不可避免地会变化）。产品需求的变更引入项目，就如同氧气进入身体；并且心脏是敏捷方法论本身，以有规律的节奏跳动，保持项目富有生机和更加强壮。因此韵律和稳定的节奏或心跳是团队成功的关键，很像精益制造世界中的节拍时间和稳定的韵律。

把客户反馈和未完成的产品特性进行排序，并驱动冲刺循环
冲刺规划会议产生切合实际和可达成的冲刺行动计划
每日敏捷确保团队在执行规划的任务并产生下一个产品增量——
可工作软件的过程中团队经常的沟通
团队授权是每日敏捷的附加收益

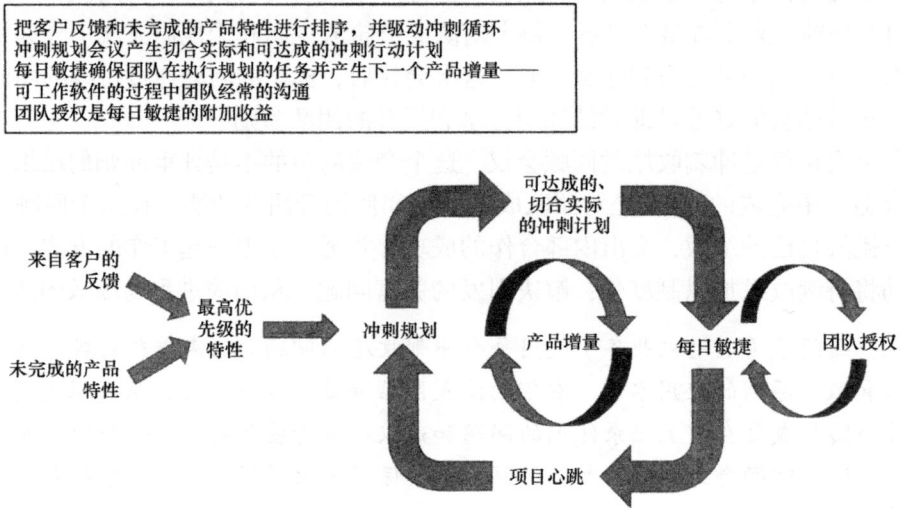

图 6.9　敏捷项目的心跳

6.4.2　三种角色

敏捷中最重要的角色是开发团队或项目团队中的个体成员。在敏捷中，团队得以授权，承担项目执行的职责：是团队，而不是管理层在团队成员中定义、选择和分派活动或任务。基于冲刺达成一致的目标成果，团队的工作是定义达成冲刺目标的所需活动，决定谁来完成什么工作，以及接下来在冲刺中开展什么任务。

敏捷也有一个流程经理，被称为"敏捷教练"。他是一位项目团队的仆人式领导或引导者，其角色是在开展每个冲刺的时候支持团队。敏捷教练引导每日敏捷，以及冲刺规划和冲刺后会议；他确保团队遵循敏捷方法，并正确应用交付件和工具。敏捷教练也负责消除团队障碍，这样团队能快速执行而没有路障。

第三个独特的角色是"产品负责人"，负责产品未完项（产品需求）：负责人本质上不是项目团队成员，而是一名管理成员（通常来自市场部门），与开发团队紧密合作以确保正确的产品需求构建进冲刺中。产品负责人也具有与传统产品开发的项目负责人和执行发起人同样的职责（产品负责人聚焦于利益相关者管理，目的是确保管理层对项目的支持、输入和资源保障，同时也管理客户参与）。请注意，不是所有的敏捷-门径管理用户公司都采用这三种角色。在一些情况下，还会保留项目负责人、项目经理、团队成员和执行发起人等这些熟悉的一个或更多的角色和职责。

团队内沟通和知识分享的水平提升是敏捷-门径管理模式的主要优势，这在图 6.10 中的蜘蛛图和钻石图中有显示。这个图强调了项目经理或项目负责人是如何限制了项目团队成员间的沟通，以及消除这个角色和由此创造出来的更多沟通路径如何使知识分享和团队学习提升的。敏捷倡议者的信念是当职责在产品负责人、敏捷教练和开发团队间合理划分时，项目就有比传统组织的项目更大的成功机会。

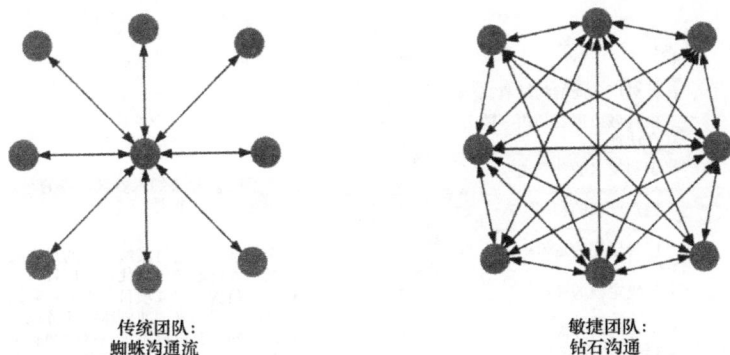

传统团队：
蜘蛛沟通流

敏捷团队：
钻石沟通

图 6.10　敏捷团队中的钻石类型的沟通更好地促成团队内部的沟通

6.4.3　三种工具

　　敏捷–门径管理的特征是具有三个重要的可视化工具，目的是帮助管理和监督项目。第一个是产品未完项，该工具是传统产品定义或需求规格说明的敏捷等价物。不同于产品定义，产品未完项不包含详细的规格说明（如期望的材料或绩效需求），而是客户需求、需要、想要和偏好（见图 6.11），这给了项目团队产品设计实验的自由度，但该自由度是在未完项的指导原则内的。（在某些公司内，产品未完项范围更广，也包括待填补的知识差距和下一个阶段所需的关键任务，因此本质上说更像"项目未完项"，而不是产品未完项。）未完项中的条目是排序的，确定了最优的顺序，最重要的优先处理。未完项是高度动态化的文件，并且当整合了新的信息和知识时，未完项是持续更新和重新排序的。在每个冲刺的开始，冲刺规划会议从产品未完项中获取高优先级的条目，并将其翻译成良好定义的冲刺活动或任务：冲刺未完项（见图 6.12）。

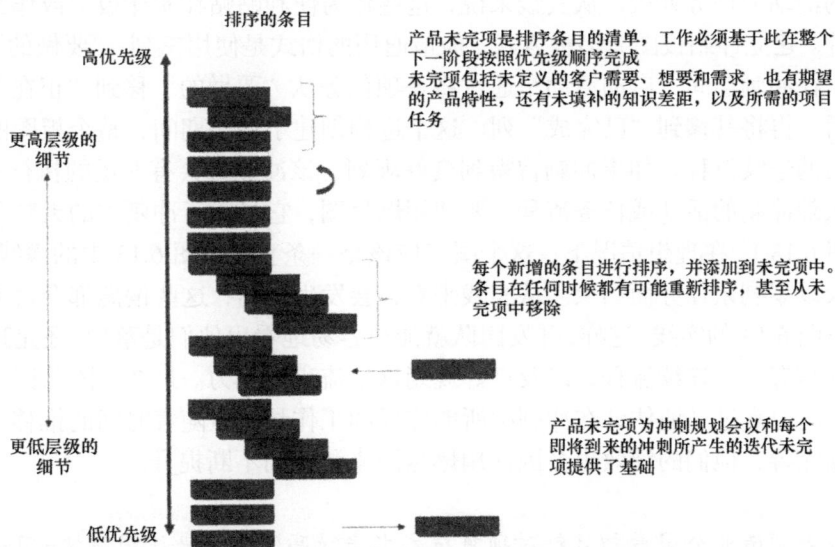

图 6.11　产品未完项与"产品定义"相似，但更加动态灵活（可以变化），
而且范围更广（包括更多的条目和任务）

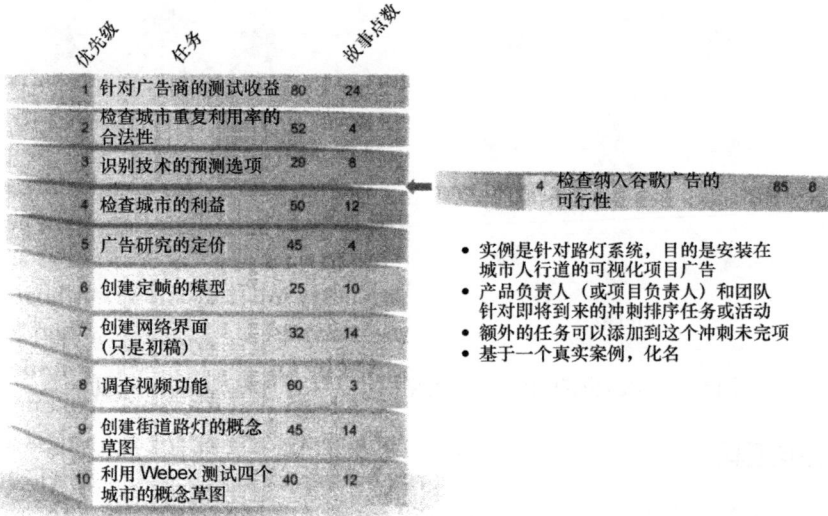

图 6.12　在冲刺规划会议上所开发的可变的冲刺未完项，显示了在接下来的
冲刺中所需完成的任务

　　某些行业的公司在它们的产品未完项中采用用户故事。用户故事描述的并不是产品需求，而是用户如何与最终产品交互，以及产品如何满足用户的实际需求。用户故事通过分配故事点数显示需要多少工作量（期望资源的需求）来创建适应用户故事所需的特性或绩效特征。估算故事点数的规模因公司不同而有很大的差异，一个简单的测量方法是 T 恤大小（小号、中号、大号、特大号）。

　　第二个工具是冲刺板图或看板图。这个板图包括了冲刺未完项，也就是在当前冲刺期间要完成的活动或任务列表。从实践来说，这些作为便利贴贴在实体板上或作为虚拟板上的活动卡片。建立冲刺板图有多种方式，但最通用的格式是使用三列："要做的""正在做""已完成"。在冲刺期间，启动活动是通过将一项任务从"要做的"移到"正在做"列。当活动完成后，再将其移到"已完成"列。这个进程创建了冲刺期间，整个板图的活动卡片是从左到右的连续流程。如果冲刺曾得到良好规划，该冲刺就会有充足的执行活动。

　　为了跟踪冲刺的活动或任务流程，要使用燃尽图，它显示了冲刺中的天数和所完成的活动（见图 6.13）。在理想情况下，这个图表应该是一条直线（图 6.13 中的虚线），在冲刺的最后一天以零剩余任务而结束。从实践来看，会发生偏离，这些偏离都会每天绘制在燃尽图上——图 6.13 的实线。这样，开发团队就能很容易地看出他们是落后，还是进度提前。这里的目标是有一个连续流程，以及良好规划这个流程的能力。最初，团队试图精确地规划冲刺，他们通常过高地估计在冲刺中所能完成的工作量，但随着时间的推移，他们的规划能力不断完善，他们的绩效也会因使用燃尽图来测量而不断提升。

　　大多数制造业公司最初只针对项目技术水平很高的阶段来使用敏捷-门径管理方法。例如，针对开发和测试阶段。当有了信心后，它们接下来不仅限于这两个技术阶段，而是针对例如创意、构建商业论证，甚至上市阶段都应用敏捷-门径管理方法。

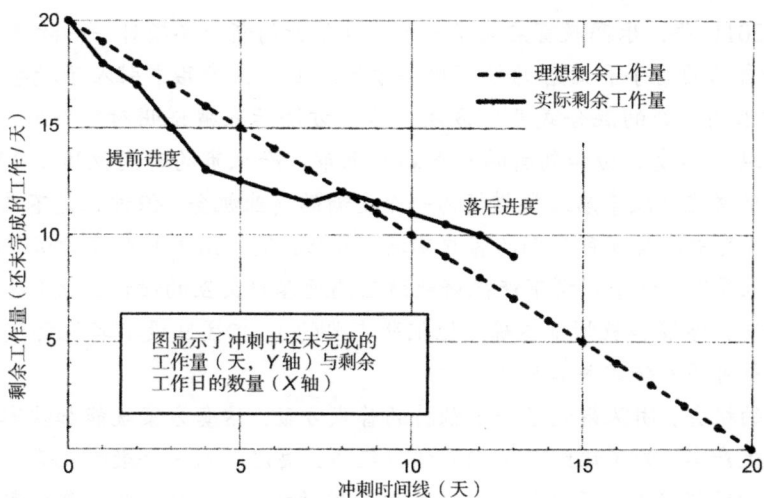

图 6.13　针对一个四星期冲刺的燃尽图——表明项目是落后还是进度提前

6.4.4　集成体系

虽然敏捷–门径管理体系包括众多要素（九个交付件、角色和工具），但整体要远远大于其部分之和。使其发挥作用的关键是需要管理层和项目团队转化思想，并且以集成的方式来应用整个体系。尽管体系的要素是有用的，但经验显示：除非这些要素联合应用，并在"工作方式"上有合适的变化，否则很难带来显著的绩效提升。

6.5　实施敏捷–门径管理体系

当敏捷与门径管理体系整合在一起，并应用于制造或实体产品开发（硬件）时，敏捷通常作为门径管理体系中阶段内的项目管理方法来应用。也就是说，阶段保持不变，而敏捷应用于某些阶段。Scrum 是看起来最适用于硬件开发的特定敏捷方法，它实际上是目前行业中所发现的能用于所有实体产品的案例研究方法。

接下来，大多数制造业公司最初只针对项目的高度技术的阶段来利用敏捷–门径管理的 Scrum 方法。例如，针对图 6.5 中的典型门径管理模型中的开发和测试阶段。随着公司有了更大的信心，就如同图 6.5 所显示的，它们不仅针对这两个技术阶段，而是更多的阶段来利用敏捷–门径管理体系。这个方法可以在开发前阶段采用，目的是开发概念及评估可行性。在这些早期阶段，未填补的知识差距对期望的软件或产品特性是可类比的，敏捷以通常的方式在每个冲刺运行，其目标是填补特定的差距或一系列差距。这里也存在其他的实施挑战，因此需要针对这些更早的阶段（例如，在概念阶段或商业论证阶段定义一个"完成冲刺"，以及保障全职的资源）进行更多的调整。这里有一个敏捷开发如何与门径管理体系整合在一起，以及所取得成果的实例。这是一家先进的丹麦制造业公司，也就是乐高集团。

案例： 乐高教育是乐高集团中的 B2B 业务单元，负责学龄前或儿童的教育软件和实体产品的开发。2011 年，乐高教育启动了一个高度创新的新产品项目——故事启发，目的是在小学创造有自信的写手和读者的教育解决方案。由于在产品中引入了数字组件，管理层尝试了一个对乐高全新的混合式开发方法，这套方法后来被证明对项目有着显著的优势，并最终促成了这款高度成功和创新的新产品的上市，而上市的时间仅用了 12 个月！

乐高管理层将这个故事启发举措视为一个全新的商业机会，但过程是不断探索的，流程也是复杂的，这其中涉及项目早期的客户实验。最初，项目用乐高经过尝试并被证实的传统门径管理模型来管理。这个模型不能很好地适应高度客户交互的设计迭代（这是一个非常充满模糊性的开发，学校和教师都不确定他们所需要的）。但团队没有其他替代方案，只能很糟糕地应用目前可用的传统关口模型。

一次偶然的机会，团队得到了一个独特的替代方案，这套方案既能加快客户迭代，也能提升整体项目生产率。为了记录孩子们的学习经历，决定引入一个数字化存档的工具。乐高的数字化解决方案部门已经开始针对软件开发使用敏捷方法。因此当来自数字化部门的项目团队成员加入故事启发团队时，他们带来了敏捷。

当看到敏捷对于软件开发的优势后，故事启发团队决定尝试应用这个新方法来管理整个项目。管理层不想失去其门径管理模型的战略利益，因此他们选择保留这套体系，而在关口体系中实施敏捷。这次融合的结果就是，一套既能用于软件也能用于实体组件的敏捷–门径管理混合方式产生了。

故事启发开发团队开始使用这套新的敏捷–门径管理混合模型，配有冲刺、15 分钟的每日站立会议（Scrum）、虚拟敏捷看板、每日活动日志（燃尽图的需求）、排序的项目未完项及冲刺规划会议。敏捷方法在开发阶段纳入项目中，并持续嵌入乐高关口模型的实施阶段。在项目整个开发阶段，来自超过 50 家学校的教师参与了产品实验。与内部客户代表一起实施了冲刺审查，并且原客户（学校）的试点研究和与孩子们一起的测试也定期开展。项目期间活跃团队成员数量的变化取决于所需的专业技能，但在整个项目中保持 5～10 个人，而且他们并不专注于一个项目。

在实施了新的敏捷–门径管理混合模型后，故事启发项目就有着显著的加速，并且在一段时间内，比类似的项目表现得好多了。团队最戏剧性的变化是生产率的直接提升。事后分析，团队成员表示生产率的提升主要是因为更好的团队沟通和误解的消除。团队成员也体验到了每天改进的工作流，这部分是因为对知识感到踏实，这也是通过在第二天早晨的敏捷会议上成员的当前问题可以迅速解决而获得的。最后，即使在有频繁的差旅和不可预见的活动和任务的情况下，敏捷–门径管理体系也可以帮助团队保持极好的沟通。

遵循故事启发项目的成功试运行的敏捷–门径管理体系，第二个大型的新产品项目"数学一起搭"也用新的混合模型来开发，并且也被证明是一个成功的项目（"数学一起搭"是一个针对数学问题解决的初级教育解决方案）。

这个新的、探索性的敏捷–门径管理方法，一开始试点是因为激进的和高度不确定项目需要替代的项目管理方法，后来证明是很有效的，结果敏捷–门径管理标准进一步并在业务中广泛应用。自从 2016 年以来，所有已开发的乐高教育的新产品版本都已应用这种新颖的、混合的模型。

6.6　针对实体产品的必要调整

如果没有某些重要改进，来自软件世界的敏捷开发方法不能直接应用于制造业产品。以下是一些实例。

6.6.1　定义完成的冲刺

考虑到流程的紧迫时间盒的本质，"完成冲刺"的概念是很重要的。软件产品的敏捷方法与实体产品的敏捷-门径管理方法之间的重要区别之一是冲刺的定义，以及"完成冲刺"的构成。软件开发几乎是可以无限划分的：软件开发包括可以分解成多个小子项目的众多产品特性，例如，编写数千行代码和产生一些界面——每个都可以在单个冲刺中完成。"完成冲刺"是一个可工作产品（可执行的软件、完成的特性、潜在可上市的），并可展示给利益相关者（管理层和客户）。因此，每个增量或冲刺生成一个尽管功能有限但可工作的产品。

> 没有某些改进或调整，来自软件世界的敏捷开发方法不能直接用于制造业产品。

相比之下，新医疗设备、机械设备或聚合物材料的研发不能这么轻易地增量化。如果产品是发动机或扫描设备，你就不能在几周内构建部分发动机或扫描设备并展示可工作的增量产品，也不能发布到市场。因此，短时间盒冲刺的概念和"完成"的软件定义就不能整齐划一地应用于实体产品。

很多公司已做了改进，这里有一些在制造业公司的"完成冲刺"定义的实例：

- 美国远程系统制造商张伯伦（第 5 章的例子）："完成冲刺"是"实体成果，在该冲刺完成任务的结果（并不只是 PPT 演示）"。例如，可能是一系列完成的设计图纸，或快速原型，或产品的早期可工作模型。
- 西门子工业电动机："完成冲刺"是开发团队决定冲刺何时完成。然而，冲刺成果变为"完成"必须由产品负责人来审批通过，标志着冲刺的实际结束。
- 瑞典建筑设备制造商："完成冲刺"是"完成工作的成果，记录为 A4（12 英寸×17 英寸）的模板报告，方便阅读和贴在墙上，由一名专家同事审查并登记在文档库中"。
- 乐高教育："完成冲刺"是一个十要素检查清单（"完成定义"）何时由所有团队成员、质量保证人员和产品负责人完成，宣布所有的产品接受标准已经达成，并且所有的未完成行动已经完成、移交或收尾。乐高的检查清单要素样例包括：
  - 开发文档已创建。
  - 所有未完成行动已完成、移交给其他负责人，或已收尾。
  - 项目交接文件已经更新了相关的产品生命周期信息。

当敏捷开发适用于项目的早期阶段（例如，图 6.5 中的概念和商业论证阶段）时，完成定义甚至可以进一步放宽到，包括任何能被专家审查的有形成果。例如，市场研究的结果或技术可行性分析算作"完成冲刺"。

6.6.2　能被展示的成果

门径管理体系的更新版本早在十多年前就内嵌了"螺旋"或迭代，目的是使 20 世纪 90 年代的传统关口模型更加具有适应性和反应性（见第 5 章）。这些循环通常是一系列"构建—测试—反馈—修正"的迭代（通常相距数周，有时相距数月），目的是尽管在市场条件和客户需求多变的情况下（如同第 2 章和第 5 章所描述的），也要与客户确认产品设计并使产品正确。

在这里，每个迭代构建的产品版本大约介于概念和可测试原型之间，我们将这个中间版本称为"原型概念"。不同于软件世界的敏捷，冲刺的成果可能不是可工作产品，但仍是可展示的成果——测试面向市场的假设（寻求客户反馈），并碰巧寻求概念的技术证据及管理层的支持（见图 6.14）。这些产品版本或原型概念，可以是计算机生成的三维图纸、虚拟原型、粗略原型、快速原型（3D 打印的）、工作模型或早期原型。在这种情况下，完成冲刺的成果可能不是可工作产品，而是客户可做出的反应，以及管理层能看到的实体成果。

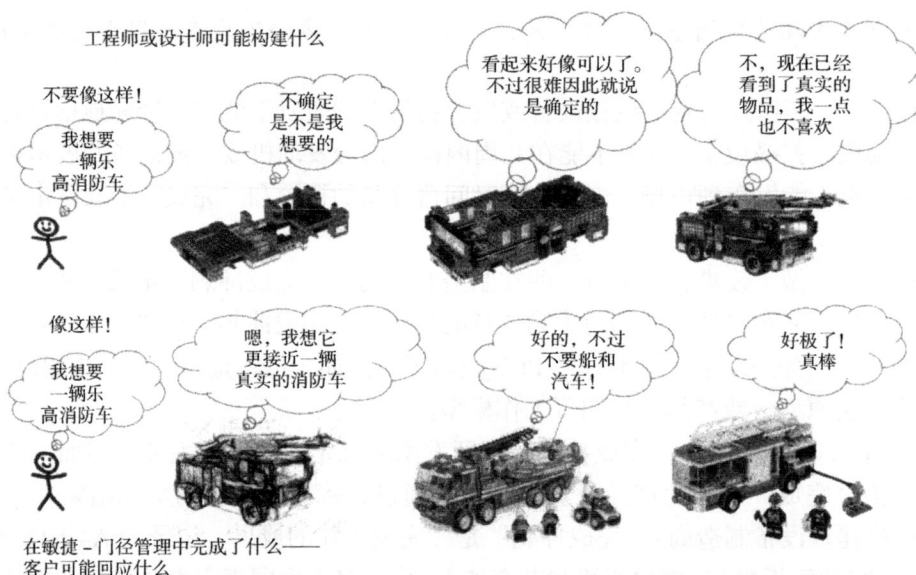

图 6.14　产品的连续迭代——通往原型的不同"原型概念"

> 每个迭代构建的产品版本大约介于概念和可测试原型之间，我们将这个中间版本称为"原型概念"。不同于软件世界的敏捷，冲刺的成果可能不是可工作产品，但仍是可展示的成果——测试面向市场的假设（寻求客户反馈），并碰巧寻求概念的技术证据及管理层的支持。

案例：热电阀门（化名）是一个大型集团的业务单元，最终目标是为住宅建设部门（HVAC）提供取暖解决方案。该公司是一家总部在欧洲的全球化制造商，年销售额 70 亿美元，研发支出占销售额的 4%。

　　取暖解决方案的开发是高度创新的，需要硬件和软件的开发都应用新颖的技术。产品开发流程在数十年内管理得一直很成功，其应用传统的门径管理模型，具有清晰的阶段、里程碑、关口和可交付成果。近几年，敏捷开发框架被用于开发热电阀门取暖解决方案的软件组件，但这两种方法从未整合过。

　　试点实施：在 2015 年，热电阀门研发部门的领导决定投资一个试点项目，目的是针对实体产品的开发尝试敏捷-门径管理混合模型。他意识到由于日益激烈的全球竞争，市场需求变化得越来越快，这就需要更频繁和持续的市场需求确认，从而确保市场成功，即使当开发阶段顺利进行后也是如此。因此，他决定针对实体产品和软件的开发，在业务关口流程中实验并应用敏捷开发。选择了一个试点项目后，并针对敏捷培训提供了充足的资金，以覆盖频繁市场确认的额外成本，以及其他额外的项目成本。这个试点项目非常成功，公司决定在其他几个项目上也尝试这种新颖的方法。早期的成果是积极的。

　　敏捷-门径管理体系如何在这家公司运行：热电阀门的敏捷-门径管理体系允许实体和虚拟产品设计的早期和频繁的客户确认。相较于以前方法的主要变化是设计规格在前期不再固定不变，而是在设计迭代中不断适应变化：不再有开发前的设计冻结！

　　当热电阀门的门径管理体系在高层管理层级保持不变时，敏捷开发的一个这种版本在操作（项目团队）层级得到了应用。这个新方法从项目的最早阶段开始部署，针对门径管理模型的所有阶段贯穿了整个新产品流程。项目团队采用两周冲刺来执行设计开发和客户确认（用户测试）。

　　当项目向前推进通过关口和里程碑时，一些设计选择因为做出了制造决策而被锁定。也就是说，由于制造环节长久的前置时间，某些硬件选择必须早于软件选择冻结；越后面的选择开放时间越长，从而允许与客户有更多关于软件及实体设计决定后的交互的迭代。

　　项目团队到目前为止一直是专职和集中办公的，并在他们自己的项目作战室使用可视化、实体的敏捷看板。团队的站立会议或每日敏捷每天在他们的敏捷看板旁举行，由敏捷教练来引导。热电阀门选择不采用"纯粹"的产品未完项，而是使用一个灵活的产品需求清单，这个清单是排序的，并没有故事点数和用户故事。在这里应用的产品需求运行良好，因为它更适合包括敏捷和传统项目的开发管道。相较于产品负责人来说，热电阀门决定保留已有的项目领导的角色作为负责人，目的是避免与其他项目角色发生混清。

　　客户审查定期开展，但并不作为每个冲刺结尾的冲刺审查的一部分，而是将用户测试的开展视为一项持续整个冲刺的重要任务，只不过测试结果是在冲刺审查中展示的。这些持续的审查同样运行得很成功，因为其允许更多深入的测试和设计迭代，因此被视作改进的敏捷-门径管理体系的核心收益。

　　体系中的关口与传统的门径管理体系保持一致：常规的通过/淘汰决策点。关口的主要差异点是管理层愿意接受最终产品的更高不确定性的程度。不过通过/淘汰决策现在被认为是更基于事实的，而且频繁的用户测试成果提供了关于客户接受度和最终产品成功的更好理解。

　　热电阀门的收益和挑战：试点项目在通过客户确认更适应市场需求方面达到了预期标

准。产品设计实际上经历了非常大的变动来适应客户的输入意见。项目团队领导表示，如果没有早期的产品设计阶段中这些所做的产品改进，就更难取得市场成功。这些变更通过采用敏捷–门径管理体系成为可能。

团队领导也意识到了与内部利益相关者（管理层）互动的一些始料未及的收益，利益相关者在平常情况下就给产品规格提供输入意见。这些利益相关者因为不必在一开始就提供并审批整个产品规格说明书，而如释重负。当他们经历设计迭代时，利益相关者也能够与开发团队一起适应和学习新情况。

最大的挑战来自开发者，他们因为没有一个定型的产品规格说明而感到沮丧。某些开发成员不喜欢迭代，也不喜欢让团队以外的人参与进来，而更喜欢把自己锁在一个房间里六个月，并公布一个最终产品！

热电阀门的收获和建议：来自热电阀门业务负责人的掷地有声的建议是简单的："尽管试试！"他们建议从一个选择的试点项目开始，该项目要得到管理层适当的关注和资源支持。其他的建议包括将模型与组织背景相适应（就如同在热电阀门中所发生的，体系的某些改进是必要的），并提供整个实施过程中的开放对话，从而能快速应对问题与挑战。

> **建议：** 请思考一下热电阀门的建议。虽然公司是化名，但它是在产品领域声名卓著的世界一流公司。我与公司领导共事多年，他们看起来总是比时代领先一步。因此当他们迈向一个新方向时，我有幸近距离观察和聆听。

6.7 重新解决困难问题

在敏捷–门径管理会议中经常会问到尖锐的问题，该会议可以发现针对制造产品的敏捷与门径管理方法的融合中的棘手问题和明显不一致的现象。这些不一致和问题是管理层最初对方法持怀疑态度的部分原因。某些问题是因为基于错误信息或缺乏对新体系的了解所导致的；其他问题更加严重，需要巧妙的行动。在这部分，我们讨论 10 个常见的实施问题及其解决方案。

> 经常出现尖锐的问题，发现针对制造产品的敏捷与门径管理方法的融合中的棘手问题和明显不一致的现象。某些问题是因为基于错误信息或缺乏对新体系的了解所导致的；其他问题更加严重，需要巧妙的行动。在这部分，我们讨论 10 个常见的实施问题及其解决方案。

1. 选其一还是两者都要的体系？

据发现，敏捷和门径管理体系对制造业公司来说是很兼容的，并且不能相互替代，也不能相互排斥。因此，这不是"二选一"的问题：混合模型集成了两个体系的最好之处。从实践来说，敏捷通常在已经高度成熟的门径管理体系中实施，就如同热电阀门公司那样。敏捷不是一个设计很差或实施不良的关口体系的解决方案，而是通过提供更快的变更反应、更好的可视化及更强的灵活性来支持一个功能完备的体系。

2．针对哪些项目？

敏捷-门径管理体系设计来应对面临灵活市场或变化客户需求的动态开发项目。信息不确定性和模糊性也可以通过新体系来很好地应对。因此，并不是每个开发项目都是敏捷-门径管理体系的候选项目。专职资源的需求也将很多项目排除在外。大多数公司将敏捷-门径管理的应用限制于其最重要、更大型、更具创新性或风险更大的开发项目。例如，在康宁公司，只有大型和重要的项目通过新的敏捷体系（大约20%的项目）并配有专职团队。但是康宁公司的多数新产品开发项目，其团队成员仍然分布在多个项目中。同样，在第 5 章引用的张伯伦案例中，因为专职团队并不对所有项目都可行，公司只针对更大型和重要收入项目的项目应用敏捷-门径管理方法，大约是开发管道中的20%。

3．针对哪些阶段？

敏捷通常最先在门径管理体系中的技术阶段实施（例如图 6.5 中的开发和测试阶段）。一般是技术人员首先得知敏捷：经常是，公司报告在其软件开发项目中应用敏捷所获得的积极成果，最初鼓舞技术人员尝试将这套体系用于实体产品（就像上面乐高案例所说的）。此外，敏捷迭代产生于可工作或可展示的产品版本适合新产品项目的技术阶段。最后，从资源角度来看，技术人员更愿意专注于单一项目，会使得实施更加容易。

除了显而易见的技术阶段，发现敏捷-门径管理在项目的其他阶段运行也很好（如同热电阀门的案例）。实际上，早期采用者报告这种新的方法应在整个项目中应用的目的是实现收益最大化。这包括图 6.5 所示的创意、概念和商业论证等阶段，甚至包括上市阶段。例如，丹麦的 GEMBA 创新公司在其敏捷-门径管理的版本中同时应用创意和概念冲刺。

例如营销人员或制造工程师等其他职能，可能发现最初很难适应敏捷的工作方式，也很难承诺专注于项目；但提供合理的培训、有效的变更管理工作，以及正确的项目排序和资源分配后，在整个项目中采用敏捷-门径管理体系的收益很快就显而易见了。专职时间对一些部门来说是一个问题。例如，一直承担多重任务的营销人员，可能在一个项目上承诺两周冲刺的专职工作量（也就是说，在一个项目上花 100%的时间，可能实施一次市场分析或客户声音研究）。

4．仍然需要测试阶段吗？

一些将要成为敏捷-门径管理体系用户的人质疑图 6.5 中的测试阶段是否还需要。他们辩解称："敏捷-门径管理自始至终通过开发阶段构建了许多迭代和客户确认环节，所以为什么需要一个单独的测试阶段呢？"这点说得很好，对于更小型、成本更低廉、更短期的项目来说，将开发和测试阶段合二为一是有意义的。在传统的门径管理体系中，这种做法已经存在了几十年（例如轻量级门径管理体系）。

但针对更大型、成本更高、更长期的项目来说，应用敏捷-门径管理体系，建议同时保留图 6.5 中的测试阶段及其"进入测试"关口。首先，远远不只是在测试阶段发生客户确认——不只是客户迭代的持续。更大的项目在这里可能有产品试验，包括生产设备（相关联的 CAPEX）的购买和委托、正式的和深入的外场测试或贝塔测试（具有潜在的法律承诺），甚至市场测试或试销。因此对管理层来说，在承诺生产设备或进入产品的半商业化阶段前，实施一次全面的项目审查是有意义的。欧洲的新产品专家彼得·福尔斯特也指出："与最佳实践相反，某些公司的研发人员在开发完成后就退出项目了，这种现象在下一个阶段是'上市'时尤为如此。在他们的思想中，'上市'是营销人员的阶段。一个合理的测试阶段包括技术、市场和销售的测试，保持团队在他们的开发成果于市场中真正测试之处携手共进。这提升了他们对于整个项目的承诺（不只是针对开发阶段）（我加上的重点）。"进一步来说，这些大型项目的开发阶段通常是很长的，因此对于高层管理者来说，在数月之后严格审查项目及其商业论证是很明智的。

如图 6.5 所示，在开发的收尾处构建一个关口——"进入测试"关口，是良好的管理实践。因此对于更大型的应用敏捷–门径管理的项目来说，这个"进入测试"的关口确实扮演了重要的角色，因此图 6.5 中的测试阶段应单独保留，并与开发阶段相区分。

5. 项目团队的组成

在某些公司里，项目中途被移交给一个"商业化团队"。这样做，团队会失去冲劲、知识、责任，以及项目的所有权或激情！相比之下，在敏捷–门径管理中，核心团队从项目开始到结束都保持完整无缺。也就是说，团队从游戏开始到结束都保持在场，这也是一种与门径管理体系的当前最佳实践相一致的方法（见第 3 章的成功因素 6）。

随着项目的进展，新成员可能因为需要而加入项目。例如可能在接近商业化阶段增加制造和销售人员。各职能领域的工作强度在项目期间显然会发生改变（产品设计者或开发者在项目中间阶段承担工作强度更大的角色），但为了确保持续性、所有制和责任制，团队成员在整个项目期间保持"在队"，一直到上市后评审。

敏捷–门径管理中的团队成员有令人期望的简历：他们是其职能领域的专家，也具备广博的通用能力。例如，一名产品设计师（一个人的专长）也能提供产品测试的支持。这样的团队成员在一起工作就成为一支真正的团队：他们能够"做好对方的领域工作"，而不是每个团队成员只单独做自己的有限的项目工作。实际上，具备这样简历的人是非常需要的，这样的既是专家又有通用能力的团队是很难找的。不过，理想团队成员的简历一直是目标，目的就是要培养真正的团队。

6. 关口的角色

刚刚接触敏捷–门径管理的人经常问的一个问题是："体系中仍然有关口吗？"人们可能觉得关口的概念是"相当刻板的"，与敏捷的"灵活"理念矛盾。并不是这样的：敏捷与项目中的严格通过/淘汰决策非常一致——裁决的关口。敏捷体系的灵活性存在于产品的可交付成果中，也就是说，在所交付的成果中有灵活性，而不是在通过/淘汰的决策结构中！

敏捷–门径管理体系与传统的关口体系的差异与灵活性正使人意识到和解决许多项目的现实问题，对更具有创新性的项目来说尤其如此。这些项目在一开始有高水平的模糊性和不确定性，也就是说，通常在前期不可能知道所有的事情。因此，产品可交付成果的不确定性由可接受的，甚至支持性的产品和项目范围变更来管理。只要这些变更没有影响整体的项目计划、预算和项目的财务吸引力。如果有影响，项目可能被标记为重新评估，而且有可能中止。回顾一下，产品未完项（产品定义）是高度动态化的；实际上，产品可能在项目审批点上只有 20%明确定义（在项目审批点上通常引用的范围是 20%～90%，但40%～60%的明确定义是更通常的说法）。因此，允许项目团队在项目期间不断学习和适应，但是在限制范围内的。

关口在敏捷-门径管理体系内继续扮演着重要角色（如同热电阀门的案例所说）。关口允许高层管理者定期审查项目，从而淘汰不良项目，并将资源重新分配给更好的和最重要的项目，目的是确保推进项目前行的必要资源得到承诺。请注意，关口不仅仅是一个质量检查点，它们也是资源承诺决策。通过这种方式，项目团队获得加速推进工作所需的人员、时间和资金。请注意，不充足的资源和项目团队成员过于分散是上市时间过长的主要原因之一（见第3 章的成功因素 5）。

关口也允许高层管理者跟踪项目的进度和按时绩效：何时在"长期的地平线"范围内交付产品？关口也因此一直是敏捷-门径管理体系中的关键部分，并保持明确定义。虽然每个冲刺有其自身的计划和时间表，也因此具有灵活性，整个阶段的更长期的时间表或计划却保持相对稳定。例如，在一家流程控制公司，高层管理者问敏捷项目负责人："这个产品什么时候能完成——什么时候能上市？"高层管理者得到的答案是："当它完成时，就可以完成了！"这个答案显而易见与敏捷-门径管理不符，也是不可接受的。实际上，新体系内的项目由完成里程碑的时间表来管理，这些里程碑清晰地定义了在提前确定的长期时间水平线上的项目进度。要承认的是，这个推进计划（行动计划）和时间表是相当高层级的，并且计划的细节可能随着时间而变化，但长期计划和时间表基本保持不变。

硬件与软件的关口？另一个与关口相关的常见问题是："针对不同的可交付成果，应该有不同的关口吗？例如，不一样的软件关口和硬件关口？"大多数用户发现针对同一个项目的不同方面有多个关口是很麻烦的，也是无益的：这样的结构只能给项目带来复杂性和模糊性。考虑一下同时涉及硬件和软件的新产品可能而又可笑的后果：软件把关者在其关口会议上淘汰了项目的软件部分；就在几星期前，硬件把关者却给出了积极的决策。项目的这两个部分相互依赖，因此需要一个共同的关口结构。唯一的独立关口结构的授权实例可能是两个开发项目并不是完全独立的。

7. 基于计划与运行中的计划，以及固定的和灵活的预算和时间

敏捷-门径管理中的一个显而易见的矛盾是以这个问题为代表的："如果你不知道产品定义，也因此没有一个翔实的开发计划（甘特图），怎么能审批项目的开发呢？没有开发计划，没有开发的成本估算？当然当开发成本不知道的时候，不能期望高层审批开发项目！"这个问题无论形式怎样都一样，是努力调和基于规划的方法（传统关口）和运行中计划的方法（敏捷）的结果。

彼得·福尔斯特说，"产品未完项"部分填补了传统的"产品定义"。请注意，产品未完项在项目早期并没有锁定，它因不确定性而变化。产品未完项（产品定义）随着项目进展和时间推进而不断演化。尽管如此，在一开始就需要高层级的产品未完项（虽然在某种程度上是实验性的），提供规划和项目审批的充分定义。（请注意热电阀门公司保留了它们的传统产品需求清单，但是一个更加灵活的清单。）

项目计划显示了一个同样的困境：针对整个阶段，从产品未完项开始到任务的"时间表"（两者都是在开发之初基于那个时间点的最好估计来创建的）。时间表与传统的产品开发计划（甘特图）相似，但它不可避免地是非常不确定的、高层级的进度或推进计划（处在图 6.5 中的"进入开发"关口，如上面第 6 条所说的）。以这个进度，预算或估算的开发成本就确定了。在某种程度上，它也是不确定的估算。考虑到变更的高可能性，阶段内的任务及由此产生的项目预算在项目的早期阶段肯定是变化的。所以管理层必须在成本和时间只是估算的时候，学会接受审批项目，而且还会不断变化。但是就如一个高层管理者所说："这里没有真正新的东西。我们一直在审批成本和时间不断变化的项目，它们一直是超支和落后进度的！"

随着时间的推移，不确定性不断降低。进度或时间和预算都变得越来越确定。一般来讲，最终预算可以在开发阶段结束的时候锁定（见图 6.5）。

8. 前置作业和早期阶段客户声音工作的需求

敏捷-门径管理的令人不安的潜在后果是，前置作业和客户声音的工作不再需要的错误理念——在这个传统的应有工作没有到位的情况下，我们就可以推进一个重要的项目进入开发阶段。常见的争论是"事情不断变化"，而敏捷-门径管理允许变更，并尝试提前严格定义产品和计划——只在后期看它们变化，是一种时间的浪费。

事情如何出现的问题说明（敏捷教练的话）：大型的瑞典施工设备制造商（上面的例子）"多年采用传统的关口体系，在前端做了很多工作，从而避免在有很多知识差距的情况下进入全面开发。但很难定义这些前端阶段的切实的、清楚的任务"。

当敏捷-门径管理被引入这家公司后，项目团队成员在项目审批前不再花大量时间吃力（通常是徒劳无益的）地做研究和客户声音工作。事情到了一个极端，设计工程师不喜欢做客户声音和市场分析工作，而新体系可能提供了不做任何所需而有价值工作的方便理由，也就是说，促进了考虑不周的捷径和有理智的懒惰。省略前端作业的诱惑在这里肯定是一个问题。要不是坚定思想的敏捷教练（他确保其项目团队仍然在能力范围内实施应用工作），无疑就会忽略重要的行动。

实际上，经常有关于在敏捷-门径管理的早期阶段，是否需要市场分析和客户声音来了解客户的问题。建议是询问客户需要的早期的客户声音研究，可以由项目后期的产品迭代和客户测试所替代。因此，一个观点是这些早期阶段的客户声音工作是不必要的，甚至早期阶段的技术评估也不再需要，只是因为随着项目向前推进，产品定义很可能显著变化。

这些争论虽然看起来是有吸引力的，但是相当错误的：敏捷实际上鼓励用多种方法来理解客户和用户的价值，并确保产品正确。因此，新体系仍然需要在早期阶段有正确的市场分析和客户声音，为的是给项目提供必要的基础，并引导项目朝向正确的方向。客户声音是开发至关重要的"产品未完项"的基础（见图 6.11，以及上述的条目 6 和条目 7），产品未完项接下来会生成"时间表"（项目推进计划或行动计划）、开发成本估算，以及获取项目审批的所有必要项目。

即使产品定义有可能变化，敏捷–门径管理也需要早期阶段的技术评估，这样开发者可以在仓促进入开发阶段前进行技术选项和技术风险的评估。

敏捷–门径管理体系的收益之一是不需要过度的技术和市场的前期作业，因此避免了频繁的"分析麻痹"的抱怨。也就是说，开发前收集的信息不必完美！开发阶段开始时的最初信息和假设、早期阶段作业的成果（见图 6.5）会通过接下来阶段的冲刺迭代来确认多次，即通过构建产品版本和与用户和客户一起测试产品，并进行技术概念验证的测试。

9．新角色和旧角色

敏捷引入了一些新的角色和角色术语。不过敏捷–门径管理的一些用户保持使用传统角色和术语。例如，就像上面强调的，一些像热电阀门公司的用户不使用敏捷角色"产品负责人"，而使用"项目负责人"，项目负责人是一名项目团队成员，负责领导项目。更大和更复杂的项目也可能有团队"项目经理"，这个角色与"新"敏捷教练很相似（见第 3 章，成功要素 6）。

在敏捷–门径管理中，项目负责人和项目或流程经理都是有价值和必需的角色，因此最好指派给两个不同的人：产品负责人或项目负责人，以及敏捷教练或项目经理。项目经理或敏捷教练通常能同时支持多个项目（取决于项目规模和复杂度）。对更小的项目来说，有时团队领导担任两个角色——负责人和项目经理。

10．管理开发管道

项目进展迅速，而且这么多变化快速发生，因此存在混乱和无秩序的可能性，所以高层经理如何占领整个项目开发管道制高点？敏捷–门径管理的非常积极的一面是其非常可视化的本质：该体系能生成项目内和跨项目的任务进展的非常棒的可视化效果。展示板包括在冲刺或迭代期间将要开展的活动或任务的确切细节、什么活动在进行中及由谁来负责，以及哪些任务已完成。在任何时候，组合负责人都可以进入项目房间，并且一眼就可以看到冲刺的进展、产品未完项的状态及排序的需求，而且可以看到开发管道里面的所有项目的以上情况。

甚至更加激动人心的是，应用虚拟软件工具来创建可视化展板。这样的软件不仅使公司能管理单个项目，也允许即时和实时地查看全面的项目组合。有这样的配置，经理可以运行包括所有项目的整个组合的分析，例如：

- 揭示项目间活动流程的差异，显示所有延误超过一周的活动，因此指出需要采取的立即行动。
- 显示由哪个人和哪个部门所负责的任务类型，对职员发展有用的信息。
- 探究实时的资源能力和使用情况（可能使用故事点数或按任务的资源消耗量的相似权重），从而提升组合内的能力规划。

因此在敏捷–门径管理体系中，组合负责人会更加主动积极。当发现麻烦或需要介入的时候，组合负责人会与项目负责人一起采取行动。从传统意义上来说，组合负责人被动地做出反应，并且这种反应是基于来自项目经理的定期更新信息或月度项目审查。这样的被动信息流会延误所需的干预行动。相比之下，有了敏捷-门径管理内置的增强可视度，问题可以马上定位，并立即采取介入行动。有时可在问题成为现实前就采取干预行动。例如，当趋势显示问题是不可避免的情况下，就进行介入（诸如当项目的速度开始降低，或关键活动发生延迟时）。

6.8 敏捷-门径管理混合体系的工作原理

门径管理体系的好处已进行了充分的研究，并且其广泛的应用也记录在案。对制造商来说，敏捷的好处是更鲜为人知的。敏捷-门径管理混合开发模型的有限经验建议，制造商其实可以从这个新的混合方法中获益匪浅；尽管在服务行业并没有敏捷-门径管理的研究，但并没有理由说明它不能在该行业有效。这里有一些关于为什么和如何做的结论。

> 了解产品需求和展望技术解决方案不会在开发前发生，但在敏捷-门径管理体系中这是作为项目开发和测试阶段的一部分来完成的——学会动态运行。

6.8.1 针对高度创新项目应对不确定和确认假设

大多数公司的新产品流程强调深入细致的前端作业，从而在开发开始前定义产品和验证开发项目。实际上，项目早期的合理的前端作业和客户声音工作一向是新产品成功的关键因素，但并不是所有项目都是完全可确定的。在一些高度不确定和模糊的项目中（那些在新市场和应用新技术的项目），没有大量的客户声音工作、技术评估或市场分析，就无法在开发阶段前应对所有的不确定性，也无法确认所有的假设。要理解什么是客户价值，以及什么从技术上可行但只能通过实验来达到。

在敏捷-门径管理中的快速冲刺迭代鼓励实验和测试——创建一些东西，与客户一起测试它，在实验室中实验，并修正想法。就像第 5 章引用的惠普敏捷模型的案例（或者如图 5.12 中新一代体系所记录的），产品在进入开发阶段时可能只有 40%明确，但通过这些迭代不断演进和完善。用这种方法，关键假设可以得到确认，主要的不确定性可以得到应对，但要随着项目进展实时地加以控制。因此在开发前通常不会了解产品需求和演进技术解决方案，但在敏捷-门径管理体系中作为项目开发和测试阶段的一部分来完成——学会动态运行。

同时，这也是对客户的学习过程。需求对客户来说也是很难明确表达的，尤其是在项目开发的开始，以及更具有创新性的产品和解决方案的情况下更是如此。项目一路走来，不断观看和评论原型概念的产品，可以帮助客户理解和定义他们的需求。

6.8.2 适应性——应对变化的需求

当客户的需求发生变化，或者新产品需求在开发过程中只有部分清楚时，固定产品定义的传统关口模型就不能快速和方便地应对：它们只是不具有适应性。例如，一旦产品规格"定型",任何设计变更请求都视为非常消极。

相比之下,通过冲刺来构建早期的产品版本或原型概念(模型、计算生成的图像或快速原型)敏捷-门径管理更加具有适应性:如果产品需求发生变更,那么产品设计所需的修正可以在开发阶段变更成本更低的时候尽早实施,这很像精益创业模型中的战略枢纽。例如在第 2 章,我们看到欧洲 B2B 制造商的研究表明,产品平均会经历 3~4.5 个版本(从早期模型到原型)。在开发和测试阶段,展示给客户并与客户一起确认设计(然而像 IDEO 这样的产品创意和设计承包商,每个项目会与客户一起平均迭代 15 次!)。

6.8.3　聚焦团队、加速开发、提升沟通

在敏捷-门径管理体系中,项目团队要贡献一个项目,从而确保有充足的资源来完成工作。在传统的新产品开发中,平均只有 11.4% 的公司有聚焦(专职)的项目团队(见图 3.8),并且只针对某些项目。敏捷开发非常强调专职团队方面,保证团队真正贡献于每个重要项目。单单这一步就可以显著地提高开发速度,并可以提升关键任务的执行质量。

此外,时间盒冲刺甚或冲刺内的时间盒任务,都可以给开发项目带来紧迫感。在敏捷开发中,所有的事件都是时间盒式的,这样每个事件都有一个最大的持续时间。也就是说,一旦冲刺开始,其持续时间就固定了,并且不可以延长。项目团队在每个冲刺的开始承诺确定的可交付成果,接下来就被期望在达成一致的时间框架内完成交付。至关重要的是在精确的适当时间内(包括缓冲)进行所需的任务。[从实践上来说,项目团队在冲刺一开始估算所有任务的时间,允许每人·天有 6 小时(一天 8 小时工作时间),也就是假设 75% 的时间有效率。]

这里的关键点是要有稳定的工作流,避免匆忙做事或陷入最后关头的恐慌(用于软件世界的负面术语"功能填鸭")。此外,稳定、强劲和反应敏捷的心跳概念创造了项目团队的韵律,并且使项目以确信和稳定的节奏前行——保持团队势头。

最后,专职团队(不是分散到其他工作或其他项目)、全体团队驻留的专属团队房间,以及面对面的每日敏捷都促进了大为改进的团队沟通。敏捷的每个研究(无论是针对软件还是实体产品的)都报道了这个好处。很多公司在全球化分布的团队中实践敏捷-门径管理体系的做法与集中办公团队非常类似,应用很好的 IT 系统,这样团队会议(每日敏捷)看起来就像在同一个房间发生的一样。

6.9　向前迈进

早期的证据尽管相当有限,却是令人鼓舞的。这种新混合体系的领先用户都满腔热忱。在所有引用的案例中。公司都扩展了混合模型的应用范围,并为交付的成果感到满意。实际上,将敏捷开发方法集成到门径管理体系中,由此产生了这个新的敏捷-门径管理混合模型,可能是从 30 年前门径管理体系问世以来,新产品流程的最令人兴奋和显著的变化。

> **建议**：如果你的业务面临着很大不确定性的动态市场——变化迅速，并且客户未确定他们想要的，那就仔细观察一下这个新的敏捷–门径管理方法。早期的成果是非常有希望的：更快、更富有生产力、反应更敏捷的产品开发。的确，这个方法可能与你当前的工作和思考方式相矛盾，而且它也确实不能适用于所有公司、所有项目。此外，它并不像将敏捷从软件世界里空投到你当前的关口体系那样简单：大量的调整与修正（许多在上文已经强调了）是必要的。

首先确保高层管理者的承诺！敏捷–门径管理涉及明显的文化变更，因此管理层——中层和高层必须共同参与。再者，建立任务小组来研究新模型如何会及如何能应用到你的业务中。让你的任务小组提议所需的变更：你将如何调和动态规划与基于规划的方法，在开发初期你的"产品定义"应是什么样子或"完成定义"应是什么。接下来，做出承诺并开展几个试点项目，并在你前进的过程中，不断修正敏捷和传统结合的新体系。如果像其他公司一样采取了这里所说的前几步，你也会深深获益。

第7章

发现——寻求突破性创意

> 缺少资金不是问题，缺乏创意才是问题。
>
> ——肯·哈古达（Ken Hakuta），美国发明家、作家、著名电视人

7.1 缺乏具有轰动效应的新产品创意

大部分企业并不缺乏创意，缺的是伟大的创意！最近的数据表明，企业不是在追逐突破性新产品，而是正好相反。我们在第 1 章曾经讨论过，企业新产品开发组合已经发生了巨大变化——不再做那些更大胆的、更大型的、更具创新性的项目，而是更多地在做更小型的、风险更低的项目（见图 1.1）。显然，如果企业持续地把小型的、渐进式的产品和项目作为重点，那么是不可能完成其艰巨的产品创新目标的。

要想通过产品创新寻找竞争优势，并在销售和利润上取得显著增长，必须在项目组合上有所改变。要做到这一点，就需要大胆的、创新性的新产品创意——一些真正具有颠覆性、具有轰动效应的创意。一项关于创新的重要研究，从众多管理实践中找出了五个最佳实践，包括拥有一个从创意到上市的流程（产品开发流程）、技术和资源管理、创意管理、创新战略及市场洞见（见图 7.1）。在这五个最佳实践中，创意管理影响力最大。有效的创意管理甚至可以为新产品带来额外的 7.2%的销售增长率！

填充创新漏斗

> 在五个影响企业新产品绩效的最重要因素中，创意管理的影响力最大。

一项新产品创意能够触发企业的门径管理体系，换句话说，当技术可行性与市场需求及市场预期相匹配的时候，就会启动新产品管理体系。一个好的新产品创意足以成就一个项目或给一个项目带来突破，因为创意是创新流程的"原材料"。但是，不要期待一个"完美的"新产品流程可以弥补缺乏好创意带来的缺憾：如果在起点上创意就乏善可陈，那就不要指望你的门径管理流程可以力挽狂澜。

创意生成非常重要，我在门径管理体系中把它作为一个独立的阶段，命名为发现阶段（见图 4.11）。在本书的早期版本中，"产生好的创意"被视为门径管理体系的已知因素或者被描述为"灯塔"：人们总是认为有数不清的创意在那里等着被进一步开发。对某些公

司来说，这种假设也许是真实的，即使是真实的，这些创意的质量也普遍较低——都是些小创意。因此，一个成功的新产品开发的关键，是设计并建立一个有效的创意生成体系。

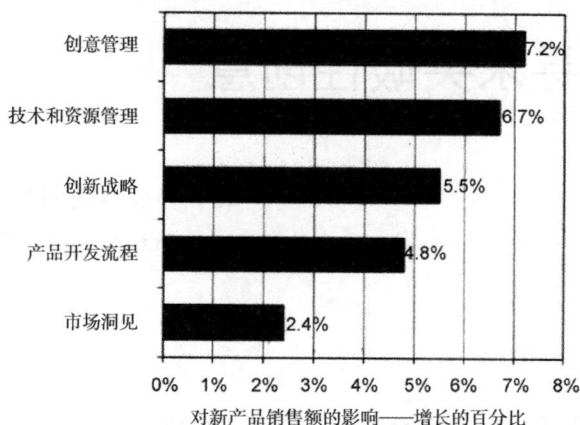

图 7.1　影响新产品绩效的五个最重要因素

> **建议**：审核一下公司的新产品开发管道，是否缺乏真正伟大的项目，这些项目或者会带来高额回报，或者对公司的业务会带来重大影响？如果是，那么很可能是由于公司忽略了流程的发现阶段。公司需要自问几个问题：公司的新产品创意是从哪里来的？它们应该从哪里来？这些创意好吗？公司征求创意的积极性高吗？公司有新产品创意生成体系吗？如果这些问题难以回答，别担心：本章提出的建议将有助于公司改进创意生成。

7.2　起始点：产品创新和技术战略

有效的创意生成的先决条件是，公司制定了一个产品创新战略。这个战略定义了战略重点领域（也称战略竞争领域），简言之，就是公司想在哪个领域集中研发力量，从而想从何处寻求创意。因此，产品创新性开发和技术战略对创意过程起到了关键性作用。

目标是定义、选择战略性竞争领域，一方面确保具有吸引力（大型、不断扩张的市场，竞争少，有充足机会开发新产品），另一方面又可以在该领域利用公司的技术、营销及生产等核心竞争力，以取得竞争优势。希望你的选择能成为下一个发展引擎——好似贫瘠沙漠中的"绿洲"，硕果累累，富含伟大的新产品创意！

这些竞争领域将成为公司创意的"搜索源"。要想获取创意和机会，重要的是划定搜索领域或战略性竞争领域，因为它可以明确边界，更关键的是可以排除界外干扰。这种界定使得公司寻求伟大创意的方向和重点更直接、更明确，因而也更为高效，因为你避免了传统的创意搜索过程经常采用的"霰弹枪法"。你的创新战略还能为新创意提供验证：每个关口会议的首要问题是"这个创意和我们的创新战略一致吗？"。没有定义明确的创新战略，公司很难正确地选择项目。关于创新战略和发现并正确选择战略性领域的更多内容，详见第 10 章。

7.3　建立一个创意捕捉和处理系统

创意好似挂在藤上的葡萄！如果没人采摘，果实会枯萎。我曾多次听人说："我们公司不缺创意。"当我追问"它们在哪里？"时，对方却一脸茫然。这些创意存在于人们的脑海里、电脑里、文件夹里。所以，不管创意来自哪里，公司必须建立一个机制来捕捉和评估创意，然后推进有潜在价值的创意。图 7.2 是典型的创意处理模型。所以，公司首先要做的是建立这样的创意管理体系，正如图 7.1 所示，这是一个具有强大影响力的最佳实践！

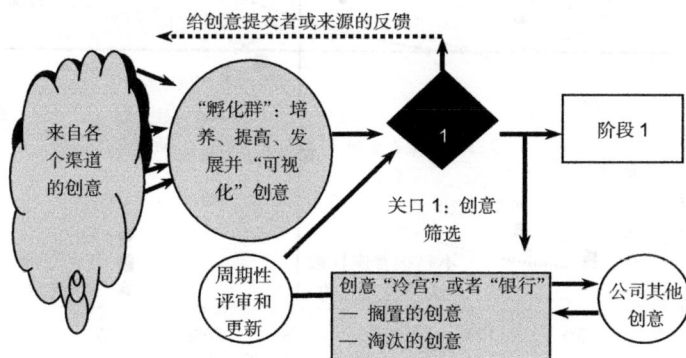

图 7.2　设立一个创意管理系统——一个系统化的创意捕捉和处理流程

要抓住创意灵感的源泉，在公司内部和外部，通过建立沟通渠道或"创意流水线"来激发创意流的形成。这些"创意流水线"可以是促成高校与公司互动，开展正规市场调研，也可以是在员工中开展创意比拼。下文将具体介绍如何获取最好的资源和方法。

接下来，考虑建立一个创意"孵化群"（见图 7.2），在这里，刚生成的创意得以"呼吸"和"发育"。然而，创意直接被提交到公司评审或关口会议时会出现这样一个问题，因为很多好的创意还不成熟，所以会即刻遭到淘汰；最好的创意往往是最脆弱的！图 7.2 中所示的"孵化群"接手这些创意，在关口评审之前就开始梳理和完善创意。所以，当这些不成熟的创意到达筛选阶段时，已经略为优化。

接下来，是决策关口或创意筛选：关口 1。在这里，最优创意一经选出，将进入阶段 1，其余的打入创意"冷宫"（Idea Vault）——这些是遭淘汰的或待定的创意。有些公司已经购置创意管理软件，允许其他员工通过软件了解"冷宫"中的创意，并提出建议，这个开放系统很像在线博客。

7.4　最佳创意的来源

当前任务是确定创意的潜在来源：好创意源自哪里？更重要的是，它们应该从哪里来，你错过了哪些有价值的创意来源？我们正好拥有 18 种关于新产品创意来源的相关数据，数据显示了最普遍和最有效来源的差异，如图 7.3 所示。（普及程度的衡量方式是采纳该来源的公司数量百分比，由横坐标显示。图 7.3 的纵坐标显示每个激发突破性创意生成的方法所获得的有效性评分，但是只有该方法使用者才可以参与评价。）

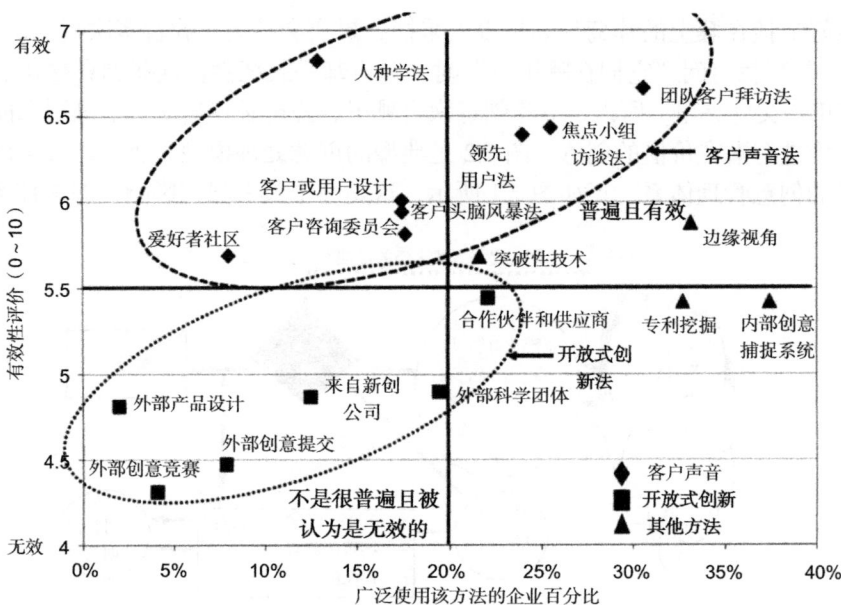

图 7.3　创意生成四象限显示了 18 个创意生成方法中每个方法的有效性和普遍性

7.5　客户声音法

图 7.3 中的创意图重点强调 8 种客户声音法，包括人种学法、焦点小组访谈法及领先用户法等。有些客户声音法被广泛地使用，其中最受欢迎的是团队客户拜访法（团队讨论组可以确定客户问题）和领先用户法（见图 7.3 上方圆圈中菱形标注的方法）。人种学法、建立爱好者社区、让客户协助设计产品等其他新方法，不是特别受公司的青睐，却非常奏效。

然而，不管客户声音法的普及程度如何，它在有效生成具有突破性新产品创意方面得到许多使用者的高分评价，囊括最受好评的 5 种方法。大多数的客户声音法效果的确不错，获得了来自使用者很高的有效性评分，如图 7.3 象限图的上半部分所示。下文将按有效性排名从高到低的顺序，分别介绍客户声音法的不同方式。

> 客户声音法是最普遍且被评为最有效的新创意来源。

7.5.1　人种学法

如果你想研究大猩猩，焦点小组访谈法或许帮不上你；就大猩猩的问题咨询销售人员或进行在线调查，同样无济于事。真正需要使用的是实地调查法——买好帐篷和背包，就像人类学家简·古道尔（Jane Goodall）那样潜入大猩猩的群落。

人种学法是营销过程中用来描述人类文化学的一个术语，包括跟随消费者进行实地调研或用更长时间来观察消费者，当消费者使用/甚至误用产品时，他们会进行观察和调查。尽管在产品创新的相关文献中，人种学是一个很热门的话题，然而在使用者中，该方法并不受青睐，如图 7.3 所示，位置落于左上象限中。人种学法在创意生成过程中的应用具有局限性，在普及程度方面排名第 13 位，只有 12.9%的公司广泛地采用该方法。尽管普及不广，这种方法的有效性得分却位列榜首。

案例：作为普瑞来（Purell）洗手液的制造商，美国戈乔（Gojo）公司曾认准一个巨大的消毒用品潜在市场，那就是美国军队。军队在维护士兵身体健康方面困难重重：糟糕的个人卫生条件容易使人生病，进而影响军队的整体战斗力。第一批销往军队的产品是便携装普瑞来免洗消毒液（市面常见的口袋便携装，透明瓶身，白色瓶盖）。原以为士兵可以轻松地把瓶子塞进背心口袋，战场

> 在所有客户声音法中，人种学法或许可以为客户难以满足和难以描述的需求、应用、问题方面提供最大的启示。因此人种学法是获取突破性创意的强大来源。

上随用随取，还无须用水；虽然商机不错，但是因为产品不对路，执行军事任务期间，种种负面评价从战场传来。

当时公司急需补救措施。为了弄清楚问题所在，项目团队成员采用人种学法。他们当然没有获准在中东前线观战，而是融入海军新兵集训营。受训士兵按要求使用该产品。戈乔公司人员从中发现了产品的诸多漏洞：首先，产品易碎，当全副武装的士兵卧倒时，瓶身易破裂，消毒液溅满一身。另外，正方形的瓶底无法放入紧身背心的口袋，所以携带体验并不舒适。还有，在夜间巡逻时，白色的瓶盖容易暴露目标。最后一点，产品设计看起来没有"军人硬汉气概"。

通过实地考察，项目小组弄清了问题所在，并着手为产品进行改进升级，于是就有了后来的普瑞来军队专用锻钢瓶消毒液。这次，消毒液看起来更像军队用品了（叶绿色瓶身，雕有浮饰，与制服颜色更接近），而且瓶子材料很结实，V 字形瓶身，灵巧轻便，更贴合口袋和背心袋的设计；侧面把手的设计便于单手使用。还有其他特别之处，比如，拥有有利于夜间工作的低红外信号，有抵抗极端天气的性能。产品完美的设计深受士兵欢迎，销售取得了巨大成功。

尽管人类文化学这类研究已经出现几十年，但是在发现未知需求方面，人种学法还算新颖。它的主要优势是公司可以获取知识的深度。因此，在探究难以满足和难以描述的需求、应用、问题等方面，人种学法在诸多方法中脱颖而出，给公司提供了最具内涵的洞察力，所以人种学法是获取突破性创意的强大来源。

该方法的主要缺点在于方法本身深奥，实施起来耗时，成本高；另外，看它的回报和高居有效性榜首的排名！公司可以通过缩短走访每个客户地点的时间来节约时间，如手持设备制造商福禄克（Fluke），在其"体验消费者的一天"的研究中，公司在每个消费地点需用一天的调查时间。

另外，需要注意一点，观察法极其依赖观察者的水平。如果公司员工缺乏观察和聆听

技巧，或者不擅长推断和整合信息，那么观察法就会失去有效性。所以，公司需要这方面的人才和相关培训。

此外，人种学法不一定适合所有类型的产品和市场。比如，在建筑工地或工厂、医院进行人种学研究是相对可行的，但是对于在厨房或浴室中进行实地观察，就颇有挑战性。事实证明，尽管使用率低，还有一些局限性，但人种学法的确好用，强烈推荐给你！

7.5.2　团队客户拜访法

这里，团队拜访消费者或使用者；他们一般采用深度访谈，该方式主要基于精心准备的访谈大纲来探究使用者对新产品的疑问、需求和期待。该方法在普及度方面位列第四，目前被 30.7% 的公司广泛采用。然而，请关注一点，即在普及度和有效性方面，它高居榜首——在图 7.3 的最右上角处。

在实际运用中，客户所在地点已确定，而且也同意公司对他们进行访谈。如果是业务对接客户，公司访谈者会尽量安排可以接受访谈的客户小组，也被称为具备购买力的重点客户。典型的访谈团队是跨职能的三人组合——分别来自市场、销售和技术部门。技术人员必须参与访谈，他们也可以借此获得面对面了解客户的机会（而不是得到二手或者被筛选过的信息）。

当进行访谈时，一份结构清晰、精心准备的谈话大纲是十分必要的。这份大纲的作用是合理安排问题和话题，确保访谈的完整性和一致性，并且提供记录对话的停顿时间。在访谈过程中，他们会探究客户的疑问、"槽点"、需求、功能和所寻求的产品优势，而不仅仅局限于产品本身的特点和规格。因此，最好的问题是间接且可供推理的。

例如，"夜晚，当躺在床上的你想到这个产品的时候，是哪个功能让你夜不能寐？""使用该产品时，最让你恼火的是什么？"

一旦访谈完毕，访谈团队应该实施一次非正式调查，和确实在使用新产品的消费者相处一段时间。通常，通过观察他们对产品的使用、误用或对产品的滥用，公司可以洞悉更多未知的客户需求。

案例：利用客户拜访团队了解客户心声可以挖掘到许多新创意，这些创意最终使硬面加工锯钻领域研发出了新产品。Dr.Fritsch GmbH 是一家小型德国企业（大概由 100 人组成），年销售额约为 120 万欧元。该公司制造生产机械产品，主要销售对象是生产钻石硬化工具（磨轮、锯片、钻头等）的客户。任务是在公司核心市场中为新产品收集更多信息。客户声音研究的目标之一是发现更多关于客户所用产品、产品流程和客户要求的信息，进而了解更多客户对机械类新产品的要求。

首先，团队会对预期结果进行推测。这个过程很关键，因为销售人员经常说："我们早就知道客户声音调研的所有结果。"其中一个推测是中国台湾客户介绍给他们的某个新产品及钻石镶嵌技术（Arix）不会取得商业化的成功。

由 2~3 人组成的跨职能团队在全球范围内进行了 30 次客户拜访。在团队拜访客户之前，他们拟定了一份客户拜访"指南"或大纲，拜访团队中的每个人在正式拜访前都经过了相关培训。问题的核心内容是客户和用户的需求、疑问、争论点和他们面临的挑战。经过拜访，团队得到了很多领悟和新发现：有一个重要的发现是在切割部分，镶嵌钻石对客户十分重要，而且，Arix 的新技术确实让市场中的拥护者打消了疑虑。

随后，18 名相关人员召开研讨会，对客户声音调查的结果进行凝练，随之而来的是创新力（头脑风暴）会议，带入客户声音调查的结果，最后产生了大概 80 个创意；这些创意被提炼成 7 个"热门主题"和初步概念。前期工作负责处理这些概念，然后通过二次评估，把这些概念精简成三个。公司最后挑选"理想产品"（现在称为 DiaSet），这是一种能够自动镶嵌钻石，产生新产品所需的钻石排列技术。随着产品的概念定义完成，Dr.Fritsch GmbH 面临的一项技术挑战是研发一种技术运用到公司的烧结机，以便镶嵌前帮助客户高效地切割分块。由于首先了解了客户需求和要求，技术工作目标清晰，解决办法顺畅高效！

这个案例有几个值得注意的地方：第一，该公司是一家规模相对较小的公司，因此，实地走访团队的客户声音法不只适用于大公司。第二，这是个技术性很强的产品类别：公司能够，甚至应该为这样的产品做有效的市场调研，而不只是局限于简单的客户订单产品。第三，这个调查是在全球范围内展开的——不是集中在一小部分邻近、容易采访到的客户。接下来，公司举行董事会级别的研讨会来解读调查结果和客户声音调查所得到的启示（大多数情况下，当研究者自己分析调查结果时，总是出错）。第四，我们注意到，团队的思想理念比较开放，所以当反馈的客户声音调查结果与最初的假设发生矛盾时，他们的态度和意见会发生 180 度大逆转（很多时候，当客户声音调查结果与产品经理或销售团队的意见不一致时，研究本身会被大家抨击为"差劲的研究"）。第五，在设计和实施研究和研讨方面，这家小型德国公司的确寻求了帮助，并通过设计和开展研究和研讨会得到了专业的帮助。

作为客户声音法的一种实现方式，深度客户访谈有很多优势。因为客户拜访是一种实地调研方式，对于真正洞悉客户心理很有价值。使用者认为该方法的主要优势是能在这些访谈期间确定、抓准消费者的问题及未说出口的需求，这是新产品创意的重要来源。此外，公司可以和客户发展更为紧密的联系。因为访谈的结构灵活、问题具有开放性，所以团队能创造机会获得出乎意料的回答，这些可能无法通过定量研究方法获得。最后，利用跨职能访谈小组可以促进对客户需求和期望的理解和共识。

> 团队客户拜访对于真正洞悉客户心理很有价值：能确定、抓准消费者的问题及未说出口的需求，这是新产品创意的重要来源。

这种方法的第一个难点在于让客户配合公司访谈：同意参与访谈，腾出时间，并提供诚实的回答。但愿大家的销售人员和分销商都和顾客保持着良好的关系，并且能够巧妙地借助这种关系促成客户访谈。如果访谈所设计的问题范围同样被顾客重视，那么访谈是"双赢"的局面（注意：如果顾客没有这种心理，这强烈地暗示着问题设计有偏差）。客户要成为项目中有价值的合伙人，因为他们也会解决问题。

第二个难点在于找到时间和资金来完成这个有价值的研究（在不同客户地点进行深度访谈比其他方法更费劲，并且要出差），培训这些访谈者，还要设计一份包含恰当问题的完整访问指南。我经常听到研发者说："我没时间，也没钱去完成这样的访谈，真的耗不起。"我答道："不去这么做，你更耗不起。"具有讽刺意味的是，这些研发者已经做好准备自掏腰包、花费数月去研发新产品，却不愿花零头去通过客户访谈打好研发基础——了解客户需要和问题所在。

第三个难点在于应对质疑的声音：已经知道结果，何必再去研究（前文案例中也有提及）。要像案例中的德国公司那样，在调研之前把期待和"预测"写下来。这样经常会推动我们走向更有意义的顿悟和改变，也就是客户声音研究的最终结果。尽管困难重重，但客户拜访法值得被强烈推荐！

7.5.3　领先用户法

在 20 世纪 80 年代，客户声音法就已经出现了，但在 21 世纪才流传开来。这套方法的理论是：第一，客户对公司接下来的新产品有所了解；第二，如果公司和普通客户合作，那么得到的也是普通的创意。但是，如果公司精心挑选一些富有创新或前瞻精神的用户，与其进行密切合作，那么公司有望得到更具创意的新产品。希佩尔（Eric Von Hippel）的研究表明，很多重要的商业产品最初都是由用户想到的，甚至完全由他们构思出模型，而不是供应商。希佩尔还发现，这样的产品通常是由"领先用户"研发的——这里的领先用户是指创新的公司、组织，或者走在市场潮流尖端、需求远远超过普通用户的用户个体。这种方法的关键在于追踪那些少数的领先用户（走在前沿的用户）的使用轨迹。

领先用户法有四个主要步骤：

（1）明确目标市场和公司在目标市场的创新目标。

（2）确定趋势走向：与在本领域对新兴技术和尖端应用具有开阔视野的人交流。

（3）通过网络或调查确定领先用户。在网络方面，首先，公司简略地向具备相关专业知识的人解释公司的诉求，例如，专业研究人员或研究过相关话题的人员；随后，公司转向更专业的人士寻求指点。通常，以上工作要在接触到目标市场前沿的用户之前就完成。在调查方法方面，公司首先确定客户和用户群体，然后联系他们，如打电话咨询。一份精心准备的调查问卷应试图识别更多的创新用户，比如，对于一家工具公司，可能问："你们是否改进过工具？""你们是否尝试过制造一个更好的针对这种用途的工具或夹具？"

（4）寻找突破口：邀请已确定的领先用户、内部核心技术人员和营销人员举办一场研讨会。参与者首先以小组为单位，然后整合在一起，一同确立最终的产品概念。其间可以使用一般的小组讨论方法，如头脑风暴法、逆向头脑风暴法，但不同之处在于，与你共事的是一群"不同寻常"的人——一群富有创造力和创新能力的人。

这种方法的定位接近于深度焦点小组访谈法（见图 7.3）。事实证明，这种方法也广受欢迎，被 24%的公司全面采用。此外，这种方法也十分奏效，在用户平均使用榜中位列第四。

案例：喜利得集团（Hilti）作为一家欧洲拆卸、固定、混凝土钻孔设备制造商，也在广泛使用领先用户分析法。首先，确定领先用户——在建筑或拆卸领域领先且富有创新精神的客户。在此，喜利得集团一线销售团队提供了导向性线索。然后，喜利得集团创新管理部门邀请这些领先用户参加周末休闲聚会——他们一边观察一边倾听，尝试去理解领先用户的问题。这些来自领先用户的建议和潜在的解决办法成为新产品概念的雏形。喜利得集团的管理层声称，对于集团海量的产品群而言，这种领先用户法太奏效了。

> 创新型客户很可能拥有该行业的下一代新产品，而这种领先用户方法是展示该产品的一种途径。

这种方法的优势在于，那些创新型客户，很有可能帮公司研发出下一个新产品，而这种方法就是揭示新产品的一种途径。图 7.3 的结果显示，该方法确实奏效。这种方法的主要挑战是，识别创新型客户，让他们参加公司以外的研讨会，然后合理组织并运作研讨会。中间人转介绍是一种识别创新型客户的方法，但是这可能有些烦琐，也有不确定性。北美洲的 3M 公司使用领先用户法获得了喜人的成果，并且引领了重大突破，因此，领先用户法值得推荐！

7.5.4　客户或用户设计

最近几年，这种新颖的方法备受关注，并且，在新兴的 IT 和网络工具的助力下，这种方法在某种程度上已经成为可能。在这种方法中，公司邀请客户或用户来帮助产品开发人员设计下一个新产品，如此一来，他们可以提供有利于显著改善产品的建议。目前，虽然"客户设计"方法并没有广泛应用，但就效用而言，它仍然名列第五（见图 7.3）。

案例：见证一下乐高基于网络的"数字设计师"活动——允许用户及其子女登录网站，然后设计个人定制化的乐高积木玩具。用户的子女从"数字设计师"网页上下载一个简单的 CAD 软件包，就可以设计出自己的乐高玩具模型。无论是公司还是用户，这都是一个双赢的活动。那些年幼的设计者成为"总设计师"，创造属于自己的设计——就像在《乐高大电影》（The LOGO Movie）中一样。他们可以和乐高艺术馆（展示孩子们的设计品的地方）中的其他"爱好者"一起分享创意并交换意见。最重要的是，乐高产品研发团队可以直接获得大量的好创意——基于目标客户群体的最真实想法！据最终统计，乐高艺术馆共陈列 2 300 面展柜，每面展柜收录 20 件作品，乐高公司可以从这近 50 000 件作品中寻求下一批新产品的创意！

一项重要的研究发现，总体而言，消费者在生成重大创新创意方面的创新能力要比生产者高出 2.4 倍，消费者的平均创新成本只有生产者的 42%。研究发现，在创新领域的初始阶段（这种情况随着对领域的熟悉而发生改变），消费者比生产者更多产且更为高效。

这种方法的一大优点是，这些用户处于最好的位置，为下一个突破性的新产品提供设计，因为他们知道自己需要什么和想要什么。但是，这种方法只适用于一些特定的产品类型。如果让用户设计超越知识水平的产品，如药物、航空航天设备、电子通信设备，这种方法就不起作用了。但是，它确实对某些产品类型奏效。此外，这种方法还面临一个挑战：如何利用有效的基于网络的工具包来让那些用户设计产品。

尽管这种方法未能广泛普及，但是"客户设计"方法值得推荐给一些特定的行业和产品类型。

7.5.5　爱好者社区

公司通过跟进社交媒体和博客，往往能够洞察客户和用户的关注热点和需求，从而收获意想不到的创意。此外，可用社交媒体发送推文至企业在线社区以征求新产品、解决问题的建议，甚至检验最初始阶段的概念或想法。在此，可运用"网络人种学理论研究"或"网络民族志理论研究"法。

例如，"网络人种学理论研究"是人种学研究的方法，只不过它发生在网络上：当人们在博客或在推特上发表东西、向公告栏投稿时，公司就会"倾听"这些内容。通过分析稿件，公司可以确定主题、问题和潜在的产品新理念。

案例： 德尔蒙（Del Monte，美国）食品公司（宠物食品分公司）通过使用网络人种学理论研究取得了成功。该公司的第一步是推出"我爱我狗"倡议。公司收集并分析来自在线博客、论坛、留言板的数据，确定宠物食品市场的主题和最新走向。最重要的是，它明确了一个核心板块："狗类，也是人类的一员"——主人就像对待人类一样对待他们的爱宠。

接下来，德尔蒙食品公司成立了一个在线社区——"我爱我狗"，专门为了与客户持续交流互动而设计。该社区实行邀请制（"狗是人类的一员"板块邀请了 500 名客户），并且设置了密码保护。这个社区确保德尔蒙食品公司能够深入地倾听和了解客户：客户讨论问题、发布博文、记录聊天、分享照片、发现资源，并参与调查。公司发现，该板块的主人就像对待人一样对待他们的狗：给它们盛装打扮，把它们放在婴儿车中带着它们闲逛，甚至给它们置办宠物家具；他们还给狗喂人类的食物。所以，如果主人的菜单上有牛排，那么狗也会吃到牛排！但是，对在线社区讨论的内容分析显示，狗的早饭是个问题——给狗喂培根、香肠和鸡蛋？结果，新产品应运而生：满足顾客需求的"狗狗早餐"（Sausages Breakfast Bites）诞生了。

爱好者社区作为创意来源并不受公司欢迎，只有 8%的公司采用了这种方法。同样，在 8 种客户声音法中，这种方法的效用评级最低（在效用排行榜中位列第九名），但是其效用仍然高于平均水平。

这种方法的主要优势在于，一旦社区建成，其维护成本可能相当低廉。就像德尔蒙食品公司那样，通过分析评论和留言，公司就可以洞悉用户社区正在发生什么，以及用户的问题和需求。这种方法所面临的一个挑战是，它需要相当好的技巧、深刻的洞察力和大量的时间来分析收集的内容。另一个挑战是，这种方法可能只适用于如运动器材、电脑软件、宠物等具有高参与度的少数产品类别。对于这些产品，客户可能聚集成爱好者小组或俱乐部。尽管这种方法的使用率很低，但是可以考虑将其运用到合适的产品类别上。

7.5.6　设计思维

设计思维将许多已经经过验证的方法结合在一起。这是一个利用设计师的共鸣和手段将人们的需求与技术上可行的东西匹配、与可转化为顾客价值和市场机遇的东西相匹配的专业设计方法。设计思维创新法是通过彻底领会、直观观察了解人们的生活需要和需求，以及他们喜欢或不喜欢特定产品的制造、包装、营销、销售和支持方式。

实际上，设计思维只是运用逻辑的方法来研究客户或用户，以确定他们的需要和需求，然后运用自己的技术或设计技能，以迭代的方式创建一系列可测试的原型。结果是得到一个经过验证的强大的产品概念，以供开发。

然而，在大多数公司中，这套"逻辑方法"并没有那么好用：可能要确定战略领域——重点领域，包括去完成包含网络人种学法的市场研究，以确定客户的需求；但是当遇到一个经过预先测试的、稳健的、以待开发的创意时，问题就出现了，如图 7.4 所示。整个过程阻碍重重！

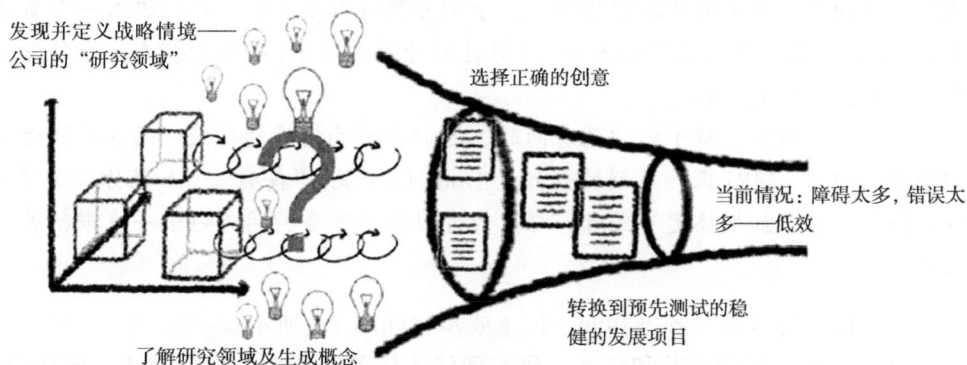

图 7.4　大多数企业的现状——已经确定战略领域，但是在扎实、检验、
稳健的发展思路上仍存在一些差距

答案是"将设计思维模型叠加在门径管理体系的早期阶段，结果会好得多"，新产品专家 Angelilca Dreher 博士认为：这是一种有效的方法，从战略情境到需求，到可测试原型，并且最终得到一个扎实、通过局部验证的待开发创意概念，如图 7.5 所示。

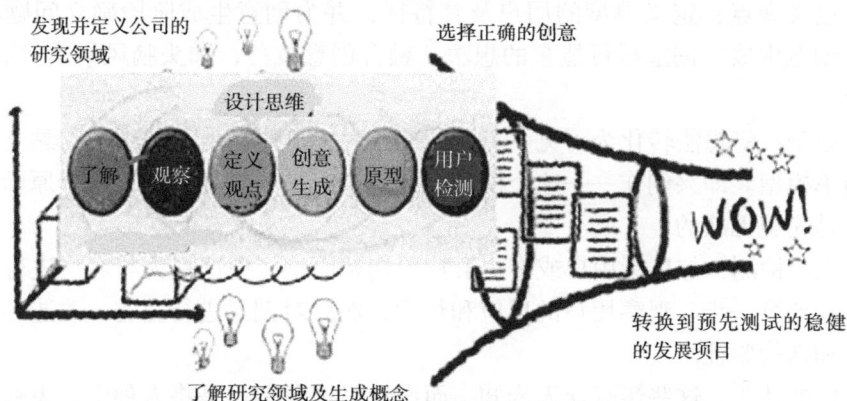

图 7.5　弥合差距的方法——在门径管理体系中建立"设计思维"，
以从战略情境有效地发展到稳健、经过测试的待开发创意

案例： 对于任何一个人来说，接受 MRI 扫描都不是一个令人愉快的体验，特别是对孩子来说。GE 医疗中心应用设计思维提出了更好的解决方案。该小组通过与孩子和父母合作了解到：当知晓孩子必须接受扫描时，他们的焦虑曲线就出现了；住院期间愈演愈烈，所以孩子和父母一看到扫描仪就郁闷。

解决方案很简单：营造一种环境，让孩子们觉得接受扫描就像一场冒险。为此，他们问客户和孩子想要什么时，得到的答案是：一系列的冒险。随后，匹兹堡大学医疗中心建造了飞行员儿童间，为孩子们提供各种各样的冒险：孩子们被送到另一个更有想象力的世界，而通过简单的命令来完成扫描成为冒险的一个环节。

例如，在一个冒险系列中，孩子们躺在独木舟里，有人告诉他们要"保持不动，不要让船摇晃，如果真的保持不动，鱼会从你的头上跳过"。在海盗冒险中，孩子们通过"走板"完成扫描。在珊瑚之城冒险中，孩子们会获得水下体验：他们进入一个黄色的潜水艇中，在扫描过程中听着竖琴的声音。在舒适的营地活动中，孩子们躺在一个特殊的睡袋里，在满天繁星下完成扫描。

结果不言自明：孩子们回到房间时，他们会影响父母的反应，而这些活动设置让父母们全都放心了。MRI 探险系列的创始者 Doug Diet 说："我确信，如果你搞定了孩子，你就可以搞定父母；如果搞定了父母，那么你可以搞定孩子，因为他们一直期待着那种积极的反应。"

尽管设计思维模型各不相同，但主要步骤如图 7.5 所示。

（1）了解：探索主题和任务。研究现状（任务、环境、目标群体、成功的样子）。使用可用的资源，如小组讨论、互联网、请教外部专家和结合自己的经验。

（2）观察：在实际环境中联系用户——观察、询问、体验和理解，这本质上就是前面强调过的人种学研究。形成新视野并获得专业知识。在这里，最重要的是共鸣，即体会顾客痛处的能力。要获得这种能力，只能通过第一手观察，而不是通过调查问卷或焦点小组法获得。

（3）定义观点：定义典型的用户及其特征，并为创意生成阶段确立问题和主题。

（4）创意生成：创造尽可能多的想法（融合创意技巧，如头脑风暴），选择最有潜力的那一个。

（5）原型：将想法转化为可见、有形的东西——可能是由纸、纸板、黏土或乐高模块制成的简单模型。即兴创作——这个模型只是一个产品的轮廓展示，一个原始的模型——它不一定是完美无缺的。

（6）用户检测：与目标用户或客户群检验初始原型。把这视为与客户进行一系列螺旋或验证迭代的第一步。观察用户的反应和行为，然后对创意进行完善、改造和改进，重复制作原型和迭代验证。

有人可能认为，这些步骤众人皆知，而设计思维只不过是将人种学、头脑风暴和螺旋开发（构建—验证—反馈—修改迭代）捆绑在一起。事实上，设计思维是以一种整合的、无缝的、方法论的方式进行的，因此其结果比单独使用这些方法更好。设计思维还有一个好处，那就是它是一个公认的"流派"，列入了大学课程，因此，毕业生实际上在公司有能力使用这种方法。

7.6　创意生成的战略方法

现在，让我们把注意力转到关于新产品创意的生成战略或"自上而下"的方法上。这些方法本质上更具有战略性，并且与可用于帮助公司形成创新战略的其他方法相辅相成（见第 10 章），同时，它们也适用于确定新产品创意和机遇。

7.6.1　发现行业市场中的主要问题和干扰

伟大的创意会解决主要问题！主要问题经常来源于行业的重大变动或干扰。战略性的创意方法也适用于识别行业或者市场中的变动、混乱或者干扰，这通常预示着一个新兴的市场或者一个主要新产品的机遇。首先，评估客户所在的行业——你的目标市场。用户行业的变化和变动往往会带来需求难以满足或需求不明确的后果。

首先，绘制价值链图，沿着全部价值链直到最终用户，确定多种类型的参与者。接下来，评估他们的前景：他们变化中的角色，谁将有所收获，谁或许被排除（舍弃他们）。而且，要始终留意那些"意外发现"和"惊人之举"——有对你有利的好机遇吗？接下来，确定客户所在行业因素和这些因素的潜在改变。也就是说，尝试评估哪些因素使他们（或者他们的竞争对手）盈利并取得成功。是因为材料的成本还是低成本生产，抑或是针对客户问题的反馈时间？这些因素是如何变化的，尤其是用一种可能为公司带来机遇的方式？最后，公司是否可以提供一些解决方案来帮助客户获取更多的利润？

> 评估公司客户所在行业，加上面对面顾客声音调查研究和与前瞻用户一同开展研究，是一个强有力的手段。这可以识别新兴的或者未知的顾客需求，并且为新产品和新的解决方案带来新的机遇。

随后，分析历史趋势，以此预测未来发展走向；详细说明公司客户所在行业——你的市场正在发展的情境（各种相关情境）。接下来，"跟着钱走"！市场分布图（Market Maps）是了解何处获利的好工具：它是一个显示何种类型的用户占据行业的哪部分盈利的表格。一个类似并且有效的工具是利润池图（Profit Pool Maps），它可以确定行业的活动、每个活动收益的百分比及每个活动的利润率。

对公司客户行业的评估结果应该来自最有吸引力的竞争领域（公司应该重点寻找创意的市场）。当对客户行业进行评估时，与面对面客户声音研究（上文所提到的）配合，并和前瞻用户（上文所提到的）一起合作，这就形成一种强大的技术力量：这可以识别新的或者未被满足的顾客需求，并且为新产品和解决方案带来新机遇。

7.6.2　采用核心竞争力评估方法

与此同时，对公司进行一次内部评估——评估自身优势、劣势及核心竞争力。核心竞争力是指那些让公司拥有显著领先优势，从而使公司不同于竞争对手的技术和知识。这种竞争力评估法能帮助高层管理者确定他们希望重点研发的新产品和提出解决方案。通常，核心竞争力评估可以马上确定那些可以增强公司优势的新产品。

> **建议：** 对行业和市场进行一次彻底评估。分析价值链；确定行业驱动因素；回顾历史发展趋势，展望未来发展前景。寻找公司或客户行业中的差距、新的需求及市场干扰。这些差距和问题也许预示着公司下一个主打新产品的机遇。同时，仔细审视公司自身核心竞争力，确定公司在哪方面拥有战略优势，这样可能给公司带来很多新产品机遇。

7.6.3　探索寻求创意过程中的突破性技术

重大的或大幅度的革新可能周期性地改变行业的布局。起初，这些突破性技术通常会生产出性能不佳的产品，因此，主流市场通常不会快速接受基于突破性技术的新产品。但是，未来它们确实会有潜在的威胁或机遇：亲自见证数码相机、网络、移动电话及混合动力车在它们各自行业的影响。

图 7.6 表明了这种情形。大多数行业现有技术通常比较超前，由大量微小的改进驱动——持续性创新，如图 7.6 中标注的倾斜实线（左）。35mm 照相机就是这样的案例，它在数码相机出现之前曾是占主导地位的技术。现有产品的性能可以通过很多种方式来测量（纵坐标轴）。例如，图像清晰度。实际上，通常发生的情况是，随着时间的推移，主导性技术得到很大改进，以至于它的功能超过许多用户的需求（见图 7.6 中轻度倾斜的实线）。

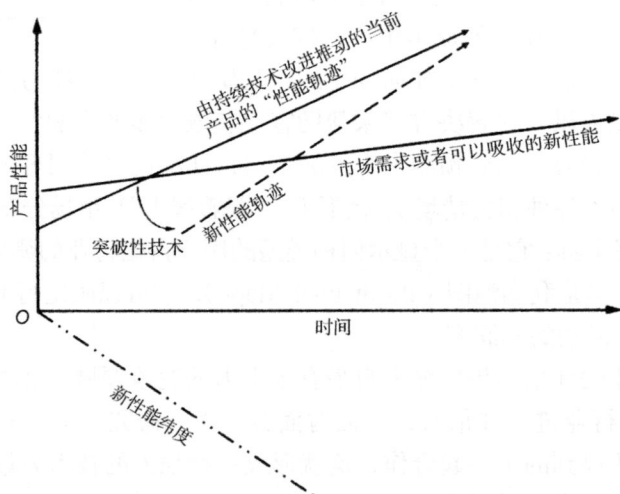

图 7.6　突破性技术创造新产品，当前绩效不佳的产品，但注意新的绩效维度

随之而来的是一项全新的突破性技术，如图 7.6 中倾斜虚线所标注的（右）。当以传统的性能指标来衡量产品时，如图像清晰度（记住，第一批数码相片——未必能到获奖级别），

突破性技术的初始产品会逊色于主导性技术的产品。所以，乍看之下，新技术注定会失败！

二维图中所缺失的是第三维度——新性能维度，如图 7.6 中所示的 Z 轴。这里，这个新维度是"数字化图像"。以前，对于大多数照相机的用户来说，"数字化图像"是无关紧要的维度；但是对于一些非常专业的用户来说，例如，商业财产的营销人员或者财产保险理算员，他们需要将照片（无须获奖照片）提供给他们的客户或者他们的上级，这个新性能就极为重要；为了获取新性能带来的利益——数字化图像，他们做好了忍受其他性能（图片质量）不佳的痛苦的准备。

很遗憾，制造 35mm 照相机和胶片的传统竞争对手存在于二维世界——"平面世界"，即一个看不见第三维度或低估第三维度影响力的世界。但是新数码相机生产者的优势恰恰是展现三维的世界。这让二维技术成为历史。

问题的关键在于突破性技术会给行业主导技术造成巨大的威胁，而给其他技术创造无尽的机遇。在 20 世纪：

- 电子手表几乎毁了瑞士手表行业。
- 手持计算器摧毁了机械计算器设备。
- 圆珠笔、静电复印机及喷气发动机在很大程度上扰乱了行业。

当突破性技术出现时，之前占有统治地位的公司，之后通常不再占主导地位。这种现象被称为"成功专制"（Tyranny of Success）。那些最初让公司成功的事物也埋下了失败的种子：自信导致傲慢，目标恒定，最终导致公司无力改变；巨额投资的技术（现今的"旧技术"）逐渐成为故步自封的"金手铐"。甚至更危险的是，那些突破性技术的产生都是悄然出现的。人们几乎没有留意它们的发生：因为第一批产品性能差强人意，所以行业专家、预测人员和市场研究员都对这些新产品和新技术不予理会。

理论就谈这么多！但是，公司如何预测新兴技术是否会成为突破性技术呢？公司如何从新兴技术中寻求创意？

（1）持续跟踪所在行业的公司外部技术前景。确定相对于公司的技术而言，或许能更好地满足公司当前客户需求的技术。

（2）跟踪研究相关问题的其他行业的技术，还是从中寻找新技术。

（3）当发现新技术时，评估它成功的可能性。了解创新和替代技术的动态变化——新技术出现的原因：

- 一个当前技术不能满足的客户需求。
- 是出现新的客户需求，这是外部环境转变导致的结果。

确定新技术是否能更好地满足需求。为了突破性技术的到来，不要从技术着手，而要从客户需求和理解客户眼里有价值的东西入手。

（4）展望客户要求，并要比主流市场和用户看得更远。尝试确定少数长久拥护新解决方案并收获最大的潜在客户——数码相机案例中的保险理算员或者财产营销人员。

（5）一定要做大量的实地调研：与早期用户及潜在客户进行面对面交谈，公司员工可以获得关于应用和潜在客户的第一手资料。

一旦确定具有潜在突破性的或重大的、大幅度变革的技术，公司就立即开始评估它对公司所在行业、市场及产品的影响；如果这个技术正是公司所需要的，那么就开始识别公司将需要什么样的产品，并且何时需要这样的产品。

尽管宣传得天花乱坠，但是在产生突破性创意有效性方面，探索突破性技术在 18 个方法中仅仅位列第十，正好和客户声音法中效用最差的方法排名相当，如图 7.3 所示。预测新技术的影响力仍然困难重重：为什么移动电话如此成功，而同样出色、技术可能更好的卫星电话难以突围？有些人认为，相比预测未来，分析突破性技术是一个更好的剖析过去的工具。另外，在大多数行业中，更进一步的突破性技术不会周期性地发生，所以公司可能要等上几十年才能看到这样的产品创意出现。这种方法绝对值得推荐，但是注意上面提到的注意事项——突破性技术很难被预测，而且它们的出现是小概率事件。

7.6.4　将边缘视角（交叉的视角）作为创意来源

最危险的情况是公司无法预见风险！而了解这些风险，并等到有机会化解，需要很强的边缘视角能力。有一个因缺乏边缘视角而导致失败的案例——杜邦公司（DuPont）没有意识到并处理低成本聚合物的威胁。杜邦公司发明了很多我们熟悉的聚合物：尼龙、奥伦、涤纶、莱卡、特氟隆（Teflon）等。尽管杜邦公司的技术力量很强大，但是专利已经用尽了，而且其他化学公司建立亚洲和中东工厂，可以获得低成本原料和劳动力。杜邦公司几乎没做任何补救措施：不但没有采取大胆的行动，比如，利用杜邦公司强大的技术力量建立亚洲或中东聚合物工厂，或者与亚洲公司合营。相反，杜邦慢慢地退出了聚合物市场，进而导致公司生产力利用不充分、生产成本增加，公司也因此变得更加脆弱。

大多数公司会卷入意外事件：在一项战略调查中，在过去的 5 年里，2/3 的公司意外地发现自己被卷入多达 3 个以上具有较大影响的竞争事件。97%的公司缺乏早期的预警系统！因为大多数公司意外地卷入一些重大的外部事件，所以它们错失了新产品机遇。边缘视角只是生成新产品创意的一种战略方法。它是一个经过深思熟虑的、正式的战略措施，因此通过这种方法，公司可以评估外部环境，确定趋势和威胁，在流程中确定潜在的新产品。

边缘视角被证明是一种生成新产品创意的普遍方法（也许拥有其他名字），在 18 种客户声音法中排名第二，并且有 33.1%的公司广泛地使用这种战略方法，如图 7.3 所示。在效果上，边缘视角也得到了积极的评价：用户将其列为第七名。值得推荐！

7.6.5　评估大趋势

这种方法是一个确定机会空间的透镜。在这里，团队分析社会和行业的主要趋势。该团队卓识远见，能够识别行业内的"艰巨的挑战"，可能带来伟大的机遇和想法。团队寻找大型的、不可避免的趋势，然后提出关于资金的问题：我们应该置身于何处？我们可能置身于何处？

案例：如果公司身处汽车行业——是零件供应商，无论是在金融、保险还是制造业，创新发明的趋势意味着公司必须置身于某些特定的领域。例如，电动汽车、通用客车和自动驾驶汽车。然后观察潜在的市场和突破性的技术，如高效发动机、电动车、纳米涂料、智能车、自驾车、新材料（新的复合材料）、智能道路、无线连接、消费性电子产品、融资变化（如好的技术）、保险的变化、新出台的政府规定。鉴于这些趋势和突破，运用这些视角，公司会有何种机遇空间？

7.6.6　未来情境的价值

美国电话电报公司（American Telephone & Telegraph Company，AT&T）曾经做出的最重大的战略性决策之一就是放弃免费控制互联网的大好机会。在 20 世纪 80 年代末期，美国国家科学基金会（美国政府直属）想退出互联网的管理，并为 AT&T 提供了一个免费垄断的机会。但是 AT&T 有自己对未来的规划，即对未来的愿景规划或情境设想是延续它的集中切换技术的统治地位。它没有将中央交换技术（互联网所运用的技术）列入未来规划。AT&T 技术专家总结道，互联网对于电话服务来说并不重要，而且对其他方面来说也没有任何商业意义可言。

AT&T 本应该做的，也确实是公司应该做的，是设想未来可能发生的其他情境。是的，公司应该设想出"企业官方的"或可期待的情境……AT&T 的案例表明，中央交换技术架构仍保持主导地位。但是也要设想另外可能的情境，在这个案例中，另一个可能的情境就是网络服务和新型技术的新兴市场会挑战 AT&T 的主导架构。这样的情境设想至少能让决策者了解互联网的潜力，并可能促使决策者考虑备用的行动方针。但是，设想其他可能情境同样会帮助决策者对变化的信号更加敏感。正如提倡在计划中使用情境设想法的彼得·舒瓦兹（Peter Schwartz）所言："预测不到的事情，也不会在将来被及时发现。"比如，20 世纪 90 年代初期，越来越多的用户开始上网，网页开始迅速增加，家庭用户的个人电脑销售量大幅度增长，如果 AT&T 管理者采用了定义其他可能情境的方法，也许就会对这些现象更加警惕。

在通常情况下，设想其他可能情境要使高层人员参与到广泛的讨论和工作会议中来。因为公司的目的是获得新产品的际遇，所以务必严格设定讨论范围，使其与业务相关并与外部（或拓展市场）环境的情境相关。对于一家银行而言，这个情境也许是："描绘金融和相关市场，以及整个金融行业的未来。"

研究的问题包括：

（1）最好的未来情境是什么？尝试尽可能详细地描述公司未来（5～10 年）会是什么样的，给出从最佳情况考虑的外部环境的设想。

（2）公司外部环境中可能的最差的未来情境是什么样的？

（3）表明这些未来情境特征的一些相关维度是什么？（比如，在 AT&T 的案例中，相关特征是"中央交换和分散交换"：最好的情境是其中的"中央交换"；最差的是另外的以"分散或分组交换"为主导。）

然后，确定公司面临的首要决策。为了根据情境分析来确定新产品的机遇，公司需要解决以下问题：

- 公司应该发布新业务或业务模式吗？

- 公司应该投资新技术或技术平台吗？
- 公司应该认真关注哪些类型的新产品？

运用情境设想法主要是设想某个或另一个"未来情境"是准确的，然后评估每个决策制定的结果，并对每个可能的未来情境进行假设。

最后，确定每个设想情境的迹象和信号，这样，管理人员在接下来的几个月或几年内，可以发现行业发展的一些指向性的迹象。例如，银行的未来情境是假设将来不会有零售银行业务——"砖块和水泥"这种传统运营模式将成为历史。接下来 10 年内的指向性迹象可能是：很多新电子银行成立，处于不同年龄层的部分用户开始转向使用电子银行，使网络变得更便捷化、功能多样化的新型通信设备和应用逐渐发展起来。如果这样的趋势或设备发展势头迅猛，那么公司应该关注即将出现的几乎无分支机构的银行业。

> **建议**：设想未来情境，但是公司要做的不仅仅是设想最有可能的情境或公司"官方认定的未来（内部认可的未来情境）"。公司还要设想其他可能情境——最好的情境和最坏的情境。设想一下，如果每个假设的其他可能情境都成为现实，对公司新产品决策有何影响？如果其他可能情境之一真正成为现实（就像 AT&T 一样），如果依据公司内部认可的情境进行决策，对公司的财务状况将有何影响？考虑其他可能情境发生的可能性，并再次考虑公司新产品的投资决策！假定每个方案（公司内部认可的和其他可能情境的方案）都实现，那么请使用头脑风暴法和相关创新技术来挖掘富有想象力的创意吧。

7.6.7 竞争力分析

最后一个创意生成的战略方法是，认真审视公司的竞争对手。这样做的目的在于了解它们的优势和劣势，为什么它们在竞争中会得与失，以及公司可以从它们的失败教训或成功经验中学到什么。使用逆向头脑风暴分析竞争对手的产品——分解产品并确定其劣势，这种方法十分有效。在市场调研中，一定要对竞争者的产品提问——消费者喜欢或不喜欢产品的哪方面？

案例：为了创意研发新产品，爱丽（Rust-Oleum）公司作为美国与油漆、涂层等装修相关产品的主要供应商，实施一种"品牌解构措施"。公司市场营销人员在他们的产品门类中选取一个获得成功并具有竞争力的品牌，进行 SWOT（优势、劣势、机会、威胁）分析。问题包括：竞争对手们在想什么？是什么让竞争对手们夜不能寐？市场营销人员也去购买竞争对手的产品，并向消费者询问相关问题。他们将竞争对手的产品带回实验室进行分解，并向消费者提问，也在消费者调研中提问。随后，管理层拿到结果并采取措施，通常会提出新的战略或者新产品创意。

7.6.8 启动公司战略措施

举办一场综合性会议或研讨会议来总结公司战略措施，包括战略分析、预测市场和技术突破、边缘视角、创建未来可能发生的情境及竞争力分析。这里，要回顾所有公司已经确定的趋势、事件、威胁、机会和预测（见图 7.7 左栏）。接下来，标示出这些事件或趋势发生的时间和可能性：它们是此时此刻一定会发生的吗？也许它们在不远的将来会发生，并应该标记为"有可能"。接下来，讨论其发生所带来的影响。例如，没有汽车的城市对强调"自己组装"的家具零售商来说将是灾难……除非他们创造出一种新产品，提供新的服务或者创造出新的商业模式。

实现自己的战略措施。回顾所有的趋势、事件、威胁、机遇和预测；接着，掌握这些的时机与可能性；随后，预测它们的影响；最后，处理"那又怎样"系列问题——这些趋势指引了哪些新产品和新的商业模式？

　　现在，看图 7.7 中最后一栏，针对这种状况，公司能够做什么？在此，公司能够识别 IOTA 策略所表明的新产品或者新商业模式。

审查领域	一览：威胁、主要变化及趋势、干扰、危险信号、关键点及事项	可能性有多大？	及时性如何？	对公司业务的影响——这意味着什么？	有什么样的机会：新产品、新服务、新业务、新商业模式？
市场变化——你的客户					
你的竞争对手及其战略的变化					
你们公司价值链成员的变化（供应商、经销商）					
技术走向、变化及影响					
法律及政策变化、事件、危险					
社会人口趋势及变化					
经济变化、威胁及危险					

图 7.7　在 IOTA 表中概述公司的战略实践——机会和威胁分析的影响

7.7　开放式创新是创意的主要来源

　　大公司面临一个严峻的威胁——它们自身内部的研发并不能成为其产业创新的引擎，同时错失了一个又一个良机。事实上，在过去的几十年里，许多有突破性的创意、产品和技术来源于大企业之外。例如，很多创意、发明、革新都来自由风险资本家投资的小型创业公司，很多这样的新兴公司创造出突破性技术、想法及新型商业模型，打破了原有的产品分类和市场。因此，目前的竞争优势往往来源于对其他新兴技术的发现和应用。这个趋势带来的影响是无法避免的。

　　你们的企业也在遭受"此处无发明"综合征吗？处于领先地位的公司已经意识到对开放式创新的需求，目的在于寻求一个公司内外部思路及新产品的健康平衡。它们落实好各项流程、信息技术支持、团队及文化，旨在利用外部合作伙伴及同盟，以便从公司外部寻求新思路、发明及革新方向。

尽管我们一直在讨论开放式创新，但是当提到创意生成时，出乎我们意料的是，这些开放式方法被证明并没有很受欢迎，而且没有成为新产品创意的主要有效来源。实际上，从整体来看，大多数开放式创新方法集中在图 7.3 中（较低的圆圈内的实心方块）创意象限图较低的左象限中。但是一项关于开放式创新的重大研究表明，大公司十分看重开放式创新并且希望其继续发展。"公司正逐渐吸取外部的创新潜力：它们致力于与客户一同创新，建立非正式沟通网络，同时和大学建立联系。然而还有在媒体上被广泛讨论的很多方式，如众包，公司需要和陌生的外部人员或机构合作解决相关问题，这在大企业重要性中评级最低。"

我们列出了 6 种不同的获得新产品创意的开放式创新方法，还有一些其他的方法。需要注意的是，最普遍的方法是来自合作伙伴和供应商的创意，它已经存在很长时间了。尽管这种方法本质上是开放式创新方法，但是它确实不是一种新方法。3 种最有效的开放式创新方法（由使用者评价得出，见图 7.3）是从合作伙伴和供应商、外部科学团体及新创公司获得的创意。然而，所有作为创意来源的开放式创新方法并不如 8 种客户声音法有效，这可能是因为这些方法新颖或者因为它们的应用性有限。

> 处于领先地位的公司已经意识到开放式创新的需求，同时正利用第三方合作伙伴及同盟致力于从公司外部寻求新创意、发明和革新。

开放式创新有一个优势，即通过接近发明者、科学家、设计者、供应商、消费者及小公司来寻求创意、知识产权、技术甚至成品，这些都是远远超出公司自身工程或研发部门有限的能力的巨大资源。这种方法的主要劣势是，作为新产品创意的来源，很多开放式方法只能应用于一些特定类别的产品（比如，宝洁公司强烈支持这种方法，这一点可由其设计有效的网页 Connect & Develop 得到证明；然而，通用电气公司持反对意见，认为从外界寻求机车或喷气发动机的创意有点不切实际）。第二个挑战是，这种方法需要耗费大量的时间和工作来详细审视、征求、处理和加工这些创意或知识产权。

> 开放式创新是创意创新的一种新型方式。尽管相对缺乏普遍性和有效性评价，但仍然被应用到一些产品分类中去。

开放式创新法缺乏普遍性和感知有效性的原因可能是，有些开放式创新方法相对新颖，因此，很多公司目前还未尝试。由于方法太新，现在评价它们的有效性有些为时过早。但是其他的人反驳说，开放式创新法不算新——"公司在某种程度上一直保持开放态势，并根据行业的不同，获益也存在差异。"行业里那些拥有相对简单的技术和 B2C（公司到消费者）模式的产品的公司（如宝洁公司）十分适合采用开放式创新方法，这样的公司拥有上百万名消费者，他们是成为目标产品创新者的不二人选；但是拥有先进技术和复杂产品的公司可能发现，从外界引进创意的方法少有成效。

另一种评论来自资金密集型行业，在这种行业中，产品的开发和保持常年畅销都需要花费很长时间。通用电气的 CEO 杰夫·伊梅尔特发现，他的公司在很多领域都处于领先地位，如制造喷气发动机和机车，这就需要"做世界上几乎没有人可以做到的事情"。知识产权和一定程度的保密性仍然很重要。通用电气研究总监马克·里特，甚至对此持更具批判性的观点。他指出，外界创意"在这里作用并不长久"。他表示对通用电气自己的研究实验室的成果非常满意："我们对自己实验室的人员很满意。"

以下列出的是按最有效到最无效排序的创意生成的开放式创新方法。

7.7.1　合作伙伴和供应商

这种开放式创新方法需要从外界合作伙伴和供应商那里寻求新产品创意。这不是一种新方法，而且这种方法相当受欢迎，有 22.1%的公司广泛地使用此方法来产生创意。在有效性方面，利用供应商和合作伙伴作为创意来源的方法在 18 种方法中排名靠后，在第 11 位。

这种方法的优势是供应商和合作伙伴可能带来超出公司业务水平的技术能力。这些能力是公司下一个重大新产品的萌芽。但麻烦的是，在创意方面，供应商和合作伙伴也许和你的公司一样缺乏创造能力，所以不要期望可以从此处获得过多的创意。虽然如此，由于这是一种尝试和验证过的方法，而且相当受欢迎，并能得到相当好的有效性评价，所以十分推荐这种方法；它也是唯一接近图 7.3 中理想的右上象限的开放式创新方法。

案例：施华洛世奇是一家澳大利亚水晶珠宝公司，该公司主动从供应商和合作伙伴处寻求现有科技、新兴科技及其他创新方式，并运用于自身业务。这样的"创新领域"包括新型表面处理、新型应用技术、新材料、新型制造方法，甚至还有新业务及业务模式。该公司已建立了一个由超过 100 个重要供应商和潜在合作伙伴组成的网络，并由此得到相关资源。施华洛世奇致力于通过工作坊、常规会议、合作发展计划建立并管理公司与供应商及合作伙伴的关系。其采用的思维模式也很具有逻辑性：首先，定义开放式创新所在的领域；其次，运用全球网络寻找潜在客户；最后，与其建立合作关系并一起共事。

尽管开放式创新的运用更加细致、更为专业，对于施华洛世奇来说，与供应商的开放式创新已经并不新鲜。它们其中一个主要的开放式创新突破最早出现在 1956 年：和克里斯汀迪奥一起，施华洛世奇创造了一个"极光"效应，这种抛光效果能够通过转移薄膜物理蒸镀技术增强晶体切割后的光泽，实现了从光学产业到时尚行业的应用转变。

7.7.2　外部科学团体

这种开放式创新方法从外部科学和技术团体那里寻求创意和技术方案。现在，很多像 NineSigma、Yet2.com、Innocentive 这样的在线工具已经让在线链接变得更加容易。这种方法相当受欢迎，有 19.5%的公司广泛地运用该方法。值得注意的是，相对于寻找新产品创意，这种方法更多地适用于在开发阶段寻求技术解决方案。

7.7.3　来自新创公司

这种开放式创新方法主要适用于访问小公司和新创公司，并从这些公司中获得创意。

值得探讨的是，公司现在确信，在行业里存在这样的创新科学家和设计者，他们总能创造出行业的下一个新产品。问题在于，这个人也许不是你的员工，而是受雇于小型公司或新创公司。的确，在大多数行业中，大型主导公司在商业创新突破方面一直保持着寥寥无几的记录，而真正的创新都来自新创公司或者小公司。这种方法的第一项挑战是，这里有成百或者上千的可以成为创新来源的小型公司，而且访问并审查所有这些潜在来源并非小事。这种方法的第二项挑战是，新创公司经常表现出对创意的保护——不愿放弃"他的宝贝"，甚至不愿用其中的50%来换取更高的利润。

7.7.4 外部产品设计

这种开放式创新方法包括通过网络邀请大众（客户、使用者及来自外界的其他人员）提交成品设计（而不仅仅是创意）。这种方法有时被称为"众包"（Crowd-Sourcing）。比如，无线T恤公司（Threadless）是芝加哥的一家T恤衫公司，主要经营线上T恤衫设计比赛；无印良品（Muji）是日本一家致力于邀请其目录成员提供家具设计的家具公司；还有上文所提到的基于网络的乐高公司，它的目标群体是孩子和他们的家长。

让外部人员设计产品是一种新奇、忽略企业核心优势的方法，在前面介绍的客户声音法中，我已经将这种以客户为中心的方法包含在内。作为一种开放式创新方法，它不仅让客户，甚至让全世界的人都参与进来。这样做的结果是，该方法的普及程度和有效性都降低了，如图7.3所示。

这种方法的优势在于，世界将成为公司产品设计室——公司可以利用人们的需求来设计和开发产品，通常这些设计者获得较少的或零经济报酬。开放源代码软件的例子经常被支持者所引用。再者，这种方法的适用范围有限，并且很大程度上仅限于消费品和相对简单且富有创造性的商品（注意，上面所给的例子全部都是关于外界人士可能用其创造性洞察力进行创新设计的产品）。

7.7.5 外部创意提交

在这种开放式创新方法中，公司通常通过网络或者网页邀请公司的客户、使用者和外界人士来提交他们的新产品创意。宝洁公司的Connect & Develop系统就是一个典型的例子。但是几乎没有公司尝试这样去做：这种方法的普及程度在18种方法中排第16位，只有7.9%的公司广泛在用。令人意外的是，尽管在关于宝洁系统的文献中，这种方法被积极肯定，但外部创意提交法的有效性排名几乎垫底。

乐观的一面是，这种方法的使用者表明，整个世界都可以成为公司的创意源泉，极大地增大了超越公司内部员工创造力的可能性。这种方法的主要缺陷是，或许它只能应用于消费品和技术等简单的产品领域。此外，正如某位执行官所评价的那样，这种方法需要"一支由内部人员组成的队伍"来评审、评估和评价创意，并且反馈给创意提供者一些建议。例如，一家欧洲的主要消费品公司尝试使用了一段时间，但是由于这种方法太耗时，因而放弃了，因为"为极少的好创意要付出大量的工作"。

7.7.6　外部创意竞赛

外部创意竞赛是举办一场创意竞赛并邀请外界人士来提供创意。这种方法是上面第五种开放式创新方法的延伸。两种方法具有相同的优点，但这种方法还给提交者一些额外奖励（和一点点兴奋感）。但是，它也和第五种方法一样，这种方法局限于简单的消费品。此外，还要花费一些额外成本，并需要一定的时间来举办专业化的比赛——明确所有的规则、执行及奖品奖励。总体来说，外部创意竞赛并不普遍，但是这些比赛确实能获得一些使用者的好评。这种方法值得一看，但是对于大多数公司来说，它明显不会成为创意生成的候选方法。

> **建议**：公司不能忽视用开放式创新方法生成新产品的创意（甚至可能保证技术和最终产品得到许可）。有很多种通过开放式创新来获得创意的方法：
> - 通过访问会议、参观贸易展览及通过线上和出版物跟踪开发，来调查小型公司、发明者及新创公司的团队（在全球性范围进行）。
> - 像宝洁公司那样通过网页邀请大众提交创意、技术和成品。
> - 联系高校技术交换中心（带上一份"购物"清单）。
> - 像施华洛世奇那样，举行有供应商及其技术人员参加的常规会议，并让公司的研发和营销人员参与进来。
> - 像乐高公司那样，建立相关网页，允许客户设计自己的产品。

但是，开放式创新创意生成方法需要公司付出很多努力：必须合理分配资源，即有一个搜寻、联系和开发的团队，并与外部提交者配合工作；公司必须努力为开放式创新确立适合的气氛和文化，确保公司现有的员工不会受到新商业模式的威胁。

7.7.7　采用开放式创新的门径管理体系

一些已经应用开放式创新的行业领先公司已经更改了它们的门径管理流程——通过建立必要的灵活性、能力及体系，目的在于使这个连接合作伙伴、同盟及外包商的网络体系实现从创意产生到实现的转变。例如，宝洁公司的简单生活 3.0 版本就是设计用来处理产生于外部的创意、知识产权、科技甚至先进的产品的。一些通用电气分公司也利用门径管理（通用电气的 Toll-Gate 系统）从内外部同时处理开放式创新。

在传统或封闭式创新模式中，创意的输入主要来自内部资源。接着，研发组织开始用一个相当封闭的体系来开发新产品。对比来看，在开放式创新中，各个公司从里到外、从外到里地对创新流程进行全方面检查，包括创意生成、开发及商业化几个方面。因此，阶段-关口管理基本上被修改，以便处理来自公司外部的创意、发明和知识产权问题，并可以促进与公司伙伴和外部人员的合作。图 7.8 是专门为开放式创新设计的典型的门径管理体系。

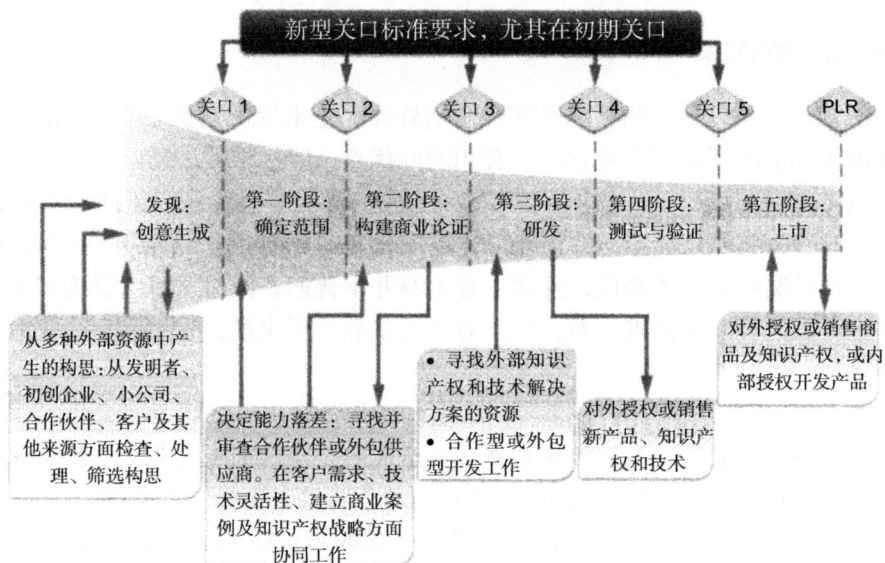

图 7.8　开放式创新门径管理在多点过程中以外部界面（对内和对外）
为特征——从进一步创意的角度

7.8　技术开发和基础研究——改变竞争基础

你的公司有中心研发实验室吗？大多数公司负担不起一个"公司实验室"，但是如果公司可以进行基础研究或开发新技术，那么一定确保在公司的探索阶段建立这个研究单元。基础研究和技术开发将频频撒下重大新产品、产品族或者平台的种子。因此，这是一个极为重要的新产品创意来源。问题在于很多基础研究是间接的、分散的、没有成果的，这也是很多 CEO 否定了这种方法的原因。如果基础研究不能带来突破性项目，那么可以通过公司创新战略提供导向，并且引入一些门径管理原则。在第 5 章中，我概述了专门为新产品、知识构建或基础研究项目设计的门径管理 TD 版本。有些科学家也许极力反对。但是我需要提醒他们一点，这不是大学，在大学里的研究通常是出于好奇心，这里是公司。其他科学家会欣然接受这个机会，因为这可以让他们更加专注于为公司创造价值的研究。

> 务必要利用公司技术开发和基础研究投入。确保这个研究由公司创新战略主导。

> **建议**：如果公司正在进行基础研究、科学项目或技术开发，那么为了获得更多的指导和关注点，尝试引进类似图 5.5 的门径管理流程。这里，应用路径关口可以促使新产品创意的产生。但是注意，这个 TD 流程（它的阶段、关口、活动及关口标准）和公司标准的门径管理体系有本质上的不同！

7.9　专利地图

专利是一个很重要却总是被忽略的有价值的信息来源，这其中就包括新产品的创意。专利所包含的知识量巨大，不过要获取和转化这些专利知识颇有难度。专利地图包括对大量复杂的专利数据的提取和转化，形成一个或多个有利于公司做出业务决策的具有高价值的表现形式。这样做的目的是从原始专利信息中产生可付诸实践的知识，使公司能够及时做出明智的决策。

对创新者来说，专利地图帮助使用者将知识产权空间概念化，同时触发面向新产品的创意生成，帮助选择需要关注的研发领域。例如，如果在某个特别的领域或地区出现大量专利和申请备案活动，这就是信号——一个表示技术人员在某个领域有重大发现的信号。更重要的是，管理部门认为这个领域足够吸引他们去投入时间和资金来申请专利。[①]因此，技术热点领域就能被发现——新兴的领域和被看作具有潜力的领域。

专利地图和专利挖掘是众所周知的普遍运用方法，如图 7.3 所示。尽管这个技术有益于确定竞争活动领域，进而明确潜在的关注点领域，但这些方法自身是不会产生新产品创意的。因此，有效性排名较低，平均排名为 14 名，远低于客户声音的方法。

7.10　从公司内部员工获得伟大创意

公司员工是非常好的新产品创意的潜在来源。在大多数情况下，内部产生的创意要么很普通，要么无法实现。这里有一些改变的方法。

7.10.1　内部创意捕捉

公司员工是非常好的新产品创意的潜在来源。在大多数情况下，内部产生的创意要么很普通，要么无法实现。

建立内部创意捕捉系统不是最普遍的创意产生方法，这一点都不意外。这个系统通常包括正式地从公司员工中征求新产品的创意（通常通过内部的网页或使用购买的软件），然后，通过一些正式的和结构化的流程来筛选并处理这些创意。在使用的广泛程度上，内部创意捕捉系统方法位列第一。但是，有效性排名不尽如人意，位列第 12 名。

建议：实施专业的内部创意捕捉系统来挖掘公司内部员工的创造力……但是要注意一些重要的提醒事项。这样做的问题是，与其他值得做的事情一样，细节决定命运。很多公司对内部创意产生的细节有所误解。以下是来自公司的一些矫正建议：
- 让某名员工负责公司内部创意产生建议方案。这样做的问题是创意产生是每

[①] 注意，专利申请花费颇高，而且需要稀缺的知识产权人员参与申请过程。因此，大多数公司对于申请的内容是有选择性的。如此也揭示了公司看重的部分。

个人的工作，而不是某个人的责任，所以这种方法并不切实可行。

- 广泛宣传创意建议方案。我访问过很多公司，出乎意料的是，员工都不确定公司是否有这样一个创意产生系统。
- 将"新产品创意"从通用的"创意提请箱"中分离。后者倾向于吸引大量较小的节约成本和时间的创意，但是公司一般不希望创新创意方案与之混淆。
- 接纳所有的创意，并且不要因为员工提供另类的创意而贬低他们。让员工提交创意的过程简单化，如为大多数员工设计的虚拟建议方法（一个内部网页），但是，可能纸质提交仍然是一些公司所采用的途径。
- 提供指导：在公司内部网页上，着重强调公司积极寻求创意的"搜索领域"；然后，提供一些背景和数据来描述其中的一些搜索领域。
- 提供快速应答，平均应答时间为两周。人们厌倦等待，并且很快就会失去兴趣，导致不再提供创意。务必提供一些反馈：使用评分板并在相关方面给出反馈，其中，指出方案在哪些方面得分高或低。
- 提供激励措施——奖励或认可。根据一些调查研究，认可的激励效果最好，而且问题更少。一些带着良好意图的奖励却起到相反的作用。比如，一家公司针对良好创意设立了一些重大的奖项，并规定在同时提交两个相同创意的情况下，第一个提交者可获得奖项。这样带来的后果是，员工之间分享创意的机会减少，因此，他们的创造力下降！
- 按年度来评审系统并追踪创意——创意的数量、来源及其变化。

7.10.2 举行一个 MRG 或外部创意产生的活动

MRG 就是主要收入来源(Major Revenue Generator)。MRG 活动是一项公司外部活动，其目的在于，公司能在数日艰苦工作之后，至少可以得到或找出一些重要创意。这个活动既有趣又很有成效！这个活动的关键在于，公司员工，包括高层管理人员在内，头脑中常常有伟大新产品的萌芽。通过利用整个团队的创造力量获取创意，公司通常得到的是出人意料的结果。MRG 活动就是激发创造力的方法，却是以结构化的方式进行的。接下来，我们看看这个活动是如何进行的。

> MRG 活动就是激发创造力的方法，却是以结构化的方式进行的。通过利用整个团队的创造力量获取创意，公司通常得到的是出人意料的结果。

由高层和中层管理者参加的年度外部公司会议就是这样的场合。我们都曾参加过这些会议——持续两三天，有各种发言者发言。他们中有一部分来自公司内部，另一部分来自公司外部。这种活动很棒，但活动成果寥寥。

今年，这个活动得到了不一样的结果。与之前的会议相比，公司邀请的发言者更少，并设立了一系列 MRG 活动。让我们假设这是一次为期两天的会议。

第一天的早上：在开场白过后，把听众分成多个"分会场讨论小组"(Breakout Teams)。小组的任务是："你们有 90 分钟的时间来确定我们的市场环境中正在发生的重大趋势、转变、变化的客户需求及潜在的突破。"一定要挑战小组去回答资金方面的问题："那又怎么样？这些转变会预示一些重要的新产品机会吗？"在分会场讨论小组交流之后，小组进行汇报。然后随机挑选一些小组并让这些小组来展示他们的讨论结果。

第一天的下午：在同一分会场讨论小组中，分配一个新任务：这一次，他们要明确自己和客户所在的行业中的影响市场和可能改变公司经营模式的重大技术转变。再次随机挑选一些小组汇报讨论结果。

在会议的前一天半，其他分场会议都是探讨类似的话题，包括对公司内部优势和对可利用的核心竞争力的评估；还有行业内部的转变和价值链结构，哪些新参与者和竞争者会参与进来？哪些旧公司会消失？但是，对于分场讨论小组和交流会来说往往面临这样的挑战：那又怎么样？这些转变暗示了什么机会？你有什么"意外的发现"吗？

到第二天中午，开始进入机会筹划（Opportunity Mapping）。也就是说，让小组描绘出一些在他们的评估中所得到的机会，这通常意味着找到并列出一些大胆创意和"意外的发现"。然后，让每个小组展示他们的主要机遇或创意清单——把它们张贴在墙上。最后，全体成员使用评分板给这些创意投票，接着用"绿点"标注得分较高的创意。在活动结束之前，一定要找出"最佳结果"，并让团队为每个创意制订一个"进度计划"——接下来的步骤和研究创意的团队，以此作为两天活动的最后内容。

这是个很棒的实践活动，而且确实颇有成效！为了让这个活动效率更高，我建议做一些前期准备工作。团队提前会面，完成一些任务：和客户一起进行客户声音调研，进行技术预测和市场趋势预测。在会议的第一天，团队在活动间隙展示他们的前期准备工作结果，来引发讨论。

这种 MRG 活动的结果通常是，确定 5~10 个重大机遇，并对其中一部分进行定义，核心的专业人士愿意研究每个机会，公司开始了行动计划。

7.10.3　开展一场内部创新"秀"

行业领先的公司一般会通过举办创新"秀"的方式来激发员工的创造力并推动创意的生成。这个创新"秀"就像贸易展会一样，只不过它是内部的展会。在这里，员工自行搭建展台，并展示他们的能力、技术和有关未来的热门创意。

案例：家乐氏公司（Kellogg）是一家美国食品公司，其举办了"moonlighting"活动。这是一个创新展示平台，由员工和部门搭建展台，就像贸易展会一样。很多员工都参加了这场创新"秀"，参与人员不乏高层执行官。参与者要给最好的创意投票，而且创新"秀"还设立"最佳人气奖"。这个做法被证明是在大公司内部进行创意交流的有效方法同样也突出创意获胜者，为他们赢得了知名度。

> **建议**：如果公司寻求突破性新产品，可以运用上文中已经验证的发现方法，尝试对公司的创意阶段进行重新考量。图 7.9 显示的是产生伟大新产品创意的各种活动。务必使用战略方法对公司内部环境进行一次彻底的分析，从而找到预示新机会的变革

和突破（见图 7.9 的第一部分）。同时，公司还需进行内部核心竞争力评估。准确定位战略核心的竞争领域，公司可以专注在该领域，举办创意搜索活动（你的搜索地）。为公司设想未来的替代情境，并确定新产品的机会（见图 7.9 左半部分）。但是，不要陷入 AT&T 那样的"官方未来陷阱"中！

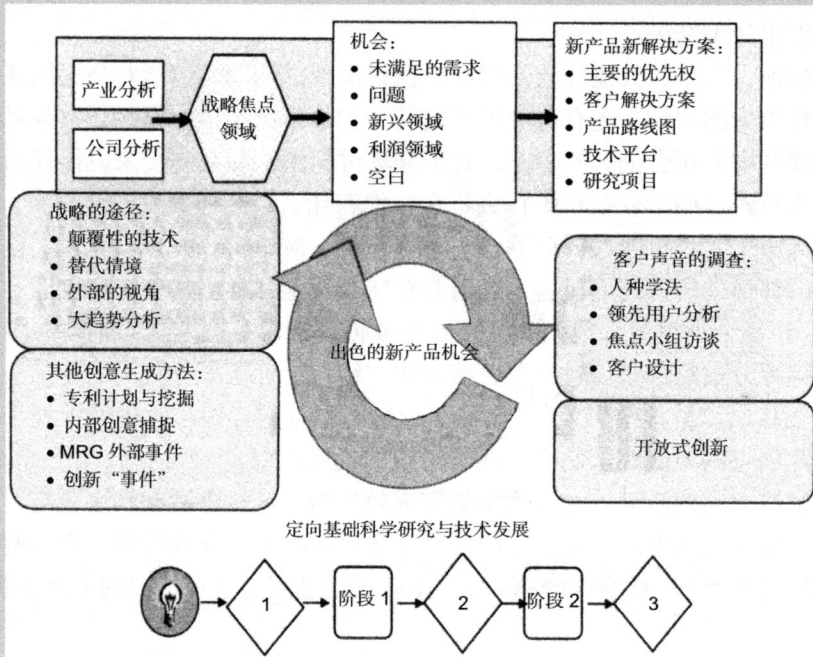

图 7.9　门径管理中的发现阶段——多项活动汇集在一起，生成出色的新产品机会

接下来,更为密切地观察竞争领域的客户和使用者(见图 7.9 右边)。采用客户声音法,研究重点在于理解客户的问题所在；然后，从中寻求重大新产品的解决方案。这里有来自所有行业的各种案例，从通用电气的 MRI 活动到台儿蒙公司的香肠和德国 DiaSet 公司的机器。同领先用户一起合作或许是正确的，如喜利得公司所使用的方法——客户声音法，不过稍有出入。

基础技术研究也是一个创意来源。不过，公司务必让技术人才参与到公司的创意发现阶段：向公司的技术开发人员介绍最佳的门径管理方法——门径管理 TD 版本（见图 7.9 的最下方 ）。

通过内部创意捕捉系统挖掘公司员工的创造力，但是要以一种更专业的方式来进行。因此，可以参考上文所列出的建议。举行一场上文所示的大型 MRG 活动，而不是公司年会，更好地创造时间价值！最后，要像家乐氏公司一样举行创新"秀"。

一个有效的创意发现阶段对于提出伟大的创意来说很有必要（见图 7.9），这种创意源源不断才能满足产品创新系统的需求。有时，寻求不平凡创意意味着要做不平凡的事！

第 8 章

组合管理——投资正确的项目

承担可量化风险，这绝对不同于轻举妄动。

——巴顿将军（美国）

8.1 做出正确的投资决策实属不易

要想在产品创新上取得全胜，有以下两种基本方式。

第一种方式是准确完成项目。确保一个有效的跨职能团队及时就位，团队成员做好前端工作，引入客户声音法，争取获得具有差异化的卓越产品，并且要以时间为驱动导向等。应该拥有一流的从创意到上市的体系，且能够引导项目展开。同时参考本书前面第 2 章到第 7 章一直在讨论的最佳实践方法，这是很多企业一直采用的解决方式。

第二种方式是选择正确的项目。正如一名高管所说："在金矿中简单地挥一挥镐，一个盲人都能暴富。你不需要成为一个好矿工，只需要处在正确的金矿中！"因此，项目选择成为对新产品开发绩效至关重要的因素。这就是本章的主题——选择正确的新产品和研发项目进行投资：组合管理。

对大多数企业来说，开发资源极其宝贵但是又很稀缺，因此不能浪费在错误的项目上。但是企业开发组合中的很多项目都很差强人意：或者在商业化中失败，在市场中表现不佳，又或者在产品上市之前就被叫停，因此真实情况是，七个概念中只有一个能取得商业化成功（见图 1.4）。所以，为了使研发生产率最大化，项目选择（选择正确项目进行投资的能力）就成为企业领导者团队要完成的一项至关重要的任务。

项目选择时面临的诸多挑战

做出正确的投资决策是产品创新最重要的问题之一。大多数企业以较为随意且并不专业的方式进行项目选择，无法利用众多适用的最佳实践方法。我们观察图 8.1 中的标杆对比结果（图 8.1 中使用的是图 3.2 中的数据但以相反的方式来指出不足）：

- 超过 3/4 的企业面对有限的可用资源却开展了过多的项目。无法淘汰或进行有效的优先级排序，结果使得开发管道超载。这会带来严重的负面效应，包括项目耗时较长；项目团队偷工减料，执行质量将受影响；项目变得平庸化——产品没有特色、缺乏个性。

- 80%的企业的开发组合很不平衡：它们由于执行那些繁多、小型而无意义的项目（如调整、修改、更新、销售部门的琐碎要求等项目）而影响了那些较高回报率、更具创新性和周期更长的项目。我们回到第 1 章来看图 3.3 的分解图，43%的开发项目是极小型项目，只有 10%的项目才是真正的"新产品项目"。让我们再回忆第 1 章（见图 1.1）中关于影响力较小的开发项目中出现的令人不安的变化趋势。其中一个结果就是，90%的企业在其开发组合中"很少有甚至没有高价值项目"（见图 8.1）。
- 几乎 90%的企业缺乏有效的项目优先级排序。绝大部分企业（79%）没有专业的组合管理或者项目选择方法。更不可思议的是，那些绩效最差的企业在同样五个指标中表现极其糟糕：所有（100%）最差绩效企业都有太多极小型项目，没有或很少有高价值项目在进行；96%的企业项目过多而没有正规的组合管理体系；而 89%的企业无法有效地进行项目优先级排序。难怪这些企业绩效如此差强人意！

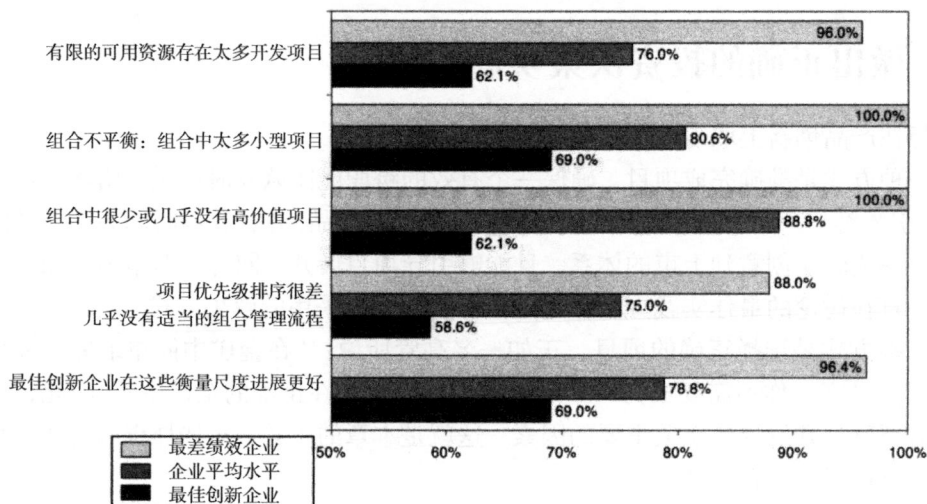

图 8.1　组合管理和项目选择面临的挑战

这些最差实践导致的最终结果是，企业开发组合中大部分已有的项目都很脆弱——它们往往都是潜力很小的不良项目。实际上，在企业进行的典型的组合评审中，我们往往能发现 1/3 正在进行的项目应当被淘汰。很多项目在初始就不应该被通过；而其他项目虽然一开始进展顺利，但随着时间推移逐渐恶化，却没人有魄力淘汰这些项目。底线就是你不得不学会强硬——做出艰难的决策，从你的开发组合中移除那些较差的项目。

> 项目选择和组合管理是新产品管理中最薄弱的环节。

另一个问题是，大部分企业一旦进行产品开发就面临严重的资源短缺问题。企业一般缺少正确或准时执行项目的必要资源：只有 10.7%的企业能够将充足资源投入新产品项目中去，也就是说，89%的企业项目存在资源不足的情况！

简单的解决方法是，将企业的开发项目按由好到差进行排序——使得高价值项目排在列表顶端。然后，浏览列表并去掉最后 1/3 的项目；再对前 2/3 的项目重新进行资源分配，这些最佳项目需要快速完成！这种解决方法也存在一些问题，你将不得不做出艰难的决定并淘汰一部分项目——似乎没有管理团队能顺利执行。所以大多数高层管理者选择默认选项——执行所有项目！因而造成人员稀少、项目资源不足，且需要耗费大量时间才能进入市场！这个简单的解决方法还面临另一个问题，如何将这些项目按最好到最差进行排序，即定义和衡量"最好"或者"对公司有价值"并非小事。

> **建议：**在沦为如图 8.1 中显示的绩效最差的企业之前，仔细审视你的企业与这五个指标对比的情况。企业在有限资源的情况下会存在项目过多的现象吗？企业项目是否存在资源不足的情况？开发管道超载所产生的负面效应是什么？在那些更具创意、规模更大及更长期的项目受挫时，你的企业的开发组合是否受过多小型项目所困扰？如果答案是肯定的，那么应尽快在你的企业中建立一个专业的项目选择或组合管理体系。

8.2　项目选择只是组合管理的内容之一

> 项目选择是"组合管理"这一宽泛主题的一个方面。目前组合管理这一主题十分重要，其目的在于方便更为高效地在项目中进行选择。

项目选择——对开发项目制定正确的通过 / 淘汰决策和投资决策——是"组合管理"这一宽泛主题的一个方面。组合管理一词借用于金融界。在产品创新中，所有开发项目都被看成一个"投资项目"；这些投资项目可以用决策工具和技术进行管理，这与金融市场中所使用的工具和技术极其相似。组合管理的其中一个组成部分就是关口，即企业阶段-关口体系中的决策点，在关口处将制定重要的通过/淘汰决策并将资源分配到项目中去。在下一章将进一步说明关口使用的细节。

8.2.1　在产品创新中，什么是组合管理

组合管理与资源分配有关。也就是说，在企业所面临的众多机遇中，应该在哪些新产品和开发项目上投入资金？哪些项目应该获得优先权并加速上市？组合管理也与企业战略有关，因为当前的新产品项目决定了未来公司产品市场概况。最后，组合管理关乎均衡：在风险与回报、维持与增长、短期与长期开发项目之间权衡的最优投资结构。

组合管理官方定义如下：

组合管理是一个动态的决策过程，据此企业中活跃的新产品（或开发）项目清单不断进行更新和修改。在这个过程中，企业会对新项目进行评价、筛选、优先次序划分；现有的项目可能被加速、淘汰或下调优先次序。资源会被分配和重分配给活跃的项目。组合决策过程有如下特点：信息的不确定性和变化性、机会的动态化、目标多重化和战略考虑、项目之间的独立性及决策者和地点的多样化。组合决策过程包括或交叠在公司范围内大量的决策制定过程，包括定期对所有项目中全部组合进行评审（全盘考虑所有项目并一一对比各个项目），在持续进行的基础上，对个别项目做出通过/淘汰决策，为企业开发一个新

产品战略，包括战略资源分配决策及战略性产品路线图。

8.2.2　组合管理中的两个决策层面

组合管理和资源分配可视为分层过程，其具有两个决策制定层次。这种分层次的方法在某种程度上简化了决策上的困难（见图 8.2）：

- 层次 1——战略组合管理：战略组合决策回答了以下问题：方向性，企业应该将其开发资源（人力和资金）投资在哪些地方？企业应该如何在项目类型、市场、技术或者产品类型之间分配资源？企业应该将资源集中在何种重大举措或新平台上？战略桶的建立、战略产品的划分及技术路线图是颇为行之有效的工具（战略桶将在下一章进行概述，战略产品路线图将在最后一章阐述），我们将在这一章后半部分进行阐述。
- 层次 2——战术组合决策（个别项目的选择）：战术组合决策重点集中在个别项目，但也遵循战略上的决策。战术组合决策主要解决以下问题：企业应该做出何种具体新产品项目？其相对优先级是怎样的？每个项目应该分配何种资源？图 8.2 最下方列出了这些战术决策，并且应用于关口会议和组合评审中。这些通过/淘汰的战术决策是本章接下来将探讨的问题。

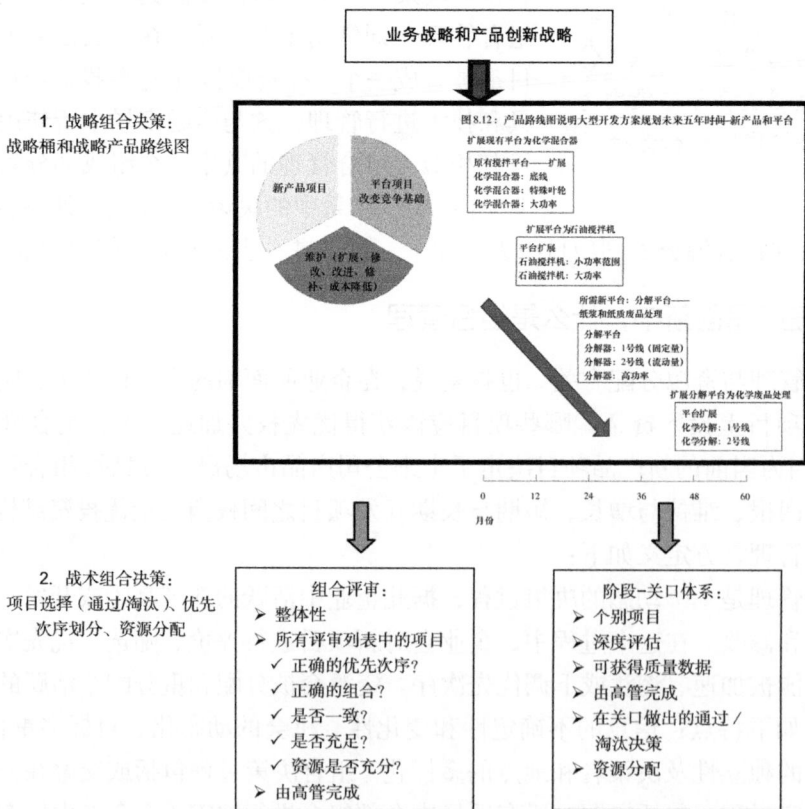

图 8.2　组合管理是由业务战略和产品创新策略驱动的阶梯状流程

8.3　战略组合管理

战略一旦形成，其他一切都顺理成章（见图 8.2）。一家企业的产品创新和技术战略为产品创新和开发明确了目标；它确定了战略环境——在此之下专注于创新和开发。该战略对企业的"作战计划"进行了规划——如企业如何计划在每个战略环境中取胜。"作战计划"甚至可以指定必要执行的重大举措，其目的在于取胜。因此"作战计划"需要战略性产品及技术路线图。了解更多路线图详见第 10 章。

下一个战略问题是资源分配，如在多种项目类型、产品线或战略环境中获得恰当的结合与平衡。大多数公司都面临这些问题！它们正遭遇一个极不平衡的管理方式，如图 8.1 所示，在组合中出现了太多的小型项目，而高价值项目微乎其微，且整体看来，项目确实过多！

8.4　利用战略桶使项目得以正确组合

战略桶作为一种强大的方式，在战略组合中可以将战略转化为现实。它的前提是"投放资金进行战略落实"。除非资源被投放，否则"你的战略"只是纸上谈兵。当承诺并开始投入资源时，战略才富有生命力。以军事实例做类比，战略通过布兵来运作，即当军队集结时，战略才有意义！因此要做出战略性支出决策，即建立战略桶！

战略桶基于最简单的原理：战略实施相当于将资金投入具体措施。例如，在新产品开发时，企业是否应该将其所有开发资源投入基础防御中，即你目前的产品当中？或者以百分比为例，将 10%~15%的资源应用于一个新兴领域？这的确是一个艰难的决策，却也是一项战略支出或组合决策！[①]因此，当将企业战略目标转化为战略组合决策时（见图 8.2 中间部分），所面临的一项重大挑战就是企业支出细目或理想部署。也就是说，高层管理者希望将企业产品创新资源支出在何处——在产品、市场或者技术领域的最佳划分方式是什么？创新项目与防御性或创新项目的比例是多少？应该在每个战略环境或重点领域中支出多少？因此实施该战略确实意味着"制定支出目标"。

8.4.1　如何使用战略桶

战略桶方法开始于企业创新战略并需要高层管理者从几个维度做出硬性选择，即关于他们如何分配稀缺开发资源的选择。因此产生了"资源封"（Envelopes of Resources）或者"战略桶"。

> 战略驱动企业的组合。战略桶是一个能够将创新转换为现实的工具。

另外，现有的项目被分类至战略桶中；接下来高层管理者决定对每个战略桶而言实际

---

① 我们注意到"资源"包括资金也包括人员，因此资源配置既是针对财政支出也是（或是）针对人·天资源（或同等全职人力）的配置。

支出与所需支出是否一致。最后，项目在战略桶中进行优先级排序并做出最终项目组合的决定——该组合将反映出管理者对企业的战略选择。

案例：一直以来，霍尼韦尔公司业务单元内的领导团队在每年年末对开发项目中的细目进行评审，即根据项目类型、市场、产品线等方面提出企业将如何利用资源的问题。但是这与开车时看后视镜较为相似。信息是往后看的，而不是向前看的。在这个"新方法"中，领导者团队在年初进行讨论，并在新年伊始做出将如何利用资金的战略选择。正如一位高管所说："如果我们不做出决策，它将为我们拿主意，而默认的选项常常是错误的！"霍尼韦尔公司采用了一个相当简单的分配方法："梅赛德斯星"资源分配方法（见图8.3）。业务单元的领导团队从企业战略出发并使用梅赛德斯徽标（三点星）来帮助分配资源。有以下三个战略桶：

（1）平台项目（有望产生重大突破并改变竞争基础）。

（2）新产品项目。

（3）维护项目（产品扩展、修改、提高、修补、成本降低、翻新）。

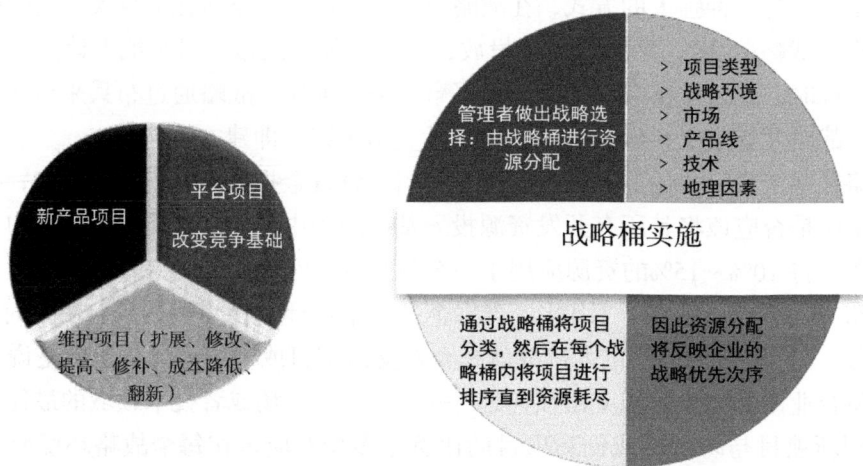

图8.3 战略桶确保项目的组合与平衡且其支出可以反映业务的战略优先次序

注：企业战略显示了在战略桶中资源的分配。

管理者做出战略选择并将其开发资源分配到这三个战略桶中。下一步是将项目分配到每个战略桶中，实际上，这就已经在创建并管理这三种分离的项目组合。最终，随着时间的推移，由于纪律性约束，整个战略桶的支出分配及项目类型反映了企业的战略优先次序。管理者也应用其他饼图来进行相同的分配，如通过产品线、市场和地理布局。

注意：作为霍尼韦尔这样的公司，资源应在多维度进行分配，如通过项目类型（见图8.3）、产品线或者市场（见图8.4）甚至战略环境。

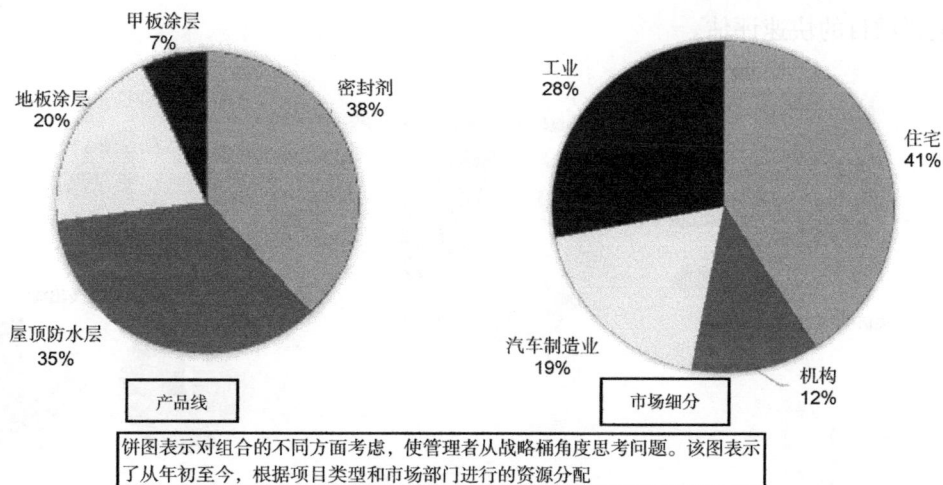

甲板涂层 7%
地板涂层 20%
密封剂 38%
屋顶防水层 35%

工业 28%
住宅 41%
汽车制造业 19%
机构 12%

产品线

市场细分

> 饼图表示对组合的不同方面考虑，使管理者从战略桶角度思考问题。该图表示
> 了从年初至今，根据项目类型和市场部门进行的资源分配

图 8.4 战略桶也可以通过产品线和市场进行资源分配

8.4.2 确定战略桶的大小

理论上听起来很简单。但是首先要考虑的是企业应如何确定这些战略桶的大小。例如，企业如何在项目类型方面确定资源合理分配？这里并没有万全之策，有的仅仅是在个人投资组合中单纯地在股票、债券及银行存款之间进行最佳分配。但是决策一定要做。战略决策一旦失败，将导致资源分散，这是基于一系列紧急战术上的需求决策制定的。正如霍尼韦尔这个例子提到的那样：默认的选项常常是错误的！

从目前的分配开始：在决定企业的最佳分配时，可以从当前资源分配开始，这取决于

> 从资源的目前分配来看：需要解决"当下是什么"。了解目前资源分配将会给出企业应如何正确分配的建议。例如，某些区域或项目类型的资源分配应该有所增长，而其他方面应该下降。

企业当前情况的评估："当下是什么。"仅了解当前资源分配将显示出企业正确分配应该是怎样的，当然这在很多企业中并不常见。例如，某些区域或项目类型的资源分配应该有所增长，而其他方面应该下降。方向性也许和绝对支出金额同等重要。正如艾默生电气公司的首席技术官所说："我们的业务总监们都极其明智，如果他们看到了现在的分配，他们就应该对如何支出有很好的想法！"艾默生电气公司也应用了战略桶策略，这个实践是"艾默生组合管理流程的核心概念"。

进展到预期分配方案上：管理者能够在评审当前的分配方案之上进展到预期资源分配上，即"应该是什么"，如图 8.5 所示。

（1）一项历史评估——资金在过去 12 ~ 14 个月中所投入的领域（通常是对市场、战略领域、项目类型，也可能包括地理布局的饼图的评估，见图 8.3 和图 8.4）。

（2）针对近期项目的结果分析：这些项目进展如何？哪些类型的支出和项目获得最好的成效（最高的生产率）？

（3）对现有资源分配的评估——确定"当下是什么"并列出清单，同时需要一个对现

行主要项目的快速评估。

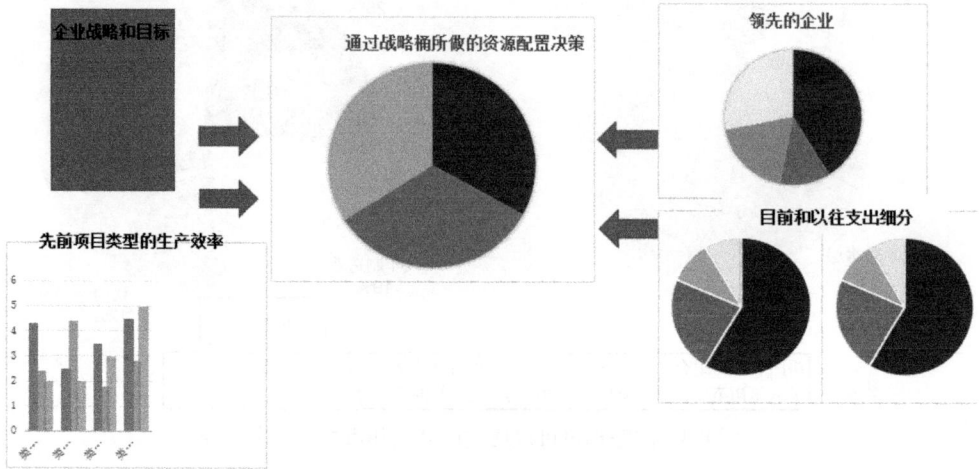

图 8.5　企业中应用战略桶决定正确资源分配输入

案例：从项目类型的角度来看，企业开发项目当前的投入状况是怎样的？资源投入了何处？销售额的来源是什么？图 8.6 是玛氏宠物食品公司（Mars Petcare）的业务图，表示产品组合现有的三个方面考虑（最右边的图表示基于每个商业项目中数据的期望净增加销售额和第一年实际的销售额增长量）。管理者对此图和相似图进行了评估——根据产品线和细分市场进行分解，最终得出对当前开发组合健康性的快速了解。

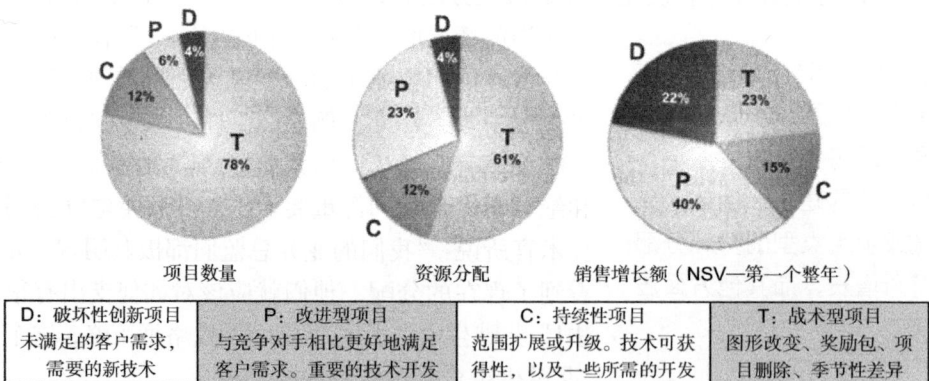

D：破坏性创新项目 未满足的客户需求， 需要的新技术	P：改进型项目 与竞争对手相比更好地满足 客户需求。重要的技术开发	C：持续性项目 范围扩展或升级。技术可获 得性，以及一些所需的开发	T：战术型项目 图形改变、奖励包、项 目删除、季节性差异

图 8.6　三种不同组合方面的考虑——根据项目类型（表格揭示了主要问题）

图 8.6 中的三个图揭示了急需采取措施的主要事项：

◎　首先，3/4 的项目及超过半数的资源投入了次要战术项目——为什么？（结果发现是热忱的销售经理坚持提交许多"必做的"微调项目，以确保"得到订单"，然而许多这样的"销售需求"价值并不大。）

◎　其次，破坏性创新（Disruptive）项目只占整体的 4%，同样，也只获得了 4% 的资源。预计实际可能需要超过 10%或 12%的资源，因为这类项目都很庞大。（事实上，这些项目看起来很有潜力成功，但在"挨饿"，其实是由于每个项目都存在资源不足。）

◎ 产能最高的项目（每单位的研发收入）是更具创新的类型，然而获得的资源是最少的。为什么效率低的项目反而获得超过半数的资源呢？

这张图为资源合理分配的有效管理讨论打下了一个良好的基础。

（4）我们看一下最佳创新企业及其分配情况：《哈佛商业评论》里有一篇文章称："表现更为出色的企业通常将创新资源的 70%分配给核心产品，20%分配到相近效果的产品中去，10%分配到转型创新上。按照这样的方式进行，从创新投资中所获的收益与其成反比，其中 70%来自转型领域。理想中的平衡因不同产业和不同公司而产生差异。"我们自身的研究（见图 3.3）表明了基于此 20%的最佳创新，最优分配应该：

◎ 35%：增量式开发和创新、修复和变更。

◎ 25%：重要产品改进和更新、产品替代，也就是所谓的"新型改进产品"。

◎ 25%：货真价实的新产品——对于企业而言全新的产品。

◎ 15%：创新——对于市场（对于企业也是全新的）产品是全新的。

正如上文所强调的，最佳分配根据企业和产业的性质不同会产生很大区别。但可以作为参考。

（5）下一个是战略评估：领导者团队要考虑业务的整体策略及创新策略——目标和目的、目标战略环境、战略主推力、以及用于战略分析的数据。在分析与讨论中，图 8.5 的资源输入可以看到，那些资源不足的战略桶，以及可能获取过多资源的战略桶在图中清晰可见。

（6）下一步便是做出决策：其中一个行之有效的方式是改良版的德尔菲法，在这个过程中，高层管理者简单地指出在考虑了几个不同维度后，他们所认为的正确的资源分配应该是怎样的。他们在挂图海报（或者在大屏幕投影上）的便利贴上张贴出"投票"，继而进行讨论。一般在"第一轮投票"中大家便能取得一致，几乎不需要超过 3 轮（3 次投票）就都能得到一致的决策。

案例：在一家以工具制造为主的制造厂商中，十几名重要管理人员参与战略桶会议。在会议上提出了现有的资源分配及当前重要的项目列表，企业整体经营战略和企业四大产品线的各自战略。然后高管根据在产品线、项目类型和世界地理布局区域之间分配资源的百分比进行投票。这些投票立即显示在大屏幕的电子表格上，并进行讨论以便最终达成共识。最终战略桶被确定下来。

8.4.3　为战略桶选择合适的维度

在战略桶分配中应该使用怎样的维度？借用一位研发主管的解释："无论何种维度，只要企业的领导者团队认为能在描述战略时与其最相关即可。"一些企业常见并可能考虑的维度如下：

● **战略目标：**管理者在具体的战略目标间分配资源。例如，在原有领域上应该投入多让一群对信息了如指掌的管理者进行群体决策的最佳实践是使用改良版德尔菲法(基于源自古希腊德尔菲的有效的决策能力的传说。)

少？在扩大的领域上投入多少？在延伸的领域上又投入多少？等等。

- 项目类型：大部分企业拥有太多不合适的项目种类，所以决策或分配应当根据项目的种类制定（见图 8.1）。鉴于企业积极产品创新战略角度，在 EXFO 光电工程公司（一个极富创新性制造光纤测试设备的企业）中，管理者将制定一个目标，即将 65%的研发投入真正的新产品中；另 10%投入平台开发和研究（未来的技术开发）中；而将剩下的 25%投入增长产品中（“支持组合”，即产品修改、修复及改进）。通过这种方式，管理者支持那些鼓励大胆创新项目的组合。
- 跨战略领域：开发使用作为创新战略的一部分，企业已经对每个战略环境具有的吸引力进行评估——这些正是企业所希望关注的科研领域，并且对每种环境进行评估的同时对每种环境进行定义和划分优先次序。在不同领域中最佳支出分配便是这种开发使用的必然结果。

其他常用维度或分配包括：

- 产品线：资源在产品线中进行分配。例如，应该分配多少资源到 A 产品线上？B、C 产品线呢？产品线位于产品生命周期曲线的位置图，可以用来帮助决定分配。
- 技术或者技术平台：支出投入可以在不同的技术类型中分配（如初级的、关键的、稳步发展的和处于萌芽期的技术），或者在具体的技术平台上进行，如平台 X、Y、Z 等。
- 熟悉矩阵：根据企业对其业务的熟知程度，给不同类型的市场和不同技术类型的资源分配应该是什么样的？可以利用普遍使用的“熟悉矩阵”——技术的新颖性和市场的新颖性，来实现资源分配，如图 8.7 所示。

产品或生产 / 市场	使用企业现有运营/技术流程	外部已经存在但是对我们来说是新运营 / 技术流程	产品或运营技术完全是新的，不曾存在过
在现有市场或客户中进行销售，我们对此十分熟悉	整体风险低	风险适中： • 技术风险适中 • 市场风险低	风险高： • 技术风险高 • 市场风险低
在新市场或者新客户中进行销售，但是至少有一方面我们较为熟知	风险适中： • 技术风险低 • 市场风险适中	整体适中——风险高	超高风险： • 技术风险高 • 市场风险适中
在新兴的和/或不熟悉的市场/客户中进行销售	风险高： • 技术风险低 • 市场风险高	超高风险： • 技术风险适中 • 市场风险高	整体风险相当高

图 8.7　在九格内用熟悉模型分配资源——新市场和技术

- 地理布局：以北美项目为主要目标的投入资源所占比例应是多少？拉丁美洲？欧洲？亚太地区？全球又是多少呢？
- 开发阶段：一些企业将早期阶段的项目和开发中及开发结束的项目区分开来。建立两种战略桶，一种适用于开发项目，另一种适用于早期阶段项目或"种子"项目。

8.4.4　利用战略桶将项目进行分类

在对项目进行分配或投票之后，战略桶将现存的项目进行分类，并且将所有目前由战略桶产生的支出叠加起来（"当下是什么"）。通过"现存的项目"，也就是说，项目处于开发中，或者准备进行开发。简言之，就是任何通过图 4.11 第二关口的项目（在第二关口之前，关于项目的数据非常有限，因此企业将此视为"初期阶段的项目"，并不真正消耗资源，因此的确还未"在组合之中"）。

在每个战略桶中，支出缺口就在"应该是什么"和"当下是什么"这两个问题中识别出来。支出缺口往往表明对于战略桶中一个特定的资源分配来说，存在过多的项目。有时，项目又的确太少。例如，对于"突破性项目"战略桶来说，就要求想出一些优质项目来"填满战略桶"。

8.4.5　对战略桶中的项目进行排序

最后，对每个战略桶中的项目进行排序直至将资源分配完毕。回忆一下关于将特定资源分配到战略桶的投票，这是在既定战略桶中实行资源限制。在战略桶中对此种方式进行排序，首先要尝试的是，你可以使用一个金融度量方式，如净现值。把项目按照价值最高或净现值最高到价值最低的顺序排列（从 $1 \sim N$）。注意在这一期间（一个季度或者半年）所需的时间。在达到资源上限的时候画一条线。那些在"线下"的项目或被淘汰或被搁置，在线上的部分是资源充分并可以继续进行的项目。（在本章的后半部分，将介绍其他的维度方法，如项目吸引力评分，用评分模型及其他金融评分机制，如生产力指数，在进行项目排序时生产力指数要比净现值更好。）

最后的结果是列出了可以"通过"的项目清单，在每个优化的资源战略桶中分出优先次序。

8.4.6　战略桶的意义

首先，虽然战略桶是一个十分简单，甚至过于简单的模型。但是千万不要被表象所愚弄！它的影响要比我们想象中深远很多——它有很多优势！首先，随着时间资源分配可以看出战略优先次序。在第一年，将会有一些资源切换——进展速度相对缓慢，因为人员不是可以任意调换的。当到达稳定状态时，效果便非常显著：资源分配和采用的战略的确是保持一致的！例如，你最终将稳定在做一定数量大大小小的项目，或者在不同战略领域投入相应的关注比例。

这种方法将每个战略桶中的项目数量加以限制：为项目进行排序直至将资源耗尽！因此你不仅可以在项目类型、市场及产品线上获得适当平衡，也可以在资源与项目数量上得到适当平衡，即资源的供求关系。此时资源数量达到了上线！

其次，这点很关键，请记住你并非在比较苹果和橘子。当在战略桶中为项目排序时，你不是在战略桶之间将项目进行比较，而只是对一个战略桶内的项目进行比较。例如，你会将新产品与其他新产品进行对比评估，而不会与细微修改的项目进行比较。当所有项目都被投入一个战略桶中并进行比较时，结果是可预见的：规模小，风险低，可轻松实现的决策往往能够胜出，这也可以解释为什么大多数公司拥有很多正在进行的小项目。

最后，对于不同项目（投资）类型，需要使用不同的评估标准。如果你在考虑自身的投资，如股票、债券及银行存款，你当然会使用不同的评估标准来评价估值。对于开发项目来说也是一样。例如，对于"新产品"战略桶，你可以使用财务评估标准（如净现值）及评分模型；但是对于节约成本型的项目来说，简单计算生产性比强调度量"每天在项目上节省的成本"相对更好一些。

> **建议**：实施战略桶。这是一个能确保新产品支出或部署且能反映企业战略优先级排序的有效方法。此外，这是一种为更具战略意义和更大胆创新预留资源的方法（因此所有的资源将不会被那些规模小、时间短的项目消耗掉）。此外，这种方法十分有效，似乎可以迎合绝大多数企业的管理风格。

通过将决策过程分成两个层次（首先，通过战略桶对企业资源的战略分配进行决策；其次，决定进行哪些项目——组合搭配及项目均衡）将最终反映企业在项目类型、市场及产品类型方面的优先次序。同时，通过战略桶，企业将采取某些措施来防范很多可能面临困扰的问题，例如，过多的小型的、增长的、低价值的项目，以及真正重大创新的缺失问题。

> 战略桶确保了支出能反映企业战略的优先级排序，对项目数量进行限制，做出正确比较（让苹果与苹果之间进行比较），并采用了评估不同项目类型使用不同标准。

8.5 组合可视化——多种方法

是否相信一张图片可以发挥千字的作用！一些企业本身并未采用战略桶策略，而是使用相似的图表以一种战略方式来描述其产品组合。例如，各种图表以很多种有用的方式能够表示出产品组合中项目的搭配和均衡——"是什么"。无论是在关口会议还是组合评审中，这些图表都行之有效，并能引导领导者团队以战略桶的思维方式来思考问题。

参数、度量及变量当然有很多，但企业希望通过以下这些来考虑开发组合中项目的均衡：

- 根据项目类型进行资源分配：企业对于产品创新和产品翻新的支出投入多少？这个支出投入应该是多少？饼图能有效地掌握项目类型间当前的支出分配情况。表示根据项目类型进行资源分配的饼图是一种特别有效的对完整性进行检查的工具（见图8.6 左边和中间的饼图）。
- 市场、产品和技术：这些为管理者提供其他方面寻求均衡的度量。但所面临的问题在于：在不同的产品线中，企业是否对研发支出进行了适当的划分？企业在整个市场或者细分市场中经营的是哪个（见图 8.4 右边的饼图）？或者在不同技术间呢？饼图再一次迎合了对这类数据的演示和控制。

- 项目的规模：一些管理者喜欢通过项目规模来了解其分配——企业是否拥有太多的小型项目？图 8.8 就显示了这样一个分配，利用累计 3 年的销售额作为衡量规模的尺度。注意这里有 24 个项目，如此之多（20）的项目被认为是"小型项目"，3 年的销售额近 500 000 美元！

频繁显示太多小规模项目

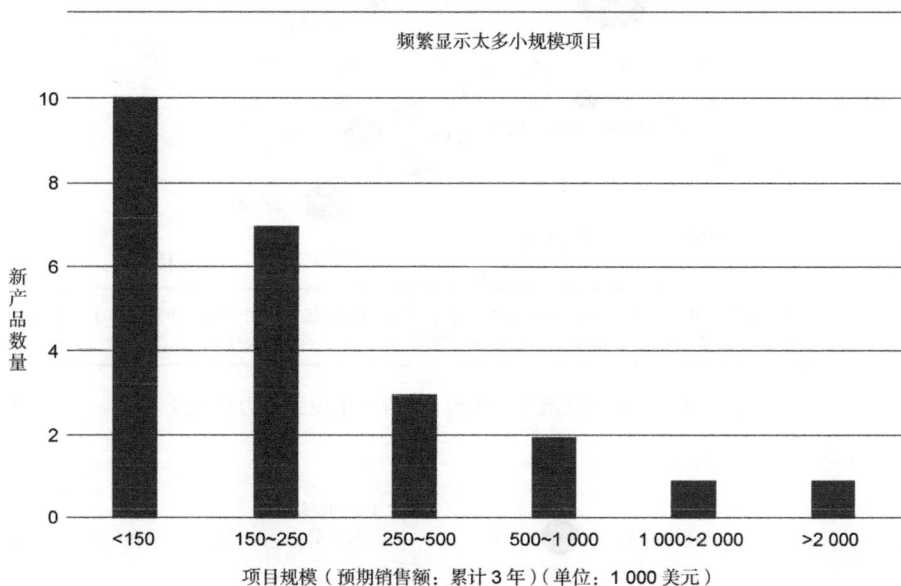

图 8.8　通过项目规模检查企业项目分配

- 组合风险预测：彼此熟悉或使用新矩阵在项目组合中提供了风险分担的可能。项目在两个新维度中以气泡图的形式出现：对于企业而言，新市场如何，同时新技术又是什么样的（见图 8.7 中新矩阵的应用，以"气泡"或圆的形式显示出来，气泡大小显示每个项目所用资源多少）。
- 风险-回报气泡图：许多企业运用一种系统化的组合管理方法，如图 8.9 所示的风险-回报气泡图或其他与之类似的图。其中，横轴是对企业回报的度量，而纵轴表示成功的概率。

◎在图 8.9 中，净现值的图凭借技术成功的概率制作出来。注意在此图上的所有项目都已经进入开发环节，因此净现值便已经确定下来。另外，三年累计的销售额可作为一项回报。

◎另一种方法是使用对回报的定性估计，评估范围从"适度"到"优秀"。这里的观点认为，过于强调财务数字可能造成严重损失，特别是当处在一个项目的早期阶段时。纵轴表示的是总体成功的概率（商业上成功的概率乘以技术上成功的概率）。

◎最后，关口评分卡上的得分同样可以被用来制作风险-回报气泡图。评分卡将会在本章的后半部分进行阐述，但是由关口评估人员评估的两个记分因素——风险和回报（见

图 8.10），在图中两线相交，因此可以看出另一个风险-回报的图像。

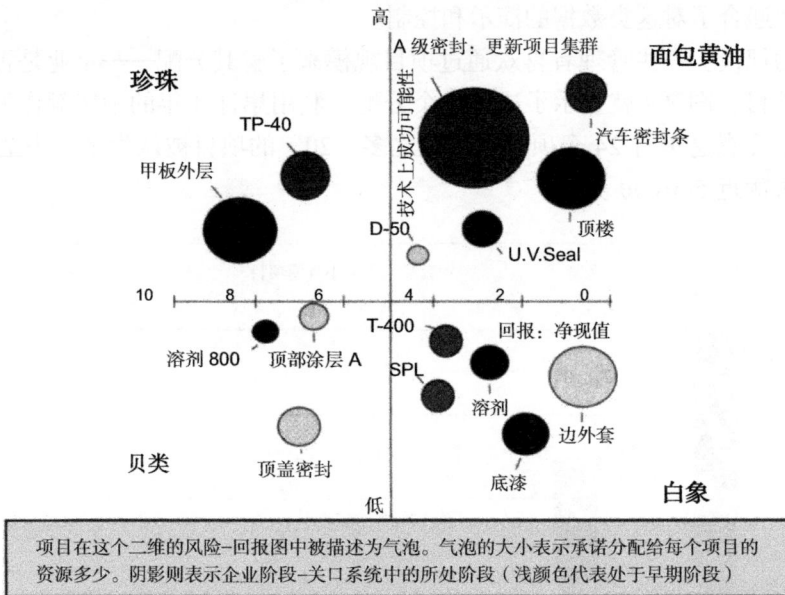

项目在这个二维的风险-回报图中被描述为气泡。气泡的大小表示承诺分配给每个项目的资源多少。阴影则表示企业阶段-关口系统中的所处阶段（浅颜色代表处于早期阶段）

图 8.9 评估开发组合的风险-收益（单位：百万美元）

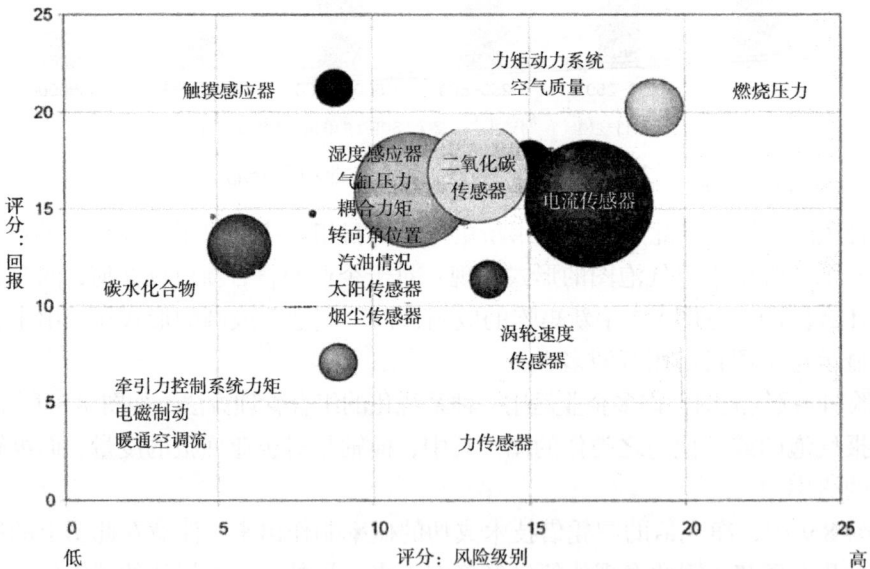

图 8.10 风险-回报气泡图的另一个版本，利用企业计分板模型评分

案例：一家大型化工企业的高技术业务单元的演示气泡图，如图 8.9 所示。这里每个气泡的大小表示每年投入各个项目的资源（美元/年；也可能是分配给项目的人数或者工作月）。由于这个业务单元寻求快速增长的"星级业务"，对图 8.9 中的组合图的快速评审发现很多问题：存在太多的"白象"项目（应该进行严格的项目整顿）；太多的资金投入在"面包黄油"这种低价值的项目上；"珍珠"项目不足；"贝类"项目资源严重不足。

这种气泡图模型的一个特点是，它迫使高层管理人员着手处理资源问题。在有限的资源中，圆圈区域的面积总和一定是个常数。也就是说，如果在一个圆圈上增加一个项目，就必须在另一个上面减掉一个。当然你也可以缩小一些圆圈的大小。简单地说，模型迫使管理者考虑向列表增加项目会对资源产生的影响，也就是其他产品必须付出代价！

与每个项目相关的产品线在气泡图中也有体现（通过交叉平行线影法，没有表示出来）。最终分配是按时机表示的（以阴影或颜色表示）。因此，这个看似简单的风险-回报气泡图所表示的数据比单纯的风险和盈利能力要多出许多：风险-回报气泡图也表示资源配置、时序及在整个产品线中的支出投入分配。

> **建议**：在产品组合中，表示当前项目搭配及平衡的图在组合评审和关口会议中极其普遍。这一部分描述了很多不同的演示方式和格式。饼图非常流行（见图 8.3、图 8.4 和图 8.5），并很自然地引出战略桶。它们常用于演示当前形势——根据以下几个方面对当前资源进行分配。
> - 项目类型：新产品、改进、销售队伍要求、平台等。
> - 市场：市场细分、市场部门或地理布局市场。
> - 产品：产品线或产品分类。
> - 技术：技术类型或技术成熟度（萌芽期、稳步发展期、基础状态）。
> - 项目规模（累计销售或支出水平）。

除此以外，要考虑企业组合风险概况（熟悉矩阵，见图 8.7）或者风险-回报概况（通过气泡图 8.9 和图 8.10）。

选择与企业及领导者团队最相关的度量。提示：不要使用过多不同种类的饼图，这往往在会议中让大家不知所措。正如一位高层管理者获得组合管理软件后十分受挫，并表示："我们公司已经有过一次气泡狂的案例了！"考虑最多使用 3 个饼图（见图 8.3 至图 8.5），以及一个风险-回报气泡图（见图 8.9 或图 8.10）。关于风险-回报气泡图，使用如"成功概率"与"回报"的定量轴（这些定量轴可以根据盈利能力，如图 8.9 中的净现值或累计三年的销售额来进行衡量，或如图 8.10 中源自评分模型的刻度值）。

8.6　战术决策：找出正确的项目

关口和组合评审

企业必须执行两种决策过程以便更好地处理战术组合决策：关口，作为阶段-关口体系的一部分，同时是定期的组合评审（见图 8.2 最下方）。注意，本章所引入的很多工具和方法都具有双重责任——可以同时在关口和组合评审中使用，但是在使用中略有差别。让我们看看什么是关口和组合评审，并深入探讨项目选择和优先次序划分中的最佳实践方法。

（1）关口（见图 8.2 右下方）：通过/淘汰决策嵌入你的创意—发布体系中（叫作关口）。

关口提供对个别项目更为深入的评审并给出通过/淘汰决策、优先次序划分及资源分配决策，因此，关口必须作为组合管理系统的一部分。有效的关口对产品创新至关重要：关口将那些不良的项目尽早淘汰并将需要的资源投入值得开发的项目中。

但是仅有关口还远远不够！很多企业已经拥有关口流程，但是它们将关口与全面组合管理系统混淆在一起。选择正确的项目要胜于仅在关口会议上进行个别项目选择，而企业应该做的恰恰是关于项目的整体搭配及新产品或技术投资：

- 项目选择只是处理"树"的问题：通过/淘汰决策则针对个别项目，每个项目的评判需依靠其自身优势。
- 组合管理处理"森林"的问题：它是整体性，且关注项目投资的集合。

（2）组合评审：第二个决策过程是定期组合评审（见图8.2左下方）。高层管理者每年四次对所有开发项目组合进行评审。这时，高层管理者也要做出通过/淘汰及优先次序划分的决策，所有项目都要经过通盘考虑，全部或者一部分项目可以进行拍卖。在典型的组合评审中，关键的议题和疑问包括：

- 所有的项目都与战略契合吗（这些项目支持企业的创新战略吗）？
- 在这些项目中，有正确的优先次序吗？
- 是否存在一些进行中的项目应该被淘汰？或者有可能加快项目的进程吗？
- 企业项目是否已经达到恰当的均衡？适当的搭配？或者企业中是否存在过多的小型且不重要的项目？
- 企业拥有足够的资源来操作所有的项目吗？或者是否存在一些项目应该被淘汰或者搁置？
- 企业是自给自足的吗？也就是说，如果企业实施所有的项目，那么企业将会实现既定的产品创新目标吗？例如，企业对新产品的年度销售目标是什么？

以上两个决策过程——关口及组合评审需要且必须紧密结合起来。要注意的是，关口是与具体项目相关的，并对每个项目提供全面、深入、实时的评审。相比之下，组合评审更加全面：组合评审关注所有的项目，但对于每个项目来说关口细节问题较少。在很多企业中，如果关口是有效的，那么组合评审就不需要有过多的决策和重大修正措施。一些领导者团队指出，在组合评审中他们根本不会关注项目个体，而是通盘考虑整体项目！在另一些企业中，大部分决策是在每季度或者半年一度的组合评审中制定的。

> **建议**：建立一种分层的或两级的组合管理方法，如图8.2所示。要意识到既有战略决策（方向性且高级别）也有战术决策（项目选择和优先次序划分）。对于战术决策，两种决策过程互补：企业专注于个别项目的创意-发布关口流程，以及关注于整体项目组合的组合评审方法。需要两者结合使用！

8.7 关口和组合评审使用的财务工具

在关口和组合评审中，有大量的工具可以用来获得组合目标，如使产品组合的价值最大化，实现恰当的平衡及与项目的结合，以确保组合的充分性，当然前提是不要使开发管道超载。

开发组合的价值最大化是大多数企业的主要目标，这与股市中"低买高卖"类似。向开发项目中投资一定量的资金或者资源并预期项目的结果能够实现组合价值最大化。这是一个极佳的目标，但也是很难实现的目标！首先，企业如何衡量你的组合价值呢？当提出类似问题时，很多高级经理并不能说出发展组合的价值，他们能说出的是花了多少钱！

实现目标所使用的方法包括从财务工具到评分模型。每种都有其优缺点。每种方法的最终结果是形成"通过"及"搁置"项目按顺序排序或者优先级排序的清单，清单最上方的项目的预期目标方面得分最高：针对该目标的组合价值实现了最大化。以下是具体的方法。

8.7.1　利用项目的经济价值或者净现值对项目进行选择和排序

最简单的方法是将每个项目的净现值在电子表格中计算出来。大部分企业已经要求将净现值和财务电子表格列为商业项目的一部分，所以净现值数值已经可得。如果净现值为正，则项目关口的决策是继续；在组合评审中，你可以将项目按顺序排列——从最好到最差，以净现值为依据。这听起来比较容易。

> 三个金融数字：按资金计算的净现值、按年限计算的投资回收期和内部收益率百分比，捕捉到了该项目的利润所在，并且对于通过/淘汰决策及优先级排序决策起到重要输入作用。同时，需要利用敏感性分析（确定关键性假设，显示最好和最坏的情境结果）及风险回报比率（"下跌-上涨"风险率）。

净现值代表着项目对企业的经济价值，并且通常被财务人员当作公司投资的股东价值经济指标。此外，流行的电子表格程序（如 Excel）将净现值的计算引入一个标准程序中，因此寻找和使用这项技术不会太烦琐。

净现值是折现现金流量（Discounted Cash-Flow, DCF）分析的一种形式。折现现金流量需要一个按年计的收入和支出预测；其次，在折现现金流量方法中，每年的净现金流量利用一个折现率折算到现在，然后相加再减去最初的支出就得到净现值。关于净现值是如何起作用的具体解释（公式和计算的细微之处）超出了本书的范围，但是关于净现值较好的理论解释和计算可以从其他很多来源中找到。

净现值可以应用于以下两个方面：

第一，依据净现值在关口处进行通过/淘汰决策。在计算项目的净现值时，需要项目团队使用最小可接受财务回报或者基于项目风险水平的基准收益率作为折现率。如果净现值为正，那么项目会明确可接受的最低回报率。所以净现值是在关口进行通过/淘汰决策的重要输入。此外，项目的净现值也可以在关口会议上与其他进行中的项目进行对比，以便为新项目找到相对位置和优先次序划分的等级。

第二，在组合评审中，根据项目的净现值对项目进行排序。通过的项目在列表的顶端。然后继续向表中添加项目直至资源全部使用。当达到资源限制时，横着画一条线：

在这条线上方的项目通过，而在线下方的项目搁置或者淘汰。这样的话，最终得出项目的优先次序划分列表，逻辑上可以将产品组合的净现值最大化。

折现现金流量分析作为利润指标具有以下几点优势：

- 折现现金流量分析认识到资金具有时间价值，并且让那些具有较长发布期和遥远的未来收入流的项目处于不利位置。
- 这是一种现金流方法，避免了会计和权责发生制的常见问题。
- 折现现金流量分析并不是十分强调对多年之后现金流的预测（也就是说，结果对于多年之后的估算不是特别敏感，尤其是当折现率很高的时候）。

除确定净现值外，你也可以利用相同的数据计算出其他两种数值：

- 内部收益率——使净现值为零的折现率的数值。它可以为项目提供投资回报率的百分比。
- 投资回收期，即收回初始投资的时间年限。这是一个很有用的指标，虽然它本身并不是贴现现金流量方法，但经常为企业家所使用，因为投资回收期回答了这样一个问题："何时可以安心睡觉？"较短的投资回收期显然是我们更想要的：投资回报率与投资回收期成一定的反比关系，当投资回收期很短时，你便无须再为远期的收入操心，因此风险较低。所以投资回收期应该同时考虑风险和回报两个方面。

这三个数字——按资金计算的净现值、按年限计算的投资回收期和内部收益率百分比，很好地表示了项目的盈利能力。

8.7.2 如何确定正确的折现率或基准收益率

确定净现值时，通常所使用的折现率是企业根据项目类型针对风险水平进行调整后的资本成本。通常，从投资设备到新产品项目，一个公司的财务部门会对不同类型的投资提供不同的折现率。尽管内部都会认可这些率值，但通常这些率值也是相当随意的。

一个很有趣的计算净现值的新方法是，使用等同于产品组合中正在进行的同类项目的最低收益率作为折现率（采用同类最低收益项目的内部收益率）。这个数值比最低可接受的预期资本回报率稍高，因此提高了截止线：任何具有负净现值的项目意味着其回报小于产品组合中同类项目中最差的项目，因此应该被淘汰。这个方法仅接受那些收益率比这个高的项目，便可以在每个项目加入时都能自动提高组合的价值。

此外，由于"最低收益率"高于最低可接受的基准收益率，通过这种方法引入了"机会成本"这一概念——从另一项投资中所获得的最高收益。如果企业的其他项目收益率很低，略高于最低的可接受回报率，那么此时你使用的是基准收益率。但是如果企业的其他项目收益率很高，就要采用这些项目中收益率最低的——这就是新项目为投资资源竞争的表现。这种方法也消除了为不同类型的项目任意设定基准收益率的需要：现有的项目组合是设定基准收益率的基础。

8.7.3 识别并处理风险

为了识别项目风险，建议对项目进行敏感性分析。敏感性分析的程序是极其容易的，尤其是当项目数据已经以电子表格的形式列示时。在敏感性分析中，测试了关键假设。比如，假如收入下降到只有预计的 75% 时该怎么办？如果生产成本比预期高出 25% 该怎么办？如果发布期比预计要晚一年又该怎么办？每次更改电子表格上的一个数值，财务数据就要重复地计算。一些管理者需要对最佳情况和最坏情况进行计算，也可以通过敏感性分析来完成。

如果在这些不同的"假设如果"场景之下，收入仍然为正值，我们就可以得出结论：项目的合理性对于提出的假设影响并不大。然而，如果某些"假设如果"场景产生负收入，那么这些相关假设就相当重要：重要的项目风险就会被识别出来。

另一个行之有效的财务计算就是风险回报率——这是一个"上边与下边"的衡量，即取由项目值（净现值）划分的可能丢失的最大值（项目中负累积现金流）。

风险回报率=最大累积现金流/净现值

在多数情况下，最大可能的亏损是以曲线形式表示的：从投资伊始累积的现金流。随着时间日益增长的投资对项目产生越来越大的影响——负累积现金流。继而产品上线，产生收益，现金流变成正值，累积现金流开始增加。最大负累积现金头寸是在计算上-下风险回报率时所使用的数值。比率高说明项目具有高风险。

> **建议**：询问财务部门为净现值、内部收益率和投资回收期的计算开发一个标准化的电子表格，因此所有的项目团队将不断地产生经过计算的利润数据。询问财务部门开发出一个风险调整后的折现率表以方便项目团队根据项目的不同风险级别来确定净现值：从低风险（如削减成本）到高风险（真正的新产品，同类产品中的第一个）。（当前每种类型项目的内部收益率是可接受收益的最低值，因此需要一个能够实现使用恰当折现率的指南。）更高的折现率适当地对那些高风险项目的未来收益进行更高折算和扣除；未来时间越久，折现程度越高。
>
> 此外，要求向电子表格中引入一个相当标准的常规敏感性分析来得出最佳情况和最差情况并确定关键假设，同时包括累积现金流曲线图及对下-上风险回报率的计算。

8.7.4　优先级排序的实践应用：使用净现值对项目排序

案例：图 8.11 是从一家大型材料公司获得的变相数据的净现值，以对项目进行排序和优先级排序。其中，6 个比较项目以变相的名称显示，即第一列中的 Alpha 到 Foxtrot。第二列是现值，即项目未来 5 年的收入经过企业大型开发项目的折现率折现之和（这家企业采用战略桶将项目分类到战略桶中——这 6 个项目处于"重大项目"战略桶中，因此现值的数量级比较大）。

图 8.11 中还显示了开发成本和商业化成本（这是一家资本密集型企业——大部分大型项目需要资本设备，因此商业化成本也很高），在第三列、第四列中显示。第五列显示了净现值是收入流（现值）减去开发成本和商业化成本。例如，对于项目 Alpha，净现值是 3 000 万美元减去 300 万美元再减去 500 万美元得到的 2 200 万美元。

1	2	3	4	5	6	7
项目	现值 （未来收入的 当前价值）	开发成本	商业化成本	净现值	依据净现值排序	决策
Alpha	30	3	5	22	4	搁置
Beta	64	5	2	57	2	通过
Gamma	9	2	1	6	5	搁置
Delta	3	1	0.5	1.5	6	搁置
Echo	50	5	3	42	3	搁置
Foxtrot	66	10	2	58	1	通过

仅用一个战略桶：主要项目。所有数字以 100 万美元为单位。

利用净现值排序方法，前四名依次是 Foxtrot、Beta、Echo 和 Alpha。

然而，开发成本预算有 1 500 万美元的开发预算限制。

因此，只有两个项目可以通过——Foxtrot 和 Beta，产出的组合价值的净现值为 11 500 万美元。

图 8.11　在战略桶内通过公司价值为项目排序（通过净现值）

　　现在的决策规则是：根据项目对公司的价值对其进行排序，也就是净现值。这个排序在第六列显示，项目 Foxtrot 以净现值 5 800 万美元位列第一。项目 Beta 以 5 700 万美元紧随其后，以此类推到最后一名的项目 Delta。在大部分企业中，对项目个数是有限制的。企业有两个约束——资本预算（设备预算）和研发预算（全职等量人员，但是以美元数来表示）。

　　我仅演示其中一个对于 1 500 万美元的研发预算约束的计算方法（但是要认识到，企业在加上资本预算约束时会重新修订这个数字，并将两个结果合并）。

　　实施六个项目中任何一个的总时间在一年左右；但是如果我们决定同时做六个项目——这是我们大多数人都会选择的最舒服的"默认选项"，我们发现总开发成本（将第三列的数相加）达到 2 600 万美元。这意味着我们可以进行所有六个项目，但是需要近两年的时间来完成它们。

　　也许这是明智的选择，因为这意味着我们无须对不执行的项目做出决定——我们要做的是执行所有的项目！另外，精明的财务人员发现这种方法可以保证所有项目按其速度的一半进行并将收入额外推迟一年。由于资金具有时间价值，这会是相当大的成本。所以相对更专业的经理会说："让我们集中注意力——让我们选择我们的'最佳匹配'并完成它们！"

　　所以让我们集中注意力：根据净现值方法得出项目排序，把我们的项目做到最好，先是 Foxtrot——这个项目消耗高达研发预算的 2/3；接着做项目 Beta，以消耗剩余的预算。所以决策是："做两个项目——Foxtrot 和 Beta；将所有 1 500 万美元预算投入这两个项目中；其他四个项目待定；但要将两个'最佳匹配'在一年之内完成并投入市场。"这些决策在最后一列（第七列）显示。我们注意到组合的总价值为 5 800 万 +5 700 万=11 500 万（美元），这对于研发投入 1 500 万美元来说已经相当值得了！

　　"但是等一下，"你会说，"这样会不会有些冒险——把鸡蛋放到同一个篮子里？是不是应该尝试'对冲我们的赌注'——通过执行两个以上的项目来分散风险？我们也一定能找到一些'更有效的'项目组合。"考虑到这两个方面是非常正确的，我会在接下来生产力指数方法部分讲述这个问题。

8.7.5　优劣对比

从理论上来说，使用净现值做出通过/淘汰决策和优先级排序决策是没问题的，但是存在一些瑕疵：首先，净现值方法假设财务预测是准确的。这在产品创新中是一个糟糕的假设：事实上，内部研究显示，财务预测通常是不准确的，在数量级方面的错误，尤其是风险性更高、更大胆的项目，特别是在早期关口必须做出第一次通过/淘汰决策之时！其次，净现值方法假设只有财务较为重要，比如，它认为战略上的考虑是无关紧要的；最后，这种方法也忽略了成功和风险的概率（除非使用一个经过风险调整的折现率）。最终的目标则更加微妙：事实就是净现值假设是一种"非有即无"的投资决策，而在新产品项目中，决策过程是递增的——每次购买一部分项目，这更像购买投资项目的一系列期权。

然而，这种净现值方法十分具有吸引力。首先，这种方法需要项目团队成员提交该项目的财务评估：这意味着他们必须做一些调研、做一些以事实为依据的预测及考虑项目的商业影响和结果。人们可以从稳健的财务分析中学到东西，通常数据并不可靠！其次，折现现金流（折现现金流量）的方法使用，是评估投资的很好的一种方式，与投资回报率、经济增加值或者投资回收期恰恰相反。因此收入流将在未来几年大量自动折现，不过并不能确定是否一定发生。最后，所有的货币金额折现直到今日（而不是仅仅到发布日期），从而适当地对那些发布多年的项目进行扣除。这是一种很好的方法，既可以用于关口会议也可以用于组合评审，的确很值得推荐。据此企业可以做得更好，尤其是在项目排序中。

8.7.6　利用生产力指数对项目进行排序

> 使用净现值来辅助进行项目通过/淘汰决策，而使用生产力指数来对项目进行排序和优先次序划分。

为了使产品组合价值最大化，我们对净现值排序的方法进行了重要的修改，但同时意识到企业拥有的资源十分有限。问题出现在一些项目中，如图 8.11 中的项目 Foxtrot 和 Beta，虽然它们是非常不错的项目且拥有较高的净现值，但它们消耗大量的资源，使其不可能同时用于其他价值偏低但效率更高的项目。人们应该如何进行决策呢？其实很简单：目标就是"让钞票发挥其最大作用"。实现这个目标的方法就是将想要达到最大化的指标（在这种情况下是净现值）除以约束资源（需要的研发资金）得到一个比值——这就是"钞票所发挥的最大作用"。企业可能选择使用研发人员或者工作月，或者项目剩余的所有资金成本（甚至资本金）作为约束资源。这种"使钞票发挥其最大作用"的比值也叫生产力指数，如图 8.12 中第四列所示。

生产力指数= 项目的净现值 / 还需要投入项目的总资源

1	2	3	4	5	
项目	净现值	开发成本	生产力指数=净现值/开发成本	开发成本总和	
Beta	57	5	11.4	5	
Echo	42	5	8.4	10	
Alpha	22	3	7.3	13	
Foxtrot	58	10	5.8	23	资源限制达到
Gamma	6	2	3	25	
Delta	1.5	1	1.5	26	

水平线则表明资源限制：达到 1500 万美元的开发成本。
现在来看，通过的项目是 Beta、Echo 和 Alpha（在横线之上），项目 Foxtrot 被排除表外。
加上项目 Gamma 来继续消耗最后 200 万美元的开发成本，此时组合的价值变成 12700 万美元，
高于图 8.11 中的 11500 万美元。

图 8.12　生产力指数用来更好地对项目进行排序直至资源耗尽

案例：现在对图 8.11 中的项目列表进行重新排序。先看一下约束情况：企业中对新产品项目的研发约束是 1500 万美元；每个项目的开发成本如图 8.12 第三列所示，并且增加到 2600 万美元。为了选择"通过"项目，只计算生产力指数——净现值/开发成本，如图 8.12 中第四列所示。我们注意到 Beta 项目是最佳项目，其生产力指数为 11.4。这意味着每投入 1 美元用于研发，项目 Beta 就产生 11.4 美元的价值！相比之下，项目 Delta 生产力要小很多：每投入 1 美元的研发费用只产生 1.5 美元的价值。所以企业会投资哪个项目呢？

现在根据生产力指数将列表中的项目重新排序（图 8.12 对项目进行重新排序，使项目 Beta 在最上方而 Delta 在最下方）。然后自上而下地从列表中选择直至资源耗尽；第五列表示累积的资源支出。企业在项目 Alpha 之后，资源达到 1500 万美元的限制从而使得资源耗尽。（仍然有 200 万美元剩余，作为一个明智的管理者，根据"机会稍纵即逝"原则，企业将最后的 200 万美元投到项目 Gamma 上以消耗掉全部的年度预算。）因此，现在应继续进行的决策是 Beta、Echo、Alpha 及 Gamma。这四个项目的总净现值为 12700 万美元，这要比图 8.11 中的排序高出 1200 万美元。因而得出生产力指数方法能够选择出更好的项目。

这里需要注意的一点是，引入生产力指数和约束资源极大地改变了项目的排序。将图 8.11 中的项目排序列表与图 8.12 进行比较，我们注意到当使用生产力指数时，项目 Foxtrot 曾是图 8.11 中排名第一的项目，但在图 8.12 中完全被排除在列表之外。除了那些图 8.11 中简单净现值排序方法所固有的效益，这种生产力指数的方法还可发挥出更多的效益。通过引入生产力指数，对那些几乎要完成的项目相当有效（分母较小，因此生产力指数很高）。同时此方法能够处理资源约束，可以根据给定的预算或资源限制得出最佳的项目组合。

> **建议**：使用生产力指数进行项目排序，从最好到最差。这种方法是对净现值方法相对简单的延伸，却能使组合价值更高。额外的计算非常简单——在电子表格中加另一条线，所有的数据均可在电子表格中找到。注意：当考虑到剩下需要消耗的资源（生产率计算的分母）时，仅仅需要花费到"通过"的项目上，即从这个节点开始发生的费用，或者完成此项目需要的人数及天数的工作量。注意：沉没成本与继续进行的决策并无关联！

8.7.7　使用成功指标法

另一种财务选择方法是使用成功指标法，一些企业（如宝洁公司）通过采取这种方法取得了巨大的成功。宝洁公司主要依赖成功标准来帮助企业做出合适的项目通过/淘汰决策。由每个项目明确定义与某阶段具体相关，针对每个关口的具体成功指标，并由项目团队和管理者共同通过每个关口的决定。这意味着，为了让它被视为"成功"，项目需要有所成效。例如，第一年销售达到 10 000 件，利润率 30%，6 月 1 日下旬发布上市。随后，这些成功标准及关于成功指标的预言可用于评估连续关口项目，并且可在发布后评审的评估标准中起到关键作用，但项目团队能够兑现承诺吗？

成功指标通常包括盈利能力指标、第一年销售额、发布上市日期及预期的中期指标（如试销结果）。这种方法允许项目团队自定义适合项目性质的指标。该方法有利于向项目团队灌输问责制思想：在发布后评审过程中，评审团将项目结果与由项目团队设定的最初预测进行对比。因此这种方法有利于促使项目团队做出更加现实和准确的销售、成本及时间预测，这也将更好地为管理者提供关于项目通过/淘汰决策的信息。注意：这种成功指标方法存在风险，并需要企业有丰富的关口系统经验储备，包括对真实的销售、成本、时间和利润估测相对较好的跟踪记录。

8.7.8　过早使用财务指标的注意事项

一些管理者不明确的是，在一些冒险项目开发的初期，他们没有做全盘肯定或者全盘否定的通过/淘汰决定。相反，他们投入相对较少的资金来进行初期调查——为初期尝试提供资源。因此，这些初期投资的决定不需要再进行一轮严格的决策。将理想的启动过程想象为购买该项目的一系列期权，而不要视为购买整个项目。购买期权是一种规避风险的方法。这是一个将项目分解成各个阶段关口方法的绝佳理由，每个阶段都比之前更为耗时耗力。关口先于各个阶段；在每个连续的关口，所获得的数据更为可靠，但是投资也相对较多。这种关口方法，或者期权方法，可以帮助处理重大风险或者突破发展项目。

> 制止商业中真实或创新的最佳方式是在早期拥有牢固的关口，并利用严格的财务指标做出通过/淘汰决策。

案例：在 ITT 领域，管理者甚至在非常早期的关口中就需要做出严格的分析。项目组在早期会议中利用净现值和回报计算，构建出比早期决策更为严格精准的决策。但是涉及创新概念、技术和市场的重大项目常常会受到一些不确定性数据的干扰，导致金融标准分析存在疑点。总之，这些项目在早期关口存在这些问题，那么管理就会因缺少信心而无法推进。

此处存在两处相关点：第一，即使该项目极具成为一个大型项目的潜力，其最初的关口也可能不会耗资巨大。ITT 的管理团队意识到，这种方法扼杀了所有可能，因此，最初的几个关口应该是相对温和的，具有质量标准而不是金融标准。正如一位失利的总经理告诉我的那样："我们并没有以整片牧场做赌注。我们做出了一个相对保守的决策，那就是决定少投资，然后静观其变，待我们做出其他决策后再继续。"第二，即使项目组已经在早期展现出净现值和详尽的财务分析，这种惊人的分析远远超过数据的质量；净现值所采用的数据也会漏洞百出并且常常存在错误，显然并非十分可靠且常常会导致无效决策。

在投资过程中的许多节点上，当然是在进入耗资巨大的研发关口前，必须使用商业论证中的财务分析方法。但是产品研发不是一个全盘肯定或者全盘否定的决策；正如以上所示，应该采取一系列期权决策——进行初步调查后投资；核实结果；或者淘汰项目，或者当产生积极的结果时，再进入一个更具有细节的阶段。正如本文所标注的，净现值计算的推测与按部就班的方法并不一致。

8.7.9 处理风险——期权方法

一种方法是在有风险的项目上方区域重点标注 NPV 和最低预期资本回收率：在 NPV 计算中简单应用风险调整贴现率，有风险的项目将适当地"受到惩罚"。事实上，一些财务人员根据风险等级不同会应用不同的贴现率。例如，如果公司无风险率是 10%，在"适度风险"项目中可能应用 15%的贴现率，高风险项目可能应用 20%的贴现率。这意味着，未来的收入取决于风险项目的等级——一种对于遥远且收入不确定的理想方式。

然而，NPV 方法也存在弊端。首先，它不能很充分地处理好风险和成功的可能性。例如，所采用的风险调整贴现率设置得十分武断。其次，NPV 是一项标准资本预算技术：它假定一种"全盘肯定或全盘否定"的决策情境，因此十分适用于资本支出决策——我们是否该建工厂？但是新产品项目不是非黑即白的决策，它是以增量的形式每次买进一点。也就是说，投资一个新产品项目的决策是一系列的期权决策——基于初期调查后投资；核实结果并淘汰项目——如果结果是积极的，那么就加大投资，并且进入更具体的阶段，就像一个人在五张牌的扑克游戏中下赌注一样。事实上，每到达一个关口，就是管理在购买项目的期权；这些期权的费用远远少于整个项目所花费的，因此这是一种有效规避风险的方式。

专家认为，相比于 NPV，期权定价理论更适合估测一个新产品项目各个关口的价值：真正的期权分析可以在不确定的情况下按部就班地处理投资。问题是这种方法相当复杂，布莱克、斯科尔斯和默顿为这种期权等价或估价的布莱克-斯科尔斯方程式的创始人，获得了诺贝尔奖（1997 年布莱克去世，诺贝尔经济学奖授予斯科尔斯和默顿）。

8.7.10 预期商业价值

好消息是，这是一个更简单的方法，它能够很好地粗略估计复合期权定价方法，即预期商业价值（Expected Commercial Value，ECV）。ECV 要考虑风险和概率，但是最重要的是，需要通过决策树方法在第一时间进行投资。

案例：考虑风险的主要项目与潜在收益超过 5 年的 50 万美元（基于未来收益的现值）。全部研发和商业化成本为 700 万美元，净现值为 4300 万美元。该项目可以分为四个阶段，每个阶段都有自己的成功概率（遵循图 8.13 中的决策过程）。

成功的概率是 0.147（通过四个概率相乘），然而这是不可接受的：七次中只有一次获胜的机会！突然间，NPV 便显得没那么具有吸引力了："经典"的概率调整净现值实际上只有 35 万美元，并不太吸引人（见图 8.13 中的文字）。因此我们要淘汰这个项目！

但这种推理是错误的！利用 ECV 决策树法，才发现刚开始决策投资仅 30 万美元的项目到最后竟然价值可以达到 520 万美元。这个数据是按照图 8.13 计算出来的。此外，在做出 300 万美元的研发决定时，项目价值跃升至 1940 万美元。

从左开始，首先投资 30 万美元进行初步调查，有一半概率获得积极的结果。然后投资 70 万美元进行详细调查，获得 60% 积极的结果，以此类推，总投资 700 万美元。

如果在商业上取得成功，回报将达到 5000 万美元（极右）。因此，未经调整的净现值为 4300 万美元。

成功的总概率是 0.147（0.5×0.6×0.7×0.7）。

通常，概率调整的净现值只有 350000 美元（例如，147×43−7×0.853），并不是很吸引人！

然而，使用 ECV 方法，人们可以看到 ECV 值 517 万美元。（EVC 从右往左倒推；例如，在开始之前，ECV 是 3500 万美元；回到商业化初期，减去 300 万美元，ECV 是 3200 万美元。）

注意，进入发展阶段，ECV 是 1940 万美元。

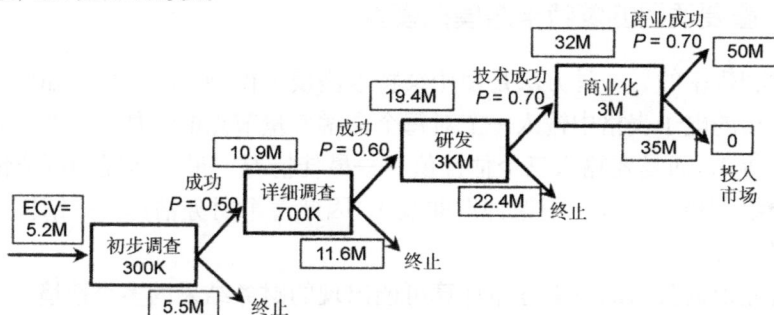

图 8.13 预期商业价值是通过决策树方法确定的，这是一种分步骤的投资模型——一种四阶段投资过程的模型（单位：美元）

接下来必须做出是否进入开发阶段的决策。图 8.14 表明了项目在每个阶段的增加价值与需要的投资额。ECV 呈现了一个更现实的情况，并将会从更公平和更有利的角度描绘出风险更大的项目。在这种情况下就可以做决策了！

> **建议：**对于更高风险、更大胆和更大型的研发项目，使用期望商业价值方法，该方法近似于用于金融市场的期权定价模型。它介绍了风险和概率的概念——关口是项目的一系列增量购买期权。ECV 的计算基于决策树分析，并考虑未来的项目收益、商业成功和技术成功的可能性，以及商业化成本和研发成本（计算和定义条款见图 8.13 和图 8.14）。它还提供了在任何时候都可以选择退出项目的选项。ECV 对待风险和大型投资更公平，因此比净现值更有利。

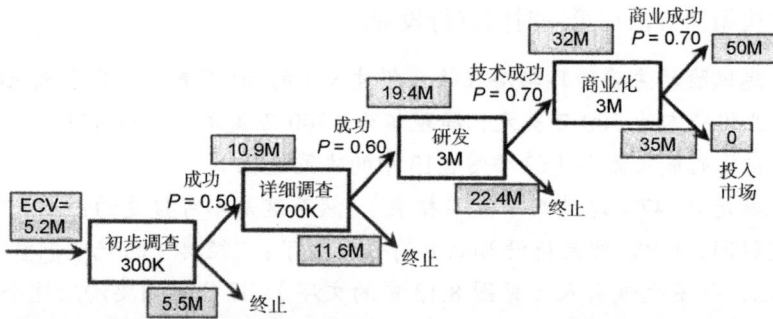

关口＼项目	开　始	详细调查的决策	研发决策	商业化决策
投资总额	300K	700K	3M	3M
ECV（项目价值）	5.2M	10.9M	19.4M	32M
风险=投资率/ECV	0.058	0.064	0.155	0.094

图 8.14　管理风险！考虑项目在每个关口的价值——远远高于每个关口所需的投资

（单位：美元）

8.7.11　针对重要项目的蒙特卡洛模拟模型

引入风险和概率的另一种方法是使用蒙特卡洛模拟模型。以下介绍如何使用这个模型：不仅仅是在公司的电子表格中输入一个对每个金融变量节点的评估（例如，第一年销售额，第二年销售额等），而是要输入三个估计值——最佳情况、最差情况和可能情况。通过每组三个估计值绘制概率曲线（很像钟形曲线）。因此每个财务估算——销售、成本、投资等，都具有概率分布。

该模型首先根据公司的概率分布计算可能出现的财务结果的多个情境。计算机快速生成场景，每个场景生成一个财务结果，如 NPV。由这些产生的 NPV 分配的情境成为公司盈利分布情况——预期的净现值及净现值的概率分布。使用预期的 NPV 和它的分配，以帮助在关口做出通过/淘汰的决策；然后根据这个概率调整的 NPV 项目用预期的净现值除以项目中剩余的成本并排名，就像上面计算生产力指数的方法一样。

蒙特卡洛模拟模型在市场上可以买到并且相对来说易于使用。但是模型中也存在一些问题。例如，该模型未能处理新产品项目的期权问题。事实上，如果情况变糟，公司可以淘汰项目。此外，它还允许通过人为干预本可以阻止的几乎不可能发生的情况。尽管如此，这仍是一个很好的方法，尤其适用于涉及大量资本支出的项目，以及可以估算输入变量概率分布的项目。

8.8　提高数据完整性

世界上最好的项目选择系统，除非拥有可靠的数据，否则都毫无价值。正如一位高管嘲讽其公司严谨的财务评估方法所说，"他们试图用千分尺来测量软香蕉"，使用工具的精确度远远超出项目数据的质量。缺乏早期数据信息困扰着许多公司的新产品项目。第 2 章指出了获取可靠数据的主要挑战——缺乏可靠的前端作业，以及客户声音法和市场信息薄弱，困扰着大多数项目。目前组合方法的 APQC 表明，组合管理面临的最大挑战不是组合工具或模型，而是数据的完整性（或者说数据缺乏完整性）！

项目选择和项目管理中最大的挑战不是选择工具，而是获得良好的数据完整性。

数据完整性的问题有多重要？在商业论证中，很少有公司试图衡量数据的完整性——对预测的销售和利润与实际销售和利润进行多项目比较。据我所知，没有一项公开发表的研究显示这些结果（这些数据相当机密）。我所见过的几项私人研究显示，真正新项目的平均误差约为 200%，也就是说，实际销售额和利润平均为预测值的 40%～60%。但是这是一个平均值，包括高估和低估，所以"真正的错误"远远不止以上两个因素！

新产品研发过程中的数据完整性和基于事实的决策因素都能使公司获利！正如第 2 章中的证据所显示的，那些在早期项目中投入更多精力的企业。例如，那些寻求并获取更好的市场信息；在前端加载项目，以及寻求更精准、更超前、基于事实的产品定义的企业——在创新方面都获得了更高的绩效。简单地将 2.0 的修正案系数应用于销售和利润是行不通的，因为虽然大多数销售和利润预估都被夸大，但实际上有些预估实在太低，这是一个双向的错误！

8.8.1　明确的期望

确保数据更有效的第一步是保证信息需求清晰明确。正如一位高管所述："如果有很明确的期望值，项目团队就有机会做得更好。"通常，项目团队并不清楚让管理人员做出有效的通过 / 淘汰决策需要他们做什么，或者说他们应该提供什么样的信息。如果高层管理者需要知道"预期销售额"或者"目标价格"来使误差上下不超过 10%，那么要将该要求清晰明确地告知项目团队！

明确期望的一种方式是建立一个如第 4 章所列出的构建有效的通过系统,然后去实践。这个流程至少应该包括：

- 不同阶段尤其是每个关口中预期由项目团队实施的经验总结下来的最佳实践活动。例如，第 2 章和第 4 章阐述阶段 1 和阶段 2 时所建议的活动——市场研究、技术评估、概念测试及其他关键任务作为企业设立项目的准备阶段。在企业的阶段-关口流程中，这些建议或者强制的任务对项目团队来说应该有明确的指导作用。
- 最重要的是在每个通过 / 淘汰决策点需要对关键信息做出明确定义：为了做出及时有效的通过 / 淘汰决策，高层管理者需要看到什么样的信息？在通常情况下，这些信息需求或关口成果都是以指定易于使用却又简短的模板形式所规范的。

8.8.2　项目团队对预测和推断的责任制

对于数据完整性的第二个关键点是向项目团队灌输责任制的思想。这是我们在第 3 章

图 3.9 中所看到的最佳实践。在团队责任制模型中，项目团队在早期关口提出预测或者推断。例如，在关口 2 和关口 3 提交初步和完整的商业论证时。这些预测通常包括新产品的销售预测、成本、利润率、发布日期等。

使项目团队对他们所做出的预测负责。因此，预测将更加准确并符合现实，数据完整性也得到改善。

基于以上数据及其他数据，高层管理者批准项目并将资源投入项目继续运行。这些预测成为成功的标准，根据标准，项目将在随后的关口进行判定（如上述所列）。最重要的是，项目团队需要对预测的实现负责：在发布阶段后，即发布后评审（通常在发布后一年，也就是在整年度的经营业绩产生之后）（见第 4 章）。这时，项目团队展示取得的成果——第一年销售额、利润率、成本、发布日期，以及在关口 3 和关口 5 的投入保证。简言之，"成功"意味着"成功获得市场结果"，而不仅仅是获得某个项目的批准：不要给那些形象工程留下批准的空间，它们通常启动后就无人管理了。这种问责制模型的一个结果是，项目团队做出更加专业、更加现实的估算——数据完整性得到改善！

8.8.3 采用螺旋方法对数据进行验证

处理许多大型和激进项目所固有的高技术和市场不确定性给一些高级管理人员带来了重大的挑战。传统的研发过程要求提前完成作业，并且大多数关键问题的答案，包括预期销售、成本和利润率，都是在研发开始之前在商业论证中找到的。但是，所有项目往往都无法获得可靠的数据和"所有答案"，特别是在早期阶段具有许多模糊性和不确定性的重大创新方面。对于一些管理团队来说，这会带来更高的风险，所以他们干脆退出项目。

我们在第 5 章和第 6 章中谈到，领先的公司为了处理研发项目中的不确定性和模糊性，将其传统的门控系统变得更加灵活，适应力更强。通过在研发过程中构建一系列模式，即构建—测试—反馈—修正的迭代（螺旋），我们不仅可以确认产品及其需求，而且最重要的是，我们还可以验证财务假设和财务估算（见图 5.3 和图 6.3）。例如，通过建立原型并与客户或用户测试，我们可以了解客户的喜好、偏好，甚至购买意图，这些都是对市场规模、预期销售额和定价的宝贵投入。通过构建这样的原型或者早期原型，可以更好地预估技术问题，包括技术成功的可能性和制造成本。因此，在公司的研发过程中构建这些验证螺旋，有助于验证用于做出早期投资决策的数据。

8.9 评分模型：对项目进行排序并选出胜者

你是否注意到 DNA 研究的进展？研究人员已经在 DNA 上发现了某些标志，这些标志实际上可以预测一个人是否会患上某种疾病。你是否想过，一个新产品项目是否有自己的 DNA（一个模式或一些基本信息），是否可以依靠某种特定信息来预测它的产出、成功或失败？早在 20 世纪 70 年代，在新产品研发领域的研究中就开始发现其中的一些标志。

一个新产品项目会获得成功有什么明显的迹象吗？当然，它有一些关键的指标、标志和一些能够准确预测成功的项目描述。如果知道这些预测因素是什么，我们就可以研发一个计分卡，并利用它以更加专业和预测的方式对项目进行评级和排序。

8.9.1 成功预测的标志

理论上听起来不错。几十年来，人们试图开发出"预测模型"来选择"获胜的赛马""获胜的赛狗"和股票市场上"获胜的股票"等，可惜结果不尽如人意。但是对于新产品来说情况完全不同，实际上，已经有一些关于探索产品创新中的指标和预测不错的研究调查。研究的很大一部分已经在公共领域发布，所以我们知道这些指标是什么。一些企业私下里对企业过去的项目进行内部调查并提出自己的评级项目的评分模型或者评分卡，其中一些已经出现在公众的视野中。

这些标志在第 2 章和第 3 章中已经被证实过——许多新产品成功的驱动因素。这些已经被证实并以调研为基础的新产品项目成功预测指标，可用于帮助预测项目结果。它包含以下因素：

（1）战略匹配性和一致性：符合公司创新战略且针对确定战略领域的项目更有可能获胜。我们希望公司的战略能定义出有吸引力的领域（庞大的市场、良好的利润率、市场机会多），在这些领域，公司具有核心能力与获胜优势。这也是为什么公司要拥有战略，就是要引领我们到利润更大的市场中去。

（2）产品优势：独特的、卓越的、有着引人注目的价值主张的产品是新产品成功的第一驱动力，也是新产品利润的关键标志或预测指标（见图 2.11）。因此，在公司的项目选择模型中，这一重要的驱动力必须前置并作为核心依据。

（3）利用核心竞争力：利用核心能力是另一个成功的关键：不以企业优势为基础的项目失败的可能性要高很多。

（4）市场吸引力：这是第 3 章中另一个对盈利能力产生强烈影响的成功驱动因素。因此，市场吸引力（市场的规模和潜力及竞争情况）也是项目选择模型的另一个因素。

（5）技术可行性：这里，有三个关键的子问题探讨了技术差距的大小（需要新科学技术和发明创造？或者仅仅是一个工程技术上的重新排列组合？）、项目的复杂性（诸多技术障碍，以及是否可以设想解决方案），以及技术的不确定性（解决方案的确定性，以及公司以前是否有过这种类型的项目）。关键是技术差距大、技术复杂性和技术不确定性让大型项目出现更高的失败率（尽管它们可能在其他重要因素如产品优势上得分很高）。

（6）风险和回报：当财务估计（包括净现值、内部收益率、回报）经常在研发项目中出错时，它们确实与成败息息相关，但也不是一对一的方式。因此，这些内容也会包含在项目选择模型中。

以上这些因素与新项目的成功和财务业绩密切相关，因此，可以在逻辑上构建一个计分卡模型，以帮助选择研发项目：如果一个人能够解释成功，那么他就可以预测成功！

8.9.2 使用评分卡方法进行评分和研发项目的评级

优秀的公司如宝洁、W.L.戈尔、3M 和 BASF，已经为关口决策者研发出相应的评分卡。

其目标之一是在早期保护更多的冒险项目——让它们穿越"死亡谷"，直到项目团队拥有一些切实可行的东西向管理层和客户展示。在风险较高的项目初期，如果严格使用财务模型，几乎可以淘汰所有项目。目标之二是减少对一般财务模型的过度依赖，这些模型往往是基于错误数据生成的。

评分卡强调更多的是非财务因素，其理论是某些项目有一个获胜的外在形象，而通过评分卡对项目进行剖析是对项目最终成功的一个极好预测。调研出来的结果也可以表明这是正确的。同时，管理者们也都认为评分卡比研发前项目选择的财务工具更有效、更高效。

在评分模型系统中，高级管理人员在关口会议上将项目按 1~5 分或 0~10 分标准在评分卡上进行评分。在关口评价中，关口决策者通过统计和合并得到分数，计算项目吸引力分数：需要对评分进行加权或不加权处理。这个吸引力评分是在关口做出通过 / 淘汰决策的基础之一，也可以用来在项目组合评审中对项目进行排序。

如果公司决定自己制作评分卡，请注意，最好确保问题保持在 10 个或更少。因为太长的问题往往让评价者打分过程很累。一定要确保这些都是强有力的问题——证明成功的预测因素，并确保公司能够证明这一点！一个处于关口 3 的最佳实践的评分模型，是基于调研且经过证实的，目的是完成设计优良而用于新产品研发的项目，如图 8.15 所示。

因素 1：战略	• 项目与业务创新战略的一致性 • 项目对战略的重要性
因素 2：产品和竞争优势	• 产品为客户/用户提供独特的优势 • 为客户/用户提供物超所值的服务 • 完成价值主张 • 不同于竞争对手的差异化产品 • 客户/用户对产品概念（概念测试结果、螺旋）的积极反馈
因素 3：市场吸引力	• 市场规模 • 市场增长及未来前景 • 竞争对手在本市场中的获利情况 • 竞争——竞争的艰难性和激烈性（消极）
因素 4：利用核心竞争力	• 产品的核心竞争力和优势体现在： — 技术 — 产品/操作 — 市场（商标、市场占有率、分销和营销人员）
因素 5：技术可行性	• 技术差距的大小（新科学和创新？） • 技术完成率（主要障碍？） • 技术不确定性（熟练度、经验？） • 迄今为止的技术成果（概念验证？）
因素 6：风险与回报	• 财务机会的大小 • 财务回报（NPV 或者 ECV） • 生产率指数 • 财务估算的确定性 • 风险等级和解决风险的能力（例如，最大负现金流量与净现值之比）

关口控制者在关口会议中为项目评分，在评分卡中使用了六大因素（图表中六大因素都已加粗显示，每个因素都是 0~10 分的评分范围）。

项目吸引力评分作为额外项可以选择评与不评，不算在 100 分之内。

做出继续决策需要的最低分是 60 分。

此评分卡只用于关口 3，用来定夺是否继续研发。类似的评分卡形式也可用在早期关口。

图 8.15　关口 3 经过验证的、基于调研结果的新产品项目选择评分卡——"迈向研发"

评分卡十分有效！它们适合管理层风格，能产生高效、有效的通过／终止决策。

建议：与财务模型一起使用评分模型（评分卡）来帮助选择正确的项目，并使用项目吸引力评分和生产力指数在项目组合评审中对项目进行排名。对于那些未知的大胆激进的项目，尤其推荐使用评分卡。在早期的关口上，财务数据通常是不可靠的，如图 4.11 中的关口 1、关口 2，甚至关口 3。公司可以研发自己的评分卡，但结果往往并不积极；相反，可以考虑使用如图 8.15 那样经过证实的和基于调研结果的评分卡。尽管评分模型受众有限，但是受到人们的普遍欢迎：它产生了一个战略上一致的组合，反映了企业的支出优先次序；它能产生有成效、有效率的决策；它带来了高价值项目的组合。

8.10 对新技术平台进行不同的评估

许多公司在其组合开发中探寻突破型项目、根本创新型项目、技术颠覆型项目和技术平台项目所占整体的目标比例，可能是占整体的 10%～20%。这是一个值得称道的目标，如图 3.3 所示，业绩最好的企业组合分配就证明了这一点。然而在战术上，这些组织一旦进入第 5 章中的概念启动框架，通常就无法应对这些项目，我概述了一个特殊版本的门径管理体系来处理这些大胆的项目：图 5.5 中的技术研发流程或者阶段-关口 TD。

财务方法对技术平台和先进技术项目确实不起作用，应使用一个更具有战略性和定性标准的评分卡。

如果你从事技术开发和技术平台评审，那么一定要认识到，此类项目的可预见性较低，定义也较松散。因此，对于这些类型的项目使用不同的通过／淘汰标准，这些标准更有远见性，需要资金更少。图 8.16 显示了一个用于先进技术和根本创新项目的评分卡样本，同样是基于调研和验证的，但与图 8.15 所示的普通新产品的评分卡是不同的。注意，在这种最佳实践模式中，关键因素包括战略匹配性和重要性、战略杠杆、商业[①]和技术成功的可能性及回报。在这里，回报问题相当广泛，只需要粗略估计。

建议：如果从事尖端技术项目或技术平台开发，则为此类项目实施定制系统。不要强迫他们通过公司的常规阶段和关口过程，而是采用阶段-关口 TD 流程，如图 5.5 所示。作为这一模式的一部分，要认识到关口的标准将是不同的——更多的战略和更少的资金。因为评分卡最适合操作这些定性的指标（见图 8.16），所以推荐用于此类技术项目的评估。

---

① 对于流程开发，图 8.16 中以市场为中心的问题可以修改为描述"内部应用"，如在公司的制造设备上应用一个程序或者需求。

主要因素	标准（19）	分数=0（0~10分）	分数=10（0~10分）
1. 战略匹配性和重要性	一致性	只有外部设备符合我们的业务战略	几个主要的战略因素均极其符合
	影响	影响最小；如果项目淘汰几乎没有消极影响	商业前景取决于该项目
	专有地位	容易被复制；无保护	通过专利、商业秘密，获得原材料或组件取得保护
2. 战略杠杆	增长平台	无增长；一次性项目	开启许多新产品的可能
	持久力	快速跨越式；无持续性优势	产品生命周期长；影响持久深远
	与公司的协同作用	局限于单一商业单元	可在公司内广泛应用
	技术差距	解决方案与现行做法间存在较大差距；需要新技术	增量技术改进；易于操作
3. 技术成功的可能性	项目复杂性	很难想象解决方案；许多技术障碍	很少或没有技术障碍；容易想到解决方案
	技术技能	对于公司来说技术是新的；几乎没有技巧	技术可广泛适用于公司
	资源可用性	必须雇用人员并且建立相应设施	公司具有相应人员和设施
	市场需求	广泛的市场发展所需；没有明显的现有市场或需求	产品立即响应客户的需求；已经存在一个大型市场
4. 商业成功的可能性	市场成熟度	萎靡的市场	快速增长的市场
	竞争强度	高：该领域有许多强劲对手	低：几乎没有对手；对手不强
	商业技能	公司的新应用；必须研发商业应用技能	公司已经掌握商业应用技能
	商业假设	发生概率低；非常投机的假设	高度可预测性；发生概率高
	监管/社会/政治	项目会有消极影响	对重大问题产生积极影响
	完全取决于利润（5年）	5年以内累计不足1000万美元（预计）	5年以内累计超过2.5亿美元（预计）
5. 回报	投资回收期	超过10年（预计）	不足3年（预计）
	商业启动时间	花费很长时间将技术商业化；超过7年（预计）	能够快速将技术商业化；不超过1年（预计）

图 8.16　以调研为基础进行先进技术项目选择的评分卡

8.11　良好的治理：整合门径管理体系、组合评审和路线图

公司的门径管理体系管理着公司当前运行中的项目，其中通过/淘汰决策是在一个持续、实时的基础上做出的。公司的组合评审定期查看所有运行中的项目和待处理的项目。公司的产品路线图勾勒出公司可能负担的项目；它有一个更长远的对"未来的项目"的规划，并意味着对资源进行了初步的承诺。这三个系统都会对项目做出决策，但这三个系统是如何结合在一起的呢？图 8.17 显示了这三个决策系统之间的相互关系和相互作用，从而更全面地反映了创新治理系统。

（1）路线图：战略产品路线图及开发的技术（见图 8.17 顶部），提供可能的产品组合远景——为将来的项目提供了"地标"（Placemark）。在第 10.2 章中会概述路线图候选项目的识别方法。

（2）门径管理体系：在路线图显示的时间节点，相应位置标记的项目就会进入公司关口系统。它们从关口 1 开始被筛选，然后通过整个流程，一个阶段接着一个阶段，一个关

口接着一个关口（见图 8.17 的右下角）。关口是质量控制的检查点：有些项目在一开始看上去很棒，因此被纳入了路线图，但是会在第二或第三关口被发现为哑弹，因而被淘汰。

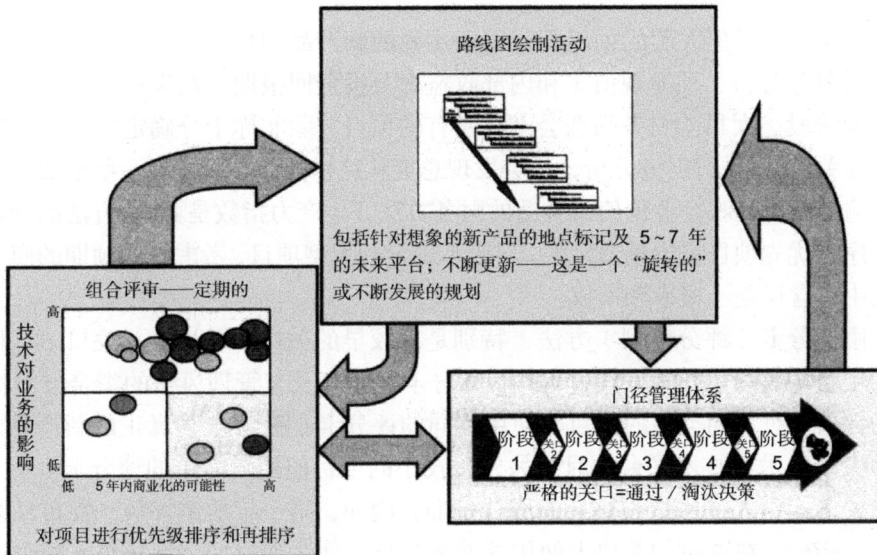

图 8.17 创新管理流程——门径管理体系、组合评审及战略路线图绘制，三者已经整合，每个决策流程都与其他流程互相反馈

注意：仅仅因为项目在路线图中并不能保证它就会妥善完成。因此，门径管理体系可以视为对远景路线图的检查，并提供反馈。因为当前有些项目已被淘汰，所以需要对路线图进行恰当的更新。（请注意，其他项目也会进入公司的门径管理体系，例如，一些基于高收益的项目或者为了抓住一些市场机遇而产生的项目，不只是来自路线图的战略驱动想法或项目。）

（3）组合评审：一旦项目通过了阶段 2[①]，资源承诺要相当慎重，当开始有足够的数据进行描述项目时，就可以进入"组合开发"，一旦进入组合中，这个项目及许多其他项目将在组合评审中接受仔细的审查（见图 8.17 的左下角）。尽管许多公司认为季度（或半年）的组合评审是一个次要过程修正，但还是有一些公司在这里做出了通过和淘汰决策。因此，组合决策会同时影响门径管理体系和产品路线图，需要对每个进行更新。

因此，这是一个持续的过程：图 8.17 中的每个决策过程都在闭环系统中影响着其他决策过程，它们通过治理流程中的各种组件进行协调。

8.12 组合管理的建议

前面已经描述了许多工具和方法，这些工具和方法帮助公司选择研发项目并对开发组

---

① 关口 2 是典型的项目被放置在项目组合中的点。关口 1 因为数据不足可能还为时过早。作为全面开发的真正开始，关口 3 是一些公司组合过程开始的关键。

合进行可视化管理。建议公司使用组合方法：没有一个方法是完美无瑕的，所以要多元化选择！事实上，表现最好的创新公司使用多种方法：它们认识到，没有一种方法可以做到一切。

这些建议是为了更大胆的创新并应用于主要的新产品项目：

- 使用财务分析，即净现值（和内部收益率及投资回报期）及生产力指数，但不是在早期阶段。太早的财务筛选会淘汰所有的项目，除非你十分确定！所以，通常会期望在关口 3 进行财务分析，你会发现总能从这样的分析中学到一些东西。净现值被普遍认为是反映企业价值最合适的财务方法。生产力指数是 NPV 方法的延伸，对于排序和优先项目来说是最好的。对于不确定的大型项目，考虑使用预期的商业价值，其中包含风险、概率和期权。

- 使用评分卡（评分模型）方法，特别是在较早的关口（关口 1～关口 3）和更大胆的项目中，以及技术发展过程中。评分卡在效率及与管理风格的契合方面都有很好的评价，对不同类型的项目要使用不同的评分卡：图 8.15 为真正的新产品，图 8.16 为尖端技术或技术平台项目。另外，较小的项目使用较简单的评分卡。

- 在关口 3 引入一些精心挑选的成功标准，例如，第一年的销售额、发布日期和盈利能力指标。在通过的关口上使用这些成功指标作为通过／淘汰标准，同时让项目团队对关键结果负责，并且提高数据的整体性。

- 对于风险较低和较小的开发项目（如产品改进、更新或扩展），其他项目选择方法更为合适和实用。更多关于这些项目的情况见下一章。

- 组合管理不仅是战术性的项目选择，还必须考虑战略问题。从其他战略来看，所有其他战略都可以通过战略桶和战略路线图（见第 10 章）将战略转化为项目投资决策。

- 最后，本章中的许多图（饼图和气泡图）为管理层提供了查看其公司开发组合的有效方法，并为门径评审和组合评审提供了有益的补充。

数据可靠性也是一个挑战。所有这些方法都基于它们所依据的数据。保证更可靠的数据应该作为一个目标，而且这确实是第 4 章中概述的有效的门径管理体系的一个关键结果。因此，请谨慎实践公司的门径管理体系！另外，要让项目团队负责他们在关键的关口 3 和关口 5 所做的预测（和承诺）。举行一个发布后期的评审，其主题是承诺与实际结果的对比。进行螺旋式验证——与客户一起构建测试反馈和修改的迭代，以获取更可靠的数据并用于未来项目评估。

第 9 章

让关口真正起作用——严格把关

你得知道何时该守，何时该弃；

知道何时该走，何时该逃。

——肯尼·罗杰斯,《赌徒》

9.1 关口遇到的挑战

细节决定成败。也许，对于门径管理体系（阶段-关口体系）使用者来说，最大的挑战是如何让关口奏效。关口奏效，整个流程自然有效。在一个稳健的门径管理体系中，不合格的项目在早期就会被发现并淘汰，相关资源也会匹配给合格的项目；那些陷入困境的项目也会被发现，然后被返工或重新定位，使之重回正轨。但是作为质量管理检查关卡，关口在很多公司并不那么奏效，它也放任通过并推进了很多不合格的项目。

本章主要讨论如何从细节入手，让关口奏效。第 8 章介绍了很多用于产品组合和项目选择的工具。在本章中，我们会用到这些选择工具。另外，还会涉及其他概念和方法，也会介绍如何将这些工具有效地运用到关口会议中，以便做出更好的通过/淘汰决策。

关口被认为是产品开发中最薄弱的环节之一，项目评估一直被弱化处理，甚至忽略，这其中包括职能混乱（缺乏职能之间的协同）的人员差错，不一致的筛选和评估标准，甚至根本没有淘汰项目的决心。只有 49% 的公司在整个从创意到上市流程中有合格的关口。在第 3 章和第 8 章中，我们也看到了大部分公司的开发管道中有众多的项目，还包括小项目。最后，只有 51% 的项目达到了销售目标（49% 没有达到，见图 1.3）。这意味着关口并没有真正奏效。太多不合格、有问题的项目被通过了！

关口的相关概念

关口

关口是项目评审和决策会议——在阶段-关口的产品从创意到上市体系中掌管通过/淘汰的关键决策点。在关口，项目会被管理层评估；项目会被批准和排序；资源会分配给不同项目，不合格的项目会被淘汰，以免浪费更多资源。

> **把关者**
>
> 把关者是由决策制定者和资源拥有者组成的管理团队，他们有责任选择好的项目来开发，并确认这些项目获得了匹配的资源。因此，把关者促进了入选项目的快速商品化。
>
> **把关**
>
> 把关是在关口处进行把关决策的一系列管理实践、行为、程序和业务规则。这些实践是为了使项目团队能够快速、高效地促成好的项目上市。显然，强调的重点是促成项目更好、更快地上市，而不是局限于评判环节。

9.1.1　同步了解相关概念

关口是项目团队和高层管理人员之间的会议，用来评估项目的质量，制定通过/淘汰决策和优先级排序，以及批准下一阶段中项目所需资源（见定义框中"关口的定义"）。

- 关口贯穿整个从创意到上市体系。一般来说，从创意筛选到上市决策点，项目应该有五个关口，如图 4.11 所示。
- 关口一次关注一个项目，与此相反，组合评审关注项目整个产品系列。与组合评审相比，关口会对单个项目提供更加深入的评估。
- 关口拥有指定的决策者：把关者。
- 有效的关口利用多种前面的章节中已经提到的工具来使决策更加明智：NPV（净现值）、生产力指数、投资回收期、ECV、评分卡及成功指标。

9.1.2　缺乏严格把关的关口

即使你的公司已经配备了门径管理体系，其中的关口经常不存在或者没有被严格把关，结果就是极少数项目被关口淘汰。就像一位高层管理者所说：项目就像一列高速列车快速地在轨道上前进，偶尔在站点（关口）减速，但是在到达终点（市场）之前是绝不会停止的。简单来说，关口没有严格把关：一旦项目得到批准，就不会被淘汰。

原因：管理者不会说"不"，也就是说，将项目"扼杀在襁褓中"！因此，即使关口会议按照意图（对项目进行严格的评估，同时做出通过/淘汰决策）召开了，淘汰行为也很少发生。就像上瘾的扑克玩家不知道什么时候停手离开，管理者有很多好（和不好的）的理由推进项目（见"七个我们不能淘汰项目的原因"）。

更糟糕的是，在很多我们调研过的公司中，项目一旦进行，绝没任何淘汰的意向。在最初决定项目要上马后，关口只是相当于一个项目评审会或者一个里程碑式的检查点（或者略高于这个等级），但不是一个严肃的通过/淘汰决策会议。

案例：在某高新技术通信设备大型生产厂家，当通过关口 1（创意产生）后，项目就直接进入企业的产品线路图。这就意味着，项目新产品的预期销售额和利润已经与业务单元的财务预测集成起来了。一旦进入公司的财务计划，项目自然就被锁定在其中了。项目从公司的产品线路图中删除或者淘汰是根本不可能的。事实上，关口 1 之后的所有关口几乎没有存在感，从某种程度上说，公司的管理层忽视了一点——从创意到上市系统是漏斗状的，而不是一个隧道。同时，所有关口 1 以后的关口也都是通过/淘汰决策点。关口会议不应该是单个关口的五个阶段。

就像这个例子一样，在很多公司中，一旦做出了最初的上马决定，关口只相当于一个项目更新会、项目评审会或者里程碑评审点（项目按照计划的时间和预算进行了吗？），而不是讨论"我们是否应该在这个项目上继续投资"，因此，不像我们经常用来描述新产品开发过程的漏斗，新产品开发的过程经常变成一个管道。也就是说，只要进入其中，无论项目好坏，都能顺利地通过管道。同时管理人员还会错误地认为他们公司拥有了一个有效的门径管理体系。

> 关口是投资决策或者通过/淘汰决策会议。因为有一个选择性模式，根据新的信息，早期做出的通过决策可以在后面的关口中被颠覆。

七个我们不能淘汰项目的原因

1．势头
- 人员和热情：就像很难叫停开动的火车一样。
- 我们已经花费了×××美元——不能现在退出。

2．说"不"很困难
- 没有人愿意将项目"扼杀在襁褓中"——这是一个困难且不愉快的任务。
- 我们奉行"能做"原则——"不"不在我们的词汇中。

3．政治原因
- 高层管理者资助的"面子"项目——这些项目是因执行者喜好而设置的，不是因为大家的需要。
- 高层管理者要面子。
- 高层管理者要争取切分"利益蛋糕"。

4．项目团队不愿意放弃项目——很坚决或倔强
- "胜利就在眼前"。
- 如果现在停止，就是承认失败。
- 对升职有影响。

5．这在企业计划中
- 项目已经在企业的产品路线图中了。
- 这已经进入今年的财务计划——现在我们不能将它删除。

6．不完全或者不可靠的数据
- 在缺乏数据的情况下做出坚定的抉择是很困难的。
- 缺乏数据，交付给关口的成果没有事实依据。
- 信息是错误的。

7．没有淘汰项目的方法
- 把关者之间没有清晰、一致的通过/淘汰标准。
- 参加关口会议的人员有问题——不是决策者。
- 没有讨论通过/淘汰决策：在关口会议中没有投票——不是真正的投资决策会议。

必须说明的是：关口是投资决策或者通过/淘汰决策会议。就像其他的投资会议一样，最新的消息会在会上公之于众，并做出相应的评估，同时做出通过或者淘汰的决策。因为有一个选择性模式（也就是说，完整的投资决策是通过一系列的通过/淘汰决策来完成的），根据新的信息，早期做出的通过决策可以在后面的关口中被颠覆。项目通常看起来很好，而且在关口 1 和关口 2 中，这些项目基于有限的信息被批准了。随着时间的推移，它们来到了关口 3，根据更加完善的信息，评估者对这个项目不抱希望（不再具有投资价值），必须淘汰。这样的淘汰决策是一定要做的！

9.1.3 关口处的"空头支票"决策

一个密切相关的问题是虚设的关口。在这种情况下，管理层举行关口会议并且做出继续项目的决策。但是资源并没有被分派下去。在某种程度上，管理人员没有意识到，除非能开出相应的支票，否则批准的决策毫无意义：项目负责人和团队必须带着他们的项目进程所需要的资源离开关口会议。否则，项目被批准了，但是资源没有分配，这将是一个继续项目的"空头支票"，通常会导致开发管道中有过多的项目，而且这些项目与投放市场还相去甚远。如果缺少完成项目的资源，项目负责人注定失败。

9.1.4 令人厌恶的结果

没有严格把关的关口通常意味着在开发管道中会积压过多的项目，其中的很大一部分价值有限。"空头支票"关口（在没有分派资源的情况下批准项目）意味着通过批准的项目数量没有限制！但是，在资源有限的情况下，批准过多的项目还会导致很多问题。首先，项目团队的成员需要被分配到众多项目中去。在一定程度上说，多任务工作是一件好事，但是过多的任务会导致生产率下降——在工作与工作间进行切换，同时会带来"启动"和"停止"的耗费。

由于分配到的资源过少，团队中会有很多的项目在"排队"，等待相应的人员来开发。因此，项目所花费的时间会越来越长。在一些公司中，这个流程几乎陷入僵局——没有任何进展。更糟的是，面临着严格的时限但是又没有时间将工作好好完成，以至于一些项目团队成员用偷工减料来省时间，结果不尽如人意。一个人承担过多的项目还有其他消极的副作用，正如第 3 章和第 8 章中所述：项目团队成员的压力变得很大，针对彼此遗漏的重要工作环节开始相互抱怨，这对于团队的士气不利。最后，"聪明的团队"有时只是应付了事，只会让他们的项目变得平庸。

建议：审视一下你的关口。它们奏效了吗？你们的关口会议是不是会真正淘汰项目？或者像大部分公司一样，只是一个信息更新和回顾的会议？请对照图 1.4 绘制损耗曲线来验证。在关口上，你们真的把资源分配给项目团队了吗？又或者也有"空头支票"类关口这样的过错？如果这些问题的答案揭示了一些问题，那么，继续读下去，你会了解解决的办法。

9.2　漏斗方法——学会将一些项目"扼杀在襁褓中"

如果你的公司的关口没有严格把关或者只是"空头支票"，那么是时候开始将一些项目"扼杀在襁褓中"并且为值得投资的项目重新配置资源了。下面介绍一些方法。

9.2.1　筛选现有的产品组合——主要方法

展开工作的方法是进行毫不留情的一次性修剪运作——挨个检查项目产品组合。

案例：一家大型化工企业正遭受项目过多的困扰：在它们的管道中有超过 1 000 个正在开发的初期创意。通过对项目的彻底审查后发现，很多项目平庸，对于公司价值有限或者缺乏战略影响。经过严格筛选，项目减到了 250 个。结果是，一年内上市，所用时间直接减半，同时项目执行效率显著提高。

筛选产品组合意味着要做出艰难的抉择。案例中 75% 的削减率是一个极端的情况，根据经验，对于产品组合筛选，1/3 的项目需要被削减掉。将项目"扼杀在襁褓中"对大多数管理人员来说都是不愉快的体验。但是，所有项目看起来都很好，都是有价值或者必需的，没有人想要削减掉任何一个。另一个难题是，即使有削减项目的意愿，到底哪些项目应该被淘汰或者暂停呢？

9.2.2　做更少但更好的项目——决策工厂

为了可持续发展，企业要致力于开发更好的新产品。项目的选择必须根据你的资源限度来进行——确保在有限的可用开发资源的情况下，项目的数量是合适的。全心全意地执行 4 个项目胜于敷衍了事地执行 10 个项目。因此，相信漏斗的路径，并且清楚一定比例的项目必须在每个关口被淘汰，特别是在早期的关口 1、关口 2 和关口 3。

案例：2000 年，在库珀标准汽车配件有限公司（Cooper Standard Automotive），某部门面临一个陷入僵局的产品开发体系。当年报表显示，有 55 个主要项目正在进行，而上市时间看上去遥遥无期，而且没有一个项目的产品向市场发布。在如此困境中，一名意志坚定的高层管理者将"决策工厂"应用到了他的关口会议中——淘汰那些相对比较疲软的项目。结果是，7 年后，正在进行的主要项目的数量下降到了 8 个，产品上市时间缩减至 1.6 年，同时每年的上市产品数量达到了 5 个。7 年间，由新产品带来的收入稳步增长，已经增长了超过 10 倍，而且还在持续增长中。

9.2.3　最理想的淘汰率

在我们的组合管理研讨会上，有一个经常被提到的问题：存在最理想的损耗曲线吗？在每个关口多少比例的项目应该被淘汰？比如，在风险资本业务中有一个规则：考虑 100 个机会，投资 10 个，其中只有 1 个会很成功。

在产品创新中，我没听过任何最理想的曲线，虽然有些人尝试从理论上计算在每个关口最理想的淘汰率，但是都没有成功。凭经验来说，每个关口的项目数量应该和阶段的成功量成反比。但是这样的计算会导致一个异常陡峭的损耗曲线，所以这可能是一个蹩脚的规则。

另一个观点是使用图 1.4 中的平均损耗曲线，这个理论认为取平均数的决策者最为理想。这个损耗曲线可以理解为：阶段 1 应该有 7 个项目，阶段 2 应该有 5 个项目，阶段 3 应该有 4 个项目，同时 1.5 个会发布——从关口 1 到关口 5，基本上是 5∶1 的损耗曲线。这个曲线是用于真正的新产品开发的——革新变得更加有风险；那些有较高可预知性、较低风险的较小项目具有更加折中的损耗率，大于 5∶1。进一步说，图 1.4 中曲线的形状是不妥的——处于最少花费的考虑，这个曲线在早期应该是更陡峭的。也就是说，最大的项目淘汰率应该在较早的关口出现（比如，在关口 1 上将 7 个项目减少到 3 个或者 2 个来进行开发），在关口 3 之后损耗应该是很小的。EXFO 工程师将他们的流程比作一个"最终能引领我们到隧道的漏斗装的路径"，一家大型化工公司计算了关口 3 后的项目淘汰率（后期的淘汰率），这是一个负面的标准。

不论每个关口的理想淘汰率如何，以下介绍一些恰当的做法：

- 跟踪每个关口的项目淘汰率。早期关口的淘汰率应该是最高的，但是在关口 3 之后（包括关口 4 和关口 5），淘汰率应该趋近于 0——从一个漏斗状的路径走到管道状。
- 如果早期关口的淘汰率接近于 0（没有项目被淘汰），那么确实出问题了：没有严格把关关口。在你的革新流程中，每个项目都是好的，这样的情况少之又少，因此，在经过关口 1 之后，一些项目应该被淘汰。
- 相比那些更低风险、更高可预知性的短期项目，冒险性项目的淘汰率应该更高（有更陡峭的损耗曲线）。
- 在图 1.4 中，平均损耗曲线不是一个好的标杆。一个理想的曲线在前期应该更为陡峭，并且越接近后期越平坦。在图 1.4 中处于曲线下方的区域是大体上与花费成比例的，所以在早期淘汰项目会比在后期淘汰更划算。

9.3　严格的关口决策

在下文"严格把关的关口所必需的要素"一文中，我们总结了诸多企业在严格关口决策过程中的成功做法。有些已在前面章节重点论述，剩下的部分将在下文概述。我已将这些整合到文本框中。另外，图 9.1 也介绍了一些成功的做法。

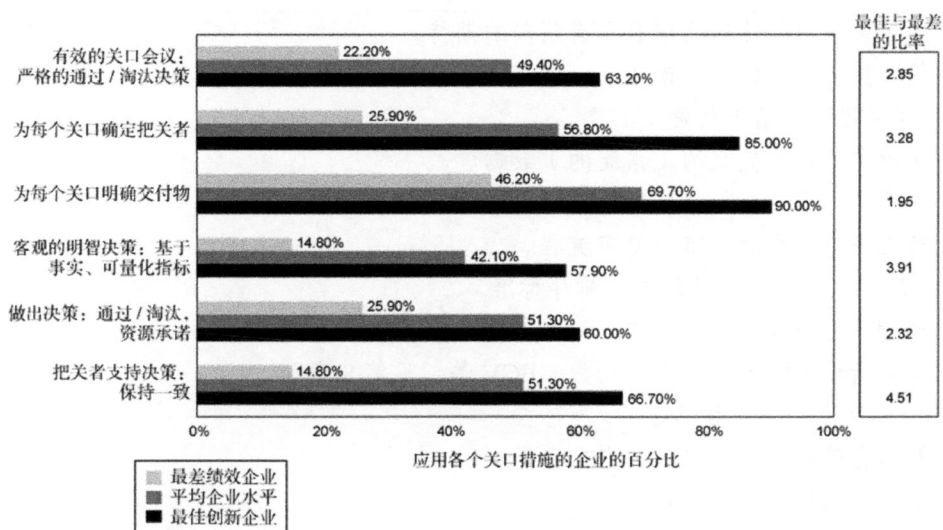

图 9.1　最佳创新企业为提高效率在关口会议中确立关键评估要素

9.3.1　在创新流程中清晰地设立关口

关口决策是一个不能变更的决定，它决定了项目负责人和团队被分配到的资源——以此来完成他们的项目在下一阶段的工作。

在你的从创意到上市体系中必须设立关口，就像图 4.11 中所展示的典型的阶段-关口流程一样。但是关口不只是项目评审会议或者里程碑检查，而是通过/淘汰会议：高层管理者会面，并根据最新的消息来决定公司是否继续在项目上投资或者降低损失，是否淘汰那些不好的项目。另外，关口也是一个资源委派会议，当做出通过决策以后，项目团队领导和团队会接收到一定的资源来推进他们的项目：项目不能在没有配给资源的情况下被批准，否则，将导致"空头支票"的关口及过多的项目！

严格把关的关口所必需的要素

1. 在流程中设立清晰的关口
- 在从创意到上市的图解中清晰标明（见图 4.11）。
- 将关口定义为通过/淘汰决策点。
- 不仅仅是项目评审、里程碑评审，或者数据更新会。
- 只有在通过决策做出之后项目才能继续。
2. 数据整合
- 通过质量信息来做出通过/淘汰决策。
- 可靠的信息——基于可靠的前端工作。
区分什么工作是你的门径管理体系所需要的。
3. 正确的信息交付
- 将有意义的信息以一种有用的方式展现给把关者。

- 对于项目团队传达的信息具有明确的期待。
- 简明扼要的样板、指南。

4．项目团队对结果负责

- 通过在关口上提交的（预测的）数据。
- 使用"成功指标"来监测结果
- 建立一个正式的上市后复审流程。

5．清晰的通过/淘汰及优先级排序标准

- 通过评分卡和"成功指标"使关口具有可操作性。
- 财务指标（NPV、生产力指数、ECV 等，见第 8 章）。

6．关口处的资源分配方法

- 与组合管理关联起来——宏观视野。
- 正确的项目平衡和组合。
- 使用战略桶和产品线路图。
- 高层管理人员需要完整的组合评审：每年 2～4 次。

9.3.2　明确的交付信息

为了做出好的决策，把关者必须拥有所需的准确信息。交付信息明确了项目团队应提交的信息，以促进决策形成，为把关者提供了他们想要的信息。拥有明确的交付信息显然是最好的：90%的最佳创新企业在这方面目的明确，通常通过一个项目团队须在关口提供交付信息的标准清单来保证（见图 9.1）。

9.3.3　应用清晰的通过/淘汰及优先级排序标准

为每个关口设定书面的、公开的通过/淘汰标准，使用该方法的最佳创新企业数是最差绩效企业的三倍多（见图 9.1）。几乎所有的最佳创新企业（85%）都使用了清晰的通过/淘汰标准（通常采用评分卡的形式）来评价项目，帮助管理层做出决定，以使决策过程更客观，情绪干扰因素更少。尽管大家清楚地了解关口标准的重要性，缺少标准的情况仍然非常普遍，尤其在一些经营不善的企业，仅 1/4 的最差绩效企业有清晰的关口标准。

（1）使用评分卡：很多公司将评分卡用于早期阶段的评审（图 4.11 中的关口 1、关口 2、关口 3）；在关口会议，把关者根据关键标准对项目打分。评分卡方法在之前的章节中介绍过，它是项目评估方法的一种。回顾一下，评分卡的依据是定性的要素，如市场吸引力、核心竞争力杠杆及竞争优势的权衡（而不仅仅是财务上的一些数字，如 NPV），并在关口处以此来评估项目的吸引力。需要强调一点，在评分卡中同样需要考虑财务指标。

（2）使用正确的财务指标：大部分公司很大程度上依赖财务指标来选择项目。因此，我们应该严谨地去了解这些指标——NPV（或者 ECV）、IRR、生产力指数、投资回收期，以及不同种类项目的阻碍是什么。

（3）使用成功指标：在前一章中提到的另一个选择方法是使用成功指标法，这种方法可成功地用于公司的关口：在每个关口，项目团队和管理者应就这些指标及应该达到的目标达成一致。在后续关口，如果项目不符合之前达成一致的指标，那么项目可能被淘汰。另外，成功指标方法可以与评分卡方法一并使用。

在创新流程中设立清晰定义的关口。使用清晰的标准（评分卡、成功指标及财务指标）来协助完成通过/淘汰及优先级排序决策。

（4）尝试让项目团队进行自我评估：一些公司鼓励项目团队在关口会议前自己完成计分表的填写（自我评估）。因为对把关者来说，项目团队本身对项目吸引力的评价同样重要。把关者会像之前提到的那样对项目进行打分，但是要在看到项目团队自己的打分之前完成。这两个打分都会在关口会议中展示出来，项目团队和把关者对项目的不同观点显而易见。

另一种做法是，一些公司鼓励项目团队递交自己对于信息真实度和可信度的评价，这是和项目自我评估相结合的。也就是说，项目团队在提交评估信息的同时附加信息真实度自我评价，以此来代替用评分卡标准来评价项目。例如，在某大公司的案例中，项目团队拿工资当赌注来保证信息的真实可靠，如拿一个月工资担保 X 设想，一年工资担保 Y 设想，等等。

（5）在关口处展示过程标准：过程标准对一些管理团队来说也是很重要的，因此，它们会在关口处展示出来。过程标准能够反映项目进展的好坏，以及它是否在正轨上并且朝着目标推进。按照这个标准评价，不好的绩效并不是项目淘汰的指示牌，但是，这代表着项目和项目团队已经陷入麻烦之中，需要做出一些修正。

案例：一家著名的澳大利亚电子器件公司（Omicron Electronics GmbH），在它的阶段-关口流程中的关口处引入了相当高明的标准。该公司把这个标准命名为"在每个关口处的360 度反馈"（见图 9.2）。在每个阶段都有三个关键标准：项目目标契合度、团队效率、各阶段完成质量。图 9.2 中的 360 度总结图提供了一个在每个关口会议中用这个标准进行评价的项目的整体视角。同时，这帮助我们发现项目是否在正轨上。

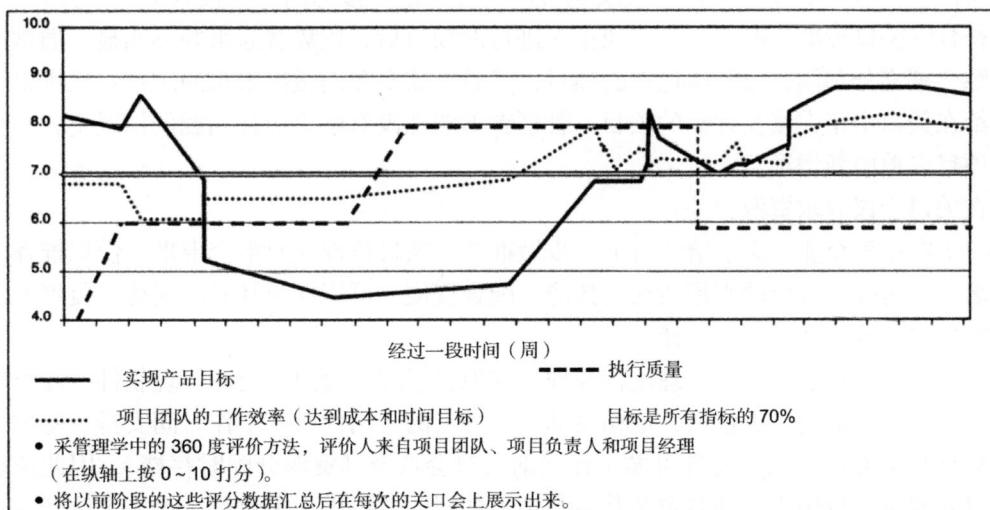

图 9.2　最佳实践的做法是展示流程的全方位指标（360 度的视图）

9.3.4　必须做出决策

通过/淘汰决策和资源分配都是必须完成的任务。关口就是决策点；关口会议的结果就是通过/淘汰，资源分配承诺。但是在近半数的企业中，关口会议从不达成任何决策（见图 9.1），会议反而演变成信息发布会或者项目数据更新会。对比最差绩效企业，从最佳创新企业身上可以学到一点，它们把关口会议当作真正的决策会议来开，从四或五个可选结果中做出最终的抉择：通过/淘汰/搁置/重做，或者有条件通过。

（1）决策要客观，并且以事实为依据：通过研究，我们发现大部分企业在关口决策环节缺少高质量的策略，以此保证决策具有客观性，并基于事实和可视化的决策标准（见图 9.1）。甚至最佳创新企业也有拿不准的情况，它们中只有过半数的人能够确保优质和客观的决策。即便如此，相比而言，最佳创新企业在经营方面依然表现更出色，最差绩效企业中只有 14.8% 的人表示对关口决策的质量和客观性充满信心。

（2）关口会议的把关者必须支持决策的形成：如图 9.1 所示，对于超过半数企业来说，把关者的认同和支持是个大问题。在这方面只有最佳创新者表现良好：在这种情况下，每位把关者要当面支持关口所做的决策，这包括从各个部门委派资源。也就是说，把关者和跨职能部门要达成高度一致！相反，最差绩效企业中只有不到 15% 的企业在关口决策和资源承诺方面得到把关者的一致支持。

9.3.5　在关口使用资源分配方法

关口会议要在必要的时候举行，当一个项目完成了一个阶段的工作并且需要资源来进行下一个阶段的工作的时候。虽然关口会议主要关注一个或者少数几个项目，但是也不能单单做出项目通过进行的决策。在关口会议上，为确保有效的资源分配，可以考虑列一个表，写出正在进行的项目、优先级及现有的资源承诺（按部门或者按人员）。有时，新项目"符合"关口标准，但是对比其他正在进行的项目后，优势看起来并不明显。通常，所有资源会被充分利用，分配给现有的项目；然后就需要我们做出艰难的决定：从哪里寻找资源给在关口中正在接受评审的项目。管理者不能在没有解决资源问题的情况下，一直往现有项目名单中新增项目。

在关口会议寻求资源：

（1）在小型企业，为了给项目下一步做准备，项目负责人通常会带来一份拟推荐团队成员名单。为确认人员的兴趣所在、技能、配合程度、可用性及其时间安排，负责人通常会与每位候选成员及其上司交谈。

（2）在大型企业，门径管理流程经理（或项目经理）会使用资源管理软件。此类软件展示了产品研发部门（也包括其他相关部门）员工的可用性及其工作时间安排。每位员工在所有项目的委派记录都有迹可循（在之前关口会议及其资源分配时存档），因此流程经理可以立即拿出可用人员的名单及其参与项目的时间，以供大家讨论。很多企业开发了自己的资源模型，包括一整套电子数据图表（每个月一份）记录对应不同项目的人员，记录每个人的工作日（见图 9.3）。在更多高端的软件中，员工的特长技能也有所记录，以获得人员和项目的最优匹配，并且还配置有"假定模式"，如果项目 x 和项目 y 落选，项目 a 和项目 b 取而代之，在资源方面有何影响？

项目	市场部	研发工程部	运营部	销售团队
K-Lift	8	45	0	2
Propel	7	55	2	2
True-Tone	8	25	18	6
Roller-B	4	18	15	1
Tilt-Table	5	27	5	2
Cursor	4	10	0	2
P-Lift	5	20	2	5
Examinator	7	17	2	10
需求：人·日	48	217	44	30
供应：人数	7	12	12	15
可用时间百分比	30%	80%	10%	10%
可用全职人员	2.1	9.6	1.2	1.5
每月可用人·日	46.2	211.2	26.4	33
剩余（缺口）	(−1.8)	(−5.8)	(−17.6)	3

表格标明了不同部门对项目的资源委派情况（以人·日为单位），图为便于演示已经过简化，正常情况下应标明每个部门提供的人员数。此表为月度表。

图 9.3　资源管理供需表

（3）最后，在一些公司，把关者理应了解各部门的人员可用性及其可能加入项目的时间。这需要把关者通过一些相关培训，做好功课，并且做好会前准备。

最关键的一点是，关口会议必须安排或委派好人员。相关方法种类繁多，选择其中一个，或者改进一个方法，然后加以应用。没有行之有效的人员记录和委派方法，关口会议将是空谈，或导致更多项目人力匮乏。

9.3.6　实施一个正式的组合管理体系

你的组合管理体系应该与你的关口流程相结合。组合评审应该定期举行（通常每年 2～4 次），这种检查比关口会议更加全面。组合评审会检查整个系列的项目（但是显然相对于关口来说，它对每个项目的了解深度会不足）。组合评审解决如下问题，比如，项目的平衡和组合达到要求、合理的项目排序，以及组合是否与企业的战略相一致。

案例： EXFO 工程公司同时应用了门径管理体系和组合管理体系。关口对单个项目做出通过/淘汰决策。但是由 CEO 领导的企业管理团队会一年举行四次组合评审会，在会上他们会对整个开发项目系列进行评估排名及优先级排序。优先级排序包括所有正在关口 2 中的或者过了关口 2 的项目。

在组合管理体系使用战略桶。上一章将战略桶列为多维度配置资源的方式，如通过不同项目类型和产品线的方式配置。一旦资源经战略桶配置完毕，每个战略桶中的项目将按优劣程度进行排列直至消耗资源上限。在组合评审中，战略桶和排序后的项目将帮助管理层对项目进行优先级排序；进而，这些项目排序将在关口会议帮助把关者对新项目进行优先级排序（见图 9.4）。

如果在现有战略桶名单中添加新项目……
• 项目是否会增加或降低组合的价值?
— 使用项目吸引力分数（来自评分卡）和生产力指数
— 对比桶中其他正在进行的项目

项目 名称	当前 战略桶 排名	评分卡: 项目 吸引力评分 PAS (满分100)	生产力指数（PI）： 净现值（NPV）/ 未来需要的工作人·日	所需资源 （负荷量—— 人·日）	合计 总负荷量 （人·日）
Murray	1	83	206	120	120
Timor	2	83	194	140	260
Bering	3	75	180	90	350
Elk	4	78	142	180	530
Berlin	5	70	148	100	630
均值		78.0	174.0		

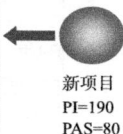

新项目
PI=190
PAS=80

表格显示主要新产品项目战略桶中正在进行项目（已通过关口 2）的排名。
拟提交新项目若入列，将位于第三名，明显提高组合的整体价值（PI 和 PAS 超过组合的平均值）。

图 9.4 在关口会议考虑对已有组合添加新项目的影响

建议：一步一步地建立严格把关的关口。尝试做一次项目削减工作——通过彻底的组合评审放弃那些没有竞争力的项目。然后进展到决策工厂环节——在这些关口一定比例的项目被淘汰。在关口处明确所需传达的信息，使用清晰明了的通过/淘汰标准做出抉择（通过或淘汰、委派资源），寻求结果的一致性，对于结果要坚定。同时将组合的思想融入关口中——将新产品与正在进行的项目进行比较，以此决定它的优先级。最后，实施一个正式的组合管理体系，这个体系中有定期的（一年两次或者四次）对整个系列的正在进行的项目的组合评审。

9.4 提高关口的效能

现在，是时候考虑在公司的治理模式中如何使用前面章节中提到的多种评估方法（评分卡、生产力指数、ECV）了。简单来说，你如何将这些模型和工具集成到你的门径管理体系中，并以此保证高效的关口和关口决策。在本章的以下篇幅中，我们会关注关口的设计：要求、结构、标准、把关者及常规管理。

9.4.1 高效关口的必要性

当你在设计治理模式来进行项目评估和选择时，以及当你选择最适合公司的方法时，请考虑以下几点。

（1）每个决策点只是一个连续的有条件的流程中的一个暂时承诺。每个通过/淘汰决策只是一系列这类决策中的一个。通过/淘汰决策并非不可逆转，对于将全部资源用于整个项目的决策也是如此。确切来说，关口决策可以认为是一系列可选决策，创意出现在开始阶段也许只是微弱地亮着绿灯，但是随着每个相继决策点分派给项目的资源日益增加，亮度会越来越大。事实上，在每个关口你都会付出相应的投资来构建整个项目的各个模块。为了降低风险，整个新产品项目是阶梯状增长的。

（2）关口过程必须保持一个接受错误和拒绝错误的合理的平衡。漏洞百出的评估流程将无法剔除那些注定失败或者不合适的项目。这样会导致有限的资源被不合理地分配，并且最终演变成将资源慢慢委派给错误的项目。另外，一个太过严格的评估过程会导致很多有价值的项目被淘汰，而这些项目恰恰有可能是你公司的下一个突破。在早期关口更是如此，这时项目还只是一个创意。需要说明的是，好的创意经常是极其不稳定和脆弱的，极易被淘汰。

（3）项目评估存在信息不确定性和经济数据不可靠性。初始的决策让项目继续运行，相当于对项目继续投资，这样的决策一定是在没有可靠的经济数据的情况下做出的。最准确的项目数据直到开发后才能得到，甚至要到测试和确认阶段以后，这个时候的产品已经很接近商品化。但是在早期阶段，项目销售额、成本和资本需求的相关数据也许比理论预测要高一些（如果它们存在的话）。可靠经济数据匮乏的问题贯穿了整个新产品体系，这凸显了新产品筛选和开发前期关口评估方式与传统商业投资决策方式之间的实质性区别。

（4）项目评估包括多样化的目标及由此产生的多样化决策标准。在项目通过/淘汰决策中使用的标准应该反映企业的总体目标，特别是企业对于新产品开发的目标。显然新产品开发目标是为了公司的盈利和增长。但是，应该有其他更明确的目标，包括开拓新机会，在可接受的风险下运营，关注特定的战略驱动区域，或者只是简单地完成现有项目产品。此外，正如第 2~3 章所述，很多新产品项目的定性特征（如产品优势、市场吸引力及杠杆作用）是与成功和财务绩效相关联的，因此，这些必须作为目标或者"希望的特征"列入评估标准。

（5）评估方法必须是现实且易操作的。项目评估工具必须使用方便。简而言之，它们足够简单，并且在时间上是高效的，这样管理者们才可以在会议中使用它们。对数据的需求、运作和计算的过程，以及结果的展示都必须是简单易懂的。同时，评估方法还必须是现实的。比如，它不能使用很多简化的假设，这些假设的结果都是无效的。在这一点上，很多数学和运筹学研究的评估工具都没有用。因此它们简单化的假设使得方法变得不现实；反之，在前一章中介绍过的气泡图法又被认为有点简单了。

9.4.2　关口的结构

关口的结构对提高公司的决策效率和效果意义深远。设计优良的关口和关口会议有三个主要的共同点（见图 9.5）。

- **输入**：项目负责人和团队在关口必须呈交的实现约定的交付物列表。
- **标准**：一系列评判项目的考核标准或问题。
- **输出**："通过/淘汰/搁置/重做"的决策。如果通过，还要有被批准的行动计划和资源承诺。

图 9.5　所有的关口都具有共同的形式

（1）输入（交付物）：期望必须清晰明确。在很多情况下，项目负责人搞不懂高层管理人员的期望到底是什么。因此，他们在关口会议上会缺失很多关键信息，而这些信息恰恰是高层管理者做出及时的通过/淘汰决策所必需的。所以，关口必须提前明确需要传达的信息，也就是项目负责人和团队必须在关口上传达的信息——他们是前一阶段的工作结果，这些已经列出的在关口处必须传达的信息会成为项目负责人和团队的目标。每个关口处都要明确给出一个标准化的需传达信息的列表。例如，在关口3，传达信息列表须为一份商业论证，附带所申请的项目计划书及其所需资源列表。此类信息通常以表格形式传达。

哪怕在灵活的阶段-关口项目中，阶段的节点（也就是交付物）依然需要明确、严谨和清晰地给出。第6章重点介绍过灵活的阶段-关口，为下一阶段起草的最初的行动提案（工作日程或下一步计划）并非万全之策，行动提案和产品定位都会在过程中发生变动。

> 关口有通用的结构：
> - 输入（交付物）
> - 标准
> - 输出——通过/淘汰/搁置/重做

但是阶段的节点不是暂时的，而是固定的。例如，在商业论证的最后阶段，期待交付的是一份"商业论证报告"，在研发的最后，期待交付的是研制成功、可接受全面试用的产品和一份升级版的商业论证报告。每一阶段的交付物都很明确，也就是项目团队的目标明确！

（2）标准：为了做出明智的决策，把关者需要有决策标准——具备可操作性（意味着它们在关口会议上真正被使用），可以明确、清晰地被大家理解的标准。为了做出通过/淘汰决策和项目排序决策，把关者依据这些标准评判项目。对于每个关口来说，标准都是一致的。但是会根据关口的不同有稍微改动。它们包括财务的和定性的标准，并且被分解为目标特征（必须符合或者淘汰），与之对应的是对项目排序有用的达标特征（应该具备的条件）。

（3）输出：项目评审会议经常得出一个相当模糊的决策。决策是什么？就这个问题询问参加会议的3名不同人员，你很可能听到3个不同的答案。因此，关口必须有明确、清晰的输出。输出是关口会议的结果，包括一个决策（通过/淘汰/搁置/重做）及一条前进路径。在关口会议中，只有4个（有时5个）可能的决策，决策不能是"搁置再议"。

- 通过意味着项目被批准了，管理者会将下一阶段的资源分派给项目（人和钱），行动方案或者"前进计划"被批准，包括时间线和暂定的里程碑。下个关口需要提供的信息也得到了核准，包括预测下一个关口的日期；在某些公司，关口只通过了项目的几个冲刺阶段（或许2~3个），这之后管理层还将通过快速评审的方式来复检。
- 有条件通过——项目得到了批准，资源也像上面说的那样被分派，但是这些是受制于一定条件和时间表的。一些公司允许做出这些有条件的通过决策，但这是有风险的——条件始终没有得到满足，项目继续进行也没有被检查。[①]
- 淘汰，意味着"结束项目"——停止项目的所有工作，不再花费任何额外的时间和资金。在几个月以后也不会对项目进行重新命名后再次重启。资源也会被委派给更

---

① 大多数公司不允许做出有条件通过的决策——这是一个要么通过继续、要么重做、要么搁置或淘汰的决策。

好的项目。

- 搁置，意味着项目满足了关口的标准（项目本身没有问题），但是有更好的项目要进行或者资源不足以分配给这个项目。搁置决策其实是一个排序问题。
- 重做，类似生产线上的"返工"。回头重新完成上个阶段的工作，这次要准确无误。重做表明项目团队并没有传达给管理者期待的东西。（对灵活的阶段-关口来说，阶段冲刺末尾无法重做，而是继续进入下一个阶段直至完成待办和积压的工作。但是，对于灵活的阶段-关口项目来说，重做仍然是个可选的决策。）

9.4.3　关口是质量控制检查点

在创新流程中，关口是必要的质量控制检查点，也是你和你的领导团队解决两个重要问题的时候：

- 你在正确地做着项目吗？
- 你在做着正确的项目吗？

因此，"使项目步入正轨"成为好的关口的标志。这两个质量问题可以缩减成关口会议中的主要议题。

（1）预备检查：

- 项目之前阶段的步骤是否以高质量的方式进行。
- 项目负责人和团队是否很好地完成了他们的工作。
- 所提供的信息是否完整——数据完整吗？

（2）商业评估：

- 这是一个好的投资吗？
- 从财务和业务的角度看，项目（持续地）看起来是一个有吸引力的项目吗？
- 与正在进行的其他项目相比，这个项目如何？
- 打算进行的计划和资源需求是否合理、可靠？
- 你有所需的资源吗？它们可以在不损伤其他现有项目的情况下去获取吗？

这两个是不同的问题，应该被分开讨论。比如，一个项目团队往往高水准地完成了工作，但是项目还是被搁置，原因很简单，还有更好的项目。除非对"执行质量"与"商业理性"分开讨论，否则项目团队可能留下不好的印象，即他们所做的工作被高层领导者否定了。这会给团队士气带来不必要的打击。

9.4.4　"三面钻石"决策法

关口可以被视为一个三方面的决策过程，称为"三面钻石"（见图 9.6）。关口会议的第一方面是快速检查，并且处理需要传达的信息内容。交付内容、数据完整性和相关工作的完成质量是我们关注的内容。如果项目没有达到快速检查的标准，管理者不会做出淘汰的决策，而是重做——停止会议并命令项目团队重新完善项目工作。

下一步，会议决策根据商业评估来变化，也就是说，项目值得投资吗？这里会应用在前面的章节中介绍过的多种模型：财务工具、评分卡及成功指标。如果项目没有达到这些业务标准，那么它们将会被淘汰，就像图 9.6 中所示那样。

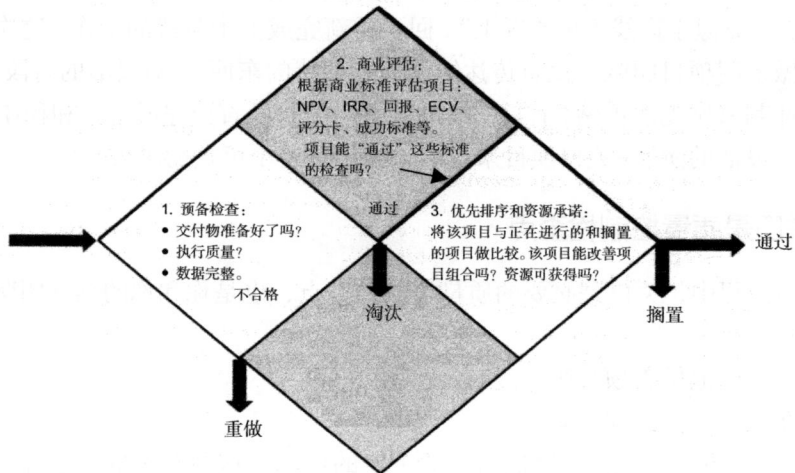

图 9.6　关口就是对拟承诺资源的三方面决策

关口会议的最后一个方面是资源的优化配置和审批。回顾一下，在一个通过决策做出以后，相应的资源必须被分派——不允许有虚设的关口！但是如果项目仅仅是符合了商业评估标准，并不意味着它一定会继续进行下去。重点会转移到相关的正在进行的项目，如与项目管道正在进行的项目相比，新项目的 NPV、生产力指数和评分卡分数表现如何？融合和平衡也是一个问题：在你的组合中是否已经存在过多的这种类型的项目？讨论还关注项目团队提交的现有计划及资源到位与否。

9.4.5　各类关口标准

（1）快速检查：这是为了了解项目是否已经为关口评审做好了准备，经常以检查清单形式解决——对每个交付物评分。问题是：所需的信息是否已经上交？项目工作是否保质保量？数据完整性是否达标？

（2）商业评估：在每个关口，把关者会使用不同的商业评估标准。这些标准是关口决策的依据，是通过/淘汰及项目优先级排序标准。商业评估标准有如下分类：

- 必须满足标准：这些是最基本的是/否或者是淘汰性的问题，一个简单的否意味着一个淘汰决策。对于必须达到的条款来说，检查清单是最常用的形式。
- 通过/淘汰标准：这些是典型的定量标准。达不到其中的任何一个都意味着淘汰决策。这些标准通常包括财务指标和基准门槛。
- 应该满足的或者优先级排序的标准：这些是高度令人满意的项目特征，如竞争优势，但是部分的"否定"并不意味着项目的淘汰，而是以此来决定项目在这些问题上的得分。问题会被评分，并确定计点数和计分数。
- 在评分卡中，必须满足的问题、财务指标（通过/淘汰）也应列入评分卡。

在关口系统的设计中，必须满足标准或者业务问题清单以确保项目达到最低门槛标准，标准包括战略一致性、公司政策及可行性等。这些问题更多的是为了淘汰那些明显不合格、"无望的"及不合适的项目，而不是为了给出一个更明亮的"绿灯"。例如：

> 不要混淆关口标准——在关口会议时可能有一些迷惑。应该将它们进行逻辑分类：
> - 准备好的检查标准（一个检查清单）。
> - 必须达到的标准——选择性或者淘汰标准。
> - 通过/淘汰和优先级排序标准——财务标准、评分卡和成功标准。

- 新项目是否在公司的战略范围内？
- 它与公司的政策或者理念是否相符，是否满足环境、安全要求，以及法律要求？
- 是否存在特别突出的或者致命的可能变化（或者缺乏可变性）？
- 你是否有能力执行项目？项目的范围是否过大？

对于这些问题的否定答案（如没有战略一致性或者与公司的理念和政策背道而驰）足以让项目被淘汰。

接下来是通过/淘汰标准，这些通常是定量的标准，会与一个可接受的底限进行对比。财务指标就是该标准的典型。例如：

- NPV（或者 ECV）是否可观（以此类投资可接受的门槛计算 NPV，因此，一个可观的 NPV 数据说明项目达到或超过了这个底限）？
- 生产力指数是否超过最低值，或者高于目前产品组合的平均值？
- 投资回收期是否少于三年？
- 内部收益率是否超过 30%？

评分卡中的项目吸引力得分也可以是一个通过/淘汰决策的标准：这个分数必须达到最低门槛（大约是 100% 中的 60%～65%）。如果想要使用成功标准，那么看我们下面的介绍：项目是否达到或者超过之前达成一致的成功标准？

相比之下，应该达到的标准表示的是相对的项目吸引力，以此作为项目优先级排序的依据。例如：

- 市场是否有吸引力——是不是一个广阔且不断增长的市场？有多大的吸引力？
- 是不是我们熟悉的技术——我们内部是否已经具有一些技术能力？
- 产品是否可以使用现有的工厂及生产设备/技术？转化的难易程度怎样？
- 产品是否具有持续的竞争优势？有多大的竞争优势？

这些应该达到的标准或者相对吸引力和优先排序问题可以用评分卡很好地处理，评分卡已经在前面的章节中介绍过（见图 8.15 和图 8.16，如出色的和改良后的评分卡）。对于任何一个评分卡问题的否定答案不会直接淘汰项目，但是大量的低分可能代表该项目不具有足够的投资吸引力。项目吸引力分数（对评分卡分数的加权或者非加权补充）是通过/淘汰决策的一个重要输入信息。在关口会议上，它还可以被用来评判新项目与现有项目的相对吸引力。

财务标准同样可以列入评分卡（见图 8.15）。财务指标的零级评分意味着项目淘汰。显然，NPV（或者 ECV）、IRR（内部收益率）及投资回收期是关口会议上通过/淘汰决策做出的标准：这些财务指标必须超过一个底限，否则项目就会被判死刑（淘汰）。但是，这些标准同样可以用来进行优先级排序（分值越高越好），图 8.15 中所示的财务指标也因此并入了五大定性指标，以此得出项目吸引力得分。但是对生产力指数来说，NPV（或者 ECV）变成一个优先级排序标准，它可以被用来对新项目和已经在管道中的项目进行比较，并且得出它的相对吸引力（见图 9.4）。

> **建议**：大部分公司在选择项目时没有一个清晰的通过/淘汰和优先级排序标准列表（除了财务标准，它们可能不适用于所有事件，特别是在早期关口）。如果你缺乏清晰的标准，那么请制定一个。可以考虑使用一系列检查清单中必须达标的问题来做抉择，然后再以评分卡形式列出一个简短的通过/淘汰决策和一系列应该达到的问题，以此帮助决定项目的相对吸引力。确保在你的关口会议上使用这些标准，谈论每个问题，并且最终都必须得出答案。如果你这么做了，你的把关团队就有可能做出更客观、更可靠、更好的决策。

9.5　关口治理的提示和建议

9.5.1　在关口处对项目进行优先级排序

当评估比较新的项目和在管道中正在进行的项目时（如通过比较生产力指数或者评分卡分数），只评估新项目的相对排名位置。不要试着对所有在管道里的其他项目进行重新排序。首先，在关口会议上，对于其他项目你没有完整的信息；其次，你没有足够的时间；最重要的是，在该项目团队成员不在场的情况下对项目进行重新排序是做无用功。阶段性的项目重新排序应该在组合评审中进行，而不是关口会议。

9.5.2　每个关口的标准应保持一致

应该尽可能地保持各个关口的标准一致。这会使得把关者更好地理解关口系统，也意味着在不同阶段的项目之间具有可比性。对于关口 2 之后的关口来说，这点尤为重要，因为一般来说，项目在这个阶段"进入组合"，并且成为组合的一部分。在组合评审中，项目会在排序列表、饼图及气泡图中出现。

各个关口财务指标的变化必须明晰，尤其在早期关口阶段。比如，在关口 3 时使用净现值、内部收益率和投资回收期标准很有效（毕竟在关口 3 处，整个项目计划已可交付），但是如果在关口 1 处（创意生成）就使用这些标准，不仅不可行（数据不可得），而且会带来损失。这就是评分卡方法大展拳脚的时候了，因为在这里很多评分卡的标准可以在不同关口中应用。比如，图 8.15 中的评分卡。像战略一致性、产品优势、核心竞争力杠杆这些标准，在关口 1、关口 3、关口 4 中的运用是一样的。同时其他大部分的标准，如市场吸引力和技术可行性，在早期关口处也可以被合理地评分。

解决方法：保持各个关口处主要的标准（图 8.15 中的六个因素）一致。如果有必要，对一些因素的子问题进行修改。比如，比较财务收入和风险因素，实质上是提出了这个问题：你能赚到钱吗？在关口 3，依据坚实的数据，子问题是非常明确的：

- 财务回报（NPV、IRR 或 ECV）。
- 投资回收期。
- 生产力指数。

在关口 1，基本问题还是：你能挣到钱吗？但是需要创建一个更契合的新子问题清单，让子问题的定性更加明确：

- 回报有多大？（定性明确，答案可以是"有限的"或者"回报是巨大的"。）
- 盈利的可能性有多大？（答案可以是"还不确定"或者"很容易"。）
- 商品化有多容易实现？（答案可以是"可能性很低"或者"可能性很大"。）
- 你会在这上面投入自己的钱吗？（答案可以是"永远不可能"或者"立马给你支票"。）

这些都是定性范畴内的问题，但是它们可以在信息有限的关口 1 处加以运用。

9.5.3 对不同类型的项目使用不同的标准

你用相同的标准来评估股票、债券和房地产投资吗？当然不是！在产品创新中也是如此。到现在为止，很多对标准选择的讨论都围绕着创新性新产品；上文提到的财务和评分卡标准（见图 8.15）对于主要的创新性产品开发是适用的。但是，很多产品的开发是较小型的、较低风险及有较强可预测性的，它们在一定程度上只需要更简单的评估标准。在图 5.4 中提到的可测量的系统揭示了阶段-关口的三个不同版本，它们通常与项目的三个不同战略桶相对应。Xpress 和 Lite 项目的关口标准通常比主要的新产品项目要简单。例如：

- 对于较小型、较低风险的项目（线性延伸、更新或者微调），使用阶段-关口三步 Lite 系统（见图 5.4）。此外，在大型项目中，所使用的通过/淘汰标准应该比传统 NPV 算法更便于计算和使用。比如，使用投资回收期的计算方法。计算投资回收期的优点是，需要的相应评估更少。它的计算更为简单，只需要预测到回收期为止的销售额、成本及收益（可能只是短短的几年），而不需要像 NPV 的计算一样需要 5 年的预测。

同样应采用的是更为简便的生产力指数，例如，常用的算法是用销售情况[①]除以余下工作所需的人·日。

生产力指数（Lite 项目）=销售情况/未来需要的工作人·日

这个相对便于计算的方法既可以用于关口会议，也可以用在组合评审中，有助于对战略桶中正在进行的项目和新项目进行定位（排序）。被接受或叫停的生产力指数通常是其他正在进行项目的均值（绝对最小值：战略桶中 1/3 垫底项目的均值），因此，上马任何新项目都会提高整个项目产品组合的生产力指数。

图 9.7 展示了评分卡法，可用于中等风险 Lite 项目的关口 3：与主要项目的评分卡相比，这个标准更少，财务标准也更为简化。

[①] 以两年或三年的销售情况为标准。销售情况是指新产品创造的销售金额（美元），或者由新产品保有的销售金额（美元），累计两或三年的额度。累计两或三年所赚的毛利润（销售额×利润比例，按美元计）。

评分标准	0	5	10	得分 (0～10分)
1. 战略一致性和重要性 • 与公司创新战略的一致性 • 对于创新战略的重要性	与创新战略不一致； 重要性小； 淘汰；	与创新战略比较一致； 比较重要	与创新战略高度一致； 非常重要	
2. 竞争理由 • 执行项目所产生的竞争理由 （例如，所需的更新、竞争威胁、 消费者要求等）	没有竞争理由去执行该项目	具有较充分的竞争理 由去执行项目	具有充分的竞争理由 去执行项目	
3. 技术的执行难度 • 实现技术方案的难度	技术方案难以实现，研发压 力大	技术方案比较容易实 现，需要进行一些研发 工作，但是都可行	技术方案容易，并且可 以快速实现；简单、极 少的研发工作	
4. 生产/操作的实现难度 • 对于目前的生产和操作流 程所需的调整程度	高难度的生产/操作流程调 整；添置新设备	生产/操作流程需适度 调整	生产/操作无须调整	
5. 财务回报和财务风险 • 基于投资回收期和生产力 指数所得出的财务回报 • 财务风险	投资回收期>5年 生产力指数（3年销售情况/ 人·日）<最低回报 存在财务风险； 淘汰	投资回收期约3年； 生产力指数（3年销售 情况/人·日）≥最低回 报；财务风险可以接受	投资回收期<2年； 生产力指数（3年销售 情况/人·日）>>最低 回报； 财务风险极低	

图 9.7　阶段-关口 Lite 项目关口 3 评分卡——已验证的低风险的改善型、
修正型、扩展性、更新型项目

- 评分卡也可以用在较低风险的项目上，例如，销售方面的要求。这些通常是来自单个消费者的请求，对项目开发的要求极小，工厂也无须投资成本。此类项目，尽管都不大，但是集成之后也会消耗不少资源，因此，它们需要通过一个带关口的模型：具有两个阶段的 Xpress 系统（见图 5.4）。但是评分卡必须根据项目的规模和属性进行修改。同时应该与图 8.15 和图 9.7 中所示有本质的区别。比如，一家纸张生产企业，针对销售部门主张的以客户需求为导向的项目使用市场评分卡——少数几个用来评估消费者重要性的简单的问题，评估对未来业务、项目成本收益和完成项目的速度和难易程度的影响。

另一种类型的项目是技术开发项目。在这些项目中，财务指标几乎没有用处，因为在忽略最终商品化对新技术或者新平台的影响的情况下，财务指标几乎不能提供任何信息（见图 5.5）。因此，对这样的技术或者科学项目来说，图 8.16 中的评分卡是推荐的方法——定性和战略问题，只有"猜测"的收益规模。

> **建议**：记录上面提到的提示和建议。首先，不要在关口会议的时候尝试将所有项目重新排序——这是产品组合评审的时候要干的事。其次，试着设计出一个标准，它在各个关口要基本一致：这样实施起来更为简化，即使在不同阶段的项目也可以放在一起比较。评分卡模型在这里尤为适用。最后，你必须认识到不同种类或者项目的战略桶需要不同的评估标准（评分卡）和门径管理体系（精简 Lite、Xpress 和 TD）。

9.6　谁是把关者

谁是管理这些关口标准的人，那些负责制定通过/淘汰决策和资源分配决策的管理者？

谁对新产品流程来说是最为关键的？并不明确的是，谁来进行项目评审，项目继续进行需要谁来执掌权威。明确决策的核心——在关口会议决定通过/淘汰的管理团队——是许多公司从创意到产品上市过程中的重点。据研究显示，70.8%的公司拥有明确的把关者（见图9.8）。这在最佳创新公司中体现得最为明显，百分比高达85%。

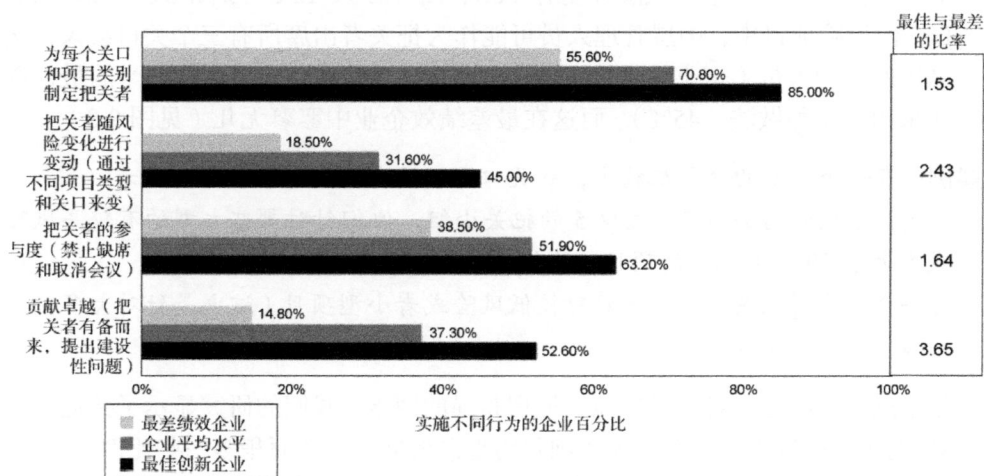

图9.8 最佳创新企业中把关者的典范行为

显然，对于每个企业和企业的组织架构来说管理者都是很重要的。这里有一些法则：

- 第一条很简单：把关者有权利对下一阶段所需的资源进行评审、批准。也就是说，他们是资源的所有者，这些资源是项目团队在下一阶段中所必需的。
- 因为资源需求来自不同职能部门，把关者必须代表不同的职能部门——研发、市场、工程、运营，可能还有销售、采购和质量管理。如果一支把关团队只来自一个职能部门，那就没什么意义了，如只来自市场或者研发部门！

不同的关口由不同的把关者组成：在部分企业，在不同关口拥有同一支关口决策者队伍——为了一致性；在其他一些企业，尤其最佳创新企业，把关者队伍会根据与决策相关的风险大小来变动。这在更大型、更具风险性的项目中尤为明显。重要决策（例如，在关口3和关口5的两个决策——开始研发和发布产品）所需的把关者通常是高层管理者。相反，中层管理者着力于早期关口的决策制定，例如，关口1（创意筛选）或者关口2，此处承诺更少，因此风险更低。根据我们的研究显示，在31.6%的企业中，把关者队伍在各关口完全不同，在最佳创新企业中尤为如此（45%）；但在26.2%的企业中，把关者队伍一成不变，如图9.8所示。

- 把关者也包括那些对项目未来的成功起到至关重要作用的人员。比如，对技术开发项目来说，早期关口的把关人员基本上来自技术部门，但是很多公司确认一点，来自公司各部门的重要人员——那些最终使技术商品化的人员，应该参加这些早期关口的会议，即使他们不需要在早期关口中分派他们的资源。
- 同时，在每个关口中，部分把关者组成应该保持一致。简单来说，整个评估小组的组成不应该有彻头彻尾的变动，因为我们需要的是在每个关口对项目都能有从初始关口至今的整体性公正判断。比如，在大型项目中，一些领导小组成员（如市场和研发部门）可能出现在关口 2 中，在关口 3 中他们依旧会和整个领导小组一起出现。

- **不同类型项目的把关者**：不同类型项目有不同层次的把关者。阶段–关口是可测量的，根据项目的大小和风险程度有 Full、Xpress 及 Lite 三种形式（见图 5.4）。在 Lite 低风险项目中，中层管理人员可能作为把关者出席所有三个关口会议，然而更高层的管理人员（企业的领导团队）参加更高风险的项目。大约一半的最佳创新企业采用了这种做法（45%），而这在最差绩效企业中寥寥无几（见图 9.8）。

案例：在一个重要的金融机构中，从关口 3 以后会有两种层次的把关者：

- 一个高层的针对关口 3～关口 5 的把关小组，他们针对那些大型的有较高风险（总成本大于 50 万美元）的项目。他们都是银行的高级副总裁。
- 另一个是中层把关小组——针对较低风险或者小型项目（这也是针对大多数项目的关口 2 的把关小组）。

部分企业在委派把关者时考虑项目地理布局的因素。我们的研究显示了接近一半的情形：46.9%的企业配置把关者时考虑了项目跨地区的问题，然而稍多一些比例（53.1%）的企业未选择全球化的把关，而是完全本土化。最佳创新企业和最差绩效企业在这方面没有显著差异（见图 9.8）。

9.7 如何运行关口

关口会议必须是公平的，并且被项目团队认为是公平的。它们也必须是透明的，把关者们不应该存在政治手段和一些小动作。关口必须是有效的，能产出好的决策并且能够将资源分配到正确的项目中去。同时，关口必须是高效的，能够按时做出决策，而不是整天地纠结。因此，最好的公司拥有专业的关口制度。就像下面要提到的一样，有一系列相应的流程，这些流程是从那些为数不多的最好企业中借鉴而来的。

9.7.1 关口制度

把关者必须像一个有效的决策制定小组一样，并且所有小组，包括高层管理人员，都要有相应的行为规则。下文为我们提供了一个相应列表。把关者们秉持相同的行为准则至关重要，并且他们要如约遵守。

把关者执行规则的典型清单
1. 把关者必须举行关口会议并且出席
• 搁置或者取消会议是不可取的。
• 如果无法与会，那么相当于投了赞成票。
2. 把关者必须提前收到并且阅读相关信息，并且与会之前做好准备
• 如果会议中有疑点，联系关口联络人或者项目团队。

- 不要在关口会议上搞"突然袭击"。

3. 把关者不能要求项目团队提供那些不必要的信息或者回答应交付信息之外的问题
   - 不要随意地回答"我知道了"。
   - 这不是一个展示你的男子气概、政治影响力和非凡能力的会议。

4. 把关者不能随意打断展示者
   - 要给小组一个不受打扰的展示时间。
   - 问答必须是公平的，不是恶意的。

5. 把关者必须根据当前关口的标准来做出决策
   - 把关者必须审核每个标准，最终达成一个共识。
   - 计分表需要每位把关者在会议上填写。

6. 把关者必须有原则
   - 不能有私下的议程。
   - 不能有隐性的标准。

7. 决策必须是根据事实和标准做出的，而不是根据感情和直觉
   - 必须平等一致地对待所有项目。
   - 不许越过关口——不能特殊对待老板赞助或偏爱的项目。
   - 所有项目的标准一致，并且以同等的严格程度对待。

8. 必须做出一个决策
   - 在工作日内做出。
   - 如果所需的信息都已经提供，你就不能搁置决策。
   - 记住：这是一个讲究速度的系统——把关者不能造成不必要的延迟。

9. 决策结果必须告知项目团队
   - 立刻。
   - 面对面通知（而不是通过 E-mail）。

10. 如果决策是通过项目，把关者必须以实际的计划来支持项目
    - 保障资源（金钱、人员和人·日）。
    - 对项目需要的人员的入场时间达成一致。
    - 任何一名把关者都不能撤销通过决策或者否认已经同意分配的资源。

11. 如果决策是搁置
    - 把关者必须尽力去寻找资源。
    - 不能持续搁置 3 个月以上——要么通过，要么淘汰！
    - 这种时间限制会让把关者压力更大，因为他需要做出更艰难的决策（一些是淘汰）或者保障更多的整体资源。

关口会议虽然是在项目团队需要的时候才举行，但是经常是为公司领导小组逐月安排的，经常与当天举行的其他高层会议一并进行。任何项目团队组长都可以在拟安排的关口会议中申请加入项目，并以示告知。通常，关口会议会分给主打项目 60～90 分钟（关口 3 以后的关口）的时间。

所需要的交付信息在会议前一周需要准备完毕。项目团队需要使用一个标准化的格式来提供信息（例如，表格——尽量简短），这样把关者才能比较方便地比较各个项目。在阅读提

向成功的最佳创新企业学习。为你的关口会议制定一种制度，包括执行规则。同时确保会议中有一名流程经理，来促进会议进行并且保障这些制度的执行。

交材料的时候，如果把关者有什么问题或发现不明之处，那么他应该先联系相应的关口协调人员或者项目团队，不要直接在关口会议上搞"突然袭击"。

按时举行会议！取消或者延期都是不接受的，除非因为需要的信息没有准备好。即使面对的是一个淘汰决策也要举行会议，以此来完成最后的终结，从中吸取教训，并且庆祝这是个正确的淘汰决策。注意：一个正确的淘汰决策可以认为是一种成功的决策——你为自己节省了大量的资金，同时避免了一堆麻烦。

电视电话会议是可接受的，但是你必须保证这些电信设备好用！项目团队可以在任何地方进行展示（可以通过电视电话会议）。通常，小组会待到整个关口会议结束，这样他们可以参与到整个讨论过程，看到他们的分数并且知道决策的来源（一些公司允许私下的管理者讨论，但这个时候项目团队的成员会被要求离开几分钟）。

关口协调人员应该出席会议，通常他会是阶段-关口流程经理。他就像足球场上的裁判一样，而不是比赛中最牛的球员，是有口哨、对会议有控制权的人。

一个把关主席通常会被提名或者指定，尽管这一步可有可无。主席的任务是就尚未明确的信息跟进项目团队组长，例如，确保小组已满足"有条件通过决策"提出的要求。

9.7.2 典型的关口会议流程

关口流程通常是，项目团队有 15 分钟时间进行展示，不受干扰。PPT 的页数要控制在 10 页左右。此外，项目团队不应该再多提已经提供的信息，而应该更多地展示他们的重点——风险有多大，项目团队想要什么样的决策。当然，也包括一些新的信息。紧接着是一个问答环节，这是由流程经理主持的（流程经理需要保证把关者没有偏题，并且他们提出的问题是相关且公平的，流程经理有权力暂停这个过程）。

当对话结束以后，流程经理需要带着把关者一起审核这一系列标准，从评审项目准备就绪与否的问题开始，以此来决定交付信息是否完整（见图 9.6）。这需要通过一个准备情况检查清单来实现。然后是必须解决的或者选择淘汰的问题。通常，将这些信息展示在投影仪上就足够了，在有异议的时候才让把关者来回答。

之后是决定通过/淘汰及优先级排序的时候。比如，讨论财务指标，发放评分卡。项目会接受打分（考虑到相互影响的问题，在整个过程中，每个把关者的打分都只有他自己知道）。评分卡会立刻被回收并且输入，结果会展示在投影仪上，像图 9.9 那样。（如果项目团队有自评的分数，那么这个时候自评的分数会展示在管理者分数的旁边，如图 9.9 中"团队"一行所示。）

如果如图 9.9 所示，把关者之间的意见有很大分歧，流程经理要试着找出差异之处，重新讨论以找到解决方案。比如，流程经理找出高分和低分的打分者，然后要求他们给出各自的理由。流程经理带领把关者完成所有打分标准，让大家在每个标准上都能达成理解和一致。

对于图 9.6 中通过和淘汰决策之间的抉择，在这个过程中，流程经理要带领把关者审核所有的财务指标——NPV（或者 ECV）、投资回收期、内部收益率，比较这些和预期最低回报之间的差距、敏感性分析的结果，以及项目吸引力的分数。然后通过（Pass）/淘汰决策会被做出。通过（Pass）并不完全意味着通过（Go），它只意味着项目达到了最低的标准或最低预期回报，但是它可能算不上最好的项目。

| 项目得分: 34.4/60 或者 57% | 决策：淘汰 |

评价者	战略	产品优势	市场吸引力	竞争力	技术可行性	风险与回报	满分 60
JCC	0	10	4	7	7	10	38.0
MB	10	7	4	4	7	4	36.0
SJC	10	10	7	4	4	4	39.0
NCC	10	7	7	4	4	3	35.0
FK	7	7	4	4	7	0	29.0
FM	7	5	4	4	4	0	24.0
GRT	10	10	4	7	7	4	42.0
HH	7	7	4	7	7	0	32.0
总计:	61	63	38	41	50	22	275.0
平均:	7.6	7.9	4.8	5.1	6.3	2.8	34.4
团队:	10.0	7.0	4.0	4.0	7.0	4.0	36.0
标准:	3.42	1.89	1.39	1.55	1.39	3.54	

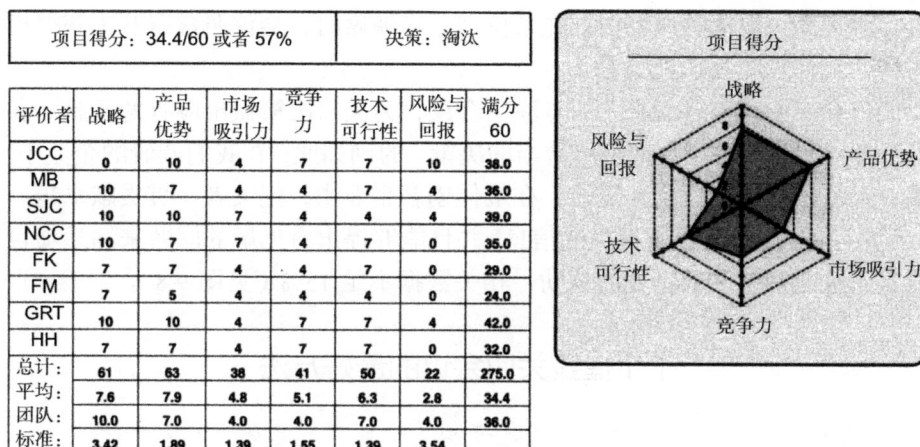

图 9.9　在关口会议上显示评分卡的计分——
这些图表通常会引发热烈的讨论并促进通过/淘汰决策的形成

现在进入下一阶段，主题是优先级排序和资源分配。流程经理经常展示一系列的项目列表，列表中会有项目吸引力分数、净现值及生产力指数（见图 9.4）。然后把关者可以以此来判断和对比这些新项目与已在管道中的项目的相对吸引力。饼图和气泡图展示了现有产品组合（详见前面章节），这样把关者可以看到新项目分属于哪类，以及新项目是否有助于产品组合的平衡。项目团队的行动方案及他们的所需资源在这个时候会被评审。资源可得性的问题得以讨论。

现在面对的问题是继续还是搁置，就像图 9.6 中所示。现在已经可以做出关口决策了：通过/淘汰/搁置/重做。如果继续，一个项目优先级排序会建立起来，同时也会给出下一阶段的行动计划和需要提供的信息。资源保障也得到建立，下一个关口的日期被敲定。项目团队会被立刻告知这些消息（尽管小组一般还待在会议室中）。

提示：提前决定怎样达成共识。这不是高级法院，意见分歧的决策是不能接受的——必须是一个无异议的通过/淘汰决策。一些公司使用"大多数规则"来做决策规则，而在其他的公司中，这是一个民主的决策，除非老板或者高层把关者占到了投票的 51%。

案例： 在一家大型银行中，高层管理者在关口会议上非常明确地提出了决策分歧规则："如果他们不能在一小时内达成一个决策，那么就由我来说了算。"这样的所谓民主很快就变成了独裁。

我同时也有一个不可当真的对于那些可以摧毁关口会议的方式总结——每个都是根据真实生活中的经验得出的。不惜一切地避免这些行为——可以参见"十个摧毁关口会议的最好方法"。最后，我们的研究结果还公布了几个最有效的把关做法——或许会更详尽，但正如上文所述，"魔鬼"在细节中出没。

（1）把关者事先留出关口会议的时间并按时出席：特别是对把关者而言，与流程保持完全一致永远是个问题。现实是这样的，在我们调查的半数企业中，缺席和取消会议屡见不鲜。相比之下，最佳创新企业作风更为严谨。实质上，所有受邀作为把关者的关键决策人员都会参会；禁止取消关口会议；在某位把关者缺席时，会议照常召开（获得投票全权委托的时候，允许临时替换把关者）。

（2）关口会议者皆有备而来——专注于会议，为关口决策做出应有的贡献：我经常目睹把关者准备不足，无法明智地给出恰当的决策。的确如此，在我们调研的企业中，有 2/3 反映把关者无法做出卓越贡献。然而，在最佳创新企业中，把关者一贯贡献卓越。也就是说，把关者要有备而来，读过所提交的信息，并且能够提出有见解的问题来洞悉项目风险、收益和成本。这是最差绩效企业的软肋，相关数据不足 15%（见图 9.8）。

十个摧毁关口会议的最好方法

1. 错过会议的大部分。来时，会议已开始，忙着读（提交的）项目材料。
2. 不给项目团队机会做展示。当项目团队打开他们的第一页 PPT 的时候就用很难的问题来针对他们。
3. 总是索要那些非必需的信息，这样会让项目团队的展示失去重点。
4. 以恶意的、粗鲁的问题来攻击项目团队，确保这些下级人员害怕高层的把关者。
5. 忽略关口已经给出的相关标准。凭借直觉做出决策，同时忽略事实——用个人意见来替代。
6. 纠结于财务预测。花至少 3/4 的会议时间过度争执这些数字，而剩下的所有别的信息都不重要。
7. 你的角色是一个法官，从不提供帮助和建议。
8. 如果不确定，那就不要做出决策。让项目团队等几周，让他们知道到底谁才是老板。
9. 不对项目进行优先级排序，只是一直向执行清单中加入项目。他们自己想办法完成项目。在组织里只要压，总能压出办法。
10. 要求项目团队缩短时限，并且削减所需资源。对于所承诺的资源，可以在任何时候被撤回。没有坚定的资源承诺。

9.7.3 用红色标识标注陷入困境的项目

如果项目在某阶段中发生了问题，那会怎么样？比如，它没达到某个里程碑式的目标，或者它的财务前景发生了变化。你要等到下一个关口才找出这些问题，然后淘汰或者改变项目的方向吗？当然不是！但是不要重复一些公司做出的错误举措，就是在漫长的阶段中间加入额外的关口。这会成为官僚式的噩梦。

答案很简单，使用红色标识。此处的红色标识和美国全国汽车比赛协会（NASCAR）跑道上的黄色标识情况相似。当黄色标识一出，每个人都要做出相应的行动——跑道上出现紧急情况。所有赛车减速，每个人都要小心前进。

红色标识有相同的作用。项目任何时候遇到麻烦，项目负责人都需要"举红旗"。红色标识会很快被告知流程经理，他会和项目团队组长会面，来讨论情况的严重程度。他们也会提醒把关者，可能安排一次紧急关口会议。关键的是不能任由事态发展，而是要行动起来解决这些问题，或者淘汰或者重新为项目定位。

以下任意一种情况出现时都要标出红色标识。

- 技术障碍：无论什么时候，当遇到技术上的障碍时，会增加超过 10% 的开发时间和成本，或者使技术成功的可能性降低超过 10%（与之前的关口中估计的成功可能性相比）。
- 项目日程：项目比之前关口设定的时限长了很多（多于 30 天），或者项目连续两次没有达到里程碑的要求。
- 产品特性和规格：对产品设计或者产品规格进行了修正或者放宽，这会影响对消费者需求的满足和产品定义。
- 销售预期：当比预期的销售额有很大的变化的时候，其中预期销售额是指在之前的关口中所估计的销售额（这对商业计划的影响超过 20%）。
- 交付成本：与之前关口预测的成本相比，产品成本有了很大变化的时候（这对商业计划的影响超过 20%）。
- 资源：无论什么时候，功能部门不能够提供之前保证的资源给项目团队。
- 商业计划：任何影响商业计划和财务前景的变化出现，当然依旧是与之前关口所预测的财务前景相比（影响超过 20%）。

以上任何一点出现的时候，项目负责人都需要亮出红色标识，并立即行动。

> **建议**：治理体系的细节是使得门径管理体系起作用的基础。确保对把关者的定义清晰无误——他们是决策的来源。把关者在关口之间会有变化，是根据项目的类型、重要程度和风险等级来变动的。透彻地理解关口会议制度，使用上面那些从成功的企业中借鉴来的准则。确保激励把关者建立起行动准则，以使不好行为的发生率降到最低，使用红色标识标出那些存在问题的项目，并且做出所需的行动。

9.8　加速关口的方法

上面提到的那些制度和指导都可以使关口变得更有效率。但是，对于速度和优化关口的追求始终是至高无上的，因为我们渴望能快速将产品打入市场，能够做出通过/淘汰决策。如果一个项目被耽搁了超过 3 周来等待关口，并且在 5 个关口中都出现这样的情况，那就是 15 周时间，差不多超出时限 4 个月——这在当今快节奏的世界中是无法接受的。我们在第 5 章中看到了去除从创意到发布体系中的浪费及官僚主义的方法，特别是运用精益的理念让关口变得精简。

使用价值流分析，定义什么信息是决策真正需要的（让交付物尽量精简），创建明确的期望，这些方法只是来促成关口决策和除去一些无价值的工作。下面是公司用来优化关口的其他方法。

9.8.1 自我管理关口

在小型和低风险的项目中，一些关口现在已经实行自我管理（见图 4.11 中的关口 2 和关口 4）。事实上，项目团队会自己进行评审并且自己做出通过/淘汰决策。一家大型通信公司已经实验了这种方法（另一个选择是简单地使用三阶段的精简流程，如图 5.4 所示）。

9.8.2 电子关口

全球化的开发团队和把关小组的出现意味着任何一家公司的关口会议都变得电子化、全球化，在某种程度上甚至是虚拟的。目前，很多公司在使用远程电子关口：在这里，配给把关者的所需信息实现自动化、电子化和全球化。然后，与其他关口会议一样，项目团队列席，远程会议开始。远程的把关者在自己的电脑上对项目进行电子化的打分，所有输入的分数随后出现在各个屏幕——会议室屏幕和每个把关者的电脑屏幕上。IT 的广泛使用使得关口电子化成为可能（对于信息的传播、打分和分数结果的集成及会议本身）。

9.8.3 虚拟关口

在虚拟关口中，没有真正的关口会议，把关者只是简单地评审关口信息，然后各自给出一个电子化的通过/淘汰决策，附上电子签名。这么做的目的是减少关键把关者的缺席率，使经常没法出现在关口会议上的人员也能出现，同时加快决策进程，特别是对于那些实地距离较远的把关者。虽然虚拟关口的优势显而易见，但它最大的一个缺点是，因为会议没有真正举行，把关者没有机会进行激烈的争论及得到以此带来的新的认识。因此，他们是在没有得到完整信息的情况下做出的通过/淘汰决策。

9.9　让关口奏效

我这样开启本章的内容："只有关口奏效，整个流程才能有效。"虽然关口可能只代表项目生命周期的 60 分钟（乘以 5），但是它们可能是最重要的一个 60 分钟——这 60 分钟决定了产品创新的成败。关口必须有效！所以花一些时间和精力来让关口有效运行很有必要。到目前为止，你应该认识到，让关口有效运行不是简单地让一组善意的管理者每月聚集到一起开一次会。有很多方法、方式、技巧及制度可以让你获益。这些决定了关口会议是表现平平——通常会导致无效且不好的决策（过多的、不重要且弱的项目），还是有效且高效的。结果会是一个由高价值研发项目组成的出色的产品组合。

第 10 章

产品创新战略

> 夫未战而庙算胜者，得算多也；未战而庙算不胜者，得算少也。
>
> ——孙子，《孙子兵法》，公元前五世纪

10.1　两家公司的故事

这是最好的时代，也是最坏的时代。

20 世纪 90 年代后期，两家大型公司在光纤通信行业的发展热潮中飞速发展：生产光缆的康宁公司和生产用于把光信号转换为电信号的光纤终端盒的北电网络有限公司。2000 年的股市崩盘中，一夜之间，两家公司的销售业绩暴跌，它们的股票从 100 多美元/股暴跌到 1 美元/股。

10 年以后，康宁公司蓬勃发展，继续营业到今，而北电网络有限公司走向破产，不复存在。为什么这两家伟大而具有创新性的公司，面对相同的危机，20 年后却有如此截然不同的结局？北电网络有限公司衰败的原因之一是在危机以后缺乏发展方向和创新战略；然后它在一项项临时的决定中一路跌跌撞撞，为了节约资金，竟然砍掉了研发部门。相比之下，康宁公司的高级管理层在危机以后接手，为公司推行了强势的产品创新和技术战略，并且提供了领导支持和方向指引来贯彻这项战略。

怎样来贯彻这项战略？康宁公司的管理团队认真审视了该公司之前 100 年在创新方面的成功经验。它得出的结论是取得成功的颠扑不破的关键（可以利用来应对新挑战的凝聚在康宁公司企业文化和历史中的元素）是领导层的投入，对于公司能力的清楚把控，同客户的密切联系，对主要客户问题的深刻理解，愿意在再三思虑后承担风险，愿意致力于通过创新来摆脱危机。管理团队在全面评估了康宁公司的核心竞争力之后，对公司进行综合管理，决定哪些是公司可以利用的优势，努力将公司自身的优势同新兴市场机会相匹配。

结果是从三大方面来进一步加强创新战略，要求公司通过延伸产品线，开拓周边市场和创造全新机会来实现公司业务的发展，后面的两项推动型战略非常强调探究性研究和新的业务拓展。因此，尽管面对金融危机的挑战，该公司在研发方面的投入依然保持在销售额的 10%，很多全新的机会和战略得到了发现和评估，在最有前景的领域实现了突破。

结果是令人印象深刻的：在不到 10 年内，康宁公司的各个业务领域都实现了主要的创新

性突破，包括四个新的业务平台的创建和三个主要周边市场的开拓，新产品的销售额激增到年销售额的 70%，利润从税后−5 亿美元到超过 20 亿美元。

有趣的是，两家公司都有非常出色的新产品研发门径管理体系（我曾经帮助两家公司设计和实施它们的门径管理体系），两家公司确实投入了必要的资源（大量的研发预算和人才储备）到新产品开发上面。但是一家公司成功了，另一家公司失败了。康宁公司的案例给我们提供了重要的战略性的教训：战术固然重要，但战略至关重要！康宁公司的例子说明一个创新战略对于产品的开发和持续成长是至关重要的，尤其是在困难时期。

10.2　赢了一场战斗但输掉整个战役

如果……会怎么样？

- 如果你们公司实施了新产品研发的门径管理体系来指导新产品开发，会怎么样？
- 如果你们公司开发项目时遵循了这个流程，而且执行得很好——充分的前端工作、可靠的市场信息、严格的通过/淘汰关口等，会怎么样？
- 如果你们公司承诺了必要的资源投入产品研发方面，不论是在资源质量还是在数量上，会怎么样？

……结果是成为产品创新的最佳创新企业吗？不一定，如同以上两家公司的案例。四个变量之一或者在产品创新方面的主要成功驱动力仍然是缺失的，驱动力将会产生巨大的差异，决定你是赢得一场战斗还是赢得整个战役。可以参考图 1.2 中的创新钻石中的四个变量。

什么是战略？

在我们探讨这一新主题以前，你知道"战略"一词的含义吗？我们频繁地在日常对话和业务中使用（和错误使用）该词。这里该词是这样定义的：为了达成一个主要的或者总体的目标而设计的行动计划或政策。这个词语发源于古希腊，在那里"战略"一词意味着"军队领袖的领导艺术"或者"将才"。确实，战略这个词语直到 1900 年才开始在英语书面语中使用，而且自那以后也是主要运用在军事的语境中。

有关于战略的最早的书籍是孙子写的（在本章最开始引用的句子的作者），孙子在公元前五世纪写了《孙子兵法》这部著作。从那以后又出了很多有关于战略的军事书籍。因此，我们所知道和应用的很多相关的在商业中的战略都发源于军事术语，例如，树立清晰的目标，集中力量（团体原则）和部署，等等。

所说的缺失变量或驱动力，就是企业的产品创新和技术战略，我们研究的很多公司都缺少这一战略（见图 3.1）。产品创新战略为整个企业的新产品开发制定了章程。它是链接产品开发和整体经营战略的重要环节。它是一个总体性的规划：为企业的新产品指引了方向。

本章首先介绍了产品创新战略的必要性，并且为该战略提供了强大的证据支持——足以证明企业推行产品创新和技术战略是势在必行的，接下来，对产品创新战略的组成部分进行了定义，然后概述了制定产品创新战略的方法——为新产品开发和可能的攻击计划，定义和选择战略领域的方法。

对企业至关重要

在开发和上市新产品的过程中最可能获得成功的企业，是那些实施具有公司特色的，由业务目标和战略驱动的，具有定义清晰的核心新产品战略的企业。这是由博思艾伦咨询公司有关新产品的一项广泛的早期研究所发现的：新产品战略被看作有效识别市场和产品机会的工具。

我们的标杆研究也表明，具有清晰的产品创新战略是提高新产品绩效的四大主要驱动力之一。回想一下驱动创新的四个变量（见图 1.2）。具有清晰产品创新战略的企业（明确的长期和战术目标、新产品角色，定义战略领域，进行长远考虑）将获得良好的新产品效果：这些企业将完成它们的新产品销售和利润目标；新产品开发方面的努力将给企业业务带来积极的影响；它们在产品上市时将会取得更高的成功率（见图 3.1）。

10.3　产品创新战略是什么

产品创新战略是一个战略性的总体规划，是企业新产品之战的指南。如何定义或描述一个产品创新战略呢？术语"战略"如今在商业界被广泛使用。该词来源于古希腊单词，意为"将领艺术"，直到最近才使用在商业领域，它之前只被用在军事领域。在商业环境中，战略被定义为"公司的资源和优势管理（或部署）的计划，目的是出其不意地攻击或超过竞争者或更好地抓住机会"。更具体地说，战略变革被定义为"公司的产品/市场环境的重新匹配"。战略与产品和市场规格紧密相连。科里认为战略就是选择你的目标市场，并选择针对目标市场的产品。

这里的企业发展战略指的是经营战略。产品创新和技术战略是经营战略的一个组成部分（或源于经营战略）。经营战略和产品创新战略并不是措辞含糊的意向声明，而是类似于愿景或者使命，是操作性的、具体的行动战略。一家企业的产品创新和技术战略包括：

（1）企业的全部产品创新的战略目标和战术目标。

（2）产品创新的角色:新产品如何实现总体战略目标。

（3）战略领域的定义——聚焦的战略领域：市场、技术、所关注的新产品或是研发的产品类别（包括优先级）。

（4）部署——在这些领域的支出分配或分摊（研发资金或人员，可能是市场营销和资本资源的部署）——包括自上向下路径的使用。

（5）进攻计划——如何攻击每个战略领域以赢得胜利。例如，成为创新者或快速跟随者或低成本供应商。进攻计划通常会设计一系列主要的新产品或技术创新——战略产品路线图和技术路线图。

一个创新战略的组成部分在第 3 章作为成功的第一驱动力进行了概述，它们之间的逻辑联系，如图 10.1 所示。

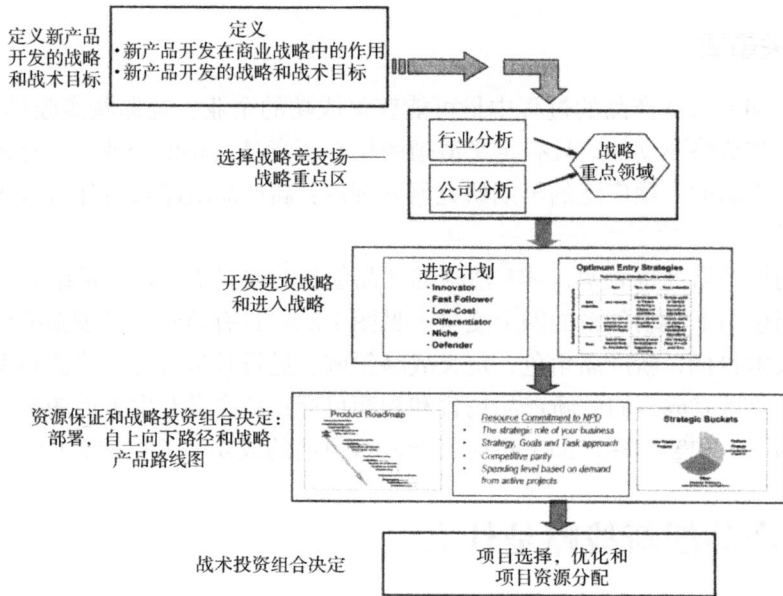

图 10.1　制定产品创新战略的框架——始于战略目标（顶部）然后移动到战术目标（底部）

10.3.1　没有战略的业务

制定产品创新战略是一项艰巨的工作。它牵涉很多人，尤其是最高管理层的努力。那么为什么要付出这么大的努力呢？我们绝大多数人都可以列举出很多对新产品没有总体规划的公司。这些公司是怎样维持下去的呢？

实施一个没有战略的创新项目就像参战而没有军事战略。没有路标，没有方向，而且结果往往是非常不令人满意的。你可能偏离预定目标。有时，这样的没有计划的努力也会成功，但是很大程度上归功于运气、英勇的努力，或者也许是因为卓越的战术，但是这样的例子是非常罕见的。

你的产品创新战略包括战略目标、战术目标，以及产品创新在企业中的角色；你的战略领域——你的产品创新战略包括新产品开发重点、资源部署的方案，以及你的进攻计划——如何在目标领域取胜。

没有战略的企业的新产品将不可避免地导致很多彼此独立的临时性的决定。新产品和研发项目仅仅是基于自身的优势而很少考虑更加宏伟的计划（比如，几乎不可能进行组合管理）。结果是，企业发现自己处于不相关或不希望的市场、产品和技术领域，缺乏重点。

10.3.2　战略目标和战术目标：与经营战略的必要联系

产品创新战略给企业新产品发展带来了什么样的发展方向？首先，在产品创新战略中嵌入的战略目标将你的产品开发工作与你的整体经营战略紧密联系在一起：新产品开发成为经营战略的核心部分，是整个经营战略平台的关键支柱。

关于新产品的支出承诺问题通过定义新产品工作的角色和战略目标来解决。在经济困难时期，研发或者新产品预算很容易被剥夺。研发和新产品的营销支出往往被视为可酌情决定的费用，即如果需要的话就可以被削减的费用。产品创新作为企业整体战略的中心环节，明确界定了产品创新的角色和目标。这样，对研发预算的削减就变得不那么随意了：对新产品的资源投入是有连续性的。

你的公司的新产品目标为每个人提供了可以努力实现的目标，成为艰难的新产品制造和资源分配的决策标准，成为衡量绩效的基准。

10.3.3 战略领域:指导创新工作

产品创新战略的第二个方面，是定义战略领域，这对你的新产品的指导和关注至关重要。门径体系的第一个阶段是发现或创意。但是在哪里搜索新产品的概念，哪里是寻找创意的绝佳场所？除非战略领域或"搜索领域"是确定的，否则概念的搜索是无定向的、无目标的、无效的。

企业的产品创新战略对项目选择和组合管理也是非常重要的。这就是为什么我把战略作为图 8.2 中战略的组合管理过程中最重要的部分——战略在整个决策和选择过程中起着决定作用。例如，在从创意到上市流程中的第一个关口是概念筛选。这个早期的通过/淘汰决策点的关键标准是这个被提议的项目是否具有战略一致性。这往往被转变成："我们所决定的这种市场、产品和技术是不是可以追逐的或者是最优先考虑的？"缺乏对战略领域的定义，就只能希望你在做出有效的筛选决定时拥有好运气了。战略一致性问题是贯穿阶段关口流程中每个关口的项目选择的一个重要标准，也帮助决定支出分配和投资组合的理想平衡。因此，它对组合管理至关重要。

战略领域的定义也指导着长期的资源和人员安排的计划。如果某些市场被指定为最重要的战略领域，那么企业就可以获取资源、人员、技能和知识，使之能够进攻那些市场。同样，如果某些技术被单独挑选出来作为战略领域，那么企业也可以雇用并获取资源和技术以增强其在这些领域的能力。资源建设不会一夜之间建立起来，一家企业不能立即获得一个销售团队，一家企业也不可能获得在当地超市的特定技术领域的大量的关键的研究人员或工程师。落实合适的人、资源和技能都需要超前的时间和方向指南。

10.4 设定战略目标和战术目标

首先需要设定企业产品创新的战略目标和战术目标，将产品创新战略目标同更广阔的企业目标联系在一起。

许多企业缺乏产品创新的目标，或者目标不明确，沟通不顺畅。在康宁公司的案例中，目标是宏大的：用创新带领企业走出危机，每 10 年使新产品的创新速度加倍。这些战略目标受到具

战略目标与战术目标的对比	
战略目标是宽泛的	战术目标是狭窄的
战略目标是具体的意图	战术目标是精确的
战略目标是无形的	战术目标是有形的
战略目标是抽象的	战术目标是具体的
战略目标一般是比较难以衡量的	战术目标是可衡量的

体的产品创新的销售和利润目标的支持。注意，战略目标是宽泛的，对总体意图进行设置；战术目标是狭窄的、具体的和精确的。

如同康宁公司一样，你的企业的产品创新战略应该具体说明企业产品创新的战略目标和战术目标，并指出产品创新在帮助企业实现目标方面所起的作用。你的产品创新战略必须回答这些问题：新产品和新产品创新是如何同公司的总体目标保持协调一致的？我们大多数人都接受这样一个前提，为企业的产品发展战略定义战略目标和战术目标是至关重要的。然而，我们的标杆研究发现，很多机构都缺乏书面和可衡量的创新目标，如图 3.1 所示。你们公司呢？

创新战略包括什么类型的战略目标和战术目标？在建立战略目标和战术目标时，我使用了首字母缩略词 SMART。

- 特定的（Specific）——针对特定领域，如"新产品"或"所有研发"，因此必须定义什么是"新产品"或者"研发"。
- 可衡量的（Measurable）——这样它们就可以作为目标实现，也可以作为衡量绩效的标杆。
- 行动导向的（Action Oriented）——高级管理层和项目团队都能有发展的方向感和目的，并成为通过/淘汰关口决策的标准。
- 可实现的（Realistic）——有理由实现的，并且有足够的资源。
- 有时间限制的（Time Bound）——有固定的时间框架。

此外，这些目标应该将企业的新产品工作与经营战略紧密地联系起来。

10.4.1 高层次的战略目标和战术目标

一类新产品的战术目标关注于新产品开发对企业的高层次或全局性的影响。例如：

（1）销售额的百分比。一个流行的战术目标是，前 5 年上市的新产品销售额占企业第 X 年销售额的百分比。5 年是传统上被接受的时间段，在这个时间段内的新产品可以定义为"新产品"。当然，考虑到现在的商业步伐，2~3 年更适合大多数企业。在所有行业领域，平均 28% 的销售额来自在过去的 3 年里推出的新产品（见图 1.3)。

当衡量新产品销售额时，一些公司（特别是消费品公司）只计算因新产品上市而产生的额外的（增量）销售额——净销售价值，目的是抵扣侵蚀效应的销售额，即品牌替换产品和延伸产品的销售。我们也可以使用绝对销售额作为目标——新产品在 X 年的销售额，而不是相对销售额或百分比。

（2）利润的百分比。一个类似的战术目标是，过去三五年里上市的新产品的利润占企业第 X 年利润的百分比。同样，绝对利润可以用来代替相对或利润的百分比。当然，利润和上面的销售额不一样，应该是对于绝大多数公司来说都是真正的目标。但是，利润不像"公正"的度量标准，有很多不同的计算"新产品利润"的方法——导致在为了不同的目标时，上报利润有可能不一样。

（3）新产品占增长的百分比。销售额和利润目标可以用在未来 y 年里业务增长的百分比来表示。例如，在未来 5 年企业因为新产品的推出销售额增长了 70%。

（4）战略地位。这是不那么定量的和可衡量的目标，所以可以作为以上目标的附加目标。该目标包括:对基础业务的保护，对市场份额或市场地位的捍卫，利用新技术，在新市场上站稳脚跟，开辟了一个新的技术或市场机会窗口，有效利用实力或资源，或者扩大业务经营范围，进入高增长领域。

（5）推出新产品的数量。在给定时间段内推出的主要新产品数量可以用作企业行动的号召。一位高级管理人员宣称"5 年 15 个产品"，这意味着"在未来 5 年将推出 15 个新产品"。这是一个组织内部对每个人都清晰、简洁和可操作的目标。然而，这种目标有些问题:产品可能是大批量或小批量的，所以一定要定义什么是"推出重要产品"。另外，推出产品的数量并不能直接转化为销售额和利润。

10.4.2　你的企业制定的是哪种目标

- 到目前为止，最受欢迎的是目标类型 1：企业第 X 年的销售额中新产品所占的百分比。这是被 3M 推广并被称为新产品活力指数（New-Product Vitality Index，NPVI）的度量标准。
- 目标类型 2 是与利润相关的，因此似乎更为合适，但可能难以测量。
- 目标类型 3 与类型 1 和类型 2 密切相关，可与类型 1 一起使用。
- 不要忘记考虑目标类型 4：更加定性和考虑优点，但最好与上述目标类型 1 或类型 3 结合使用。
- 目标类型 5 非常注重行动，但同时又最适合同目标类型 1 到类型 3 结合使用。

批评：对上述一些推荐目标类型的批评之一是新产品销售额或利润占公司销售额、利润或增长的百分比——可能激励错误的行为。因为"新产品"的定义往往比较广泛，所以所有稍微新一点的东西都可以作为一个"新产品"。结果是鼓励错误的开拓新产品工作:太多的微调、修改和扩展之类的翻新计划，而不是足够重大的产品开发或大胆的创新；太多的产品线延伸式的粗制滥造——所谓三年以上的任何产品都会被更新，这只是为了"凑数字"。

大胆的创新：如果总体目标是大胆的创新，那么就要改变你的度量标准！一定要详细说明和沟通企业新产品目标，但要收窄"什么样的产品可以算作新产品"的定义，应该是真正的产品开发，而不仅仅是产品的修改。例如，一个主要的流体处理设备制造商将新产品定义为"任何对客户或用户来说有明显新特性、功能和性能特征的向市场销售的新产品，涉及超过 50 个人·日的开发时间"。通过这种方式，这个定义包括了外部元素（对客户可见）和内部元素（公司的最低投资）；它还剔除了免费赠品、技术服务和小开发。一些公司简单地把一个重要的新产品定义为：任何完成如图 5.4 所示整个五阶段的阶段关口流程的产品。

其他公司，如 3M 公司，寻求在大胆的非宏大的新产品之间的平衡。定义两个指标:大胆的创新性新产品占销售额的百分比及所有新产品占销售额的比例，包括更新。另一个关键的最佳实践是确保新产品在企业的地位清楚地传达给每个人——在你的战略目标和销售额百分比起源于新产品，即新产品活力指数，是最受欢迎的新产品目标度量标准，但同时有一些问题。为了激励更大胆的创新，考虑一个更加强硬的狭窄的新产品定义；或者使用两个 NPVI 度量标准：一个用于大胆的新产品的度量，另一个用于所有新产品的度量。

战术目标中。建立战略目标和战术目标的关键在于每个人都参与其中，大家都有一个共同的目标，齐心协力去实现。相反，我们这里观察到的一般都是很平庸的实践，少于 40% 的企业为产品开发清晰地定义战略目标和战术目标（见图 3.1），并且确保全体员工了解该战略目标和战术目标。这里的规则之一是为了确保你的战略目标和战术目标很容易传达和理解，它们应该简洁而准确！

10.4.3　绩效目标

第二类目标与预期新产品绩效有关。这类目标对于新产品团队的管理者十分有用。例如：

- 新产品的成功率、失败率和淘汰率。
- 每年纳入考虑的新产品创意数量。
- 每年进入开发阶段的项目数量。
- 新产品项目的最低可接受的财务回报。

这些具体的绩效目标从逻辑上来说来自更高层次的战略目标。例如，如果企业想要 70% 的销售增长来自新产品，这个数字如何转化成每年成功地推出的新产品的数量？开发项目的数量？成功率、失败率和淘汰率？每年纳入考虑的新产品创意的数量？

10.4.4　如何设定产品创新目标

设定这些目标并不容易。第一次往往是一个令人沮丧的经历。但这些目标是制定创新战略的基础，更不用说逻辑上它是用来确定研发预算的。新产品目标设定通常从整个企业的战略规划开始。企业的增长和利润目标决定后，这些企业目标经常通过差距分析转换成新产品目标。

例如，吉尼斯（爱尔兰）的高级管理层为他们的酿造业务制定了整体发展战略规划。宏大的增长和利润目标由母公司决定。对当前产品和全球市场分析揭示了预期销售额与目标之间存在差距。也就是说，目前的市场和产品的销售量预测到未来，预期的收入和利润与期望的销售和利润（企业目标）水平进行比较。这些差距必须由新市场、新产品或新业务来弥补。从此，新产品按百分比和欧元计算的销售目标得以确定。

再如，有很多方法用来填补可能状态和期望状态之间的差距：市场增长、市场份额增加、新增市场、新产品和收购。图 10.2 来自一家汽车零部件供应商。该公司的管理层首先制定企业的总体增长目标（图中顶部），然后识别和预估影响增长的来源（以美元和百分比计算）。一些增长的估计是可预测的，如市场份额增加（比较小！）和市场增长（也比较小）。其他，如新产品（自然增长）的目标经常不需要计算：填补增长目标差距所需的费用。这些顶层的预估（图 10.2 中的第二行）被用于设置每个增长来源的特定的增长目标（图 10.2 的下排）。

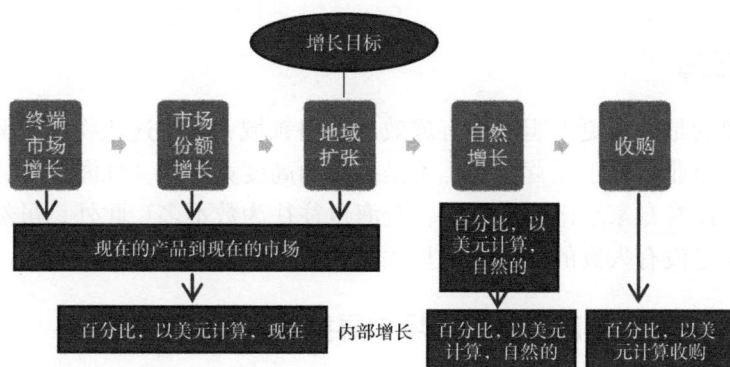

图示来自某汽车一级零件供应商

图 10.2　定义你的创新战略目标和战术目标，从业务增长目标开始

10.5　目标战略领域——你的战场

聚焦是有效的产品创新战略的关键。产品创新战略规定了将要进攻的地方，或者更重要的是，你不去进攻的地方。因此，目标战略领域这一概念——企业集中其新产品努力的目标市场、行业、应用、产品类型或技术，是产品创新战略的核心。例如，康宁公司决定聚焦于液晶电视的平板屏幕在当时是一个大胆的举动，但事后看来，将公司的技术能力与相近的新兴市场机会结合起来是很好的策略。

目标战略领域的界定（哪个产品创新在"边界内"或"边界外"）是企业产品开发的方向和战略的基础。军事战略的基本要素之一是集中力量进攻特定的领域，并派生出很多经营战略思想：多数性原则。在产品开发中，我们称这些重点为"战略领域"，即企业将集中精力应对的市场、区域、技术或产品类型。

所以选择你的战场——选择你打算聚焦的研发、新产品开发的目标战略重点。关键词是"聚焦"——与散射枪方法相反。这是在战略层面识别和评估新产品的机会。如果缺少确定的战略领域，寻找特定的新产品的创意或机会是缺乏聚焦的。随着时间的推移，新产品的项目组合可能在许多不同的市场、技术或产品类型中积累许多不相关的项目。这样分散努力的结果是可以预见的：一个不太有利可图的新产品开发。

例如，建筑材料公司和 OSB（定向结构刨花板）的生产者将一个重点领域定义为在美国的"住宅建设"市场——整个重点太宽泛了，它没有提供方向。经过对创新战略的严格反思，三个在市场和产品方面非常具体的领域被确定下来：与灾难相关的 OSB 产品（火灾、洪水）、镶板（预制墙的制造商或住宅建筑中现场使用的面板）；最后一个是利益细分领域，即大型住宅区建筑商，寻求创新解决方案来减少现场人工费用。

我们的研究表明，大多数企业已经确定了创新的战略重点领域；但有些证据也表明它们是不正确的——缺乏成为未来增长发动机的潜力。通常，企业定义的战略领域是与企业已经经营的领域所相同的旧的领域或者是密切相关的领域——企业比较熟悉和相对简单的领域，但是已经发展成熟，陈旧而缺乏生气，真正创新和成长的前景不佳。

10.5.1　寻找蓝海

我们所需要的是寻求更大胆、更有成效的战略领域，有时这些将是"蓝海"领域，在那里，目前没有企业正处于经营状态（不是拥挤而高度竞争的"红海"）。这个理论的麻烦是，蓝海的效果没有专家承诺得那么好，蓝海也往往为数不多！此外，虽然有充足的理由在蓝海作战，但是没有人真的想要到那里去！

10.5.2　在新兴市场和不断增长的市场中寻找伟大的问题

第二种方法是寻找处于萌芽或新的但快速增长的市场或者区域，在这种地方，客户往往面临着诸多问题。战斗口号是"找到大的问题，寻找伟大的解决方案"。

> 当你在进行重点研发时，定义你的战略领域。战斗口号是"找到大的问题，寻找伟大的解决方案"。

案例：被一些人认为是推出最成功的新产品的苹果 iPod，并不是 MP3 便携音乐市场的创造者。在苹果 2001 年推出 iPod 以前那个市场已经存在了大约 10 年，有超过 40 家竞争对手销售 MP3 播放器。但用户面临许多问题：MP3 播放器很难使用，缺乏存储容量，很笨重，很难找到合法下载的音乐。苹果应用其独特的设计和技术技能，解决了这些问题，给世界提供了 iPod 和 iTunes 系统解决方案，其他产品就成了历史。

康宁公司做了同样的事情，从 21 世纪初的科技废墟中脱颖而出，当时它的目标是平板电视和监控市场，这一市场当时正处于起步阶段。这一大胆的战略举措带来了巨大的增长。具有讽刺意味的是，康宁公司所依靠的屏幕技术并不是全新的，可以追溯到几十年前的汽车挡风玻璃。

10.5.3　解决大型的成熟市场的痛点

在寻找颠覆性创新时，克莱顿·克里斯滕森指出："解决痛点让人们更容易和更简单地完成重要的工作。"他的案例包括一些创新，如联邦快递、财捷集团（Intuit）的小型商务财务软件 QuickBooks、宝洁的除尘产品速易洁等，所有这些都解决了客户在成熟市场中的传统产品的重大问题。

因此，第三种方法是通过考虑长期存在市场潜力的大型成熟市场所面临的新的或大的未解决的问题。对于清洁饮用水的追求、废物管理或处置、上下班的通勤（可能导致无人驾驶汽车的出现）、节能、高效农业等是具有未解决问题或"巨大挑战"的市场或行业的例子。

案例：美国通用电气公司和西门子公司都定位于饮用水和废水处理领域，但是对其他小公司来说还是有很多空间的。例如，格兰富公司（一家丹麦泵业制造商）的目标定位为全面的水处理循环系统，包括一系列的系统、器材和水泵的组合，这是该公司可持续水战略的一部分。

这种模式非常清楚：找到存在大问题的大型市场，利用优势和核心能力来提供好的解决方案。

10.5.4　不要错过惊叹的一瞬间——昂首阔步地走

很多公司都声称应用了上面列出的一种或是几种方式。如果仔细检查会发现，它们往往会错过那个点。经常的情况是，公司所定义的战略领域距离已有的业务太近（是它们主营业务的小分支）、太保守和不愿冒险，从长期来看不是很有吸引力。这样目光短浅的做法往往是因为它们的战略方针就是风险回避型的、短期关注型的，或者是因为它们面对机会时视而不见——它们缺乏洞察力。这些战略制定得往往很仓促，没有留下足够的时间完成必要的前端工作，如了解客户声音、大趋势分析、技术预测。当战略会议开始时，没有新的灵感火花，因此陈旧的想法、领域、产品类型、市场成了会议的中心——重点并没有发生变化。

丛林探险：我把我的经历同穿越亚马孙丛林的艰难探险做一个类比。随着我们团队在狭窄的丛林小路上跋涉时，在我前面的一个人紧紧盯着地面看——小心翼翼地以免被岩石上的树根绊倒。他的处理方法是"小心翼翼"——我不认为他那天可以欣赏到丛林的美丽。另一个同伴似乎不太有耐心，总是希望快点到达另一个目的地。通过对比，走在他前面的我的妻子琳达则四处张望，看到美丽的兰花、树枝上的猴子、颜色亮丽的小鸟，拍了很多照片。她在那天有很多惊叹的瞬间——这是一段给人以启发的经历。

很多公司就像排在我前面的同伴一样，低下头小心翼翼，很少有惊叹；其他人步履匆匆，没有留下时间好好看四周的风景，所以它们都错过了很多机会。因此当你进行这个战略性工作时（通常是一个团队的努力），请善待它，就像穿越美丽丛林的跋涉一样，花时间抬起头来，睁开你的双眼拥抱惊叹的瞬间。稍后，我将展示有助于你"抬起头来"的训练方法。

10.5.5　领导者必须发挥领导作用

来自高级管理层的领导力也是这里所需要的——献身精神。如前所述，"战略"一词源自古希腊文，战略意味着"将领的艺术"，所以将领必须发挥领导作用！这种领导力始于一个关于推进命令的强有力的声明，具体地说："高管团队将领导和参与一个严肃的战略努力，并且公司中许多人都会参与其中，从市场营销人员，到产品经理、技术人员、销售人员到业务员。如果这个战略要成功的话，那么这些是必要的努力。"

高级管理层领导着这项工作，他们必须为此专门留出时间，但是还有许多其他人也需要做繁重的工作：为必要的强有力的战略讨论和决策会议而做的所有的前期准备工作。

10.6　识别潜在的战略领域

本流程始于一个发散性的、创造性的工作，以识别潜在的战略领域，然后进行艰难的评估，缩小范围以做出最佳决策——找出企业的新产品或研发应该重点关注的战略领域。最终的决策可能是聚焦于当前所在的领域——目前所在的市场和产品类型来捍卫你的根基。然而，在通常情况下，会识别出新的战略领域——那些提供新的令人兴奋的机会的战略领域。思考过程就好像你在丛林中跋涉寻求惊叹的瞬间一样，然后让工作收敛于你的最佳选择上，如图 10.3 所示。

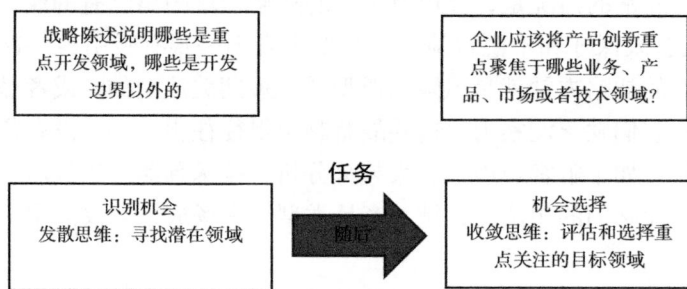

图 10.3　定义产品创新的目标战略领域——首先是识别潜在战略领域的
发散思维过程，然后是选择目标战略领域的收敛过程

第一项任务是发散思维——找出可能的战略领域，该领域要能为公司提供一些新的和有利可图的机会。如同前面一个案例中提到的定向结构刨花板生产者和建筑材料公司，识别出共计 12 个新的潜在战略领域，最终只选择了 3 个作为目标战略领域。

这里有一些有用的方法（工作或任务），旨在刺激讨论和引发灵感。[假设是一个高层领导下的团队在制定创新战略（以场外战略会议的形式来领导），在企业的下一级和其他人的支持下展开。] 下面的战略分析工作通常涉及一些子团队的准备工作，之后在战略会议上进行一些演示，然后进行讨论，识别出企业可能瞄准的机遇和领域——潜在的战略领域。

10.6.1　看看你的市场是如何变化的

市场总是在变化，处于动荡之中，这意味着企业的新机会。例如，最近我在某国家的矿业研究院给供应商们开了一个研讨会。矿业是一个非常古老的、成熟的行业，但是我提出了这个问题："什么是采矿行业的主要趋势和问题？" 大部分人的回答是，主要趋势是这样的，矿越来越深——有些深达 4 公里，所以温度正在上升：在一些深矿中，岩石温度高达 60℃（140℉）! 提供通风到这个深度，耗尽"废气"（有些矿还在地下使用柴油发动机!），冷却空气，使工人能够工作是一个显而易见的问题，这为产品创新提供了无限的可能性!

市场分析中的关键问题包括：

（1）市场中发生了什么？在相关市场和临近市场发生了什么？

（2）市场规模、市场增长和重要的市场走向预测是什么？

（3）是否有新的细分市场出现？为什么？有多大？

（4）是否有任何重大的市场颠覆事件可能发生——可能改变市场的事件？

（5）是否有新的客户或市场需求出现？有多快？确定性怎样？会有什么影响？

（6）顾客所面临的主要问题、挑战和痛点是什么？

当然，需要讨论的最重要问题是，鉴于这些趋势，你有什么主要的市场机会？有没有什么灵感？

10.6.2　进行价值链分析

看看你的价值链——上游和下游。关键问题包括：

（1）价值链中各种类型的参与者——谁是你的客户、客户的客户等，一直到最终用户，谁是你的供应商？

（2）评估他们的未来：他们的角色正在发生什么变化？谁将会获益？谁可能出局？

（3）你的业务面临的威胁或机会是什么？

这些趋势是否意味着新产品或新商业模式？例如，去执行价值链中现在某个角色获利的某项职能？

10.6.3　进行竞争分析

这并不是说你应该复制竞争对手的产品，虽然"快速追随者"战略既流行又经常成功（后面我们将更多地探讨这个话题）。通常，对竞争对手成功和失败的分析产生的洞见包括：如何取胜？接下来需要做什么？关键问题包括：

（1）谁是直接和间接的竞争者（间接的：公司提供的是不同的产品或服务，但可以满足与你的产品相同的需求）？

（2）谁是成功者？谁是失败者？最重要的是，为什么？

（3）我们能从中学到什么吗？

（4）你有机会吗？

例如，几年前，热管公司（化名）开创了一种新颖的方式来加热化学或石油炼制中的绝缘管道——使用半导体塑料条。多年后，大部分石化工厂在它们的工厂里有很多的这种新型加热条。但是这些行业的市场正在发生变化，许多工厂正在大量减少操作人员。近年来，加热条的主要竞争对手抓住机遇，推出了一系列硬件和软件自动控制的加热条，使得大部分加热控制过程实现了自动化。

热管公司行动迟缓，所以战略决策变成了——热管公司也应该进入加热控制市场吗？或者简单地让它的客户买其他厂家的加热控制产品？通过分析竞争对手的产品及其他通用控制（它们的优点和缺点，竞争对手在这个应用中确实有弱点！），并且进行倾听客户声音的工作，答案变成了坚定的"是"——有一个重大的未满足的需求。热管公司能够推出具有显著优势的很好的"快速追随者"加热条控制产品！

三个要点：不要忽视关键的市场趋势，在竞争中停下来。接下来，当竞争对手大步跃进时，请认真对待他们的产品和战略——学习他们的成功，找到他们的弱点。最后，倾听客户声音是下一个话题，是决策和最终新产品战略的关键因素。

10.6.4 进行客户声音工作

理解客户和用户的需求和挑战——要"穿上客户的鞋子"。

客户声音战略评估中的关键问题包括：

（1）客户或用户如何使用你的产品（或在相关市场中的类似产品）？

（2）他们需要满足的需求是什么？要解决什么问题？他们在寻找什么利益？

（3）有没有更好的办法来满足他们的需求、解决他们的问题、提供这些利益？

（4）客户（和用户）在寻找什么，他们的期望、需要和需求是什么？

（5）客户和用户面临哪些主要问题？当他们使用与你的产品类似的产品（或相关产品）时，他们抱怨的是什么——什么让他们在晚上醒来？

（6）如果他们的确提到某个特定需求——一个新产品或一个新特性，探究一下为什么：他们为什么要这个特性或产品？潜在需求是什么？

（7）他们还有什么新的需求？他们未来的计划是什么？

（8）对于 B2B 企业：评估一下哪些因素使客户获利和成功？你能在这些方面提供帮助和解决方案吗？

例如，爱诺福路公司（Aero-Flow）（化名）是一个向全球销售（除了北美洲）家用高档吸尘器的欧洲制造商。真空吸尘器市场日益变得成熟和有竞争力，特别是有戴森公司这样的非常具有创新精神的公司。爱诺福路公司进行了许多"快速追随者"的产品开发，例如，仿真技术和机器人真空吸尘器，该公司现在已经是众多吸尘器厂家之一，定位在高端产品。它仍在寻求新的战略，包括进入新战略领域的可能性（新市场、新产品类别）。

作为非现场战略练习的一部分，团队被要求进行一些前期工作。一个任务是在用户的家中进行客户声音工作——看着客户吸尘，然后讨论客户的需求、问题和机会。主要的灵感来自一个中国的团队：他们带来了照片，以显示用户在上海或北京等城市的吸尘效果（通常在公寓里）。前几张照片显示吸尘的效果看起来和预期中差不多，后来客户完成了吸尘工作，与观察团队坐下来讨论，但没有关闭吸尘器！"为什么？"该团队想知道。"你的吸尘器有一个非常好的高效空气过滤器可以清洁空气，"客户说，"所以我们先清理地板，然后把它放在那里清洁空气。"很明显，这构成了一个进入新产品类别的战略暗示：为城市公寓提供空气净化器或空气过滤装置（安装在窗户上或墙上）。

10.6.5 尝试去看看周边

乔治·戴和保罗·舒梅克尔说，大多数公司缺乏周边视野——能够向左右环视，看到即将到来的事情，所以它们易被突如其来的事件攻其不备。这些事件往往是一种威胁，但是当足够早地发现并翻转时，就成为一个机会。在本练习中提出的需要解决的推荐问题有：

（1）你所在行业的哪些人会提前发出警告并采取行动？他们现在正在做什么？

（2）你过去的盲点是什么？现在那里发生了什么？

（3）是否有其他行业的相关类比。例如，转基因生物与环保团体之前的负面经验，以及对更新的技术可能意味着什么，如纳米技术？

（4）你有什么重要的信号可以合理地解释如诺基亚没能处理好来自苹果手机的威胁（管理层没有理会这个威胁，在很大程度上认为新进入者设计巧妙，但在技术上较弱）？

（5）外围客户和非直接竞争对手说了些什么（分市场、以前的客户）？

（6）你自己公司里持不同意见的人和创意思想家试图告诉你的是什么？

（7）什么样的新的未来真的会伤害（或帮助）你。例如，一个自装配家具零售商，没有汽车的城市还有那些不开车的年轻人的憧憬。

（8）未来是否有不可预料的情况。例如，类似于2008年世界金融体系崩溃？

然后，你的答案是否为公司提供了新的机会？

案例： 美泰公司是世界上最大的玩具制造商之一，拥有芭比娃娃品牌，没有认识到青春期前的女孩现在成熟的年龄更小了：他们更希望像他们的姐姐。因此，他们已经长大成熟而不再喜欢像芭比娃娃这样的年轻女孩娃娃，变得更喜欢像布拉茨这样老练的更大一点的娃娃。美泰公司在经历几十年的繁荣之后，这一转变极大地拉低了芭比娃娃的销售量，使得这家公司停滞发展很多年。美泰的市场研究人员怎么可能没有发现这个趋势呢？为什么他们遭到了如此严重的意外打击？如果他们看到了这个趋势，他们为什么不采取行动？

相比之下，乐高公司确实看到了趋势。小男孩迅速成长起来，开始玩电子产品和游戏。21世纪初，乐高公司的销售和利润开始受到影响！但公司重组并确定了新的战略领域，如将新的信息技术引入它们的积木和产品。结果是一系列优秀的令人激动的新产品发布：乐高机器人（机器人）、视频游戏、基于网络的游戏和为孩子们制作的电脑电影。所以到2014年，乐高占据了首位，成为世界上销量最大的玩具制造商，超过了芭比娃娃制造商。

10.6.6　评估潜在的颠覆性技术

基于新技术的竞争新产品可以改变游戏规则。"偶尔会出现颠覆性技术：那些在相邻领域出现的创新往往性能很差。"最初推出的产品在传统性能指标上往往很差，所以它们看起来不是很有威胁。例如，第一台数码相机拍出的照片质量很差，与当时占主导地位的35毫米技术相机相比，价格也很昂贵。但在其他性能方面，新产品表现出色。在这种情况下，数字化图片的能力对当时少数潜在用户是一个重要的好处。

因为基于新技术的最初产品性能相对较差，所以初期的销量并不是很大，而且对主流市场的渗透有限。但是它们确实有可能改变整个市场！在通常情况下，最初的产品很快就会有重大的改进，所以第二代和第三代版本的功能要好得多，直到达到某一节点时，超越了客户对传统性能的期望，而且能够提供额外的利益（见图7.6）。所以它们最终赢得了胜利（往往在很短的时间内），柯达和宝丽来都非常懊恼地发现了这一点。

重点是，你不能因为最初的产品性能不佳，就简单地不理会这些颠覆性技术。犯了这个错误的很多大公司已经不复存在了。相反，要把新技术看成契机进行监测和调查。确定找出潜在的颠覆性技术和激进或突变的创新作为战略分析的一部分，并评估每个技术出现的概率和时间线、潜在的影响，以及对你的公司是否代表着一个机会（或威胁）。最重要的是，有关这个技术，你们可以和应该做什么？

10.6.7　评估核心竞争力

要从一个有优势的位置发起攻击！因此，战略分析的关键内容是内部评估，即审视你自己的企业，以确定可以利用的独特优势。许多研究重复这个信息：利用你的优势和核心竞争力提高成功率和新产品的盈利能力。

许多战略家误解了核心竞争力的概念，并认为核心竞争力仅仅是一种优势。不是这样的。公司的核心竞争力被定义为它可以比竞争对手做得更好的东西。不仅如此，核心竞争力对于企业创造新的产品和服务并实现产品的竞争优势来说至关重要。核心竞争力有三个特征：

（1）它应该对顾客感知产品的利益做出重大贡献。

（2）它可以广泛利用，应用于许多产品和市场。

（3）竞争对手难以模仿。

核心竞争力可以采取多种形式，包括技术和知识产权诀窍，可靠的或节约成本的制造工艺，或与客户和供应商的密切关系。它也可能包括一个有效的产品开发能力或文化。

> 总是从强项攻击！
> 所以要评估核心能力和理解可以利用的优势，就像康宁公司一样。

评估核心竞争力的重点是帮助你确定与周边的关系，如周边市场、区域和产品类型，你可以从一个有优势的位置进行攻击。这些周边地区变成了公司的潜力很大的战略领域。利用核心竞争力在新的和相邻的领域给你的企业创造新的产品和服务，但最重要的是，帮助你在那里获得竞争优势。

所以要认真看待你的公司，并评估核心竞争力。这意味着要在企业的各个方面审视相对于你的竞争对手而言的杠杆优势：

- 你的技术优势，特别是产品和开发技术。
- 你的市场营销、客户关系、分销、品牌和销售人员优势。
- 你的运营或生产能力、生产力和技术。

确定你的核心竞争力。这些是你独特和可以利用的优势，所以现在可以寻找目标领域了，你可以利用这些优势在新产品开发中获利。

10.6.8　列出潜在的战略领域

许多公司使用产品-市场矩阵（见图 10.4）来可视化它们可以从中获利的新领域。矩阵中的每个单元格代表一个潜在的提供了许多新产品机会的战略领域。其他企业只需要一个实用的清单——市场、细分市场、产品类型和技术，以及这些的组合。这里是我们看到的管理层所使用的方面，以帮助确定可能的新的战略领域：

- 客户群体（市场、细分市场）。
- 行业类别。

- 产品类别（用于消费品）或产品分类或产品类型。
- 客户职能（客户执行哪些职能，如制造商、加工商、分销商）。
- 提供解决方案所需的技术。

市场		语音	数据	上网	无线	媒体
	小型、家庭办公		★	★	★	★
	中型公司		★		★	
	大型公司		★		★	
	跨国企业				★	
	家庭用户	★			★	★

★=目标领域　　　　　　　　产品

图 10.4　产品–市场矩阵显示潜在的关注新产品开发或研发工作的
战略领域——电信公司的产品市场矩阵

10.7　选择你的目标战略领域——你的新增长引擎

发散性的或搜索性工作（见图 10.3）可以生成一个潜在的战略领域列表，然后淘汰明显不适应和没有成功希望的领域。在剩下的名单中，找出在每个领域中取胜的方式，以及如何在每个战略领域利用你的核心竞争力：你是否拥有那些成功所需的东西，并识别各个战略领域的市场吸引力如何及它们是不是创新的沃土。这个事实调查确实需要做一些工作——小团队被分配到各个战略领域进行快速的尽职调查。

10.7.1　选择你的目标战略领域——你的战场

接下来是评估这些战略领域的任务，选择战场——你的新增长引擎。这是一个收敛性的或"调整归零"的工作，如图 10.3 的右侧所示。通常使用两个维度来进行评估。

（1）战略领域吸引力：这是一个用来捕捉战略领域规模和市场增长特征、竞争的激烈程度、赚取的利润，以及开发新产品潜力（例如，该领域的技术成熟度）的外部标准。

（2）业务实力：这涉及评估业务的核心竞争力和实力，并了解如果企业选择进入新的竞争领域，这些能力是否可以被利用。

通常，为每个维度开发 6~8 个问题，高级管理人员用它来评估所考虑的各个领域，如表 10.1 所示的样本标准。

表 10.1　评估战略领域的标准

用于评估潜在战略领域的标准涵盖了一系列问题和因素。

1. 战略领域吸引力

　市场吸引力：

　- 该战略领域的市场规模。

续表

- 市场增长率。
- 竞争强度和竞争者实力。
- 其他公司在这里获得的利润。

这个市场的技术机会：

- 该战略领域的技术变化率。
- 技术弹性：如果花一美元，性能上有多大的改进（该技术在技术 S 曲线的哪里——技术萌芽期与成熟期、陡峭与平坦）？

2. 业务实力

技术杠杆：

- 能够充分利用你在这个战略领域的开发技能（技术、知识产权、研发或设计工程）。
- 成功的生产/运营过程所需要的适合程度，以及你的生产/运营操作流程、技能和知识产权。

营销杠杆：

- 能够充分利用你的销售团队或分销渠道体系。
- 能够利用你的客户关系和市场压力。
- 能够利用你的营销传播、品牌名字和品牌形象。

竞争优势 ——设想一些你可以或者将会开发的产品：

- 你的新产品是否独一无二，区别于现在的竞争对手？
- 你的新产品能否比你的竞争对手更好地满足客户需求？

其结果是每个战略领域绘制的战略地图（见图 10.5）。右上象限的战略领域——"最佳投注"，就是那些被认为是最有希望的。这是企业应该重点关注产品开发资源的地方。随着战略领域的选择，创意生成变得更有针对性和有效益，在每个战略领域的具体项目可以获得资金，这使得整个研发工作得以聚焦。

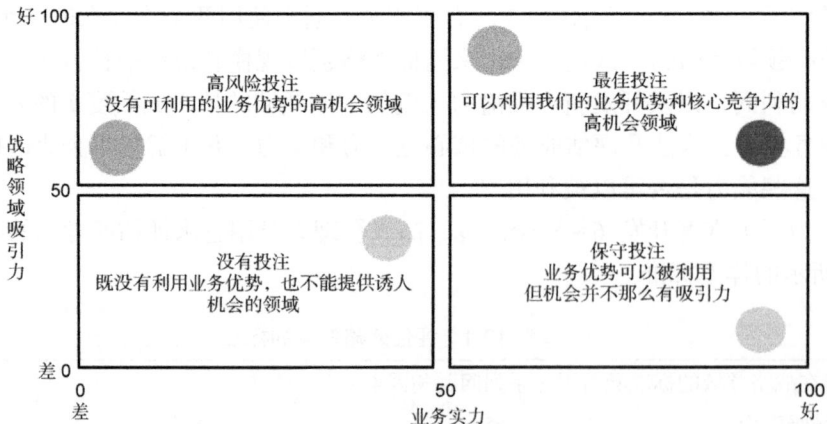

图 10.5　创建你的"战略地图——潜在战略领域"，在"最佳投注"或"保守投注"象限中选择潜在战略领域

不要把图 10.5 中所示的战略地图与旧的麦肯锡矩阵（GE 矩阵）和波士顿矩阵（BCG 矩阵）相混淆，即"现金牛（Cash Cows）、明星（stars）和瘦狗（Dogs)"矩阵图。这两张看起来相似的图有不同，它们都是有坐标轴的气泡图，但这是唯一相似的地方。波士顿矩阵适用于现有业务的投资分配模式。坐标轴的细节也和战略地图大不相同：原来的波士顿矩阵模型考察了现有的业务部门的市场增长和市场占有率的关系；相比之下，图 10.5 中的战略显示了新的领域——市场、技术、产品或这些的组合（如圆圈或气泡）和不同的轴，这是由对创新非常具体的指标和战略地图组成的。

10.7.2　战略地图的详尽描述

让我们来看看这种对战略领域进行搜索和优先级排序的一些细节。为了说明，我以一个简单而真实的公司——堪百利（Chempro）公司[①][一家中型的为纸浆和造纸行业提供设备的工艺设备制造商（搅拌器）]为例。

> 使用战略地图有助于可视化和选择目标战略领域。两个轴是战略领域吸引力和业务实力。潜在的战略领域由高级管理层评估并且以二维泡沫图的形式进行绘制。右上象限的选择通常是最好的。

说明：堪百利公司的主要实力是它的设计和制造旋转的液压搅拌设备。该公司在技术上专注于此，已经把这个相当狭窄的搅拌器设计"艺术"转变成一门科学。市场服务于纸浆和造纸行业。应用领域是液体及泥浆搅拌和混合。

堪百利公司管理层选择"谁、什么、怎样"三个维度来定义潜在领域——客户群体、应用和技术，如图 10.6 所示。基地或当前的业务得以定位，其他机会则通过远离基地，沿着每个轴向其他（但相关的）客户群、应用和技术移动——到新的周边区域。

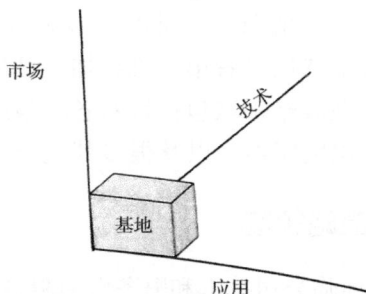

"基地"是企业目前的市场、现在的技术和当前的应用。从任何方向远离基地，并且辨别周边区域。

图 10.6　"谁、什么、怎样"的三维地图：使用堪百利公司的案例来定义潜在的战略领域

公司有什么潜在的新产品战略领域？显然，基地就是其中之一。事实上，该公司正积极寻求新产品的创意用于纸浆和造纸行业的搅拌设备。这些机会中的大部分仅限于修改和改进。市场停滞不前，在某些地区，市场还在缩小。

---

① 化名；一些细节也被掩饰了。搅拌器就类似一个由电动马达驱动的轴上的推进器，就像厨房电器，但最多可达 300 马力，用于纸浆和造纸行业。

高级管理人员可以采取的一个方向是针对相关但新的客户群体开发新产品。这些客户群体包括化工、食品加工、石油精炼和湿法冶金领域。图 10.7 所示的矩阵顶部显示了一些选项。

周边市场

	纸浆和造纸（基地）	化学处理行业	石油精炼	湿法冶金
搅拌和混合 （基地）	基地： 纸浆和造纸行业的搅拌器 和搅拌机	化学搅拌机和 搅拌器	石油储油罐搅拌机	湿法冶金搅拌机 和搅拌器
通风	表面曝气机① 纸浆和造纸废物处理	化学废物处理 工厂的表面曝气机	石油废物处理 工厂的表面曝气机	浮选槽曝气机
湿法精炼	碎浆机、 再浆器和精炼机			湿炼设备
专业泵	高密度纸浆泵	专业化学泵	专业石油泵	泥浆泵

图 10.7　二维矩阵描述堪百利公司潜在的战略领域

同样，可以寻求新产品在相关市场中的应用。这些相关应用包括流体泵送、流体曝气及精炼和碎浆，如图 10.7 的纵向所示。

考虑到这两个维度——不同的应用和不同的客户群，管理层现在继续定义一些新的潜在战略领域。使用得到的二维矩阵（见图 10.7），公司了解到，除基地外，还有其他 12 个该公司可以考虑的其他新产品的重点战略领域。例如，堪百利公司可以开发针对化学或石油行业（新的客户群）的混合和搅拌设备（同样的应用）。企业还可以开发针对现在客户的表面曝气设备 （一种新的应用）即纸浆和造纸公司。这些可能中的每个都代表了堪百利公司的新战略领域。

堪百利公司也可以在图 10.6 中的第三个维度上移动，通过从基地的"旋转液压技术"的基础转向其他技术。如果技术选项沿着第三维叠加，结果是更多的潜在战略领域。沿着 "新技术"轴的可能的替代性战略领域包括针对各种最终用户群体的磁流体动力泵和搅拌器、食品工业中的生物氧化反应器，以及很多其他产品。

10.7.3　评估堪百利公司的战略领域

在堪百利公司，在管理层面临公司技术和财务资源限制的现实时，战略领域评估被简化。堪百利公司的主要竞争实力是设计旋转液压搅拌设备。新的和昂贵的技术，如生物氧化反应，被认为是边界之外的。管理层因此选择从有实力的位置进攻，所以第三维新技术被删除。结果是图 10.7 中的二维矩阵（与图 10.4 的产品市场矩阵非常相似）。

接下来，数据收集由少数小团队组成，是有关 12 个潜在的战略领域和基地的调查。

---

① 表面曝气机：基本上是一个搅拌螺旋桨，安装在池塘或水箱上。螺旋桨将水垂直地投入空气中，从而捕获返回到水面的空气。空气对许多行业的废物处理池塘或水箱的液体废物处理（生物氧化）来说是至关重要的。

管理层也提供一家搜索公司来挖掘数据。

在团队和高级管理人员参加的战略会议上，管理层评估了在两个关键维度战略领域吸引力和业务实力的 12 个潜在的战略领域和基地。排序评分的问题由高级管理人员提出，每个领域都有对应的排序评分问题。排序评分问题列表与表 10.1 中的列表类似。该列表增加了 0~10 个评分，同时 13 个战略领域的业务实力和战略领域吸引力也有计算得分。每个战略领域使用这两个分数，13 个战略领域被绘制成坐标轴上的气泡图，从而产生了如图 10.8 所示的堪百利公司的战略地图。

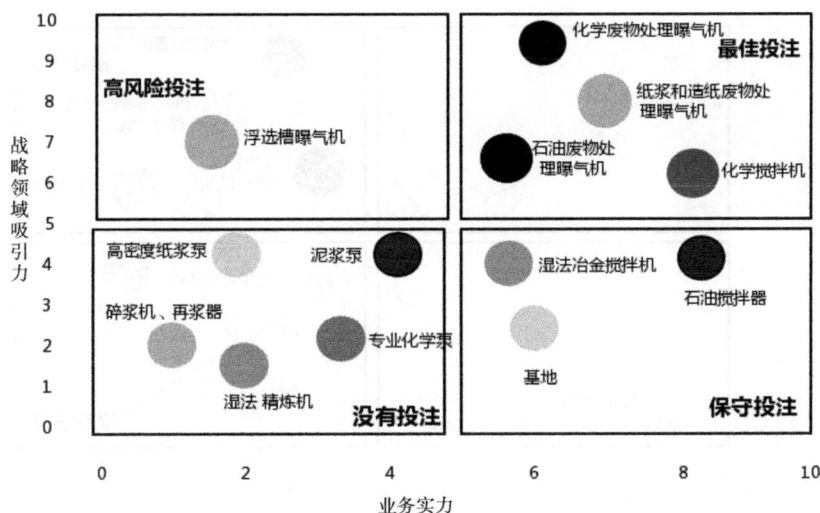

图 10.8　堪百利的战略地图显示了各种在"候选名单"上的两个关键战略维度的潜在战略领域

10.7.4　为堪百利公司选择适合的战略领域

战略领域选择取决于管理层认为的风险回报价值。选择战略地图上半部分——那些最佳投注和高风险投注，强调外部机会的吸引力。这种选择没有重视商业实力的维度。这可能是高回报和高风险的策略。另一个极端是只选择那些垂直面右侧的战略领域——最佳投注和保守投注。这是一个低风险、可能回报较低的策略：只选择那些公司拥有可利用优势的战略领域。

在理想情况下，是寻找两者的结合：

- 战略领域吸引力和业务实力是战略领域都被评为高的领域，如图 10.8 右上象限的最佳投注。
- 一些战略领域的平衡：一些有吸引力但风险相对高的战略领域，一些风险较低但吸引力也较低的战略领域。

堪百利公司的案例：对于堪百利公司来说，6 个战略领域落入"没有投注"象限，包括所有四种类型的泵。这些战略领域可以不考虑。但 6 个其他战略领域在一个或两个方面被评为积极的。为了量化或对战略领域进行排序，在图 10.9 中画一条对角终止线（虚线）。在这条线右上方的领域被认为是积极的；那些在左下方的被认为是否定的。每个战略领域到该线的距离是计量的：距离越远，战略领域越理想。

在此基础上，三个"最佳投注"和一个"保守投注"被定义为堪百利公司的目标战略领域，如图 10.9 所示。

- 化学废物处理曝气机（废水处理）。
- 石油废物处理曝气机。
- 化学搅拌机。
- 纸浆和造纸废物处理曝气机。

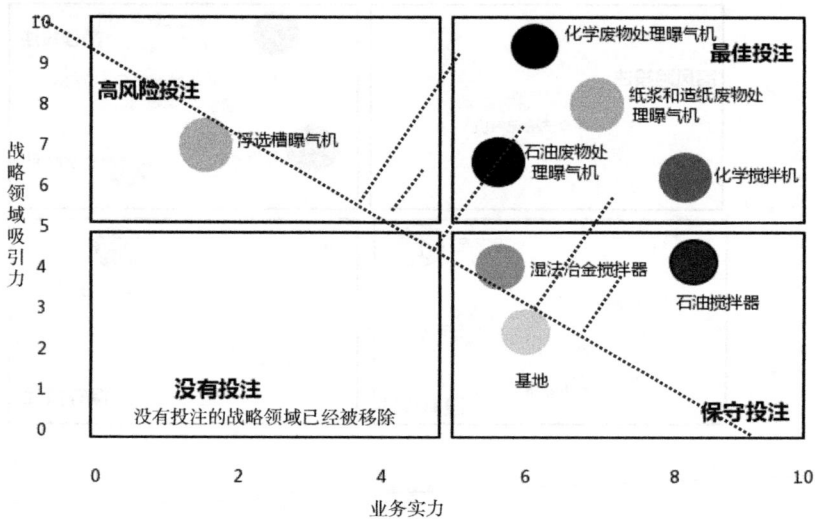

图 10.9　堪百利公司的战略地图显示了每个战略领域的相对位置——那些距离
右上方最远的是战略上最佳的

管理层也决定继续在基地战略领域寻求新的或改进的产品，但相当具有防御性。现在完成战略发展的第一阶段——管理层现在可以把重点放在目标战略领域上，并具有优先级意识。

10.7.5　用战略地图指导创新工作

正确的战略领域选择通常是在如图 10.9 所示右上象限的选择，提供了两方面的重要指南，如图 10.10 所示。

首先，你选择的战略领域定义了"搜索领域"——你应该把重点放在战略领域上来搜索新产品创意。要想确保创意生成的有效性，搜寻领域必须事先划定好，这是为了帮助市场营销人员、技术人员和一般员工都将重点放在搜索工作上。也许更重要的是界定"什么是超越边界"，这样，搜索努力就不会浪费在错误的地方。

其次，战略地图可以帮助你选择正确的项目来开发。对大多数项目选择评分系统来说，在第一个关卡的第一个问题是："这个建议的项目是否符合你的战略——是否具有战略一致性？"如果没有明确的战略领域，如图 10.5 和图 10.9 所示，很难回答这个问题！

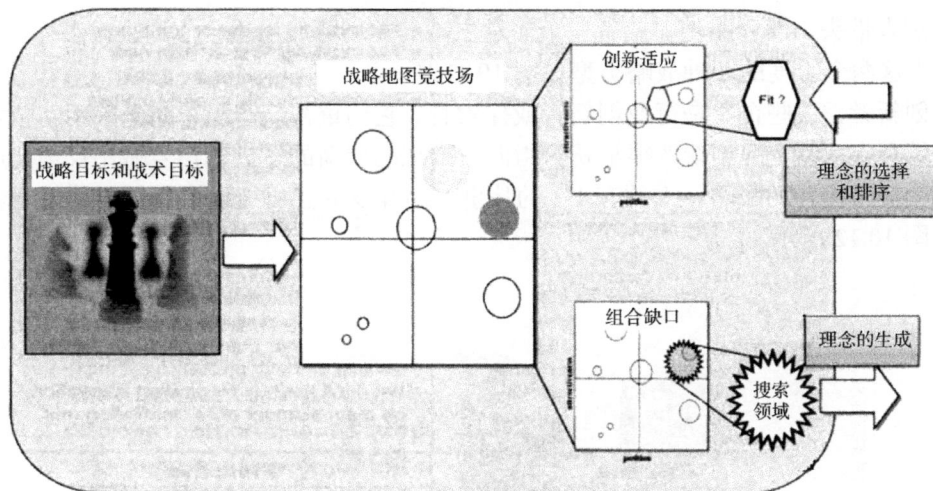

图 10.10 创新战略为"创新"描绘了"搜索领域",有助于选出进行开发的创意和项目

10.8 制订进攻计划

确定目标战略领域之后,接下来的问题是,怎么做可以在这个战场上获胜,即进攻计划是什么。一种看待进攻战略的方法是通过一种基于企业对变化的市场和外部条件的反应方式的类型学——一种最初由雷蒙德·迈尔斯和查理斯·斯诺提出的受欢迎的模型。这个模型有两个维度,如图 10.11 所示。`

		被动的	主动的
新产品开发的重要性	关键性的	**快速跟随者** • 分析者 • 密切关注竞争对手的行动 • 关注增长机会和用户问题 • 在创新者产品的基础上复制和改进,快速应对——更好的产品、更低的价格	**创新者** • 行业领导者或"探索者" • 在新产品方面处于领先地位——引领潮流 • 对指向新机会的信号迅速反应: — 新技术 — 新市场需求
	重要性低的	**反应者** • 在维持既定产品和市场份额方面并不积极 • 只有被迫时才会应对 • 应对竞争者、外部力量和威胁时不是很积极 • 缓慢的跟随者 • 不可持续的、没有战略	**防御者** • 试图在稳定的区域保持一个安全的位置或利基 • 通过提供高质量产品、更好的服务或者更低的价格积极保护其领域 • 不依赖产品创新为主要营销组合元素

主动的/被动的市场应对战略

图 10.11 基于创新的战略进攻

- 首先,产品创新对你的业务有多重要?创新是否整体经营战略的前端、中心及关键部分?还是你的公司主要依靠其他战略来经营,例如,低廉的价格、亲密的客户关系、高超的服务及广泛的分销?
- 其次,当谈到创新,你的公司是主动的还是被动的?有些公司认为最好的办法是让别人带头，然后跟随。或者一个非常主动的立场可能最适合你的公司。

基于这两个维度的四种战略类型如图 10.11 所示。

- 创新者：这些企业是行业创新者或探索者。它们重视新产品，率先采用新技术，尽管存在风险，但创新者很早就对指向新出现的或新的机会的信号做出反应。这是一个非常流行的战略，大约有 1/3 的从事产品开发的公司被认为是行业的创新者，如图 10.12 所示。

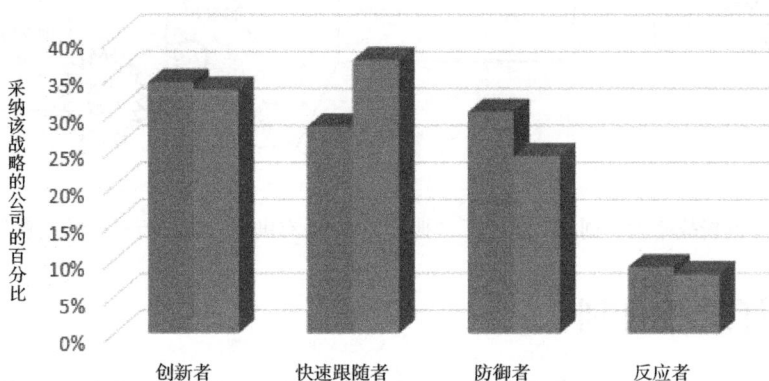

采纳该战略的公司的百分比

- 没有强有力的证据表明创新者、快速跟随者、防御者的战略效果最佳。
- 你的选择取决于许多因素：你的市场、你的优势等。
- 但是要做评估并选择一个战略——不要总是在变！

图 10.12　不同类型的战略进攻的受欢迎程度

- 快速跟随者：这些企业是分析者。通过密切关注主要竞争对手的行动，以及迅速的行动，它们往往能够将优质的产品推向市场——比创新者的产品更具有成本效益或是更好的特性和更佳的用户利益。快速跟随者的产品很少首先上市。快速跟随者战略是最受欢迎的战略，37%的公司采取这样的方式。这个战略也得到了普及，在 20 世纪 90 年代的比例高达 27%，因为这是一个可行的战略，同时具有中等风险性。

- 防御者：防御者对产品创新不太重视，很少将其作为整体经营战略的前沿，但它们仍然开发新的和改进的产品。防御者尝试找到并维护一个安全的相对位置或利基在稳定的产品或市场领域。它们通过提供高质量产品、更好的服务或者更低的价格积极保护这个领域。防御者代表了约 27%的产品开发公司，但作为一种战略其流行性正在降低。其中一个原因是，那些严格防御性的公司从长远看发展不太好：它们很容易受到其他公司的攻击；当市场和技术发生变化时，它们不愿意或无法改变。

> 为每个战略领域定义进攻计划或战略。考虑你是否成为创新者、快速追随者或防御者，或者你将如何竞争：低成本提供商、差异化商品或市场利基者。最后不要忘记国际层面：是强调国内产品还是全球开发和新产品，或许还有更多的全球本土化方法。

- 反应者：这些企业在维持既定产品和市场方面并不积极：它们只有在被强大的外部

或者市场强迫时才会做出反应——是"缓慢的跟随者"。很难想象一家企业故意选择这个战略 ——有人会认为这不是一个战略,尽管有些企业可能落入图 10.11 所示的这个象限。大约 8%的产品开发公司属于反应者这一类,比往年略有下降。

其他的进攻战略可能关注如何竞争。例如:

- 成为低成本型企业——以最低的有竞争力的价格提供产品。
- 成为差异化型企业——以更高的价格提供高度差异化的产品。
- 成为防御型企业——瞄准一种类型的顾客,以更高的价格提供高度差异化的产品。

还有一些竞争战略强调了某些优势、核心竞争力或产品属性和优点。例如,有最好的服务和支持、最快的交付、最广泛的分销,或者最可靠的全国覆盖的手机网络。

攻击战略还应该具体说明创新努力的全球性,是否以一系列国内或地区的创新倡议来指导创新,或采取更加全球化的方式,或者是"全球本土化"性质(全球的产品概念和平台,本地定制的产品)(见图 2.8)。例如,宝洁公司就拥有非常多的全球战略:研发在全球主要研发中心进行管理,新产品大部分是针对全球的(或至少是全球平台,产品根据本地口味来调整)。相比之下,3M 公司是一个更加美国国内的产品开发者。它们许多的研发工作是在美国完成的,开发优秀的针对美国市场的产品;国际子公司会对产品进行调整以适应各自的当地市场。这是两种不同但成功的战略——每个战略都适合各自的公司。

了解企业的核心竞争力(可以被利用来在市场中获得独特优势),了解行业成功的驱动力(在行业、部门或战略领域取得成功所需要的东西)是选择合适的进攻战略的关键因素。

另外,应该为新的战略领域定义进入战略。这样的战略可能是通过内部产品开发来"独自行动"或通过授权、合作、合资、开放式创新的方式寻求联盟增强新领域的产品开发能力。

10.9　制定战略性产品路线图

绘制路线图已经成为创造和塑造一个产品创新战略及其要素的有效途径。产品和技术路线图逻辑上源于你的起始地图和进攻计划。路线图通过时间这一共性元素,把所有战略和战术决策过程、不同的业务职能部门,以及不同的组织单元连接起来。

一个战略性路线图是自上而下的战略方针,是一种有效的方式,作为攻击计划的一部分,随着时间的推移制定一系列重大举措。路线图体现了一个管理团队的观点,即如何到达他们想要去的地方或是一个理想的目标。虽然受欢迎程度在增长,特别是在高科技行业,路线图的使用远没有普及,只有 27.6%的企业正在制定产品路线图(见图 3.1)。使用产品路线图的最佳创新企业是最差绩效企业的两倍。注意,有不同类型的路线图:产品路线图和技术路线图。

> 战略路线图为主要的新产品和技术工程对未来的设想建立了"地标"。

战略性产品路线图定义了沿着时间线的主要新产品开发,往往是未来五年的。路线图是一个试探性的计划,并提供一个位置标记——对资源的潜在承诺,为未来的项目。五年是一个很长的预测时间，因此路线图是每年更新的：这是一个"滚动计划"，只有第一年才能实施！

图 10.13 以堪百利公司为例。

继续堪百利公司的案例：虽然有包括基地在内的五个战略领域（见图 10.9），但并不是所有的战略领域都可以立即进行进攻的，因此，随着时间的推移，更加需要路线图。该公司决定首先针对要求不高，但仍然有吸引力的战略领域进行，可以基于公司现有的搅拌器技术建立战略领域平台——石油和化学工业的搅拌器（开发这两个战略领域的产品线预计需要花三年的时间），如图 10.13 所示。进一步扩大这两个领域需要一个新的技术平台，即曝气机平台。

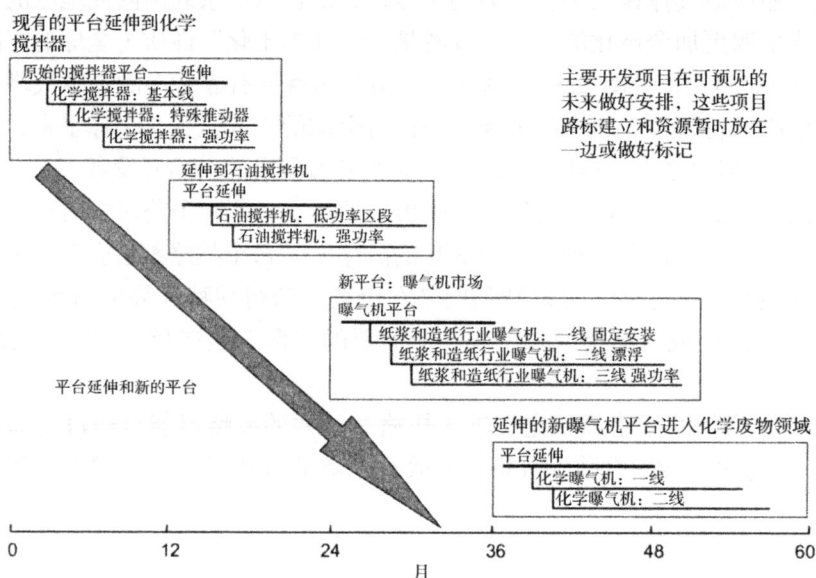

图 10.13 堪百利公司的战略路线图展示了未来五年内推出的
重大开发计划——新产品、新平台

从第三年开始，将进入新的曝气机平台；这个开发，通过首先聚焦现有的纸浆和造纸市场部分降低了风险。在四五年之后，新平台将针对其他市场生产产品。（请注意，在这个案例中，主要的产品开发和时间的战略路线图，以及开发这些新产品所需要的技术平台延伸都被绘制出来。）

技术路线图来源于产品路线图。它列出了所需要的技术和技术平台，以便开发和寻求在产品路线图中的产品。技术路线图因此是产品路线图的逻辑延伸。

产品描述：最常见的是在产品路线图上的产品的规格是一般和高层次的，用很少的特征来描述新产品。例如，诸如"一种阿特金斯饮食市场的低碳水啤酒"的名称或"航空航天工业的陶瓷涂层装饰品"或"低功率石油搅拌机"。这些项目常常是这样显示在产品路线图时间线上的。路标对于"尚未明确界定"的项目是常态：路线图应该是具有定向性和战略性，但不提供详细产品定义的。随着每个项目进展通过门径管理体系，越来越多的项目和产品会变得明确和清晰。

10.9.1　创建产品路线图

如何制定战略路线图？划定所需要的主要举措作为产品路线图的一部分是一个多方面的任务，并包括以下输入，如图 10.14 所示。

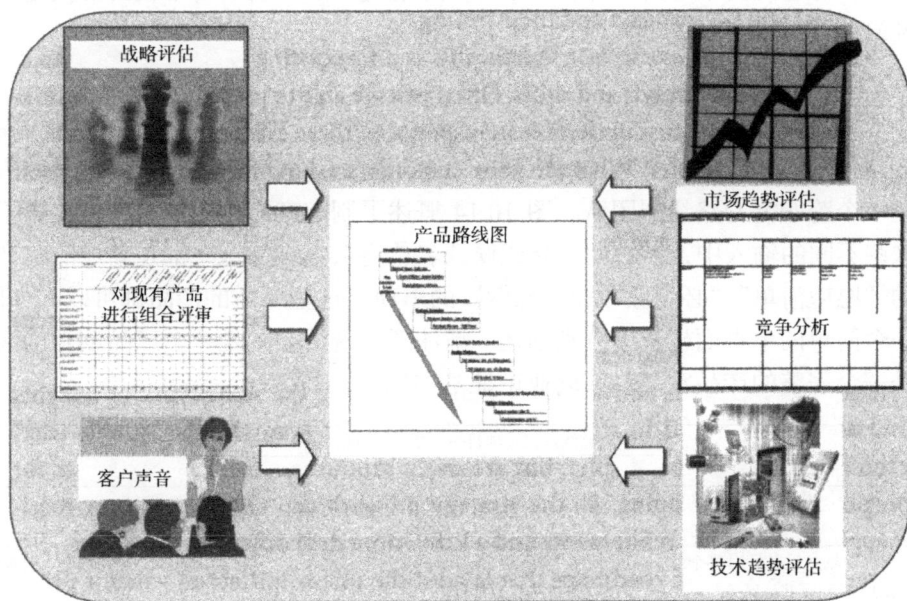

图 10.14　制定产品路线图的输入

- 战略评估：通常，战略领域的规范最重要的是逻辑上列举出这些为了进入并在这个战略领域上获胜所必要的产品和项目。
- 对现有产品进行组合评审：在这里，要仔细审查现有产品，决定哪些产品应该淘汰，哪些产品应该更新，哪些产品应该删减和哪些产品应该替换。
- 竞争分析：竞争对手的产品和产品线在哪里？这个工作通常会指出需要立即或在可预见的未来开发新的产品。
- 技术趋势评估：在此预测技术及其对你的业务有什么潜在的影响，以及将需要哪些新产品（和技术）和它们的时间安排。
- 市场趋势评估：这也是一个预测工作，需要审视主要市场趋势和变化。通常，你可以查明为了应对这些明显的市场趋势必须采取的具体措施。
- 客户声音：客户的要求是什么，他们有什么需求、需要和问题？通常，这些洞见会引导你定义可以或应该开发的产品。

最后，还有其他来源收集的应该考虑的"待办项目"。

以上很多的输入和图 10.14 一样都是相同类型的在战略开发中使用的深刻洞见和评

估，例如，本章前面的"丛林徒步旅行"，但为了绘制路线图聚焦更多的产品。所以战略前期工作也可以用路线图，可以做一些改进和一些更深入的研究。

> **建议**：战略路线图可以定义主要的举措——随着时间的推移，主要产品和技术项目，也是一个强大的概念，可以与第 8 章中的战略桶相呼应。请注意，路线图应该是战略性的，为重大项目定义路标，其中许多可能是大胆的创新。路线图应该是一个长期的时间表，而不仅仅是今年的产品和项目清单。

10.9.2　绘制路线图的一些细节

以下是绘制路线图的细节。路线图是一个多层面的过程，并涉及很多职能的人，因此需要组建一个跨职能的路线图团队。图 10.14 概述了制定产品路线图过程中许多不同的输入。从这些不同的输入中，潜在的产品或候选名单将会浮现，这些都是新产品和产品改进所希望的"愿望清单""必须做"和"想做"的事项。这些所需的产品都可以在如图 10.15 所示的一个简单的单页面模板上分别描述。请注意，这个大纲是一个产品创意的高层次描述，不是一个完整的产品定义，或商业论证基本原理。

路线图候选项目——项目评分信息	
提案名称	管道泵
1.项目范围：提供项目概念的更多细节	密封（或"罐头"）离心管道泵；磁场使得管内的推动器旋转
2. 目标市场：这是针对哪个细分市场的？针对哪些地区等？	石油燃气行业、化工、医药行业：危险、有毒、污染严重、价格昂贵、腐蚀性的，可能具有爆炸性
3.产品解决什么客户问题？产品提供给用户或客户什么好处？	管道泵密封泄漏，尤其是特别危险或昂贵的液体，泄漏造成污染，较高的密封维护成本，空间的限制（没有空间安装底座）；立管
4. 具有吸引力的价值命题：与竞争对手的产品相比，人们为什么会购买这种产品？	不需要泵密封！没有泄漏，没有密封维护成本。适合狭小空间，无须底座。泵的正常使用寿命期间付出高昂的代价，可以在节省的维护费用中得到弥补
5. 定位战略：与竞争对手相比，产品如何定位？	溢价（同密封离心管道泵相比高 20%）。密封的解决方案，不需要密封，没有泄漏，不需要密封维护。其他好处：更好地处理有毒性的、危险的、污染的液体的方式
6. 产品要求、特性和属性	估计 1～40 马力；流量范围 Q= 1000 gpm；扬程范围 H = 500 英尺;1～4 英寸管道
7.高层次——机会大小或收入创造	估算离心管道泵的市场 NA 是 4 亿美元（目标）（管道泵=40 亿美元泵业市场的 10%） 特定目标应用=市场（估算）的 35% 假设 20%的市场份额=三年后销售额 2700 万美元 中等到较高技术风险

图 10.15　使用模板来捕捉创意和产品概念——为产品路线图考虑的项目愿望清单

10.9.3　哪些是"进来的"项目，哪些是"出去的"项目

接下来，这些"愿望清单"项目在"关卡 0"会议上逐一呈现，一个前阶段关卡！也就是说，在"关卡 0"会议上，高级管理人员对这些愿望清单产品进行评分，使用简化版本创意筛选记分卡进行评分，例如，使用等级如：

（1）在我们创新战略中的匹配度和重要性（0~10）。

（2）独特的客户利益（0~10）：

- 为客户提供独特的优势（解决问题、更好地满足客户需求）？
- 产品概念中的"哇元素"会给顾客带来惊喜吗？

（3）市场吸引力（0~10）：

- 市场巨大或正在增长；它有很好的利润率还是竞争不激烈？

（4）技术可行性（0~10）：

- 这在技术上可行吗？
- 设想的技术解决方案？还是需要新的科学和发明？
- 我们的业务可以做到吗？

（5）潜在回报与风险（0~10）：

- 市场规模和销售潜力？
- 盈利的潜力大小？
- 商业风险水平（负面）？

收集得分或选票，做出"首先裁决"的决定是，产品在路线图中是"进来的"和"出去的"。一些公司绘制了如图 10.16 所示基于维度评分的泡沫图，以描绘路线图会议的结果：选定和未选定的项目。最后，几个与会者在关口 0 会议之后重组（通常是产品经理和技术经理），检查每个"进来的"项目的大概资源需求、资源可用性和可能的时机。结果是一个可行的在时间线上的路线图，如图 10.13 所示。

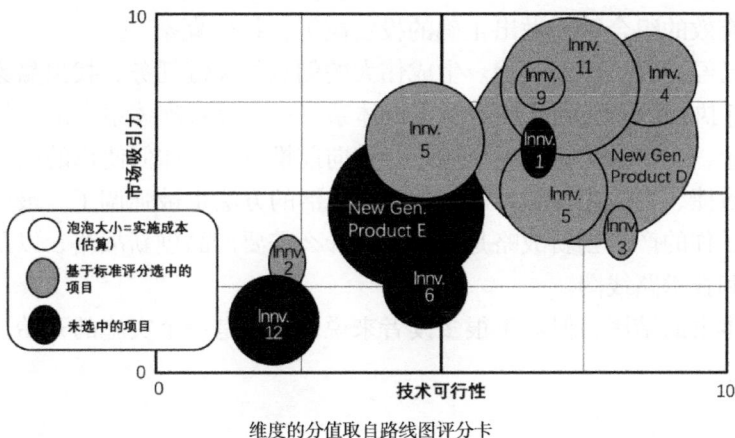

维度的分值取自路线图评分卡

图 10.16　"路线图"中的"进来的"项目和"出去的"项目概览

一旦制定了产品路线图，为了执行产品路线图，一定要进行下一步——制定技术路线图，概述需要哪些技术及何时需要这些技术。

10.10　一分耕耘，一分收获

我们和其他人的研究提供了产品创新战略的重要性的具体证据，以及这种战略所具有的强大的积极影响（见图 3.1）。本章提出了制定这样的企业战略的方法。首先从制定你的业务战略目标和战术目标开始，使用战略桶和战略路线图来进行资源配置决策，将战略付诸实践。

如果你认为企业缺乏明确的创新战略，也许现在是时候为制定这样的战略奠定基础了，你的这两种考虑都是正确的。但是要小心一点：这样做会花费相当多的时间和精力。高级管理人员（和较低级别的管理人员）必须做好准备，把时间花在努力工作上并且参与其中。但那些已经制定了强大的产品创新战略的企业所取得的成果证明，所得到的回报是值得你的努力的。

10.11　本书的收尾：是向前进的时候了

在第 1 章，我向你和你的企业提出了挑战，希望你关注大胆的创新，而不是朝更多的这些日子困扰着很多企业的传统式的发展努力。把这些大胆的举措以最短的时间推向市场是第二项挑战。作为指导，我介绍了创新钻石模型和卓越产品创新绩效的四个关键因素（见图 1.2）。

（1）制定聚焦于你的企业的正确战略领域的创新战略。

（2）培养促进大胆创新的氛围、文化和组织。

（3）生成伟大的创意，并通过一个从创意到上市体系，如门径管理和敏捷门径管理将这些重要概念迅速推向市场。

（4）通过有效的组合管理做出正确的投资决策，找出赢家。

我们现在已经走完了整个流程。生成伟大的创意的关键任务，找出赢家，优化你的开发组合，设计并执行世界级的从创意到上市体系——门径管理体系在前面的章节中已经进行了详细的介绍，你和你的同事现在应该能够向前推进了。如何使你的门径管理体系更好地工作——更敏捷、更快速、更具适应性、更灵活的方法也被强调了。最后，在目前的这一章中也介绍了你的产品创新战略是什么，为什么需要产品创新战略，以及如何制定，并最终形成产品和技术路线图。

这可能是本书的结尾，但对于很多读者来说，这只是一个实施的开始。下一步行动看你们的！